ERNST-MICHAEL KRANICH
LORENZO RAVAGLI

Waldorfpädagogik in der Diskussion

Erziehung vor dem Forum der Zeit
Schriften aus der Freien Waldorfschule
17

ERNST-MICHAEL KRANICH
LORENZO RAVAGLI

Waldorfpädagogik in der Diskussion

Eine Analyse erziehungswissenschaftlicher Kritik

VERLAG FREIES GEISTESLEBEN

CIP-Titelaufnahme der Deutschen Bibliothek

Kranich, Ernst-Michael:
Waldorfpädagogik in der Diskussion: eine Analyse erziehungswissenschaftlicher Kritik /
Ernst-Michael Kranich; Lorenzo Ravagli. –
Stuttgart: Verlag Freies Geistesleben, 1990.
(Erziehung vor dem Forum der Zeit; 17)

ISBN 3-7725-0297-0

NE: Ravagli, Lorenzo:; GT

Umschlag: Walter Schneider

Druck: Werner Schaubruch, Bodenheim

Inhalt

Vorwort

Die Waldorfschule entstand im Jahr 1919, heute gibt es über die Erde hin gegen fünfhundert dieser Schulen. Ihr pädagogischer Begründer war Rudolf Steiner (1861 – 1925). Steiner ist hervorgetreten als Herausgeber von Goethes «Naturwissenschaftlichen Schriften», aber auch auf dem Gebiet der Erkenntniswissenschaft (Philosophie), später wurde dann die Erforschung – genauer: eine Wissenschaft – des Geistes sein Anliegen, um aus so gewonnenen Einsichten Antworten auf Lebensfragen und Anregungen zur Überwindung der sozialen Nöte zu geben. Eine Fülle von Erkenntnissen wurden durch ihn gewonnen und sind in einem geschriebenen und gesprochenen umfangreichen Werk zugänglich gemacht worden. Aus der Einsicht in den Geist des Menschen und der Welt sowie in die Entwicklung des Kindes begründet sich denn auch seine Pädagogik.

Diesem Erkenntnisansatz Steiners steht freilich ein ganz anderer gegenüber, wie er in der heute tonangebenden Wissenschaft vorliegt. Diese versucht, die Ursachen der Erscheinungen allein in den sichtbaren Erscheinungen selbst zu finden, ja innerhalb dieser in immer kleinere Einheiten zurückzuverlegen, um damit die wissenschaftlichen Erklärungsmuster immer einfacher gestalten zu können. So wurde etwa die Ursache für die Erscheinungen des Lebendigen in die Zelle verlegt; inzwischen wird sie in den in der Zelle auffindbaren Informationsträgersubstanzen gesucht. Eine verwandte Tendenz ist beobachtbar, wenn das Bestreben der Physik dahin geht, alle physikalischen Phänomene auf einfache «Kräfte» – starker und schwacher Wechselwirkung – zurückzuführen und diese für die Konstitution von Erde und Kosmos verantwortlich zu machen. Muß nicht vor einem solchen auf Einfachheit hinzielenden Verstehensmuster die ganz andere Verstehensweise, die auf den Geist Bezug nimmt und diesen auch noch wesenhaft zu erfassen sucht, auf den ersten Blick als etwas Merkwürdiges, Fremdes, vielleicht Antiquiertes erscheinen? Und doch: ist der Mensch tatsächlich so leicht zu begreifen? Schafft die reduktionistische Fragestellung neben den Erfolgen nicht auch unlösbare Probleme?

Durch mehrere Jahrzehnte, während sich die Waldorfpädagogik ausbreitete, wurde sowohl diese selbst als auch die Anthroposophie von der etablierten Wissenschaft, von wenigen Ausnahmen abgesehen, einfach ignoriert. Dabei erwiesen sich die aus der anthroposophischen Geisteswissenschaft hervorgegangenen Sichtweisen und Tätigkeitsfelder als durchaus fruchtbar und riefen soziale Wirkungen in Pädagogik, Heilpädagogik, Medizin, Therapie, Landwirtschaft, Kunst, Architektur u.a. hervor, die sich sehen lassen können. Man kann dabei mit einer gewissen Berechtigung die Bedeutung der Anthroposophie – mehr als im Hervorgebrachten und bisher Geleisteten – vor allem in ihrer Art des Fragens sehen. Mit der Fruchtbarkeit des anthroposophischen Ansatzes hängt es zusammen, daß beispielsweise die Waldorfpädagogik nicht bloß ein vorübergehendes exotisches Phänomen blieb, sondern zu einem Tatbestand wurde, der auf Dauer nicht einfach übergangen werden konnte.

So stand schon länger zu erwarten, daß professionelle Denker auf dem Gebiete der Pädagogik, Vertreter der Erziehungswissenschaft, sich einmal der Aufgabe unterziehen würden, dieses Phänomen der Pädagogik Rudolf Steiners und der Waldorfschule zu untersuchen, zu bearbeiten und nicht zuletzt kritisch zu beurteilen. Offen war allerdings die Methode, wie dies geschehen würde: ob von der eigenen Position und den dabei bisher entwickelten Maßstäben aus, wo das andere so verortet wird, wie man es gewohnt ist, oder «immanent», also aus den eigenen Voraussetzungen der Pädagogik Steiners selbst, was dann allerdings eine eingehende Einarbeitung in deren Grundlagen voraussetzt.

Die erste Publikation dieser Art stammt von Helmut Schrey: *Waldorfpädagogik. Krititische Beschreibung und Versuch eines Gesprächs* (Bad Godesberg 1968). Sie war ein erfreulicher Versuch, neben einer sachgerechten Deskription auch eine kritische Beurteilung zu liefern, wobei der Autor sich durchaus auf die Grundlagen einließ, also immanent vorging. Doch ein Gespräch entfaltete sich nicht - weder von den Waldorfschulen aus noch des weiteren von der Seite der Erziehungswissenschaft; vielleicht erfolgte der Versuch zu früh, vielleicht noch zu anfänglich. Als dann einzelne Waldorflehrer, von Verlagen dazu aufgefordert, «ihre» Schule in verschiedenen Veröffentlichungen (mit außerordentlichem Erfolg) vorstellten[1], änderte sich die

1 Wir nennen beispielhaft:
Kiersch, Johannes: Die Waldorfpädagogik. Eine Einführung in die Pädagogik Rudolf Steiners, Stuttgart 1973.
Lindenberg, Christoph: Waldorfschulen: angstfrei lernen, selbstbewußt handeln. Praxis eines verkannten Schulmodells, Reinbek b. Hamburg 1975.

Situation gründlich. Zunächst veröffentlichte H. Ullrich unter dem sinnigen, kalauernden Titel «*Ver-steiner-te Reformpädagogik – Anmerkungen zur neuerlichen Aktualität der Freien Waldorfschulen*» in der Neuen Sammlung (6/1982), die auch gleichzeitig Repliken von G. Herz (*Pädagogik und Waldorfpädagogik – Ein Kapitel über Berührungsangst und Wahrnehmungsstörung*) und E. Fucke (*Das sehr lebendige ‹Fossil› – Aphoristische Hinweise zu einigen Grundzügen der Waldorfpädagogik*) brachte. Ullrich hat inzwischen – seinerseits erstaunlich kritikresistent – weitere Beiträge publiziert[2] und als Hauptwerk seine Dissertation *Waldorfpädagogik und okkulte Weltanschauung - Eine bildungsphilosophische und geistesgeschichtliche Auseinandersetzung mit der Anthropologie Rudolf Steiners* veröffentlicht (Weinheim 1986). Zwar erschienen hierzu zahlreiche Repliken und Einwendungen, aber eine systematische Auseinandersetzung stand bisher aus – sie wird mit dieser Veröffentlichung vorgelegt.

Geraume Zeit später erschien das Buch von K. Prange: *Erziehung zur Anthroposophie - Darstellung und Kritik der Waldorfpädagogik* (Bad Heilbrunn 1985), in dem in merkwürdig zwiespältiger Weise scheinbar rationalistische Einwände mit einer zuvor gegen die Waldorfpädagogik begonnenen Kritik von konfessioneller Seite aus verbunden werden. Beide sich als Fachleute ausgebende Autoren (Ullrich und Prange) widmen einen Teil ihres beruflichen Wirkens der Stellungnahme gegen die Waldorfschule und die Pädagogik Rudolf Steiners. Auch dagegen sind Einsprüche erhoben worden;

Rist, Georg; Peter Schneider (Hg.): Die Hiberniaschule – Von der Lehrwerkstatt zur Gesamtschule: Eine Waldorfschule integriert berufliches und allgemeines Lernen. Reinbek b. Hamburg 1977.

Die Rudolf-Steiner-Schule Ruhrgebiet: Leben, lehren, lernen in einer Waldorfschule. Reinbek b. Hamburg 1976.

Waldorfpädagogik an öffentlichen Schulen – Versuche und Erfahrungen mit der Pädagogik Rudolf Steiners. Hrsg. von der Freien Pädagogischen Vereinigung Bern. Freiburg/B. 1976.

Carlgren, Frans und Arne Klingborg: Erziehung zur Freiheit. Die Pädagogik Rudolf Steiners. Bilder und Berichte aus der internationalen Waldorfschulbewegung, Stuttgart 1972.

2 Die Veröffentlichungen setzen sich fort, ohne daß ein Erkenntnisgewinn zu verzeichnen wäre: H. Ullrich: Pädagogik als Mythos und Ritual. Betrachtungen über Entmodernisierungstendenzen in der Waldorfpädagogik. (In: Deutsche Schule 4/89, 453 - 474). Eine engagierte Kritik bringt der Göttinger Erziehungswissenschaftler C. Rittelmeyer: Okkultismus-Phobien. Anmerkungen zur Kritik an den Waldorfschulen. (Ebd. S. 475 - 487).

eine gründliche Kritik gegen ihre Argumentation wird in der vorliegenden Schrift abgedruckt. Bei dem Umfang der Veröffentlichungen, die die Erziehungswissenschaft für sich in Anspruch nehmen, war es geboten, Methode und Inhalte genauer und kritisch auszuleuchten.
Der Form nach erheben jüngst zwei Aufsätze von A.K. Treml[1] den Anspruch, eine Fundamentalkritik des philosophischen und erkenntniswissenschaftlichen Ansatzes Steiners zu sein, weil sie sich auf dessen Grundschriften beziehen. Deshalb war es unvermeidlich, auch diesen Ansatz zu analysieren und in die Einsprüche einzubeziehen, um sogenannte «wissenschaftliche Kritik» exemplarisch am eigenen Maßstab zu messen. Daneben stellt sich eine Kritik von konfessioneller Seite, die vornehmlich den undogmatischen Zugang zum Christentum, den die Anthroposophie eröffnet, moniert, um ihn streng konfessionell Denkenden zu verwehren. Nicht um inhaltliche Auseinandersetzung geht es dabei, sondern um Apologetik, die vor allem Eltern hindern soll, ihre Kinder auf die Waldorfschule zu schicken. Zu diesem Zwecke wird nicht argumentiert, sondern auf Wirkung geachtet. Wichtiger als die Wahrheit ist die dabei zu erzielende Wirkung. In diese Auseinandersetzung werden auch Versatzstücke aus Veröffentlichungen der frühen zwanziger Jahre benutzt, als Steiner durch sein Eintreten für die Dreigliederung und die Begründung einer religiösen Erneuerung nicht nur in politische, sondern eben auch in kirchliche Auseinandersetzungen geriet. Mit dieser Thematik beschäftigen sich eigene Veröffentlichungen[2].
An Ullrich und Prange schlossen sich weitere «kritische» Schriften an. Wie könnte es auch anders sein, wenn ein Thema gerade Konjunktur hat? Die Qualität ist sehr different: von der nur noch locker mit der Sache verbundenen Polemik, die mit einem Arsenal an Vorurteilen nicht aufklären, sondern

1 Träume eines Geistersehers oder Geisteswissenschaft. In: Zs. f. Entwicklungspädagogik, 3/1987; Der diskrete Charme der Rudolf-Steiner-Pädagogik. Ebd., 6/1988.
2 Christentum, Anthroposophie, Waldorfschule. Waldorfpädagogik im Umfeld konfessioneller Kritik, mit Beiträgen von H.W. Schroeder, M. Debus, A. Suckau, H. Haug, S. Leber, H.v. Kügelgen, W. Schad.
Ferner: Zur kirchlichen Kritik an Anthroposophie und Waldorfpädagogik. Erwiderung der Waldorfschulen auf die Arbeitshilfe "Zum Verhältnis des christlichen Glaubens zu Anthroposophie und Waldorfpädagogik" des Evangelischen Oberkirchenrates Stuttgart. Stuttgart 1989. Demnächst erscheint im gleichen Verlag wie der vorliegende Band eine Auseinandersetzung mit kirchlichen Kritikern (F.J. Krämer/G. Scherer/F.-J. Wehnes: Anthroposophie und Waldorfpädagogik. Information/Kritik. (Hg.): Katholische Akademie, Mülheim/R., Annweiler 1987; Bernhard Grom: Anthroposophie und Christentum, München 1989).

blockieren und destruieren will, wo Wissenschaft zwar dem Namen nach aufgerufen wird, substantiell aber nicht mehr vorkommt[1], über die mehr oder weniger gründliche[2] «wissenschaftliche» Auseinandersetzung, die dennoch von Mißverständnissen – gewollt oder nicht – unvermeidlich eingeholt wird, bis zur ernsthaften Bemühung um fundierte Einsicht und Beurteilung, die es ablehnt, in der Auseindersetzung mit dem nicht Geläufigen alles zu erlauben, «nur nicht die guten akademischen Sitten»[3].

Aus der hier nicht vollständig aufgelisteten Kontrovers-Literatur werden also nur symptomatisch drei Beispiele (Prange, Ullrich, Treml) ausgewählt, um an diesen Veröffentlichungen von erziehungswissenschaftlicher Seite aufzuweisen, wie trotz zahlreicher Zitate und einem gelegentlichen Verschnitt aus konfessioneller Apologetik eine angemessene, sachbezogene wissenschaftliche Auseinandersetzung leider auch nicht in allerersten Anfängen erreicht werden konnte. Genau dieses Desiderat zeigen die nachfolgenden Beiträge auf, die sich mit Sorgfalt und kritischer Gesinnung den Einwänden gegen die Waldorfschule und ihre Pädagogik zuwenden. Sie wurden geschrieben, um den auch von den Waldorfschulen als notwendig erachteten Diskurs aufzugreifen, wobei es wohl ein vernünftiges Anliegen ist, nicht schon ihr Abweichen von der Norm als solches zu kritisieren. Nur begründete Urteile sollten im kritischen Diskurs bestehen können. In diesem Sinne galt und gilt es in der wissenschaftlichen Klärung auf methodische Sauberkeit zu achten. Genau das leisten die Beiträge. Den Autoren sei herzlich gedankt, daß sie sich dieser Aufgabe unterzogen haben.

1 So Rudolph, Charlotte: Waldorf-Erziehung. Wege zur Versteinerung. Mit einem Epilog v. K.-P. Meyer-Bendrat, Darmstadt/Neuwied 1987.

2 Beckmannshagen, F.: Rudolf Steiner und die Waldorfschulen. Eine psychologisch-kritische Studie. Wuppertal 1984.

3 So Otto Hansmann in dem von ihm edierten Band: " Pro und Contra Waldorfpädagogik. Akademische Pädagogik in der Auseinandersetzung mit der Rudolf-Steiner-Pädagogik, Würzburg 1987, S. 26. "Mir drängt sich das Bild auf, daß fleißig in alle möglichen Richtungen geschossen und behauptet wird, ins Schwarze getroffen zu haben. Daß aber das Schwarze nur angetäuscht ist, indem um den jeweiligen Einschuß hinterher der schwarze Ring gemalt wird, entdeckt jedenfalls der Laie bestenfalls auf den zweiten Blick. M.a.W. , in der Regel ist in der akademischen Pädagogik so verfahren worden, daß bedenkenswerte Aspekte der Anthroposophie und der Waldorfpädagogik *nicht aus der Sache heraus entwickelt und dargestellt wurden. Der Leser wurde also nicht in die Zusammenhänge eingeführt. Somit bot sich ihm weder die Möglichkeit, die Darstellungen nachzuprüfen, noch jene Chance, ein eigenes Urteil bilden zu können" (ebd.).*

Es sei noch erwähnt, daß es durchaus auch ganz andere Formen des Dialogs zwischen der Erziehungswissenschaft und der Waldorfpädagogik gibt. Seit einigen Jahren finden mehrtägige Symposien statt, wo beide Seiten gleichermaßen bewegende pädagogische und schulische Fragestellungen, aber auch ganz spezifische Aspekte der Pädagogik Rudolf Steiners erörtert werden. Ein Teil dieses Dialogs findet seinen Niederschlag in gemeinsam getragenen Veröffentlichungen[1].

Juni 1990 *Stefan Leber*

1 F. Bohnsack / E.-M. Kranich (Hg.): Erziehungswissenschaft und Waldorfpädagogik. Der Beginn eines notwendigen Dialogs. Weinheim 1990.

ERNST-MICHAEL KRANICH

Ansichten eines Erziehungswissenschaftlers über Waldorfpädagogik

Anmerkungen zu K. Pranges Buch «Erziehung zur Anthroposophie»

1.

K. Pranges Buch «Erziehung zur Anthroposophie» war die erste ausführlichere Darstellung eines Erziehungswissenschaftlers über Waldorfpädagogik, die sich an ein breiteres Publikum wandte. Auf die erste Auflage aus dem Jahre 1985 folgte bereits 1987 eine zweite. Pranges Buch kam offensichtlich, wie man sagt, gut an. Und es gehört heute wohl zu den meist gelesenen Büchern über Waldorfpädagogik, vor allem in akademischen Kreisen; stammt es doch aus der Feder eines Mannes, der in der Erziehungswissenschaft zwar eine recht konservative Richtung vertritt, aber das Gebiet der Pädagogik als Fachmann wohl kennen muß. – Prange hat sich auch in einigen Aufsätzen über Waldorfpädagogik geäußert, die gegenüber seinem Buch allerdings kaum Neues bringen.

Die 1. Auflage wurde von J. Kiersch (1986) kritisch besprochen und von anderen Autoren kritisch beleuchtet (Paschen 1987, Rittelmeyer 1989). Hierbei wurde Unzureichendes, Falsches und Irreführendes zutage gefördert – Fehlurteile aufgrund unzureichender Sachkenntnis, ungesicherte Aussagen über historische Wurzeln der Waldorfpädagogik u.a.m. So hat es den Anschein, daß Pranges Buch nicht hält, was es im Untertitel verspricht: «Darstellung und Kritik der Waldorfpädagogik». Dem Kenner fällt auf, was als Darstellung ausgegeben wird: eine Zitaten-Kollage mit Gedanken-Verknüpfungen, die über weite Passagen Konstruktionen des Autors sind. Und die Kritik? Sie beginnt, bevor das, was kritisch zu beleuchten wäre, sichtbar geworden ist. Also Kritik nicht im Sinne der Wahrheitsfindung, sondern der raschen Beurteilung.

Weshalb also eine neuerliche Auseinandersetzung mit diesem Buch? In seiner Replik auf die Rezension von Kiersch gesteht Prange «Zitier- und Druckfehler» (1986, S. 551) ein. An dem Kern seiner Aussagen meint er aber festhalten zu können: an der These, «daß die Waldorfschule ein Ort für die Erziehung zur Anthroposophie ist» und an der «Auffassung, daß Steiners Lehre vom

seherischen Erkennen und die Anthroposophie auf Sand gebaut sind» (1986, S. 551). So ist das Buch denn auch in seiner 2. Auflage gegenüber der 1. Auflage fast unverändert gedruckt worden. Das provoziert eine Analyse, die die Aussagen Pranges eingehender prüft, als das bisher geschehen ist.
Die folgenden Seiten wollen einiges, was Prange übergeht oder wegläßt, zu dem hinzufügen, was er in seinem Buch darstellt. Beabsichtigt ist eine Lesehilfe für den, der in Pranges Buch «Darstellung und Kritik» sucht, vor allem aber eine Offenlegung von Pranges Argumentationsfiguren.
Ich werde im wesentlichen den Kapiteln des Prangeschen Buches folgen, dabei aber auch manches übergehen; etwa die Bemerkungen Pranges über die Waldorfzeugnisse und Steiners Ideen über die Dreigliederung des sozialen Organismus, weil diese von Kiersch bereits behandelt sind, aber auch manches andere. Vollständigkeit wäre bei einer solchen Analyse ermüdend. Denn eines kann man dem Buch keinesfalls vorhalten, daß es langatmig geschrieben sei. Im Gegenteil, der Stil ist flott, nicht ohne die Würze des Zynischen; und die Darstellung führt von einer Überraschung zur nächsten.

2.

Gegenüber der Aussage R. Steiners, Waldorfpädagogik gehe aus einer vollen, d.h. umfassenden Menschenerkenntnis hervor (zitiert bei Prange S.18), meldet der Wissenschaftler Vorbehalte und Skepsis an. Das ist verständlich, denn er weiß nur zu genau, daß Wissenschaft mit ihren Methoden im allgemeinen nur Teilaspekte erfaßt. Das gilt insbesondere für die Wissenschaften, die sich mit dem Menschen befassen. Nach Prange hatte Steiner zu diesen Wissenschaften ein zweifelhaftes Verhältnis. So sei er an den für seine Zeit so maßgebenden Forschungen wie denen von Wundt, Freud, Binet, Ebbinghaus u.a. vorbeigegangen (S.19), habe diese also offensichtlich nicht zur Kenntnis genommen. Woher weiß das Prange so genau? Bereits bei einer flüchtigen Überprüfung erfährt man anderes; nämlich, daß sich Steiner eingehend mit Wundt (GA 18) und mit Freud (GA 178) auseinandergesetzt hat, und daß er Ebbinghaus kannte (GA 102). Prange gibt Vermutungen ungeprüft als Tatsachen aus.
Er geht dann der Frage nach, «wie Steiner seine Menscherkenntnis praktiziert hat, was er an Menschen gesehen hat und wie er sie gedeutet hat» (S.20). Das ist erforderlich, wenn man Waldorfpädagogik in ihren Wurzeln kennen lernen will. Allerdings ist das kein geringes Unternehmen. Da wäre zunächst zu erörtern, wie Steiner den Menschen von einem anderen methodischen Aus-

gangspunkt aus betrachtet als die gegenwärtige Anthropologie, wenn er in seinen beiden grundlegenden Werken «Theosophie» (GA 9) und «Geheimwissenschaft im Umriß» (GA 13) die sogenannten Wesensglieder des Menschen darstellt und im weiteren die Voraussetzungen für ein undogmatisches Verständnis von Reinkarnation und Karma. Hinzukommen müßte eine Auseinandersetzung mit jenen Darstellungen, in denen Steiner seine Anschauungen über den Zusammenhang des geistig-seelischen Menschenwesens (und seiner karmischen Anlagen) mit seinem Leibe darlegt (z.B. GA 21, GA 236 (10. Vortrag), GA 293). Davon findet man bei Prange nichts. Aus dem ganzen Umfang der einschlägigen Darstellungen Steiners bezieht er sich lediglich auf einen einzigen Vortrag (GA 310, 2. Vortrag), der zudem recht komplizierte Sachverhalte behandelt; deshalb verweist Steiner dort eingangs auch auf die in den genannten Büchern entwickelte Betrachtungsart, d.h. auf die sachlichen Grundlagen.

Prange verhält sich also wie jemand, der aus einem mathematischen Werk eine der letzten Seiten herausreißt und das, was dort steht, befremdlich findet. In einer solchen Situation kann man sich recht unterschiedlich verhalten. Man liest die vorangegangenen Seiten in der Hoffnung, um dort die Verständnisgrundlagen zu gewinnen; man legt alles beiseite und läßt es auf sich beruhen; oder aber man lastet das Befremdliche dem Autor an. Prange entscheidet sich für das letztere und kommentiert aus seinem Verständnishorizont, was Steiner schildert.

Am Beispiel von Goethe und Schiller stellt Steiner dar, daß es Menschen gibt, die das, was sie sich im Laufe eines früheren Erdenlebens erworben haben, «auf eine harmonische Weise karmisch in dem gegenwärtigen Leben ... zur Darstellung bringen» können (GA 310, S. 26) und andere, die «nicht immer ganz ausleben» können, was sie karmisch in sich tragen. Nach Steiner drückt sich dieser Gegensatz bis in die Konfiguration des Leibes aus. Steiner möchte den Lehrer durch solche Hinweise anregen, «mit viel innigerer Aufmerksamkeit auf jedes Menschenleben und Menschenwesen hinzuschauen» (GA 310, S. 36). Menschenerkenntnis also nicht als abstrakte Lehre von Wesensgliedern, Reinkarnation usw., sondern «als Gesinnung nach rechter Menschenbeobachtung», aus der «Liebe zum Kinde erwächst» (GA 310, S. 37).

Das unterschlägt Prange völlig. Er kommentiert die Beispiele Steiners dagegen auf seine Weise. Seine Schlußfolgerung: «Folgt man Steiner, sollten die Geisteswissenschaftler (gemeint sind die Philologen, Historiker usw.) sich als Geisterseher schulen lassen, ehe sie sich mit den Werken der Kunst und Dichtung, der Philosophie und Musik befassen» (S. 24). Einen Hinweis auf ein solches Ansinnen sucht man in dem Vortrag, auch in anderen Darstellungen Steiners vergebens. Steiner würde ihn sicher als absurd abgetan haben. – Wie geht es aber dem Leser, der von der Darstellung Steiners nur die kurzen Exzerpte Pranges und dessen Kommentierung kennenlernt?

Nicht besser ist es auf den folgenden Seiten. Da wird Steiner eine «Praxis als beratender Erzieher» (S. 25) angedichtet. Was Prange hier schreibt, wirft ein Licht auf seinen Umgang mit Steiners Darstellung. Steiner berichtet von einem jungen Literaten – es handelt sich offensichtlich um L. Jacobowski (siehe GA 28, S. 382 f.) –, der seine geistigen Anlagen nicht richtig im äußeren Dasein verwirklichen konnte – vor allem durch innere Hemmnisse, die sich in bestimmten psycho-physischen Störungen manifestierten. Nach Auffassung Steiners stand diesem geistig hochbegabten jungen Mann aufgrund seiner ganzen Lebenskonstellation ein früher Tod bevor. Um die Komplikationen nicht zu erschweren, riet Steiner seinem Freunde deshalb von einer unnötigen Operation ab. Dieser ließ sie durchführen und starb kurz darauf – nach Steiner vor allem eben wegen der ungünstigen Lebenskonstellation (GA 310, S. 36). Der Kommentar Pranges: «Die Quittung für seine Unfolgsamkeit folgte auf dem Fuße. Der Mann starb, ehe er das 30. Jahr vollendet hatte ... Man entgeht seinem Karma nicht, schon gar nicht, wenn man es technisch überlisten will» (S. 26). Man stutzt; wo sollte Karma überlistet werden? Prange braucht aber diese Verzeichnung für seine folgende Erörterung: Aufgabe des Erziehers sei nach Steiner, den Lebensweg der Zöglinge «karmakonform zu gestalten» (S. 27). Deshalb komme es «für den Waldorflehrer darauf an..., sich den richtigen Blick einzuüben, das zweite Auge für die übersinnlichen Welten zu gewinnen ...» (S. 27).

Im Text ist davon nichts zu finden. Worum es Steiner geht, das offene Interesse für die Kinder, haben wir bereits erwähnt. Prange hat aber für sich und seine Leser etwas gewonnen: ein kurioses Bild des Waldorflehrers, dem man in den folgenden Kapiteln in immer erstaunlicheren Ausstaffierungen begegnet (S. 83, 92, 95, 114 f., 143, 144).

Die Überschrift dieses Kapitels «Anthroposophische Lebensansichten» nimmt sich bei einer genauen Betrachtung merkwürdig aus. Was dieses Kapitel bietet, sind neben dem, was die aus dem Zusammenhang des Steinerschen Vortrages herausgelösten Zitate mitteilen, vor allem Ansichten des Autors.

3.

Nach dieser Erfahrung fühlt man sich veranlaßt, das Weitere sorgfältig zu lesen, d.h. Pranges Aussagen genau zu prüfen. Wir wollen im Hinblick auf das folgende Kapitel «Steiners Metamorphose: Vom Kulturkritiker zum Menschheitsführer» einiges von dem anführen, was dieses Vorgehen erbringt. Zunächst ist aber die Thematik mit wenigen Worten zu umreißen. Prange möchte ein realistisches Bild von Steiner entwerfen, das auch das enthält, was «die approbierten Biographien» (S. 32) nicht enthalten. Das sind «die Anfänge und frühen Stadien, in denen auch anderes möglich war als die Entwicklung zum Menschheitsführer. Die Brüche und Umschwünge, Sackgassen und Probeläufe, die der endgültigen Selbstpräsentation und dem Erfolg als ‹Weltanschauer› vorausgingen» (S. 32).
Das verlangt ein gründliches biographisches Studium, vor allem ein Gespür für die Problemstellen der Biographie. Im Literaturverzeichnis führt Prange auch eine Anzahl von Titeln zur Biographie Steiners auf. Umso mehr ist man über eine der ersten konkreten Aussagen erstaunt: die «Philosophie der Freiheit» (1894) sei Steiners erste öffentliche Schrift gewesen (S. 33). Man fragt sich, wie gründlich hat Prange seine biographischen Quellen gelesen; denn in wenigstens vier der angeführten Werke wird mehr oder weniger ausführlich von zwei früheren Schriften berichtet, von den «Grundlinien einer Erkenntnistheorie der Goetheschen Weltanschauung» (1886) und von «Wahrheit und Wissenschaft» (1892). Im weiteren findet man auf zehn Seiten zehn Aussagen, die unhaltbar bzw. falsch sind.
Zunächst glaubt Prange, einen Bruch in Steiners biographischer Entwicklung nachweisen zu können, indem er Steiners ablehnende Haltung gegenüber Theosophen seiner Zeit aus einem Aufsatz aus dem Jahre 1897 zitiert. In der Tat, schärfer kann man bloß vorgegebene höhere Erkenntnisse wohl kaum kritisieren, als Steiner in dem von ihm herausgegebenen «Magazin für Literatur». Und fünf Jahre später: Steiner wird Generalsekretär der deutschen Sektion der Theosophischen Gesellschaft. Prange: «Eine solche Metamorphose fordert zur Kritik heraus...» (S. 34). Ja, aber nur, wenn man nicht zur Kenntnis nimmt, was Steiner in seinem auch von Prange angeführten autobiographischen Werk «Mein Lebensgang» über sein Verhältnis zur damaligen Theosophischen Gesellschaft schreibt. «Ich erklärte, daß ich aber nur über dasjenige sprechen könne, was in mir als Geisteswissenschaft lebt. Ich konnte auch wirklich von nichts anderem sprechen. Denn von der von der Theosophischen Gesellschaft ausgehenden Literatur war mir sehr wenig bekannt. Ich kannte Theosophen schon von Wien her und lernte später noch andere

kennen. Diese Bekanntschaften veranlaßten mich, im ‹Magazin› die abfällige Notiz über die Theosophen beim Erscheinen einer Publikation von Franz Hartmann zu schreiben. Und was ich sonst von der Literatur kannte, war mir zumeist in Methode und Haltung ganz unsympathisch; ich hatte nirgends die Möglichkeit daran anzuknüpfen.» (GA 28, S. 393) Und wenig später: «*Niemand blieb im Unklaren darüber*, daß ich in der Theosophischen Gesellschaft nur die Ergebnisse meines eigenen forschenden Schauens vorbringen werde» (GA 28, S. 394). Die Belege hierzu findet man z.B. bei Lindenberg «Rudolf Steiner. Eine Chronik» (S. 202 ff.). Die von Prange aufgewiesene Metamorphose ist also eine Fata Morgana; ebenso Steiner als «Prediger der Theosophen» (S. 34).

Pranges Kronzeuge für einen andern «eklatanten Bruch» (S. 35) ist H. Leisegang in seinem Buch «Die Grundlagen der Anthroposophie». Steiner hat sich in den 90er Jahren des letzten Jahrhunderts als individualistischer Anarchist bezeichnet. Prange zitiert (S. 35) Leisegang: «Es gibt kaum schärfere Gegensätze als den individualistischen Anarchismus und die aus der Theosophie erwachsene Geisteswissenschaft. Der Anarchismus ist egoistisch, rücksichtslos bis zur Brutalität..., die Geisteswissenschaft ist versöhnend, schlägt Brücken zwischen Religionen, Rassen und Staaten...». Ein Wandel vom Anarchisten zum Geisteswissenschaftler ist in der Tat abenteuerlich. Was ist aber der individualistische Anarchismus? Hierüber hätten sich Leisegang und Prange auf einfache Weise aufklären können. In seiner Autobiographie schreibt Steiner, der Begriff individualistischer Anarchismus stamme von Mackay und war das «Gegenteil von dem, was man damals Anarchismus nannte» (GA 28, S. 371). Nicht eine Veränderung der sozialen Verhältnisse durch Gewalt, sondern vom einzelnen Menschen ausgehend, wenn «auf geistigem Wege im Innern der Menschen sich der entsprechende Umschwung vollzogen» habe (GA 28, S. 372). Nicht weniger deutlich hat sich Steiner 1898 im «Magazin für Literatur» geäußert: «Der ‹individualistische Anarchist› will, daß kein Mensch durch irgend etwas gehindert werde, die Fähigkeiten und Kräfte zur Entfaltung zu bringen, die in ihm liegen.» Und im weiteren: «Er weiß dies eine: man macht den unabhängigsten Menschen den Weg dadurch frei, daß man jegliche Gewalt und Autorität aufhebt» (GA 31, S. 285). Hier hat Prange versäumt, einen Begriff zu klären, bevor er mit ihm operiert. Das Resultat – eine zweite Fata Morgana.

Der dritte Beweis: Steiner «versuchte sich als Publizist für verschiedene Zirkel und Zeitschriften, als Schulungsredner bei den Sozialdemokraten und eben schließlich auch als Geschäftsführer der Theosophen» (S. 35). Nach dem, was wir bisher gesehen haben, ist hier nur noch eines problematisch: Steiner als

Schulungsredner der Sozialdemokraten, d.h. jener Partei, die sich dann nach dem 1. Weltkrieg in Kommunisten und Sozialdemokraten gespalten hat; Steiner, ein Mann, der die Kader theoretisch und rhetorisch in sozialistischer Agitation ausbildet. Was ist der Sachverhalt? Steiner war von 1899 bis 1904 Lehrer an der Berliner Arbeiterbildungsschule, einer sozialdemokratischen Gründung. Über die Umstände seiner Berufung und über seine Tätigkeit erfährt man Konkretes in der Schrift «Erinnerungen an Rudolf Steiner und seine Wirksamkeit an der Arbeiterbildungsschule 1899 – 1904» von Mücke und Rudolph. Steiner berichtet auch selbst über seine dortige Lehrtätigkeit in seiner Autobiographie (38. Kapitel). Hieraus einige Bemerkungen. «Ich zeigte, wie bis zum sechzehnten Jahrhundert von einer Herrschaft der wirtschaftlichen Kräfte, so wie Marx dies tut, zu sprechen ein Unding ist... So war es möglich, für die vorangehenden Zeitalter der Geschichte die ideell-geistigen Impulse ganz sachgemäß zu besprechen...» (GA 28, S. 377). «In den Rede-Übungen konnte allerdings nur wenig in dieser Richtung getan werden. Nachdem ich immer im Beginn eines Kurses die formalen Regeln des Vortragens und Redens erörtert hatte, sprachen die Schüler in Übungsreden. Sie brachten da selbstverständlich vor, was ihnen nach ihrer materialistischen Art geläufig war» (GA 28, S. 377). Steiners Wirken war so wenig konform mit der materialistischen Weltauffassung der sozialistischen Führer, daß seine Lehrtätigkeit schließlich unterbunden wurde. Steiner ging es um Arbeiterbildung, wie er sie vertreten konnte. Steiner als ein Mann im Dienste der marxistischen Ideologie ist ein absonderliches Konstrukt.

Weitere unzutreffende Aussagen dieses Kapitels merke ich nur in aller Kürze an. Steiner sei durch Marie v. Sivers bei den Theosophen «eingeführt» worden (S. 37). Er hat sie dort bei einem seiner Vorträge kennengelernt (GA 28, S. 394). – Steiner könne das Schau-Erlebnis, von dem er in einem autobiographischen Vortrag berichtet, gar nicht gehabt haben. Das sei nach Steiners eigener Lehre erst nach dem 14. Lebensjahr, nach der sog. Geburt des Astralleibes möglich (S. 39). Für eine solche außersinnliche Erfahrung sind nach anthroposophischer Auffassung jene Kräfte erforderlich, die sich im siebten Lebensjahr aus der Verbindung mit den physischen Organen lösen (Geburt des Lebensleibes). – Steiner habe diesen Vortrag gehalten, um «seine Sonderstellung in der nun eigenständigen Glaubensgemeinde zu begründen» (S. 38), nämlich in der neugegründeten Anthroposophischen Gesellschaft. Prange bringt für diese Hypothese keinen Beleg, der schon notwendig wäre, weil er andere Gründe, nämlich bestimmten Anschuldigungen entgegenzutreten (siehe Lindenberg, «Rudolf Steiner. Eine Chronik», S. 331), widerlegen müßte. – Steiner verschweige, was er in Wahrheit jenem einfachen Kräuter-

sammler verdanke, den er als Student kennenlernte und der in sich ein tiefes Wissen von der Geistigkeit der Natur trug; man sehe, «wie sonderbar Steiner mit dem umgeht, was ihn offenbar zu dem gemacht hat, was er wurde» (S. 44). Man würde gerne von Prange erfahren, was er da weiß. Ohne konkretere Aussagen ist Pranges Bemerkung nichts als eine haltlose Verdächtigung.
Vieles, was Prange in diesem Kapitel vorbringt, ist das Resultat eines vorschnellen, wenn nicht gar eines vorgefaßten Urteils und eines schwer verständlichen Mangels an Gründlichkeit. Man fragt sich, wie ein Wissenschaftler dazu kommt, die von ihm sonst so hoch gehaltene Rationalität in einem solchen Umfang aufzugeben.

4.

Wenden wir uns nun einer der zentralen Thesen Pranges zu, daß Steiners Anthroposophie in Methode und Inhalt «auf Sand gebaut» sei – und damit natürlich auch die Waldorfpädagogik. Den Nachweis soll das 4. Kapitel «Erlebte Vorstellungen: Die Wissenschaft eines Geistesforschers» liefern. Pranges Argumentation entfaltet sich in drei Schritten. Steiner gehe nicht wie die moderne Wissenschaft den Weg der Differenzierung, der Analyse, sondern versuche, «die Ganzheit direkt zu artikulieren» (S. 57). Die wesentliche Funktion im Verhältnis zur Welt sei deshalb das Erleben. (Einen Beleg für diese Aussagen liefert Prange nicht.) Der «archaische» Grundgedanke in Steiners Erkenntnislehre sei die Gleichartigkeit von Kosmos und Mensch. Und dieser «harte Kern der Erkenntnislehre Steiners» beruhe auf einem fundamentalen Irrtum. Steiner schließe nämlich von einem bloßen Vorstellungsinhalt auf das Vorhandensein desselben in der Wirklichkeit. «Wenn wir uns ein Einhorn vorstellen, uns intensiv und massiv dieses Fabeltier vor die Seele rücken, wenn wir davon träumen und Geschichten dazu erzählen, die das Herz bewegen, dann wissen wir doch, daß es keine Einhörner gibt. Das Vorstellen ist zwar wirklich ... das Vorgestellte, das Einhorn, ist nicht wirklich. So denken wir in der Regel. So denkt Steiner nicht» (S. 60). Steiner, offensichtlich ein Mann mit weitgehendem Realitätsverlust – und Anthroposophie das Ergebnis eines Zustandes, der wohl einer psychiatrischen Behandlung bedurft hätte. Schließlich findet Prange noch einen Denker, von dem Steiner zu dieser Auffassung angeregt worden sei, nämlich Herbart.
Nun verrät Prange gleich auf den ersten Seiten dieses Kapitels wie auch schon in dem vorangegangenen seine höchst unzureichende Sachkenntnis. Steiner habe «das Methodische ... nie für sich dargestellt», immer seien «Werkzeug

und Inhalt in eins gesehen» worden (S. 57). Wir wollen hier nicht alle jene Darstellungen Steiners aufzählen, die er speziell seiner Erkenntnismethode widmet, sondern nur einige Bücher: die schon erwähnten «Grundlinien einer Erkenntnistheorie der Goetheschen Weltanschauung» und die «Philosophie der Freiheit» (1. Teil), weil sie eine erkenntnistheoretische Grundlegung der Anthroposophie enthalten; dann vor allem die «Geheimwissenschaft im Umriß» (Kapitel «Die Erkenntnis der höheren Welten»), «Die Stufen der höheren Erkenntnis», «Wie erlangt man Erkenntnisse der höheren Welten?» und «Vom Menschenrätsel» (Kapitel «Ausblicke»), weil hier z.T. mehr methodologisch, z.T. mehr systematisch die Wege übersinnlicher Erkenntnis behandelt sind. Man fragt sich, wie kommt Prange überhaupt zu Aussagen, wenn er das alles nicht berücksichtigt? Betrachten wir seine Äußerungen, Argumente und Schlußfolgerungen im einzelnen.

Zunächst die Aussage, «Steiner habe versucht, die ‹Ganzheit› direkt zu artikulieren». Sie ist schlichtweg falsch. Bereits in den «Grundlinien...» hat Steiner dargelegt, daß jedes Erkennen zunächst in die Analyse führen, dann aber zur Synthese des Getrennten fortschreiten müsse (GA 2, S.68 ff.). In der «Allgemeinen Menschenkunde»: «Würde man niemals gliedern, so bliebe die Welt in einem Unbestimmten ... Und würde man nur gliedern, nur trennen, so würde man niemals zu einer wirklichen Erkenntnis kommen, denn man würde nur Verschiedenes erfassen, und die Erkenntnis bliebe aus.» (GA 293, S. 123) Diese gar nicht so ungewöhnliche Auffassung hat ihren Grund darin, daß Steiner gerade nicht vom Erleben, wie Prange behauptet, sondern von Erfahrung und Denken ausgegangen ist. Das kann man nicht übersehen, wenn man z.B. Steiners «Lebensgang», den Prange verschiedentlich zitiert, liest, vor allem, wenn man die erwähnten Werke zur Kenntnis nimmt.

Nun zu dem, was Prange für den Kern von Steiners Erkenntnislehre hält und deren fundamentalen Irrtum. Prange orientiert sich an einer Darstellung Steiners in dessen Autobiographie. Steiner unterscheidet dort im 22. Kapitel drei Erkenntnisformen. Die erste ist «die an der Sinnesbeobachtung gewonnene Begriffserkenntnis» (GA 28, S. 324), d.i. jene Erkenntnisart, die überall in der Wissenschaft praktiziert wird. In der zweiten, der ideell-geistigen Erkenntnis, werden die Begriffe unabhängig von den Sinnen im Innern erarbeitet und erlebt. Die erste anfängliche Form dieser Erkenntnis ist die Mathematik. Auch Goethes anschauende Urteilskraft wäre als Beispiel zu nennen. Steiner skizziert in jener Passage, die Prange aufgreift, den Weg zu einer dritten Erkenntnisform, der Geist-Erkenntnis. Es geht um ein intensives Erleben der in der Welt vorhandenen Rätsel und das Bewußtsein, daß sich diese Rätsel nicht durch Gedanken lösen, wie man auf der Stufe der Begriffs-

Erkenntnis überzeugt ist. Die Lösung der Rätsel «ersteht in der Wirklichkeit», indem der Mensch – so Steiner – sein eigenes Wesen immer tiefer geistig durchdringt. In dem, was man da als die Wirklichkeit des eigenen Wesens erfährt, liegt auf dieser dritten Stufe des Erkennens die Lösung der Welträtsel. Daß Steiner eine andere Dimension von Selbsterkenntnis als die übliche im Auge hatte, geht aus dem Text deutlich hervor. An den Satz Steiners «So sagte ich mir auch: die ganze Welt, außer dem Menschen, ist ein Rätsel, das eigentliche Welträtsel; und der Mensch ist selbst die Lösung» (GA 28, S. 319) schließt Prange folgende Bemerkung an: «Man kann das traditionell so auslegen: wie wir die Welt sehen, hängt von uns ab, von unserer Perspektive, und den formalen Voraussetzungen unseres Erkenntnisapparates» (S. 58). Nun eben nicht! Denn das wäre ein Wechsel von der dritten in die erste Etage. Es ist zwar richtig, wenn Prange die Abhängigkeit unserer Weltsicht von unseren Erkenntnisfunktionen betont. Es geht Steiner aber gerade nicht um unseren sinnlichen und intellektuellen Erkenntnisapparat, sondern um eine andere Erkenntnisform, man könnte auch sagen Erkenntnisdimension, also nicht um die Begriffserkenntnis, die Prange im Auge hat. Die weiteren Erörterungen, Schlußfolgerungen und Vermutungen Pranges ergeben sich aus seinem Dilemma. Er bemerkt nicht, daß er über etwas redet, was er nicht sieht. Das zu verfolgen ist durchaus amüsant. So heißt es dann: «Wenn wir erkennen, wissen wir zwar, daß das Erkennen nicht mit dem Erkannten zusammenfällt, aber zugleich wissen und erleben wir, *daß* wir erkennen, und dieses Erleben des Erkennens ist die Stelle, wo sich Mensch und Welt, Ich und Kosmos, Leib und Geist vermählen. Das scheint der Sinn des Satzes zu sein: ‹Antworten offenbaren sich als Wirklichkeiten›» (S. 59). Daß der Sinn dieses Satzes nicht in der von Prange so eifrig gehandhabten Begriffserkenntnis liegt, daß er also ein durchaus anderer ist, bleibt unbemerkt. Und durch diesen Mangel an hermeneutischem Vermögen kommt Prange zu seiner These, die unmittelbar auf die letzten Sätze folgt: «Das heißt: diese Antworten sind Erlebnisse, die der Erkennende beim Blick auf die Dinge ‹außer sich› hat.» Bei Steiner sind es Erfahrungen im geistigen Durchdringen der eigenen Wesenheit. Prange fährt fort: «Was Steiner tut, ist folgendes: Er identifiziert den erlebten Vollzug des Hinsehens, Beobachtens und Urteilens mit dem Erkannten.» Und wenig später: «Er schließt von der Wirklichkeit des Vorstellens auf die Wirklichkeit des Vorgestellten.» (S. 60) Pranges Urteil über den Phantasten Steiner ist das Resultat von Vermutungen und Schlüssen, denen keine Wirklichkeit entspricht – ein Phantasma.

Von diesem Phantasma aus ergibt sich eine Linie zu Herbarts «Metaphysik». Dort unternimmt Herbart den Versuch, von den Erscheinungen über die von

Kant in die Philosophie eingeführte Welt des «Dinges an sich» durch bestimmte Gedankenoperationen Aussagen zu machen, um dann aus dieser konstruierten Welt des Metaphysischen die zum Schein erklärte Welt abzuleiten. Hält man neben Steiners Wirklichkeitsauffassung, die in den Welterscheinungen das wesenhaft Geistige aufsucht, Herbarts Metaphysik, dann wird der Gegensatz beider Positionen unübersehbar. Prange hätte nur Steiners Darstellung der Herbartschen Metaphysik in dessen «Rätseln der Philosophie» (GA 18) zur Kenntnis nehmen müssen, um die entschiedene Distanz Steiners gegenüber Herbart zu bemerken. Hierauf hat bereits Kiersch in seiner Besprechung hingewiesen.

An diese kritischen Bemerkungen seien noch einige Hinweise auf die Bedingungen einer übersinnlichen Erkenntnis im Steinerschen Sinne angefügt. Es ist hier nicht der Ort einer noch so knappen Skizze der entsprechenden Methoden. Diese findet man in den erwähnten Büchern Steiners. Nur weniges, was zu Pranges Äußerungen Bezug hat. Grundvoraussetzung für die Ausbildung von Erkenntnisfähigkeiten, die in den Bereich einer übersinnlichen Wirklichkeit hineindringen, ist nach Steiner «ein völlig vernünftiges, ganz und gar logisches Denken ... Ein Phantast, der sich Vorstellungen über allerlei Unwirkliches macht, ist nicht zu gebrauchen für die geistige Welt» (GA 55, S. 185). Und an anderer Stelle im Hinblick auf eine höhere Form des Erkennens: «... daß derjenige, welcher in regelrechter Schulung die charakterisierte Stufe erreicht hat, seine eigene Vorstellung von einer geistigen Wirklichkeit ebenso unterscheiden kann, wie ein Mensch mit gesundem Verstand die Vorstellung eines heißen Eisenstückes von dem wirklichen Vorhandensein eines solchen» (GA 13, S. 326). Ein wichtiger Teil der geistigen Schulung liegt gerade darin, Täuschung und Wirklichkeit unterscheiden zu können (GA 13, S.326 ff.).

5.

Prange bemüht sich, etwas aufzuklären, das ihm verworren vorkommt. So zieht er aus wenig deutlichen Spuren in der ihm möglichen Weise Schlüsse. Er bedenkt nur eines nicht. Vielleicht ist das, dem er nachspürt, schon bekannt. Es entsteht für ein unorientiertes Publikum das Bild eines braven, klugen Mannes, der einen dubiosen Sachverhalt mühevoll aufdeckt. Das Mißliche an diesem Unternehmen ist nur, daß der so mühsam gesuchte Sachverhalt offen daliegt. Man muß nur in eine Bibliothek gehen und sich zum Lesen die erforderliche Zeit nehmen. Dann allerdings bemerkt man

die Differenz zwischen den Schlußfolgerungen Pranges und dem gesuchten Objekt.
Die weitere Spurensuche führt zu «Enthüllungen: Erziehung als Einweihung». Hier und in dem folgenden Kapitel wird der Leser darüber aufgeklärt, was Waldorfpädagogik ist und bewirkt. Er erfährt, Waldorfpädagogik sei eine Neuauflage des seit langem überwundenen Herbartianismus. Auch in der Pädagogik sei Herbart Steiners Meister (S. 77); und die Waldorflehrer seien «späte Adepten der längst fossilierten Herbartianer» (S. 78). Gegen diese Genealogie wurden verschiedentlich Bedenken geäußert (Kiersch 1986, Paschen 1987, Rittelmeyer 1989). Es lohnt sich aber dennoch, ihr nachzugehen. Nachdem die Herkunft namhaft gemacht ist, geht es um das Konkrete. Und hier erweist sich Waldorfpädagogik letztlich als Manipulation (S. 122). Der Unterricht verlaufe im Stile einer «kunstvollen Überredung» (S. 121). Eine «bewußte Reflexion» gäbe es für die Schüler nicht. Das habe Prinzip: «Das Undurchschaute ist wirksamer als das Durchschaute» (S. 121). Und wenn man die Stoffe betrachte, dann könne man sehen, daß an den Waldorfschulen «zur Anthroposophie erzogen» werde (S. 111). Diese werde nicht deutlich gelehrt; da könnte man ja merken, worum es gehe. Deshalb würden die anthroposophischen Lehren «eingeflößt». «Der Lehrplan steuert das Lernen, und die anthroposophische Weltanschauung den Lehrplan» (S. 111). Alles Dinge, die für den heutigen Menschen, dem Freiheit, Selbstbestimmung und eigenes Urteil unverzichtbare Ideale sind, unzumutbar sind. Man muß noch einen andern Schluß ziehen. Bei der Eröffnung der ersten Waldorfschule hatte Steiner den Eltern und der Öffentlichkeit gegenüber nachdrücklich betont, die Waldorfschule solle «nicht eine Weltanschauungsschule werden. Derjenige, der da sagen wird: die anthroposophisch orientierte Geisteswissenschaft gründe die Waldorfschule und wolle nun ihre Weltanschauung hineintragen in diese Schule..., der wird nicht die Wahrheit sprechen» (GA 298, S. 32). Ist das ein Täuschungsmanöver, eine «Mogelpackung», wie Prange einmal sagt?
Wenden wir uns zunächst der Herbartianismus-These zu. Prange meint, sie an einigen Indizien entdeckt zu haben. An den Waldorfschulen habe der Unterricht eine erziehende Aufgabe. Das entspreche Herbarts Forderung nach erziehendem Unterricht. Ist man aber schon, wenn man die vernünftige Idee eines andern aufgreift, dessen Gefolgsmann, also z.B. Pythagoreer, wenn man sich den pythagoreischen Lehrsatz oder den Zusammenhang zwischen Intervallen und Zahlenverhältnissen zu eigen macht? Prange «entdeckt» im weiteren das Konzentrationsprinzip, das Kulturstufenprinzip und schließlich auch die Formalstufen des Lernens im Lehrplan und der Unterrichtsmethodik der Waldorfschulen.

Nun hat Prange offenbar nicht bemerkt, daß sich Steiner selbst verschiedentlich zur Pädagogik Herbarts und der Herbartianer geäußert hat, am ausführlichsten in einem Vortrag aus der Zeit, in der die Gründung der ersten Waldorfschule vorbereitet wurde. («Welche Gesichtspunkte liegen der Waldorfschule zugrunde?») und in einem pädagogischen Kurs für die Lehrerschaft Basels (GA 301). Dort würdigt Steiner, was die Erziehungswissenschaft geleistet hat, auch Herbart und seine Nachfolger wie Ziller u.a. Was die Erziehungswissenschaft als allgemeine Grundsätze aufgestellt hat, akzeptiert Steiner weitgehend. Hierzu würden sicher der erziehende Unterricht, Psychologie als «Wissenschaft des Erziehers» (Herbart, Allgemeine Pädagogik), die Bildung eines vielseitigen Interesses, Herbarts Auffassung über die Bedeutung der Charakterbildung u.a.m. gehören. Es besteht aber ein Manko: «... wir haben eine mustergültige Erziehungswissenschaft, aber es handelt sich beim Erziehen gerade mehr als sonstwo um noch etwas anderes als um eine vorzügliche Wissenschaft, es handelt sich gerade beim Erziehen darum, daß diese Wissenschaft übergehen kann in eine wirkliche Kunst; daß Pädagogik Kunst werden kann» (GA 301, S. 12). Das aber könne durch anthroposophische Menschenerkenntnis erreicht werden; diese sei in der Lage, in die Entwicklungsvorgänge des werdenden Menschen einzudringen und diesen gemäß pädagogisch zu wirken. Die Herbartsche Psychologie, für die das Vorstellen die einzig reale Seelenfunktion ist, sei ganz ungeeignet. Sie könne nur den Intellekt bilden – so Steiner ausführlich in dem erstgenannten Vortrag. Daher seine entschiedene Ablehnung der herbartianischen Pädagogik.

Prange bemerkt nicht, wo allenfalls eine Beziehung der Waldorfpädagogik zu Herbart und den Herbartianern besteht; wo er sie vermutet, besteht sie nicht. Prange glaubt im Lehrplan der Waldorfschulen das Kulturstufenprinzip zu entdecken (S.102 f., S. 108). Vermutlich würde er etwas differenzierter argumentieren, wenn er zur Kenntnis genommen hätte, daß Steiner dieses dezidiert ablehnt. Die Lehre, daß der heranwachsende Mensch die Entwicklung der Menschheit wiederhole, «kann man als ein Phantasiegebilde aufstellen, aber es entspricht dies keiner Wirklichkeit» (GA 301, S. 66). Es gibt wohl einige Entsprechungen zwischen Zillers Lehrplan für den Gesinnungsunterricht (Ziller 1886, S.20 ff.) und bestimmten Themenbereichen im Lehrplan der Waldorfschulen (C.v. Heydebrand o.J.). Die Begründung ist aber sehr unterschiedlich; das eine Mal ergibt sie sich aus der Theorie der Kulturstufen, das andere Mal aus der anthroposophischen Anthropologie bzw. aus der in dieser begründeten Auffassung von der Entwicklung des Kindes. Deshalb schreibt Rittelmeyer: «Gerade die Didaktik der Waldorfpädagogik ist über

äußerliche Vergleiche z.B mit herbartianischen ... Gedanken wissenschaftlich gar nicht erreichbar.» (a.a.O., S. 478)
Die Art, wie Prange das Konzentrationsprinzip, d.i. die Beziehung einzelner Unterrichtsfächer zueinander im Sinne einer themenorienterierten Konzentration des Unterrichts, in die Waldorfpädagogik hineininterpretiert, ist erstaunlich. Der Waldorfschule wird Gesamtunterricht angedichtet (S. 104). Dann wird auf dem Wege über die Bemerkung «schließlich lassen sich ‹Epochen› organisieren, so daß während eines bestimmten Zeitraumes der Unterricht von einem Thema und einem Fach her bestimmt wird» (S. 104), der Epochenunterricht zu einem Beweisstück für das herbartianische Konzentrationsprinzip an den Waldorfschulen stilisiert. Es ist nur die Frage, wo es eine Waldorfschule gibt, die solche «Epochen» organisiert. Prange müßte erst eine derartige Waldorfschule gründen, um seine Hypothese verifizieren zu können. Zum Thema Formalstufen des Unterrichts nur eine knappe Bemerkung. Prange ist nach dem, was man seinem Buch «Bauformen des Unterrichts» entnehmen kann, der Auffassung, daß diese Formalstufen ein unverzichtbares Element des Unterrichts seien. Allerdings eines Unterrichts, für den eine bestimmte Prämisse gilt: «Was nicht schematisierbar ist, ist nicht lehrbar» (a.a.O., S. 93). In der Tat sind die Formalstufen auch dort zu finden, wo man sie nicht vermutet, z.B. im Unterricht von Reformpädagogen (siehe H. Nohl 1953, S. XI). So sucht Prange die Formalstufen auch in der Waldorfpädagogik (7. Kapitel). Ich erspare es mir und meinen Lesern, jene verschlungenen Wege und eigenartigen Indizien zu analysieren, die den Beweis liefern sollen. Der ganze Beweis ist etwa von der Art, daß er erbringen muß, was von vornherein vorausgesetzt wurde. Wenn man die Herbartianismus-Brille, mit der Prange die Waldorfpädagogik betrachtet, abnimmt, dann löst sich das «Gesehene» in ein Nichts auf.

6.

Die wichtigste Aussage von Pranges Waldorf-Werk steht bereits im Titel: «Erziehung zur Anthroposophie». Einige Thesen auf dem Weg zu diesem Resultat habe ich schon erwähnt. Glaubt man den Argumenten, dann kommt man nicht nur auf einem, sondern mindestens auf zwei Wegen zu jener Aussage; einmal, wenn man die Unterrichtsformen, zum anderen, wenn man die Unterrichtsinhalte unter die Lupe nimmt. Zunächst die Unterrichtsformen. Hier bezweifelt Prange die Aussage, an den Waldorfschulen entspreche der Unterricht den Entwicklungsbedingungen und -gesetzen des heranwachsenden Kindes, er sei kindgerecht. Er hält sie für grundfalsch, weil dem Unterricht die anthroposophische Menschenerkenntnis zugrundeliege. «Man muß schon Anthroposoph sein, um ... anthroposophisch sehen und erziehen zu können.» Soweit ist das durchaus richtig. Hieraus wird nun gefolgert: «Indem man das Kind so ansieht, wie dort gelehrt wird, wird es auch anthroposophisch behandelt und erzogen.» (S. 83) Wie aber, wenn Anthroposophie zum Verstehen des Kindes und seines Werdens anleitet?

Es ist nun interessant, was Prange im weiteren darstellt, vor allem, was er wegläßt. Er hebt vor allem zwei Prinzipien hervor, die für die ersten sechs bis acht Schuljahre gelten, Bild und Autorität. Daß es in der Waldorfschule dann aber um eigene, selbständige Urteilsfähigkeit geht, die im Umgang mit Phänomenen und Tatsachen auf vielen Feldern erübt wird, kommt bei Prange nicht vor. Alles, was in Richtung auf geistige Selbständigkeit geht, wird unterschlagen; es paßt nicht in das Konzept. Und das, was Bild und Autorität für die Entwicklung zur selbständigen Persönlichkeit bedeuten, wird nicht erwogen. Bild bedeutet nach Prange: es wird nicht erklärt, sondern nur «bewegt und ergreifend» dargestellt (S. 86). Daß Bild mehr ist als sinnliche Anschauung oder bloße Vorstellung und mit der Erscheinung zusammen das Wesen enthüllt, d.h. gerade zum Begreifen führt, also nicht nur das Erleben anspricht, sondern das Denken der Kinder herausfordert, kommt einem beim Lesen nicht von ferne in den Sinn. Es wird das Gegenteil behauptet: «Bilder wirken als Bilder, wenn sie nicht begriffen sind» (S. 137). Was Prange erörtert, ist nicht bloß ein Segment, sondern auch dieses Segment ist eine Chimäre.

Nachdem der Leser erfahren hat, wie es an der Waldorfschule nahezu ohne Begreifen zugehe und Selbständigkeit kein Thema sei, lernt er Steiners «Entwicklungskonzept» kennen: daß Entwicklung «nichts Neues» bringe, «sondern eine Variation des Alten, und im Grunde wird immer der gleiche Film abgespult» (S. 91). Ich will nicht im einzelnen nachweisen, daß in mehreren Büchern, sogar solchen, die Prange als seine Literatur anführt (Theosophie, Geheimwissenschaft im Umriß u.a.m.), das Gegenteil steht, sondern auf jenes Zitat eingehen, aus dem Prange seine Auffassung ableitet (S. 91). Dort sagt Steiner: Der Mensch trage durch die Geburt in die physische Welt die Früchte seiner früheren Erdenleben. Bevor die Seele aber zum vollen Bewußtsein erwache, sei sie zunächst am unvollkommenen Gehirn tätig: um aus ihm ein Werkzeug zu machen, «wie es gebraucht wird zum Ausleben all der Fähigkeiten, Anlagen, Eigenschaften usw., welche der Seele eignen als Ergebnisse ihrer früheren Erdenleben».

Was sind aber die Fähigkeiten, Anlagen, Eigenschaften usw. für ein Kind anderes als Kräfte und Voraussetzungen für sein Lernen und seine weitere

Entwicklung? Die Früchte der Vergangenheit sind die Bedingung, durch die der Mensch zu neuen Stufen seiner Entwicklung fortschreiten kann.
Indem das Gegenteil als anthroposophische Lehre ausgegeben wird, sind die Prämissen für die Conclusio vorhanden: es gibt kein selbständiges Lernen an den Waldorfschulen; es gibt aber auch keine eigene Entwicklung, sondern nur das Ausleben des Alten. So wird Pädagogik zu etwas, was nicht zum eigenen Lernen führt, sondern zu einem «Nachlernen» unter rigider Anleitung von Autorität heischenden Führergestalten. Das gehe so von der Schule bis zur Einweihung, und die Schule sei die Vorschule der Einweihung. Daß dieser letzte Schritt der Deduktion einige logische Brüche enthält, übergehe ich. Aus der elementaren Logik weiß man, daß eine Conclusio falsch ist, wenn eine Prämisse falsch ist. Und nun sind gleich beide falsch.

7.

Wenn schon die eine Hälfte des Beweises mißraten ist, so könnte die andere, die sich auf die Inhalte des Waldorflehrplans bezieht, vielleicht doch zutreffen. Das Kernstück findet man auf den Seiten 108 bis 111. Es hat zwei Teile. Der eine bezieht sich auf den sogenannten Erzählstoff, durch den sich in den Kindern vor der Pubertät an den Bildern der Märchen, Legenden, Sagen usw. innere Neigungen zum Guten, Edlen und Charakterstarken ausbilden sollen, der andere auf die Naturkunde. Nun weiß man in der Erziehungswissenschaft, daß Unterricht eine andere Form haben muß, wenn er die Entwicklung von menschlichen Eigenschaften wie Neigungen, Charakter und Verantwortung anregen soll, als wenn es um Kenntnisse geht. Nach Danner kann «eine Bereitschaft zur Verantwortung nur dort zustande kommen…, wo Mensch und Sache in eine existentielle Beziehung gebracht worden sind» (1982, S. 276). Das verlangt vom Lehrer, daß er selbst von der Wahrheit jener Inhalte überzeugt ist, die diese Eigenschaften deshalb anregen können, weil sie selbst ein bedeutender Ausdruck derselben sind. Er muß an sie glauben; sonst ist seine Rede eine Folge hohler Worte, und seine Intention ist insofern unwahr, als sie von den Kindern etwas erwartet, was er selbst nicht einlöst. Mathematik-Unterricht kann nur geben, wer Mathematik begreift; ebenso kann ethische Kräfte nur der fördern, für den sie selbst verpflichtend sind.
Nun ist dem Waldorflehrer Anthroposophie ein Mittel, um Märchen und Mythen zu verstehen, d.h. ihren Wahrheitsgehalt erfassen und an ihn «glauben» zu können. Wenn er nun an ein Märchen «glaubt» und es aus diesem Glauben den Kindern eines ersten Schuljahres erzählt, ist das dann «Erziehung

zur Anthroposophie»? Dann würde jemand, der sich Märchen psychoanalytisch gedeutet hat, mit seinem Erzählen Kinder in Psychoanalyse einweisen. Man muß doch die Tatsache des Überzeugtseins unterscheiden von den Wegen, auf denen man seine Überzeugung erreicht hat. Würden mit der Überzeugung auch diese Wege vermittelt, dann könnte Mathematik-Unterricht darin bestehen, daß ein Lehrer einen Lehrsatz ohne dessen Ableitung mit Überzeugung in der Klasse vorträgt. So kann man aber doch nicht denken. Prange tut es aber im Hinblick auf das erste Unterrichtsgebiet, das ihm ein Beleg für seine These ist.

Der zweite Beleg scheint dagegen viel eindeutiger und offenkundig zu sein. Es ist die Aufforderung Steiners während des Lehrerkurses bei Begründung der Waldorfschule, man solle in den Kindern ein Wissen davon hervorrufen, «daß im Menschen gewissermaßen eine Synthesis, eine Zusammenfassung der drei Naturreiche vorliegt.» (GA 294, S. 97) Was damit gemeint ist, verdeutlicht Prange an einigen merkwürdig anmutenden Hinweisen Steiners für den ersten Tierkunde-Unterricht. Es handelt sich um Vorstellungen, die Prange für eine «Walt-Disney-Show», für «ein anthromorphes Zurechtmachen» (S. 110) halten muß. Das ist zunächst nicht ganz unverständlich, besonders wenn man die heutige Naturinterpretation für die einzig mögliche hält und nicht bedenkt, daß es vielleicht noch unbeachtete Aspekte der Natur gibt; daß also in den Aussagen Steiners etwas liegen könne, was evtl. in Richtung auf Erweiterung unserer durch den technischen Verstand verengten Naturinterpretation (Mittelstraß) weist.

Man kann aber auch fragen, ist die Auffassung, der Mensch sei eine Synthese der Naturreiche, wirklich ein anthroposophisches Spezifikum? Ganz abgesehen von der mittelalterlichen Lehre, der Mensch sei Bild Gottes und die Natur Bild des Menschen, findet man bei Herder in den «Ideen zur Philosophie der Geschichte der Menschheit» (im 2. Buch) folgenden Satz: «... daß der Mensch ein Mittelgeschöpf unter den Tieren, d.i. die ausgearbeitete Form sei, in der sich die Züge aller Gattungen um ihn her im feinsten Inbegriff sammeln.» Goethe hat diese Anschauung ausführlich begründet, besonders in seinen beiden zoologischen Schriften aus den Jahren 1795 und 1796. Dort schreibt Goethe u.a., daß die «Kenntnis der organischen Naturen» in der Einsicht gipfele, «wie der Mensch dergestalt gebaut ist, daß er so viele Eigenschaften und Naturen in sich vereinige und dadurch auch schon physisch als eine kleine Welt, als ein Repräsentant der übrigen Tiergattungen existiere» (1949, S. 329). Der von Prange zitierte Satz Steiners entspricht der Aussage Goethes bzw. goetheanistischer Naturforschung. Mit der von Goethe entwickelten morphologischen Erkenntnismethode, in deren Mittelpunkt der Typus steht, lassen sich die verschiedenen Tierformen als jeweils einseitige Ausgestaltungen der Grundform begreifen, die dadurch entstehen, daß immer ein bestimmtes Organ durch besonders starke Ausbildung dem ganzen Organismus sein spezifisches Gepräge gibt (siehe hierzu die beiden Aufsätze Goethes, R. Steiner GA 2 und Kranich 1989). Was Prange für «anthropomorphes Zurechtmachen» (S.110) hält, ist goetheanistische Naturforschung. Will man die ganze Richtung des naturwissenschaftlichen Unterrichts an Waldorfschulen verstehen, dann muß man wissen, daß die kausalanalytische Methode überall dort, wo sie dem Erkenntnisobjekt nicht mehr gerecht wird wie bei den Erscheinungen des Lebendigen, ergänzt wird durch die goetheanistische Erkenntnismethode.

Nun wäre zu fragen, wie steht es mit der Aussage, daß der Mensch auch gegenüber dem Pflanzenreich eine Synthese darstelle. Fängt nicht spätestens hier die anthroposophische Ideologie an? Auch das ist nicht so einfach dingfest zu machen. Der Kürze halber verweise ich auf zwei Aufsätze, die dieser Frage gewidmet sind (Kranich 1970 und 1990). Dort wird gezeigt, wie bestimmte Phänomene in der Pflanzenwelt durch die üblichen Erkenntnisformen nicht erfaßt werden, wohl aber durch eine Erweiterung des Methodenrepertoirs.

Das alles führt zu einer mehr grundsätzlichen Frage. Soll man die Schüler durch die Art der Unterweisung in einem Erkenntnishorizont festhalten, der heute – angesichts der ökologischen Krise – fragwürdig geworden ist? Ist es verantwortbar, heranwachsende Menschen durch Unterricht in einen Methodenmonismus einzuüben, der nicht mehr trägt? Solche Fragen liegen der Waldorfpädagogik zugrunde. Man kann das übersehen und selbstgerecht mit dem argumentieren, was von vornherein im eigenen Horizont liegt. Dann ist man, wie es Rittelmeyer kürzlich gegenüber Prange formuliert hat, «der von Feyerabend bespöttelte ‹brave Empirist›, der wissenschaftstheoretisch noch vor die Protokollsatz-Diskussion zurückfällt» (a.a.O., S. 484).

Zu dem Tenor von Pranges Darstellung wäre noch einiges anzumerken; ich beschränke mich auf eine Andeutung. Den Ton einer sachlichen Auseinandersetzung, die ihren Gegenstand ernst nimmt, bemerkt man kaum. Dagegen begegnet man auf fast jeder Seite der Überzeugung des Autors im Tonfall: Waldorfpädagogik und Anthroposophie sind kurios, hinterwäldlerisch, eine Summe von Verirrungen – etwas, was man nicht ernst nehmen kann. Man hört deutlich: Prange steht – seiner Meinung nach – hoch über solchen pädagogischen und weltanschaulichen Niederungen. Man gewöhnt sich bald an die Diktion und ahnt, welche Lust es dem Autor eingebracht haben mag, das bedauerliche Niveau des anderen auf mehr als 180 Seiten immer neu aufweisen zu können.

Ich möchte mit einem Satz schließen, den man bei Prange findet, und diesen auf sein eigenes Buch anwenden: «Das klingt alles gut ...; aber es ist an allen Ecken und Enden falsch» (S. 82). Es bleibt nur noch die Frage: Für wen ist dieses Buch und wem dient es?

Literatur

Danner, H., Verantwortung und Pädagogik, Königstein/Ts., ^{2}1982.

Goethe, J.W., Naturwissenschaftliche Schriften, hrg. v. R. Steiner, Bd.1, Bern ^{3}1949.

Herders Werke, 4. Bd., Berlin und Weimar 1982.

Heydebrand, C. von, Vom Lehrplan der Freien Waldorfschule, Stuttgart o.J.

Kiersch, J., Wie läßt sich die Pädagogik Rudolf Steiners verstehen? Zeitschrift für Pädagogik, 4/1986.

Kranich, E.M., Das Bild in der Naturkunde. In: Erziehungskunst 5/1970.

ders.Über die Beziehung zwischen menschlicher Seele und Pflanzenwelt. In: Bohnsack, F., Kranich, E. M. (Hrg.), Erziehungswissenschaft und Waldorfpädagogik, Weinheim 1990.

ders. Von der Gewißheit zur Wissenschaft der Evolution, Stuttgart 1989.

Lindenberg, Chr., Rudolf Steiner. Eine Chronik. Stuttgart 1988.

Mücke, J., Rudolph, A., Erinnerungen an Rudolf Steiner und seine Wirksamkeit an der Arbeiterbildungsschule 1899-1904. Basel 1979.

Nohl, H., Der lebendige Herbart. In: Herbart, J.F., Allgemeine Pädagogik, Weinheim, Berlin 1953.

Paschen, H., Waldorfpädagogik. Impuls und Bewegung. In: Bildung und Erziehung 40, 1987.

Prange, K., Bauformen des Unterrichts, Bad Heilbrunn 1983.

ders. Mythisch-Allzumythisches, Zeitschrift für Pädagogik 4/1986.

ders. Erziehung zur Anthroposophie, Bad Heilbrunn ^{2}1987.

Rittelmeyer, Chr., Okkultismus-Phobien. Anmerkungen zur Kritik an Waldorfschulen. In: Die Deutsche Schule 4/1989.

Steiner, R., Grundlinien einer Erkenntnistheorie der Goetheschen Weltanschauung, GA 2, Dornach ^{7}1979.

ders. Die Geheimwissenschaft im Umriß, GA 13, Dornach ^{28}1968.

ders. Die Rätsel der Philosophie, GA 18, Dornach ^{9}1985.

ders. Mein Lebensgang, GA 28, Dornach ^{8}1982.

ders. Gesammelte Aufsätze zur Kultur- und Zeitgeschichte 1887 – 1901, GA 31, Dornach 1966.

ders. Die Erkenntnis des Übersinnlichen in unserer Zeit, GA 55, Dornach 1959.

ders. Allgemeine Menschenkunde als Grundlage der Pädagogik, GA 293, Dornach ^{7}1973.

ders. Erziehungskunst – Methodisch-Didaktisches, GA 294, Dornach ^{5}1974.

ders. Die Erneuerung der pädagogisch didaktischen Kunst durch Geisteswissenschaft, GA 301, Dornach [3]1977.
ders. Der pädagogische Wert der Menschenerkenntnis und der Kulturwert der Pädagogik, GA 310, Dornach [4]1989.
ders. Welche Gesichtspunkte liegen der Errichtung der Waldorfschule zugrunde? In: Die Waldorfschule und ihr Geist, Stuttgart [2]1956.
Ziller, T., Materialien zur speziellen Pädagogik, Dresden 1886.

LORENZO RAVAGLI

Kritik als Kunst des Mißverstehens[1]

Die anthroposophisch orientierte Geisteswissenschaft in der Sicht von Alfred K. Treml

1. Vorbemerkung

Das akademische Denken der Gegenwart ist durch seinen hohen Grad an Spezialisierung und seinen exklusiven Geltungsanspruch gekennzeichnet. Während die vorneuzeitliche Form der wissenschaftlichen Erkenntnis einen universalen und universalistischen Charakter besaß, hat die Wissenschaftsentwicklung der Neuzeit den Zusammenhang der einzelnen Erkenntnisgebiete aufgelöst und eine Vielzahl von autonomen Fachwissenschaften begründet, die ohne Kommunikation nebeneinanderwirken. Die Verwirklichung des vielbeschworenen Ideals der Interdisziplinarität, die Voraussetzung für eine holistische Gesamtschau der Wirklichkeit wäre, scheitert an der opaken Gestalt der einzelnen Forschungszweige, die ihren Wissensbesitz eifersüchtig gegen Übergriffe fremder Disziplinen hüten.
Vor der hoch spezialisierten, esoterischen Identität der Disziplinen steht der entmündigte Alltagsmensch, der dem Wissen der Experten und ihren Legitimationsritualen vollkommen ausgeliefert ist. Der Alltagsmensch ist aber auch der Mensch mit dem Bedürfnis nach einer Gesamtschau der Wirklichkeit, in der er seinen Lebenshorizont und den Erfahrungsgehalt seines Alltags wiederfinden kann. So stehen sich in der Gegenwart eine Vielzahl wissenschaftlich akzentuierter Weltsichten, die durch ihre Weltfremdheit und Unverständlichkeit gekennzeichnet sind, und ein wissenschaftliches Bedürfnis gegenüber, das von den spezialisierten akademischen Wissenschaften nicht befriedigt wird. Die Fragen nach dem Sinn des Lebens, nach der Herkunft des Menschen, nach Tod und Unsterblichkeit, nach dem Ursprung und der Zukunft der Welt, deren Ausklammerung aus dem wissenschaftlichen Fragehorizont die Moderne ihre beeindruckenden Erfolge verdankt, sind die entscheidenden Erkennt-

1 Der Aufsatz ist zuerst erschienen in: Zeitschrift für Entwicklungspädagogik, 13. Jg. H. 1, März 1990, S. 17-29. Herausgeber der Zeitschrift ist Alfred Treml. – Die vorliegende Fassung des Aufsatzes ist überarbeitet und erweitert.

nisfragen, die von den Wissenschaften aber nicht beantwortet werden. Versuche, über die spezialwissenschaftlichen Detailuntersuchungen hinaus zu grundlegenden Antworten auf diese Fragen zu kommen, werden in der Regel als unwissenschaftlich abgewehrt. Zu diesen Versuchen gehört auch der Entwurf einer holistischen Weltsicht, den Rudolf Steiner vorgelegt hat: die Anthroposophie. Sieht man von der Instrumentalisierung des wissenschaftli chen Wissens durch gesellschaftliche, insbesondere wirtschaftliche Interessen, also von seiner Effizienz und Performativität ab, muss man zugestehen, daß der durch dieses Wissen produzierte tragende Sinngehalt verschwindend gering ist. Erkenntnis ist zum Mittel der Produktivitätserhöhung denaturiert. Die natürliche Folge ist eine weitgehende Verödung des seelischen Lebens. Trotz dieses offenkundigen Defizits halten die Vertreter der sinnentleerten wissenschaftlichen Rationalität am Anspruch fest, die einzig legitimen Hüter der Rationalität und der Sinnproduktion zu sein. Daß die Wahrung des Wissenschaftsmonopols auch eine Wahrung wirtschaftlicher Interessen ist, wird meist übersehen. Wer den Fetisch der Rationalität verteidigt, verteidigt immer auch seine Ansprüche auf staatlich subventionierte Wissenschaftlichkeit. Dabei kann der verteidigte Gehalt noch so hohl sein, solange die Rituale der akademischen Rationalität gewahrt bleiben, ist die Selbstlegitimierung erfolgreich. Die kulturphilosophisch bedenkenswerte Perspektive, die sich aus diesen Überlegungen ergibt, lässt sich im Satz zusammenfassen: «So haben wir eine Wissenschaft, nach der niemand sucht, und ein wissenschaftliches Bedürfnis, das von niemandem befriedigt wird.»[1]

Mit diesem Satz ist unter anderem die Grundmaxime (negativ) charakterisiert, unter die Rudolf Steiner sein wissenschaftliches Arbeiten zeitlebens gestellt hat: Wissenschaft, orientiert an den Bedürfnissen der Seele, zu treiben, nicht Seelen nach den Bedürfnissen der Wissenschaft zu formen. Indem ich diesen Satz niederschreibe, sehe ich, wie die Experten mit den Achseln zucken. Aber das Achselzucken der Experten hat den drohenden Kollaps der Erde herbeigeführt, nicht die *Ehrfurcht* vor dem Leben. (Das Problem der Devotion in der Wissenschaft wird weiter unten behandelt).

1 Rudolf Steiner, Grundlinien einer Erkenntnistheorie der Goetheschen Weltanschauung. (=GL) Dornach 1979. S. 17/18.

2. Stellt das erste Axiom der Erkenntnistheorie Rudolf Steiners einen Widerspruch in sich selbst (contradictio in adiecto) dar ?

Alfred K. Treml hat es auf sich genommen, in seiner Zeitschrift für Entwicklungspädagogik[1] die wissenschaftliche Legitimation der Anthroposophie und der Waldorfpädagogik vom Standpunkt eines – vermutlich – aufgeklärten Rationalismus zu prüfen. Sein Fazit ist, wie nicht anders zu erwarten, fatal. Aufschlussreich ist es jedoch, den Gedankenpfaden nachzuspüren, auf denen sein Denken im Verfolg dieser Legitimitätsprüfung wandelte. Denn dieses Nachspüren gewährt beispielhaft Einblick in die Begründungs- und Delegitimierungsstrukturen zeitgenössischen Denkens und, wenn auch nur andeutungsweise, in die Abgründe seiner Motivation.

Auf die Gefahr hin, der «kritizistischen Denkweise» (T1,17), der «unerträglichen Engstirnigkeit» (T1,24) und «verbissenen Apologetik» (T1,24) geziehen zu werden, sei hier keine kursorische Kritik vorgebracht, sondern ein Dialog en détail aufgenommen, der sich an der Argumentenreihe Tremls entlangbewegt.

Treml kennt drei Phasen (T1,17) in der Entwicklung der Erkenntnistheorie Steiners.[2] Die erste Phase ist durch die Dissertation «Wahrheit und Wissenschaft» (1891) gekennzeichnet, die zweite durch die «Philosophie der Freiheit» (1894), die dritte durch die «Theosophie» (1904) und «Wie erlangt man Erkenntnisse der höheren Welten» (1904/5). Die beiden letzteren enthalten eine «umständliche und argumentativ recht konfuse» (T1,21) Darstellung

1 Zeitschrift für Entwicklungspädagogik, März 1987: «Träume eines Geistersehers oder Geisteswissenschaft?» (zitiert als T1 mit der Seitenzahl) und Juni 1988: «Der diskrete Charme der Rudolf-Steiner-Pädagogik» (T2 mit Seitenzahl)

2 Es kursieren die verschiedensten Phasentheorien bezüglich der Werkentwicklung Steiners. Es wäre an der Zeit, anzuerkennen, daß es in Steiners Lebenswerk nur eine einzige Phase gibt. Sie dauert von 1883 bis 1925, von seinem ersten schriftstellerischen Wirken bis zu seinem Tod und stellt die kontinuierliche Entwicklung einer philosophischen Grundintuition dar. Es ist die Intuition von der unbegrenzten Erweiterungsfähigkeit des menschlichen Erkenntnishorizonts. Bereits seine erste Publikation (Einleitungen zu Goethes Naturwissenschafltichen Schriften, Bd. 1, Berlin 1883) wird mit diesem Motiv eröffnet. Es heißt dort unmittelbar nach einem Goethe-Zitat: «In diesen Worten liegt der Gesichtspunkt, aus dem wir Goethes wissenschaftliche Arbeiten zu betrachten haben. Es handelt sich bei ihm nie um die Entdeckung neuer Tatsachen, sondern um das Eröffnen eines neuen Gesichtspunktes...» (S. XVII). Eine größere Studie zum Phasenproblem im Lebenswerk Rudolf Steiners befindet sich in Arbeit.

der Geheimschulung. Die Abgründe zwischen diesen Phasen sind nicht überbrückbar, meint Treml (T1,17). Er vermeidet jedoch sowohl eine deutlichere Kennzeichnung der spezifischen Differenz dieser drei Phasen als auch nur einen detaillierteren Nachweis seiner Behauptung.

Treml wendet sich zunächst «Wahrheit und Wissenschaft»[1] zu. Wir befinden uns sogleich in medias res, nämlich bei der Kritik des «ersten Axioms» dieser Schrift. Dieses erste Axiom ist die Forderung, eine Erkenntnistheorie müsse voraussetzungslos sein. Diese Forderung stellt aber, so Treml, eine contradictio in adiecto dar, weil sie bereits eine Voraussetzung ist. Sie macht nämlich die Voraussetzung, daß eine Erkenntnistheorie voraussetzungslos sein müsse (T1,17).

Treml entgeht der Notwendigkeit, den Begriff der Voraussetzung zu problematisieren, indem er sich von dem Dilthey-Schüler Bollnow die «unentrinnbare Anfangslosigkeit» des menschlichen Erkennens bestätigen läßt. Er sieht Steiner mit seiner Forderung eines absoluten Anfangs mit einem Bein im Mittelalter stehen, für dessen Denken das Absolute fundamentaler Orientierungspunkt war. Steiner irre sich, wenn er meint, dieses Axiom werde allgemein zugestanden und «hinkt ... seiner Zeit hinterher», denn die Lebensphilosophie und Dilthey hätten 1891 diesem Axiom niemals zugestimmt (T1,17). Auch Kant hatte bereits die Grenzen der menschlichen Vernunfterkenntnis abgesteckt und wird insofern wohl als Instanz gegen die Absolutheit des Anfangs assoziiert. Steiner benötigt nur «wenige Sätze, um Kant zu widerlegen» (T1,18). Da Kant nicht voraussetzungslos arbeitet, also das «erste Axiom» nicht erfüllt, kann er den Ansprüchen der «Messlatte» nicht genügen, die Steiner anlegt. Keiner kann ihr genügen, auch Steiner selbst nicht, denn es gibt keine Möglichkeit, eine Erkenntnistheorie voraussetzungslos zu begründen. Das Grundproblem jeder Erkenntnistheorie besteht darin, daß sie voraussetzt, was sie begründen will: eben das Erkennen. Der Versuch, Denken und Erkennen zu begründen, lässt sich nur mit Hilfe des Denkens, des Erkennens in Angriff nehmen: und insofern setzt die Kritik die Existenz dessen, was sie begründen will, schon voraus (T1,18). Es schälen sich also zwei Gründe heraus, die die Verwirklichung des ersten Axioms verhindern: 1. die Erkenntnistheorie setzt die Voraussetzungslosigkeit voraus, 2. die Erkenntnistheorie setzt das Erkennen voraus.

1 Rudolf Steiner, Wahrheit und Wissenschaft, Vorspiel zu einer Philosophie der Freiheit. Weimar 1892. Als Dissertation unter dem Titel: Die Grundfrage der Erkenntnistheorie mit bes. Rücksicht auf Fichtes Wissenschaftslehre. Prolegomena zur Verständigung des philosophierenden Bewußtseins mit sich selbst. Rostock 1891. Auf die Schrift wird im folgenden mit WW verwiesen. (Ausgabe Dornach 1958)

Sind nun diese beiden Einwände geeignet, die Voraussetzungslosigkeit der Erkenntnistheorie und damit diese selbst in Frage zu stellen? Um dies zu entscheiden, muß der Begriff der Voraussetzung problematisiert werden. Voraussetzungen kann es subjektive und objektive geben, formale und materiale, methodische, inhaltliche, historische und psychologische. Steiner gibt sich nicht der Illusion hin, daß er mit seinem Denken über das Erkennen einen absoluten Anfang des Erkennens in dem Sinn setzen könnte, daß es mit seinem Vollzug gleichsam aus dem (ontisch verstandenen) Nichts entspränge. Nur dann würde das Erkennen jeglicher Voraussetzung entbehren. Wer vermeinte, einen solchen Zustand herstellen zu können, verfiele in der Tat in einen törichten Irrtum. Das Auftreten des Bedürfnisses nach einer Erkenntnistheorie setzt ein gereiftes philosophisches Bewußtsein voraus, sowohl geschichtlich als auch individuell. Ohne dieses ausgereifte Gedankenbewusstsein wäre der Mensch weder imstande, dieses Bedürfnis zu empfinden noch die Tragweite einer erkenntnistheoretischen Untersuchung einzusehen. Fundamentaldisziplin wurde die Erkenntnistheorie in der historischen Entwicklung erst mit Descartes, davor war sie integrierter Bestandteil der Psychologie, Anthropologie, Logik.

Doch diese Voraussetzungen sind formaler Natur, sie bedingen das *Auftreten* der Frage nach dem Erkennen, nicht den *Begriff* des Erkennens. Der *Begriff* des Erkennens wird durch das Denken bestimmt. Er kann entweder direkt an der Beobachtung des Erkennens bestimmt werden, oder aber von gewissen metaphysischen, anthropologischen Vorannahmen aus. Eine solche Vorannahme wäre beispielsweise die Abhängigkeit des menschlichen Erkennens vom influxus divinus oder von physiologischen Bedingungen. Die Forderung nach Voraussetzungslosigkeit wendet sich gegen solche inhaltlichen Vorannahmen, die Urteile über das Erkennen implizit oder explizit enthalten und daher eine Bestimmung seines Begriffes aus ihm selbst verunmöglichen. Diese Forderung, nicht das Vorurteil über die Sache mit der Sache selbst zu verwechseln, müsste eigentlich einsehbar und vertretbar sein: sie hat einen empiristischen Charakter, sie will «zurück zu den Phänomenen», in diesem Fall dem Erkennen, und dieses aus seiner Beobachtung beurteilen. Oder wie Steiner in einem Brief an Ernst Haeckel im Jahr 1892 formuliert: «Ich ... sehe es als die Aufgabe der Philosophie an, durch eine streng positivistische Analyse unseres Erkenntnisvermögens den Monismus wissenschaftlich zu rechtfertigen...»[1]

Diese Voraussetzungslosigkeit hinsichtlich möglicher Vorurteile über das

1 Rudolf Steiner, Briefe, Band 2, Dornach 1953, S. 127

Wesen des Erkennens ist gewiß eine willkürliche Festsetzung, aber sie ermöglicht allein, es als Phänomen zu «retten». Ebenso ist die Enthaltung von Vorurteilen *über* das Erkennen ein willkürlicher Akt, der mit der grösstmöglichen Bewußtheit vollzogen werden muss. Es gilt, alle Begriffe und Urteile vom beobachteten Phänomen fernzuhalten, daß sich dieses zeigt, wie es an sich selbst ist. Zeigen kann es sich natürlich nur, wenn es schon *da* ist. Das heißt, die Existenz des Erkennens ist Voraussetzung seiner Theorie. Aber diese Voraussetzung des Erkennens als Lebensphänomen verhindert nicht dessen begriffliche Bestimmung. Genauso wie die Logik als Wissenschaft von der Gesetzmässigkeit des Denkens möglich ist, nachdem das Denken sich schon vollzogen hat, so ist auch die Noetik als Wissenschaft von der Gesetzmässigkeit des Erkennens möglich, nachdem sich dieses schon vollzogen hat. Die Noetik will nicht das Erkennen als Lebensphänomen begründen, sondern sein Verstehen. Sie will das, was immer schon gewusst wird, zum Wissen erheben. Sie will es nicht vor dem Erkennen, sondern aus diesem heraus. Denn «das Bekannte ... ist darum, weil es bekannt ist, nicht erkannt»[1]. Die Erkenntnistheorie setzt das Erkennen als Lebenstatsache, nicht aber seinen Begriff voraus; den will sie gerade erst aus den Vorbegriffen vom Erkennen herausheben.
Erst die Beobachtung des *tatsächlichen* Erkennens ermöglicht es, seinen Begriff zu bilden. Es läßt sich daher sagen: sowie das Erkennen als Lebenstatsache das Leben voraussetzt, so setzt das Erkennen des Erkennens letzteres als Lebenstatsache voraus[2]. Erkenntnistheorie will demnach das Erkennen als Vorhandenes begreifen und nicht als Nichtvorhandenes begründen (erschaffen). Diese Aufgabe des Begreifens weist Steiner in «Wahrheit und Wissenschaft» der Erkenntnistheorie zu: «... es gibt eine Art von Selbstbeobachtung, die sich um die Gesetzlichkeit des eigenen Tuns fragt ... Diese wollen wir kritisch nennen ... Kritische Besonnenheit ist ... das Gegenteil von Naivität... Die Erkenntnistheorie kann ... nur eine kritische Wissenschaft sein. Ihr Objekt ist ja ein eminent subjektives Tun des Menschen: das Erkennen, und was sie darlegen will, ist die Gesetzmässigkeit des Erkennens. Von dieser Wissenschaft muss also alle Naivität ausgeschlossen sein.[3]
Steiner steht mit seiner Forderung nach Voraussetzungslosigkeit der Erkenntnistheorie mitten in den philosophischen Auseinandersetzungen der zweiten

1 Hegel, Phänomenologie des Geistes. Frankfurt 1970, S. 28

2 Diese Einsicht ließe sich aus Dilthey gewinnen: «Die Philosophie ist eine Aktion, welche das Leben … zum Bewußtsein erhebt und zu Ende denkt.» Briefwechsel mit dem Grafen Yorck v. Wartenburg. Halle 1923, S. 247

3 WW, S.44

Hälfte des 19. Jahrhunderts, durch die sich die Philosophie gegenüber den positiven Wissenschaften nach dem Zusammenbruch des spekulativen Idealismus den Rang einer Fundamentaldisziplin zu wahren suchte. Nachdem der Anspruch der Universalwissenschaft, der sich in den idealistischen Systemgebäuden zu verewigen suchte, zusammengebrochen war und die positiven Einzelwissenschaften sich der Vorherrschaft des Systemanspruchs entwunden hatten, konnte die Philosophie das Problem der Erkenntnismethoden zu dem ihrigen machen. Denn die methodischen Fragen der Erkenntniskritik stellen den Vereinigungspunkt aller Wissenschaften dar: die Erkenntnistheorie ist die Fundamentaldisziplin schlechthin. Aus dieser historischen Situation erklärt sich sowohl die Rückwendung zu Kant, die sich in der bis in die Anfänge des zwanzigsten Jahrhunderts reichenden, breiten Bewegung des Neukantianismus dokumentiert, als auch das Entstehen der Lebensphilosophie und des Neuthomismus. Auch die beiden letzteren können als Versuche interpretiert werden, der nicht-positiven, philosophischen Reflexion angesichts des Zerfalls der universalistisch verstandenen Einheit einen originären Gegenstand zu wahren.

Steiner benötigt in «Wahrheit und Wissenschaft» deswegen nur «wenige Sätze, um Kant zu widerlegen», weil er eine in der damaligen Diskussion weitgehend anerkannte Tatsache ausspricht. Es genügt beim damaligen Diskussionsstand, darauf hinzuweisen, daß Kant die Apriorität synthetischer Urteile zur Voraussetzung des unbedingt gewissen Wissens macht und der Erfahrungserkenntnis nur bedingte Gültigkeit zuspricht, um die Eingangsbehauptung zu rechtfertigen. Etwas ähnliches gilt für die Bemerkung, daß die Forderung nach Voraussetzungslosigkeit wohl allgemeine Zustimmung finde. Dilthey war anfangs der neunziger Jahre keineswegs Gegenstand der allgemeinen philosophischen Diskussion. Manfred Riedel schreibt zur Wirkungsgeschichte Diltheys: «Sie beginnt erstaunlich spät, in den Jahren kurz vor Diltheys Tod (1911), setzt sich dann mit der Veröffentlichung seiner gesammelten Schriften (1914 ff.) fort, erreicht in der Epoche zwischen den beiden Weltkriegen ihren Höhepunkt und fällt danach rasch ab.»[1] Ebensowenig wurde Bergson, der bekannteste Vertreter der französischen Lebensphilosophie, zu Beginn der neunziger Jahre im deutschen Sprachraum bereits rezipiert. Dessen Werke begannen erst ab 1909 in deutschen Übersetzungen zu erscheinen. Nietzsche war ein philosophischer Außenseiter, ein exzentrisches enfant terrible der Kulturphilosophie, das in den etablierten Kreisen der akademischen Philosophie mit

1 Manfred Riedel, in: Wilhelm Dilthey, der Aufbau der geschichtlichen Welt in den Geisteswissenschaften, Frankfurt 1986, S. 9)

Schrecken umgangen wurde[1]. «Wahrheit und Wissenschaft» ist aber als Dissertation zunächst an das philosophische Establishment gerichtet. Steiner kann aus diesen Gründen auch, was die impliziten bzw. expliziten Voraussetzungen bei Kant und die Forderung nach Voraussetzungslosigkeit anbelangt, weitgehend die Zustimmung prominenter Vertreter dieses Establishments voraussetzen[2]. Er zitiert selbst: Rehmke (1880), Zimmermann, Volkelt (1886), Liebmann (1880), Hölder (1874), Windelband (1877), Ed. v. Hartmann (1875), Kuno Fischer (1860), Überweg (1882), die, insofern sie die Forderung der Voraussetzungslosigkeit vertraten, das Verdikt von Treml treffen muss, daß sie ihrer Zeit «hinterherhinkten». Stellvertretend für alle anderen mögen hier die beiden Neukantianer Volkelt und Liebmann zu Wort kommen.

Volkelt stellt in seinem Buch «Erfahrung und Denken» Locke und Kant gegenüber. Dabei stellt er fest, daß Lockes Untersuchungen mit weniger Voraussetzungen behaftet sind als die Kantischen: «Und ferner geht er [Locke] nicht, wie Kant, von der ausdrücklichen Voraussetzung aus, daß es tatsächlich ein allgemeines und notwendiges Wissen gebe. Diese von Kant nie ausdrücklich in Prüfung gezogene Voraussetzung steht mit dem Charakter der kritischen Erkenntnistheorie derart in Widerspruch, daß man sich ernstlich die Frage vorlegen muß, ob die ‹Kritik der reinen Vernunft› als kritische Erkenntnistheorie gelten dürfe.» Wenn sich im weiteren Verlauf der Lockeschen Untersuchung auch viele Irrtümer einschleichen, «so lastet doch auf seinen Entwicklungen nicht das einengende, starre Dogma, daß an der tatsächlichen Existenz und Geltung eines allgemeinen und notwendigen (und noch dazu als recht umfassend gedachten) Wissens ein für allemal nicht gezweifelt werden dürfe.»[3]

Genauso wie Volkelt sieht auch Liebmann die entscheidende Voraussetzung der Kantschen Kritik in deren Apriorismus, wenngleich Liebmann von der Notwendigkeit überzeugt ist, diesen als nicht hinterfragbare Tatsache des Bewußtseins anzuerkennen. «Die Kritik der reinen Vernunft will ein ‹Inventarium der Erkenntnisse a priori› liefern, also gleichsam den Gattungstypus

1 Nietzsche schreibt 1883, nachdem seine Nachfragen in Leipzig keinen Erfolg gezeitigt haben, an seinen Freund Gast: «Heinze, der jetzige Rektor der Universität, hat mir klaren Wein darüber eingeschenkt, daß mein Gesuch in Leipzig scheitern werde (und wohl auch an allen deutschen Universitäten); die Fakultät werde es nicht wagen, mich dem Ministerium vorzuschlagen – von wegen meiner Stellung zum Christentum und den Gottesvorstellungen. Bravo! Dieser Gesichtspunkt gab mir meinen Mut wieder.» (Zitiert nach: Frenzel, Nietzsche. Hamburg 1975, S. 115).

2 WW, S. 27, 29, 31

3 Johannes Volkelt, Erfahrung und Denken, Hamburg 1886, S. 21

der menschlichen Intelligenz herauspräparieren. Das Kriterium solcher Erkenntnisse aber liegt in ihrer absoluten Allgemeinheit und Notwendigkeit zum Unterschied von der nur comparativen Allgemeinheit und Tatsächlichkeit der Erkenntnisse a posteriori, die aus bloßer Induction, und zwar der überwiegenden Mehrzahl nach aus unvollständiger Induktion, hervorgegangen sind ... Erkenntnisse a priori sollen nach Kant streng allgemein und notwendig sein... Was will dies nun eigentlich besagen? Allgemeinheit und Notwendigkeit sind die Merkmale der Gesetzlichkeit im strengen, sowohl mathematisch-naturwissenschaftlichen, als moralisch-juridischen Sinn... Kant ging in seiner Vernunftkritik mit derselben Grundüberzeugung an die Erforschung der Intelligenz, wie der Naturforscher an die Erforschung des materiellen Universums; mit der Überzeugung nämlich, daß der Prozeß, den er untersuchte, von höchsten, allgemeinsten und letzten Gesetzen beherrscht sei. Sein Forschen nach den Erkenntnissen a priori war nichts anderes als ein Suchen nach den höchsten Gesetzen des erkennenden Bewußtseins.»[1]

Auf das Problem des mittelalterlichen Standbeines gehe ich weiter unten im Zusammenhang mit dem Kontingenzbegriff ein.

Aus den vorangegangenen Überlegungen läßt sich folgendes Fazit ziehen: das «erste Axiom» der Erkenntnistheorie Steiners ist 1. kein Axiom (als solche nicht zu beweisende Grundannahme wird es in WW weder eingeführt, noch muß es als solche hingenommen werden), sondern eine systematisch und historisch begründete Anforderung an eine erkenntnistheoretische Untersuchung, 2. stellt die Forderung keine contradictio in adiecto dar, weil sie einen formalen Charakter hat, und keinen Einfluss auf die inhaltliche Bestimmung des Erkenntnisbegriffs nimmt, 3. kann die Behauptung, diese Forderung impliziere einen Selbstwiderspruch, nur ausgesprochen werden, weil eine inhaltliche Diskussion des Voraussetzungsbegriffs umgangen wird, und ist insofern ihrerseits ein Sophisma.

3. Ist der Begriff des «Unmittelbar-Gegebenen» Bestandteil eines säkularisierten Schöpfungsmythos?

Treml übergeht die Auseinandersetzung Steiners mit der nachkantischen Erkenntnistheorie (Schulze, Schopenhauer, E. v. Hartmann, Liebmann, Volkelt, Rehmke, Müller), die den Inhalt des 3.Kapitels von WW bildet. Ich will hier

1 Otto Liebmann, Zur Analysis der Wirklichkeit, Straßburg 1911 (4. Auflage). S. 232, 237

keine Vermutungen über die Gründe für diese Auslassung anstellen. Das 3. Kapitel dokumentiert jedenfalls, daß Steiner die erkenntnistheoretische Diskussion des 19. Jahrhunderts bis 1890 zur Kenntnis genommen hat (im Oktober 1891 wurde die Dissertation in Rostock Heinrich von Stein vorgelegt, das philosophische Rigorosum fand am 23.Oktober statt[1]). Das Referat wird mit Kapitel 4 fortgesetzt, in dem Steiner den Ausgangspunkt der Erkenntnistheorie charakterisiert, den er mit Rücksicht auf die Forderung nach Voraussetzungslosigkeit für den richtigen hält. Das 4. und 5. Kapitel entwickeln positiv die Noetik Steiners, bevor er sich im 6. Kapitel Fichtes Wissenschaftslehre zuwendet. Im 4. Kapitel stellt Steiner in Postulatform die Bedingungen der Möglichkeit des Erkennens fest, um im 5. den Erkenntnisbegriff selbst zu entwickeln.
Treml bemerkt nun, daß Steiner, indem er den Ausgangspunkt seiner Theorie darstellt, den «ominösen» Begriff des «Unmittelbar-Gegebenen» einführt. Steiner bleibe, indem er diesen Begriff einführe, im Unklaren, Vagen; Kants Ding an sich sei dagegen geradezu konkret (T1,18). Aber eines ist Treml klar: daß dieser Begriff und die ganze mit ihm zusammenhängende Gedankenbewegung von Hegel stammt. Denn das Unmittelbar-Gegebene ist nichts als das Hegelsche «reine Sein». Steiner begehe nun aber den Fehler, das reine Sein Hegels, das ein (logisch-) dialektischer Begriff sei, zu *ontologisieren.* Bei Steiner soll das Nichts (als das sich das reine Sein für Hegel in der dialektischen Bewegung erweist) der «Grund von Allem» sein. So findet Treml im 4. Kapitel von WW einen «naiven, anthropozentrierten Schöpfungsmythus» (T1,18). Anstatt daß nun ein Gott das Nichts ins Sein, das Nicht-Wissen ins Wissen verwandelt, verwandelt es sich selbst: denn das Nichts entpuppt sich – welche Inkonsequenz – zugleich als ein bestimmtes Nichts, als seiendes Nichts (als in sich vermitteltes würde Hegel sagen): es ist nicht nur gegeben, sondern auch (zumindest teilweise) vom Menschen erzeugt. Steiner erscheint in zweifacher Weise als philosophischer Taschenspieler: in der schlecht kaschierten, zudem mißverstehenden Adaption der Hegelschen Logik und in seiner Fähigkeit, unter der Hand Nichts in Sein zu verwandeln.
Zunächst Hegel. Er will mit seiner *Wissenschaft der Logik*[2], zumal mit der objektiven Logik, dem gebildeten Volk, als das er die Deutschen betrachtet, sein «Allerheiligstes, die Metaphysik» (S.14) zurückgeben. Die objektive Logik tritt an die Stelle der vormaligen Metaphysik: sie ist *Ontologie* - «der Teil jener

1 Vgl. Lindenberg, Rudolf Steiner – eine Chronik. Stuttgart 1988, S. 108
2 Erstmals erschienen 1812. Hier zitiert nach der Frankfurter Studienausgabe. Frankfurt 1969

Metaphysik, der die Natur des Ens überhaupt erforschen sollte; das Ens begreift sowohl Sein als Wesen in sich...» (S.61). «Alsdann aber begreift die objektive Logik auch die übrige Metaphysik insofern in sich, als diese mit den reinen Denkformen die besonderen, zunächst aus der Vorstellung genommenen Substrate, die Seele, die Welt, Gott, zu fassen suchte und die Bestimmungen des Denkens das Wesentliche der Betrachtungsweise ausmachten.» (S.61)
Die Logik ist für Hegel «das System der reinen Vernunft», «das Reich des reinen Gedankens. *Dieses Reich ist die Wahrheit, wie sie ohne Hülle an und für sich selbst ist.* Man kann sich deswegen ausdrücken, daß dieser Inhalt *die Darstellung Gottes* ist, *wie er in seinem ewigen Wesen vor der Erschaffung der Natur und eines endlichen Geistes ist.*» (S.44)
Das heißt, im Sinne Hegels hat man in den Gedankenbestimmungen, die in der objektiven Logik entwickelt werden, in Sein, Nichts, Werden usw. *ontologische* Bestimmungen zu sehen. Die Hegelsche Logik ist nichts anderes als entdogmatisierte, in die Sphäre der dialektischen Vernunft erhobene Metaphysik. Hegel identifiziert übrigens nicht etwa die in der Logik entwickelten «Schatten» («das System der Logik ist das Reich der Schatten», S.55) mit Gott, sondern bezeichnet sie als *Darstellung Gottes* ante rem, als *Darstellung* seines ewigen Wesens vor der Erschaffung der Natur und eines endlichen Geistes, nicht als dieses ewige Wesen selbst. Wenn also Hegel den Begriff des reinen Seins, mit dem seine Logik anhebt, als ontologischen Begriff auffasst, wie soll der Inhalt dieses Begriffes dann noch ontologisiert werden können? Gesetzt, der Begriff des unmittelbar gegebenen Weltbildes bei Steiner wäre tatsächlich eine Adaption des Hegelschen unbestimmten Unmittelbaren, was wäre an diesem Begriff noch zu ontologisieren? Steiner hätte Hegel nur richtig verstanden – im Gegensatz zu Treml. Aber Steiner tut etwas ganz anderes (wenn man denn schon einen Zusammenhang zwischen ihm und Hegel sehen will): er *noetisiert* den ontologischen Begriff des reinen Seins. Was bedeutet das?
Während der Begriff des reinen Seins eine Aussage über das an sich Seiende Wesen Gottes darstellt, das sich noch nicht zum Dasein, zum Fürsichsein usw. entwickelt hat, wird eine solche Aussage durch den Begriff des Unmittelbar-Gegebenen gerade vermieden. Während die Hegelsche Schattenwelt eine Darstellung des ens realissimum sein will, aber nicht des physikalisch Realen, sondern des metaphysisch Realen, das auch dem physikalisch Realen vorangeht, will der Begriff des Unmittelbar-Gegebenen eine solche Aussage gerade nicht sein. Der Begriff des reinen Seins will eine Erkenntnisaussage sein, die erste, die über das Ansich-Seiende Wesen gemacht werden kann, der Begriff des Unmittelbar-Gegebenen will *die Beobachtung* lenken, ohne selbst bereits ein Urteil zu sein. Er will die Beobachtung vor allem Urteilen auf das lenken,

was vor allem Urteilen ist. Was vor allem Urteilen ist, ist frei von allen Urteilsbestimmungen. Als solches kann es inhaltlich gar nicht bestimmt werden. Oder, es kann, wenn über dasselbe gesprochen wird, nur negativ darüber gesprochen werden: es *ist* also weder Nichts noch Alles, nicht einmal kann gesagt werden, daß es ist. Versucht sich der Denkende alles Denkens zu enthalten und das aufzufassen, was ihm als Beobachtendem gegeben ist, dann ist ihm *alles* gegeben: der gesamte Weltinhalt, ohne Einschränkung (also auch er selbst als Beobachtender). Dieser erste Schritt der Gedankenentwicklung in der Theorie Steiners läßt sich nur nachvollziehen, wenn die gesammelte Aufmerksamkeit dem Denken zugewendet wird: es muss sich selbst in seine Tätigkeit versenken und aus dem Versenktsein in seine Tätigkeit dem zuwenden, was Nicht-Denken ist. Es handelt sich hier um nichts anderes als um die philosophische Beschreibung der *Meditation.* Die Steinersche Philosophie ist von allem Anfang an Meditationsphilosophie. Aus dieser in die meditatio übergehenden cogitatio entspringt die Theorie des Erkennens.

Vom unmittelbar gegebenen Weltbild gilt nun, daß es «dem Menschen ... in keinem Augenblicke seines Lebens in dieser Gestalt wirklich» vorliegt [1]. Die Grenze zwischen Gegebenem und Erkanntem muß «künstlich» gezogen werden. Das kann nur durch «begriffliche Erwägungen» geschehen. «Alle gedanklichen, durch Erkennen erlangten Bestimmungen» müssen aus dem Weltbild ausgesondert, und nur festgehalten werden, was «ohne mein Zutun» «in den Horizont meiner Beobachtung tritt»[2].

Auf diesem Weg der meditativen Selbsterfassung, der am Beginn der Noetik steht, wird das Denken gleichsam ent-ontologisiert. Sein immer schon geschehenes Ausgegossensein in die Gegebenheitswelt wird rückgängig gemacht: es wird die Realabstraktion des Denkens von der Gegebenheitswelt vollzogen und beschrieben. Erfaßt es sich selbst in seiner Tätigkeit, dann gewahrt es, daß es reiner Vollzug von Zusammenhängen ist. Hat es sich aufgrund der Realabstraktion in sich selbst erfasst, kann es sich der Gegebenheitswelt wieder zuwenden. Es weiß nun, was es in dieselbe hineinträgt: die Zusammenhänge. Diese gehören aber zur Gegebenheitswelt hinzu, auch sie sind Teil von ihr, nur mit dem Unterschied gegen die übrigen Gegebenheiten, daß sie *durch das Denken aus ihr entnommen werden.*

Weit davon entfernt also, daß es sich beim Begriff des Unmittelbar-Gegebenen um einen «säkularisierten Schöpfungsmythos» handelt, ist dieser Begriff vielmehr geeignet, sogar den Gedanken der nicht-menschlichen Schöpfer-

1 WW, S. 47
2 WW, S. 47, 48, 49

macht zuzulassen: dann nämlich, wenn diese Teil der Gegebenheitswelt ist. Das muß natürlich nicht bedeuten, daß sie *sinnlich* gegeben sein muß, sie kann auch auf andere Weise Erfahrungsgegenstand oder Erkenntnisgegenstand werden. Wird sie aber nicht Gegenstand, dann ist das Reden von ihr auch nicht aufgrund des Erkennens gerechtfertigt. Aber selbst diese Tatsache schließt nicht aus, daß es nicht aus anderen Gründen gerechtfertigt sein könnte.

Dagegen handelt es sich bei der Hegelschen Logik insofern um einen «säkularisierten Schöpfungsmythos», als sie ontologisch gemeint ist und gleichzeitig das Sprechen vom personalen ens realissimum vermeidet. Das Hegelsche reine Sein, das sich der dialektischen Selbstentwicklung unterwirft, ist der von allen sinnlichen Beimischungen befreite, als reiner Gedanke gefasste christliche Schöpfergott. Er wird in der Wissenschaft der Logik in seinem Ansich-Sein beschrieben, aus dem er sich, durch die ihm innewohnende Widersprüchlichkeit zur Vielfalt der reinen Bestimmungen des Seins, des Wesens und des Begriffs entfaltet, um in letzterem zu seinem Anundfürsichsein zu gelangen. Hegel ist deshalb im Zeitalter der zu sich selbst befreiten Vernunft der Vollender jener Grundintuition, von der Anselm von Canterbury geleitet war, als er sich aufmachte, *sola ratione* das Dasein Gottes und die übrigen Glaubenswahrheiten zu beweisen.

4. Ist das Erkennen bei Steiner ein rein subjektiver Akt?

Treml wendet sich nach seiner Untersuchung des Unmittelbar-Gegebenen dem Erkenntnisbegriff zu. Merkwürdigerweise wechselt er die Schrift: er orientiert sich nicht mehr an WW, sondern an der «Philosophie der Freiheit»[1], um seine Ausführungen über den Erkenntnisbegriff bei Steiner zu machen. WW wird im Verfolg nicht mehr herbeigezogen. An diesem Erkenntnisbegriff hebt er hervor, daß er den Erkenntnisakt «radikal subjektiviere»(T1,19). Dies deshalb, weil Steiner erkläre, daß die Subjekt-Objekt-Spaltung und alle sonstigen Differenzen Produkte des Denkens seien. Vor dem Zugriff des Denkens auf die Welt bildet diese eine Einheit, der auch das Denken und das Subjekt angehören. Das Denken unterscheidet diese, um sie wieder zu verbinden: diese Verbindung wird durch den Erkenntnisakt hergestellt, ihr Ergebnis ist die Erkenntnis. Steiners Erkenntnistheorie sei eine «rationalistische», «idealistische», weil er das Denken als den Urheber und Aufheber aller

1 Rudolf Steiner, Die Philosophie der Freiheit. Erstausgabe Berlin 1894. Dornach, viele Auflagen. Auf die Schrift wird mit dem Kürzel *PdF* verwiesen.

Entzweiung von Weltgebieten sieht (T1,19). Daraus entwickelt sich aber für Treml ein Problem: wenn nämlich die Erkenntnis vollständig dem Subjekt innewohnt, wie kann sie dann jemals objektiv werden? (T1,19) Die Antwort Steiners auf dieses Problem sei nicht «ohne Eleganz». Sie ergibt sich aus dem Immanenzgedanken, so wie Treml ihn versteht: wenn die Subjekt-Objekt-Spaltung dem Denken immanent ist, dann muss das Objekt genauso dem Denken entspringen, wie das Subjekt, das heisst, das Denken ist «nicht bloß subjektiv, sondern eo ipso (!) objektiv.» (T1,19)

Diesem Argument für die Objektivität der Erkenntnis hält Treml entgegen, daß es auf der Verwechslung von «Extension» und «Intension» des Begriffs beruhe. Dadurch, daß der Begriff eines Objektes gedacht werde (Intension), sei dieses Objekt selbst noch lange nicht wirklich existent (Extension): «das bloß subjektiv Gedachte, wird nicht schon dadurch objektiv, daß es subjektiv gedacht wird.» (T1,19). Mein Gedanke des Objekts garantiert also nicht die «Objektivität» dieses Gedankens. Aber Steiner führe noch ein anderes Argument für die Objektivität des Gedankens an: es sei sein «Begriffsrealismus», der auf die «platonische Ontologie» zurückgehe. Schon Plato hielt die Begriffe für Wesen, die ihren eigenen «ontologischen Status» als Urbilder und allgemeine Wesensgesetze der sinnlichen Dinge besitzen. Steiner huldige «allen Ernstes noch» diesem platonischen Begriffsrealismus, der im Mittelalter als Essentialismus der Wahrheit fortlebte. Er ist daher, so muß man Treml verstehen, nicht nur im Mittelalter, sondern eigentlich schon im Altertum, genauer gesagt, bei Plato stehengeblieben. (T1, 19).

Wird nun der Erkenntnisakt von Steiner «radikal subjektiviert»? Davon kann keine Rede sein. Aus der Gedankenentwicklung in WW (dessen 5. Kapitel, wie bereits erwähnt, der positiven Darstellung des Erkenntnisbegriffes dient), geht unter anderem hervor, daß die Trennung von Gegebenem und Begriff keine objektive Gegebenheit ist, sondern eine subjektive: sie stellt den Ermöglichungsgrund für den Erkenntnisakt dar, in dem die subjektive Trennung von Gegebenem und Begriff aufgehoben und die objektive Einheit wiederhergestellt werden muß (WW, S.65/81). Nicht das Ergebnis des Erkenntnisaktes ist also der Form nach subjektiv, sondern seine Voraussetzung. Damit ist nur das prinzipielle Verhältnis von Subjektivität und Objektivität im Erkenntnisprozess genannt. Tatsächlich muß durch jeden einzelnen, individuellen Erkenntnisakt die individuell gegebene, subjektive Erscheinungsform der Welt durch die entsprechenden Erkenntnisakte überwunden werden. Ob sie überwunden wird, hängt nicht nur von der Form des Erkennens, das heißt von seinem allgemeinen Gesetz ab, sondern auch von der Fähigkeit bzw. Bereitschaft des erkennenden Individuums, im *Urteilsexperiment* die Verknüpfung (Synthesis) des Gegebenen (der Wahrnehmung) mit dem Hervorgebrachten (dem Begriff), in einer beiden Bestandteilen der Gesamterfahrung gemäßen Weise zu vollziehen. Der Erkenntnisakt ist prinzipiell ein Akt der *Entsubjektivierung* und nicht der *Subjektivierung* des Weltinhaltes. Es gilt vom Erkennen in der Auffassung Steiners das genaue Gegenteil der Tremlschen Vermutung, die nur auf einem Missverständnis beruhen kann. Die Verbindung von Gegebenem und Selbsterzeugtem (der Zusammenhang beider) kann keine apriori feststehende sein. Sie ergibt sich in jedem einzelnen Fall aus dem *Urteilsexperiment*, das heißt, aus dem Versuch der Verbindung von Gegebenem und Selbsthervorgebrachtem. Der Steinersche Erkenntnisbegriff ist also *empiristisch*. «In diesem Sinne sind alle unsere Erkenntnisse empirisch.»(WW, S.62/3) Insofern, als alle Erkenntnis sich aus dem Urteilsexperiment ergeben muß, in dem Gegebenes und Hervorgebrachtes zusammenfließen, ist diese Theorie weder rationalistisch noch idealistisch. Sie ist aber insofern idealistisch, als sie die Zusammenhänge nicht als wahrnehmlich vorgegebene betrachtet. Das wahrnehmlich Gegebene ist das unzusammenhängende Weltbild: die Verbindung der Begriffe (Gesetze) mit dem wahrnehmlich Vorgegebenen im Urteilsexperiment erschließt alle Zusammenhänge: sowohl die zwischen Wahrnehmungen als auch die zwischen Wahrnehmungen und Begriffen. (Auch das Begriffsurteil – die Verknüpfung reiner Begriffe im Urteil – beruht auf Experiment und Beobachtung: einem Experiment, das sich im reinen Denken vollzieht, und einer Beobachtung, die mit Fug «Intuition» genannt werden kann.) Genauso wenig, wie es ohne Wahrnehmungen Erkenntnis geben kann, kann es sie ohne Begriffe geben. Letzteres rechtfertigt die Auffassung, daß die Steinersche Erkenntnistheorie idealistisch oder rationalistisch ist. Da beide Momente der Wirklichkeit, das subjektiv Zusammenhangslose und das objektiv Zusammenhangsstiftende, im wirklichen Erkenntnisakt verbunden werden müssen, ist diese Theorie weder blosser Empirismus noch blosser Idealismus: sie begründet vielmehr einen *rationellen Empirismus*. «Unsere Erkenntnistheorie ... überwindet den einseitigen Empirismus und den einseitigen Rationalismus, indem sie beide auf einer höheren Stufe vereinigt.» (WW, S.84) Weil nun gar keine Rede davon sein kann, daß die Erkenntnis «vollständig dem Subjekt» innewohne, entsteht auch nicht die Frage, wie dieses rein subjektive Gebilde nachträglich mit der Weihe der Objektivität versehen werden kann: jeder einzelne Erkenntnisakt ist bereits die Überwindung des subjektiven Erscheinungsbildes der Welt, und je umfassender diese Überwindung gelingt, umso umfassender erschließt sich im Erkennen der objektive Zusammenhang der Welt. Etwas ähnliches wie für die Wahrnehmung gilt nun auch für den Begriff. Dieser ist, losgelöst von seinem Zusammenhang mit der ihm korrespondierenden Wahrnehmungsreihe (sei sie nun eine sinnliche oder eine übersinnliche), bloß subjektive Erscheinung. Das heißt, der vom Wahrnehmungsanteil losgelöste (abstrakte) Begriff ist genauso wenig für sich wirklich wie die bloße Wahrnehmung. Deswegen kann Steiner auch nicht als *Begriffsrealist* oder *Platoniker* bezeichnet werden. Steiner ist zwar *Essentialist*. Aber er ist es in einem ganz anderen Sinn, als dies Treml meint: er ist nicht Vertreter eines Begriffs- oder Ideenessentialismus, der die Begriffe und Ideen im naiven Sinn substantiiert, sondern er ist Vertreter eines Essentialismus des *Denkens*. Nicht der Begriff, sondern das Denken ist «das Wesen der Welt» (GL, S.79.)[1], im Denken wird die «Essenz der Welt» vermittelt – nicht in der Idee, im Begriff. Das Denken aber ist das tätige Agens, das die Weltinhalte miteinander verknüpft und die Möglichkeit der Erkenntnis begründet. Steiner betrachtet also nicht deshalb etwas als objektiv, «weil es subjektiv gedacht wird», sondern er betrachtet das Subjekt als objektiv, wenn es in Zusammenhang mit dem übrigen Weltinhalt durch das Denken gebracht wird.

5. Anthroposophie – Verabschiedung aus dem wissenschaftlichen Diskurs?

Aufgrund dieser Überlegungen läßt sich auch die Frage nach dem *Kriterium* beantworten, die Treml aufwirft (T1, 20/21). Einer der Hauptvorwürfe gegen den Essentialismus, wie er ihn versteht, ist nämlich der, daß er sich auf eine unmittelbare Wesensschau, auf Intuition berufe und keine externen Kriterien anzugeben vermöge, die eine «intersubjektive Überprüfung» (T1,21) seiner vorgeblichen Erkenntnisresultate zulassen. Da es aber solche externen Kriterien gegenüber dem Essentialismus nicht gibt, bleibt zuletzt nur übrig, in gläubigem Vertrauen das als wahr Behauptete hinzunehmen. Denn da das mittels Intuition Erkannte weder begründbar noch widerlegbar, der Begriffsinhalt der Welt für alle menschlichen Individuen aber derselbe sei, könne bei Verschiedenheit der Intuitionen nur einer recht haben. Nicht zuletzt auch deshalb, weil er das Kriteriumsproblem nicht zu bewältigen vermochte und die Intuition zum letzten Erkenntnisprinzip erhob, habe sich Steiner zunehmend aus dem wissenschaftlichen Diskurs verabschiedet (T1,20) und zum Mystiker und Religionsstifter gewandelt. Dieses Motiv der Intuition und des Mangels eines externen Kriteriums leitet zur Auseinandersetzung mit dem

1 Siehe Anmerkung 1

Seher Steiner und seinen Ausführungen zum Schulungsweg (der «Methodologie» (T1,17)) der übersinnlichen Erkenntnis über.

Das Kriteriumsproblem und das Bild, das Treml hier vom Essentialismus Steinerscher Prägung entrollt, wirft ein Licht auf die merkwürdige Tatsache, daß Treml, der sich auf wissenschaftlichem Niveau mit Steiner auseinandersetzen will, an Steiner als Naturwissenschaftler und Methodologen des naturwissenschaftlichen Erkennens vollkommen vorübergegangen ist. Die umfangreichen Arbeiten Steiners zu diesem Thema[1] scheinen für Treml überhaupt nicht zu existieren; sie werden auch im Literaturverzeichnis nicht aufgeführt (weder in T1 noch T2).

Die Einleitungen zu Goethes Naturwissenschaftlichen Schriften (GNS) stellen eine fortlaufende Auseinandersetzung mit dem Methodenproblem der wissenschaftlichen Erkenntnis (Natur- und Geisteswissenschaften) dar. Die «Grundlinien...» entwickeln systematisch den Wissenschaftsbegriff und befassen sich mit den einzelnen Erkenntnismethoden, die in den verschiedenen Wissenschaften zur Anwendung gelangen. Zwei Hauptmotive dieser Untersuchungen greife ich heraus: das Motiv der Methodenvielfalt (Pluralität) und das Motiv der Einheit (System) der wissenschaftlichen Erkenntnis.

Dem in sich gegliederten Stufenbau der Wirklichkeit korrespondiert die in sich gegliederte Pluralität der Erkenntnismethoden. Wer sich der Illusion hingibt, es könne die gesamte Wirklichkeit nach der Schablone der mechanischen Welterklärung oder mit der Methode der experimentellen Physik und ihren Paradigmen erkannt werden, wird unweigerlich dem mechanistischen, atomistischen oder sonst einem Reduktionismus verfallen. Diese Einsicht beginnt neuerdings in der philosophischen Modeströmung der sog. Postmoderne durchzudringen. Steiner ist deswegen, wenn man ihn mit Schlagworten einordnen will, weder ein vormoderner noch ein moderner Denker: er ist ein postmoderner Denker vor der Postmoderne. In Anlehnung an Goethe weist

1 J. W. Goethe. Naturwissenschaftliche Schriften, herausgegeben, eingeleitet und mit Erläuterungen versehen von Rudolf Steiner (= GNS): 1. Band (1883): Bildung und Umbildung organischer Naturen; 2. Band (1887): Zur Naturwissenschaft im allgemeinen, Mineralogie und Geologie, Metereologie; 3. Band (1890): Beiträge zur Optik. Zur Farbenlehre (Bd. I); 4. Band (1897): Zur Farbenlehre (Bd. II, erster Teil) Materialien zur Geschichte der Farbenlehre; 5. Band (1897): Zur Farbenlehre (Bd. II, zweiter Teil) Materialien zur Geschichte der Farbenlehre. Entoptische Farben. Paralipomena zur Chromatik. Sprüche in Prosa. Nachträge. – Alle Bände Dornach 1982 und öfter. Die Einleitungen von Rudolf Steiner machen etwa 350 Seiten aus. Ferner: Rudolf Steiner, Grundlinien einer Erkenntnistheorie ..., siehe den Nachweis Anmerkung 1.

er nach, daß die Gesamtwirklichkeit sich in ontische Stufenreiche gliedert, und daß diese in ihrer spezifischen Eigenart nur erfasst werden können, wenn sich die Erkenntnismethoden an der Gesetzmässigkeit dieser Ordnungen orientieren.

Steiner unterscheidet, grob gesprochen, vier Klassen des Seienden, die durch das jeweils verschiedene Verhältnis des Gesetzesanteils der ihnen angehörenden Individuen zum diesem korrespondierenden Wahrnehmungsanteil unterschieden sind: die anorganische, die organische, die seelische und die geistige Ordnung. Diese Ordnungen bzw. Welten existieren nicht etwa gesondert, sondern durchdringen sich gegenseitig, sowohl in der Gesamtwirklichkeit als auch in ihren einzelnen Individuen.

Während die Klasse der anorganischen Phänomene durch das äußerliche Nebeneinander von Gesetz und Erscheinung gekennzeichnet ist, tritt in der Klasse der organischen Phänomene das Gesetz ins Innere der Erscheinung und wird zu einem immanenten Bildeprinzip. In der Klasse der seelischen Phänomene steigert sich die Innerlichkeit des immanenten Bildeprinzips zur Intentionalität, um in der Klasse der geistigen Erscheinungen sich selbst als Gesetz zu erscheinen und zum in sich selbst reflektierten Begriffsbewußtsein des sich erkennenden und bestimmenden Geistes zu werden.[1]

Der Ordnung des Seienden gemäß sind zunächst Natur- und Geisteswissenschaften zu unterscheiden. Diese untergliedern sich wiederum in anorganische und organische Naturwissenschaften, in Psychologie (Pneumatologie[2]) und historisch-politische Wissenschaften. So wie die Klassen oder Ordnungen des Seienden durch ihre Wesensstrukturen[3] voneinander unterschieden und zugleich zur Gesamtwirklichkeit miteinander verbunden sind, so werden auch die Erkenntnismethoden der Wissenschaften nicht durch ihre prinzipielle, sondern durch ihre spezifische Gesetzlichkeit sich voneinander unterscheiden und zugleich aufeinander so bezogen sein, daß sie sich zum System der Wissenschaften zusammenschließen. Die Notwendigkeit verschiedener Erkenntnismethoden, die in der ontischen Verfassung der Wirklichkeit gründet, hebt

1 Der wahre Baum des Porphyrius ist das Geflecht und Geäst der Wirklichkeit, in dem durch die Tätigkeit des menschlichen Erkennens die hierarchisch gegliederte Krone der ideellen Welt und die ebenso gegliederte Wurzel der realen Welt einander entgegenwachsen.

2 siehe die Anmerkung von 1924 zu S. 128 auf S. 140 der GL

3 Zum Strukturbegriff vgl. die Schrift von Herbert Witzenmann: Strukturphänomenologie – Vorbewußtes Gestaltbilden im erkennenden Wirklichkeitsenthüllen. Ein neues wissenschaftstheoretisches Konzept im Anschluß an die Erkenntiswissenschaft Rudolf Steiners. Dornach 1983

also den allgemeingültigen Begriff des Erkennens nicht auf, aber er modifiziert ihn der Art nach. So spricht Steiner der Erkenntnismethode, die sich der Sinnesbeobachtung und des Experiments bedient, ausschließliche Geltung für die Ordnung der anorganischen Phänomene zu, der Methode der anschauenden Urteilskraft (der auf das Objektive gerichteten Intuition) Geltung für die Ordnung der organischen Phänomene, derjenigen der Selbsterfassung (der auf das Subjektive gerichteten Intuition) Geltung für die Ordnung der psychisch- geistigen Phänomene. Auf die ausführliche Diskussion des Experiments, das darauf abzielt, das sog. Urphänomen oder Naturgesetz aufzudecken, um es in hypothetischer Form begrifflich zu fassen, kann ich mich hier nicht einlassen[1]. Es ist aber klar, daß den einzelnen Erkenntnismethoden, ihrer spezifischen Differenz entsprechend, jeweils verschiedene Kriterien zugeordnet sein müssen. Während das Aufsuchen des Urphänomens ein Verfallen in unberechtigte transzendentalistische Hypothesen verhindert, dringt die anschauende Urteilskraft zum Typus als dem wahren Urorganismus vor, als dessen Metamorphosen sich die einzelnen organischen Gestaltungen darstellen. Die intuitive Methode im engeren Sinne hat die ideellen Gestaltungskräfte der geistigen (psychischen) Ordnung des Seienden zum Gegenstand und erfasst in diesen die individuellen, begrifflichen Beweg- und Erklärungsgründe des geistigen Lebens der Wirklichkeit. Es ergibt sich aus diesem Überblick des Gesamtzusammenhangs, welchen Stellenwert die Ausführungen über die Intuition etwa in der «Philosophie der Freiheit» erhalten. Geisteswissenschaften sind für Steiner im eminenten Sinne Freiheitswissenschaften, seine PdF stellt eine Ausarbeitung der Wissenschaft der Freiheit dar, in ihr gewinnt daher die Intuition als Erkenntnismethode ein besonderes Gewicht.

Was nun die Kriteriumsfrage betrifft, so stellen sich die Wahrheitskriterien der einzelnen Erkenntnismethoden als Abwandlungen des Urteilsexperimentes dar. Das Experiment, sei es nun das Gedankenexperiment oder der tatsächliche Versuch, dient dazu, das Urphänomen, das mit dem Naturgesetz identisch ist, durch ideelle Anordnung des sinnlich Erscheinenden aufzufinden.

Das kontinuierliche Widerspiel von Beobachtung und Begriffsbildung im Experiment zielt darauf ab, eine solche Adäquation zwischen Phänomenkomplex und Begriffsgebilde zu erreichen, daß sich beide widerspruchslos ineinanderfügen (sich inhärieren). Diese doppelseitige Adäquation muß vom Erkennenden im Urteilsakt beobachtet werden, sie ist also eine Beobachtungsadäquation und läßt sich nicht unter das Widerspruchsprinzip subsumieren oder aus diesem ableiten. Ist eine solche Anordnung von Phänomenen und

1 Vgl. die «Grundlinien...», S. 86 – 95

Begriffsgebilden erreicht, daß diese sich wechselseitig erschöpfend durchdringen und eine weitere Reduktion weder möglich noch nötig ist, mündet das Experiment in die Erkenntnis des Urphänomens. Am Ende des Beobachtungsvorgangs steht also ein Akt der Einsicht, der sich im erkennenden Individuum vollzieht, in dem sich aber der objektive Weltzusammenhang ausspricht. Dieser Akt muß prinzipiell durch jeden Erkennenden zu jeder Zeit, sofern dieselben Versuchsbedingungen wiederhergestellt sind, nachvollziehbar sein. (Zu diesen Bedingungen gehören sowohl objektive – von seiten der phänomenalen Welt – als auch subjektive – erkenntnismoralische – Komponenten; s. weiter unten.) Darüber hinaus kann es keine externen Kriterien der Wahrheit geben, auch nicht im naturwissenschaftlichen Erkennen. «Wahrnehmungsurteile sind wahr, wenn sie Ergebnisse eines Erkenntnisexperiments» (Urteilsexperiments) sind.[1]

Indem ich die «objektive» Intuition beiseite lasse, wende ich mich der «subjektiven» Intuition zu, die das Erkenntnisprinzip der Geisteswissenschaften darstellt. Festzuhalten ist, daß der Ausdruck «subjektiv» auf den *Gegenstand* der Intuition (das Subjekt) und nicht auf ihren *Geltungsumfang* hinweist. Im Bereich der Geisteswissenschaften hat man es mit ideellen Gegenständen zu tun. Ihnen gegenüber ist die Forderung nach externen Urteilskriterien ohnehin absurd.[2] Das Urteilsexperiment, das im Bereich geisteswissenschaftlicher Erkenntnis vollzogen wird, ist das Begriffsurteil, das auf der Verknüpfung von Begriffen durch den Denkenden beruht. Das Wahrheitskriterium der Begriffsurteile ist die *Evidenz*. Da der Begriff sich selbst erklärender Zusammenhang ist, gilt es in der Urteilsverknüpfung das Verhalten der verknüpften Begriffe zu beobachten. Auch hier wiederum ergibt sich aus der Beobachtung, also aus dem Widerspiel subjektiver und objektiver Komponenten des Erkenntnisvorgangs, die Einsicht in die Verknüpfbarkeit oder Nichtverknüpfbarkeit von Begriffsinhalten. Die Tätigkeit des Denkenden, Urteilenden bestimmt einerseits die Verbindung der Begriffe, der Denkende muß sich andererseits in seiner Tätigkeit durch die Begriffe leiten lassen. Der Denkende kann sich Begriffsurteile nur in dem Umfang erlauben, als er die ideellen Entitäten der Begriffe zu beobachten vermag. Begriffe sind auch nur in dem

1 Die Formulierung stammt von Herbert Witzenmann, «Ein Weg zur Wirklichkeit. Bemerkungen zum Wahrheitsproblem» in «Intuition und Beobachtung», Bd. 2. Stuttgart 1978, S. 9 – 46.

2 Diesen Tatbestand gesteht Treml übrigens in gewisser Weise zu, wenn er den Geisteswissenschaften nicht ihren Mangel an «objektivierenden Instrumentarien», sondern vielmehr ihren Mangel an «Orientierungswissen» zum Vorwurf macht. (T1,24).

Maße verknüpfbar, als ihre eigene Bestimmtheit diese Verknüpfung zuläßt.[1] Begriffsurteile sind dann und nur dann wahr, «wenn die in ihnen vorhandenen Begriffe nur auf Grund dessen verbunden werden, was [in ihnen denkend] erblickt wird, wenn aber ferner nicht erblickt wird, was nicht [denkend] hervorgebracht wird, und wenn weiterhin nur solches hervorgebracht wird, was seinerseits den ihm zugewandten [Denk-] Blick hervorbringt.»[2]

Das Ergebnis der intuitiven Betätigung des Denkens ist nun weder unbegründbar noch unwiderlegbar. Der intuitiv erfaßte Inhalt läßt sich mittels der Sprache (ad placitum) beschreiben (symbolisieren) und kann mittels eben dieser erneut gedacht werden. Er ist also durch jeden, der die Begriffe und Begriffszusammenhänge, auf die die Worte deuten, von neuem denkt, überprüfbar. Allerdings ist der dargestellte Begriffszusammenhang nicht durch außerhalb der Begriffe liegende (also externe) Beweise begründbar, weil er sich selbst, als Begriffszusammenhang, begründet. Das schließt aber nicht aus, daß sich sowohl der weniger umfassenden als auch der umfassenderen Beobachtung des Denkens andere Begriffszusammenhänge ergeben: jedoch schließen die weniger umfassenden die umfassenderen aus, während die umfassenderen jene einschließen. Die «Widerlegung» eines sprachlich dargestellten Begriffszusammenhangs käme also seiner Erweiterung gleich, die den «widerlegten» Zusammenhang als ein aufgehobenes Moment in sich trüge. In bezug auf Begriffsurteile ist also Hegel zuzustimmen, «daß das sich Widersprechende sich nicht in Null, in das abstrakte Nichts auflöst, sondern wesentlich in die Negation seines *besonderen* Inhalts.» [3]

Anders stellt sich die Sache aber dar, wenn auf jene Wahrnehmungsgebilde Rücksicht genommen wird, die den Begriffen nach der Seite des Nicht-Sinnlichen korrespondieren. Die Existenz einzelner nicht-sinnlich wahrnehmbarer Inhalte läßt sich durch bloße Begriffsurteile weder beweisen noch widerlegen. Andererseits sind die Begriffe selbst und das Denken nichtsinnlich wahrnehmbare Entitäten, die durch sich selbst ihre nichtsinnliche Existenz ausweisen. Der Begriff der Ursache ist eine eigenständige begriffliche Entität, die denkend beobachtet werden kann; mit jenem der Wirkung nicht zu verwechseln oder auszutauschen. Als solche verweisen sie aber nur auf sich selbst und andere Begriffe, nicht auf nicht-begriffliche nicht-sinnliche Beob-

1 Die hier geschilderten Beobachtungen am Denken legen allerdings eine Auffassung nahe, die den von Treml propagierten Begriffs*nominalismus*, der Begriffe nur als «arbiträre Symbole» und Übereinkünfte «ad placitum» propagiert, als fragwürdig erscheinen läßt.

2 Herbert Witzenmann, loc. cit. S. 27,

3 Hegel, Wissenschaft der Logik, S. 49.

achtungsgegenstände. Deshalb beweist z.B. der Begriff Gottes zwar die begriffliche Existenz seines Inhalts (der Summe seiner Merkmale und seiner selbst als dieser Summe), aber er beweist nicht die Existenz des ihm korrespondierenden nicht-sinnlichen Beobachtungsgegenstandes. Genauso wenig wie die *Existenz* einer sinnlichen Wahrnehmung (dieses oder jenes Tieres) durch reine Begriffsurteile bewiesen werden oder widerlegt werden kann, sind nicht-sinnliche Wahrnehmungen auf diese Art *extern* beurteilbar. Wenn sie durch reine Begriffe auch nicht widerlegbar oder beweisbar sind, so sind sie *nach ihrem Vorliegen* durch diese doch *beschreibbar* (das heißt durch Worte symbolisierbar). Bleibe ich auf dem Standpunkt der sinnlichen Wahrnehmungsurteile und der reinen Begriffsurteile stehen, kann ich mir, will ich im Bewußtsein meiner Urteilsvoraussetzungen wissenschaftlich *redlich* bleiben, keine Existenz-Urteile über jene nicht-sinnlichen Beobachtungsgegenstände *erlauben.* Verstiege ich mich zu solchen bejahenden oder verneinenden Existenzaussagen, käme meine Kritik der Kritik jener dogmatischen Aristoteliker an Galilei gleich, die den Blick durch das Fernrohr ablehnten, weil es nach der Physik des Aristoteles diese oder jene Monde weder gebe noch geben könne, Aristoteles aber eine Autorität darstelle, der sie mehr Glauben schenkten als ihren eigenen Augen. In dieser Situation befindet sich nämlich derjenige prinzipiell, der Beschreibungen nicht-sinnlicher Beobachtungen in Begriffsform entgegennimmt.

Im Falle Galileis sind die Versuchsbedingungen vergleichsweise einfach: es war nicht mehr vonnöten als ein *gesundes* Auge, *methodische Unvoreingenommenheit* oder der *gute Wille* und der Blick durch das *Fernrohr*, um sich vom Tatbestand zu überzeugen. Man sieht an diesem überschaubaren Beispiel der «objektiven» Wissenschaft, daß subjektive (Auge, Unvoreingenommenheit, Empfänglichkeit für neue Tatsachen) und objektive (instrumentelle, materiale und formale) Bedingungen (Fernrohr, Phänomene am Himmel, begriffliches Instrumentarium) zusammenwirken müssen, damit ein Experiment gelingen kann. Im Fall der geistigen Erfahrung (deren Gegenstände nicht-sinnlicher Art sind) fallen subjektive und instrumentelle Bedingungen zusammen, denn das Erkenntnisinstrument ist das Subjekt. Allerdings nicht das Subjekt in seiner naturhaften Seinsverfassung, sondern in seiner systematisch entwickelten, habituellen Natur, die das Gewahrwerden der materialen Komponenten des Erkenntnisaktes erst ermöglicht. Aber genauso wenig wie Galilei die seinen Sinnen gegebenen Phänomene durch seine Versuchsanordnung *erzeugt* hat, *erzeugt* der Seher die materialen Gegebenheiten seiner nichtsinnlichen Erfahrung. Er stellt lediglich die (subjektiven und instrumentellen) Bedingungen her, die die Selbstmitteilung der geistigen Phänomene ermöglichen.[1] Daß die Verflechtung zwischen subjektiven und objektiven Erkenntnisbedingungen selbst in der Naturwissenschaft enger sein kann als dies bei Galilei zutage tritt, legt die Kopenhagener Deutung der Heisenbergschen Unschärferelation nahe: Phänomene sind durch die Versuchsanordnung mitbedingt, die objektiven Versuchsbedingungen, Apparate und Instrumente, sind nichts als objektivierte Vorurteile, die die Konfiguration der Phänomene vorformen und nur jene Erscheinungen zulassen, die sich in diese Bedingungen einfügen. Das spricht aber weder gegen ihr objektives Gegebensein noch gegen ihre Erkennbarkeit.

6. Beansprucht Steiner Unfehlbarkeit, und fordert er Unterwerfung?

Treml sind die «subjektiven Erzählungen» des Sehers Rudolf Steiner nichts als «Erzählungen eines großen Eklektizisten» (T1,24), der sich «aus dem wissenschaftlichen Diskurs verabschiedete» (T1,20).
Steiner fordere «Devotion», Unterwerfung, «Kritiklosigkeit» und «heilige Scheu», lasse eine Kritik oder externe Überprüfung seiner Theorien nicht zu und mache den Schüler vollständig von sich abhängig. Er leide außerdem unter dem «ungeheuren Zwang, subjektive geistige Erfahrungen Anderen mitzuteilen» (T1,20). Steiners Wissen wolle absolut sein, denn es sei über alle Kritik erhaben, er konstruiere «einen neuen absoluten Geist» (T1,22), dessen Sprachrohr er sei, er falle trotz seines kritischen Habitus gegenüber Kant hinter diesen zurück, der in seinem (ironischen, trivial-aufklärerischen Mach-) Werk «Träume eines Geistersehers...» (1766) Steiner in der Gestalt Swedenborgs längst schon widerlegt und überwunden habe, indem er nachwies, daß Erscheinungen und heilige Eingebungen nichts seien als die Ableitung hypochondrischer Winde aus dem Gedärme ins Gehirn. Swedenborg wie Steiner scheitern, so Treml, daran, ihre okkulten Erscheinungen «intersubjektiv transmissibel» zu machen. Kant vermöge über sein Ding an sich nur negativ zu sprechen, Steiner hingegen verliere über das seine abertausende von Worten. Während in der modernen Wissenschaft schon längst die «Kontingenz» und «Fallibilität» alles Wissens, die «prinzipielle Fehlbarkeit» aller Erkenntnistheorien (T1,23) erkannt seien, erhebe Steiner den Anspruch, absolutes Wissen zu besitzen. Er sei deshalb in der Form ein moderner, im Inhalt ein vormoderner Denker.

1 Vergleiche dazu die Ausführungen in Rudolf Steiner, Von Seelenrätseln. 1. Ausgabe Berlin 1917. Zitiert nach: Dornach 1976, S. 142/3

Francis Bacon hat als einer der ersten im Anbruch der Neuzeit die wissenschaftsethischen Leitideen der neueren Naturwissenschaften formuliert, die an die Stelle des vormaligen Erkenntnishabitus traten. Bacon will in seinem Novum Organum (1620) seinen *Gegner*, die Natur, nicht bloß durch Worte, sondern durch Werke besiegen[1], Wissen ist die Macht des Menschen über die Ursachen, die es ihm erlaubt, die Natur nach seinem Willen zu formen und zu nützen (I,3.S.26), sein Ziel ist der Sieg der technischen Fertigkeiten über die Natur (I,117.S.86), er will die Macht und Herrschaft des menschlichen Geschlechts über die Gesamtnatur begründen, die einzig auf technischen Fertigkeiten und Wissenschaft beruhen (I,129.S.96). Dieses Erkenntnisethos hat sich bei Kant eher noch verschärft, wenn er im Hinblick auf Galilei über die Naturforscher schreibt[2]: «daß die Vernunft ... die Natur nötigen müsse, auf ihre Fragen zu antworten, nicht aber sich von ihr gleichsam am Leitbande gängeln lassen müsse...», daß die Vernunft «mit ihren Prinzipien ... in einer Hand, und mit dem Experiment in der anderen, an die Natur gehen...» müsse, «nicht in der Qualität eines Schülers, der sich alles vorsagen läßt..., sondern eines bestallten Richters, der die Zeugen nötigt, auf die Fragen zu antworten, die er ihnen vorlegt.» Diese *un*ethische Erkenntnishaltung gegenüber der Natur, die übrigens eine frappante Ähnlichkeit mit der Vorgehensweise der römischen Inquisition gegenüber Ketzern und Hexen hat (diese Formverwandtschaft zwischen scholastischer «quaestio», römischer «inquisitio» und dem Methodenideal der experimentellen Naturwissenschaft ist m.W. noch nicht ausführlicher untersucht worden), stellt die methodische Grundlage von Vergewaltigung und Ausbeutung der Natur dar, die diese unersetzbare Existenzgrundlage der Menschheit durch exponentiellen Mißbrauch an den Rand des Ruins gebracht hat. Die katastrophale Verfassung unserer Lebensumwelt und der sozialen Beziehungen (der Gesamtmenschheit) geht aber nicht, wie bereits angedeutet, auf die Ehrfurcht vor der Natur und der Würde des Menschen zurück, sondern auf ebendiese Erkenntnishaltung der Ehrfurchtslosigkeit und des peinlichen Verhörs der Natur. Das Ideal der «Bewahrung der Schöpfung», derzeit von C. F .v. Weizäcker propagiert[3], kann nur realisiert werden, wenn der Zusammenhang zwischen dem neuzeitlichen Wissenschafts«ethos» und der totalen Expropriation der Natur erkannt wird.

1 Francis Bacon, Neues Organ der Wissenschaften, Darmstadt 1974, S. 25.

2 Immanuel Kant, Kritik der reinen Vernunft, Werkausgabe, Bd. 3. Frankfurt 1984, S. 23)

3 Carl Friedrich von Weizsäcker, Die Zeit drängt. München 1987; Das Ende der Geduld, München 1987

«Die Natur verstummt auf der Folter», bemerkt Goethe[1]. Es ist diese Einsicht, die eine ökologische und ethische Umorientierung des wissenschaftlichen Erkennens erst ermöglicht. Sie impliziert ein vorbehaltloses Bekenntnis der Wissenschaft zu ihrer Verantwortung gegenüber dem Menschen und der Natur sowie ihre Unterwerfung unter die daraus abzuleitenden Werte. Wird die damit verbundene Haltung auf die Erkenntnismethoden übertragen, besteht Aussicht, daß sich das nötige Orientierungs- und Steuerungswissen, selbst in den Naturwissenschaften, findet (denn es ist kein Privileg der Geisteswissenschaften, ein solches hervorzubringen), aus dessen Anwendung sich soziale «Gerechtigkeit», Welt-«Friede» und «Schöpfungsbewahrung» (Weizsäcker) ergeben können.

Treml unterläuft die bedauerliche, aber häufig begegnende Verwechslung von sachlicher mit persönlicher Devotion. Es wird sich wohl nirgends im umfangreichen Werk Steiners eine Stelle finden, an der er Devotion vor sich selbst, Unterwerfung unter seine Person fordert. Ehrfurcht gegenüber *Wahrheit* und *Erkenntnis* hingegen ist ein methodisches Erkenntnisprinzip, das sich eigentlich von selbst versteht, vor allem im Hinblick auf seine Negation. Genauso gut könnte von «unbedingter Wahrheitsliebe» gesprochen werden. «Betont muß werden, daß es sich beim höheren Wissen *nicht* um Verehrung von Menschen, sondern um eine solche gegenüber *Wahrheit* und *Erkenntnis* handelt.»[2] In der Vorrede zur 5. Auflage dieser Schrift (1914): «Ich glaube genügend darauf hingewiesen zu haben, daß des Lehrers Autorität und der Glaube an ihn in der Geistesschulung keine andere Rolle spielen sollten, als dies der Fall ist auf irgendeinem anderen Gebiete des Wissens und Lebens.»[3] Diese Verehrungshaltung schließt allerdings ein kritisches Bewußtsein keineswegs aus, dieses wird von Steiner sogar ausdrücklich gefordert. So heißt es in der Vorrede zur ersten Auflage der «Geheimwissenschaft im Umriß»[4], daß «in vollem Maße das vernunftgemäße Denken zum Probierstein des dargestellten werden kann und *soll*... Der Verfasser sagt es unumwunden: er möchte vor allem Leser, welche nicht gewillt sind, auf blinden Glauben hin die vorgebrachten Dinge anzunehmen, sondern welche sich bemühen, das Mitgeteilte an den Erkenntnissen der eigenen Seele und an den Erfahrungen des eigenen Lebens zu prüfen.» Gemeint ist hier nicht etwa *nur* die geisteswissenschaftliche Prüfung durch die übersinnlichen Forschungsmethoden, sondern

1 GNS, Bd. 5, S. 351.

2 Rudolf Steiner, Wie erlangt man Erkenntisse der höheren Welten? Dornach 1975. (TB) S. 17.

3 Ebenda, S. 11/12.

4 Dornach 1923, S. XXX

vor allem die *durchaus mögliche* vom gesunden, vorurteilslosen Denken und Menschenverstand aus. «Er möchte vor allem vorsichtige Leser, welche nur das logisch zu Rechtfertigende gelten lassen.» Ja, «es kann sogar vorkommen, daß ein Forscher, der auf übersinnlichen Gebieten wahrzunehmen vermag, sich Irrtümern in der logischen Darstellung hingibt, und daß einen solchen dann jemand verbessern kann, der gar nicht übersinnlich wahrnimmt, wohl aber die Fähigkeit eines gesunden Denkens hat.» (Ebenda, S.108). Diese Korrektur bezieht sich allerdings, wie aus der vorangehenden Darstellung hervorgeht, nicht auf die empirische Tatsächlichkeit (was Existenzurteile implizieren würde, die bei Wegfall des Wahrnehmungsanteils nicht gefällt werden können) der nicht-sinnlichen Beobachtungsgegenstände, sondern auf die Logizität ihrer Darstellung. Während also für die *Darstellung* der Beobachtung das Kriterium der Widerspruchsfreiheit gilt, kann für die Beobachtungsinhalte selbst das Kriterium der Plausibilität geltend gemacht werden. Dieses besagt, daß es eine okkulte Tatsachenlogik gibt, und daß diese im durchgängigen Zusammenhang, in der allseitigen Verflochtenheit und Abhängigkeit der okkulten Tatsachen und ihrer Widerspruchsfreiheit besteht.

Steiner behauptet keineswegs, sein Wissen sei absolut, was immer diese Behauptung auch bedeuten mag. Seine Erkenntnis tritt jedenfalls weder mit der Prätention auf, Wissen des Absoluten noch ein *absolut geltendes* Wissen zu sein. Wenn Steiner in der *Form* ein moderner Denker sein soll, die Form des modernen Wissens im Sinne Tremls aber durch Fallibilität und Kontingenz gekennzeichnet ist, dann ist jene Behauptung von der Absolutheit seines Wissens in sich widersprüchlich. Aber weder angesichts der Pluralität der Methoden, die Steiner vertritt, noch angesichts der radikalen Dynamisierung seines Wirklichkeitsbegriffs läßt sich die Behauptung aufrechterhalten, sein Begriff des Wissens impliziere dessen Absolutheit. In einer einzigen Hinsicht ist Steiner allerdings betont und ausdrücklich absolut: in seiner Ablehnung der vielbeschworenen *Grenzen der Erkenntnis.* Wenn Treml behauptet, «um vernünftig erkennen zu können, muß ich die Grenzen der Vernunft erkennen» (T1,22), so ist dieser Aussage die Beobachtung entgegenzuhalten, daß die Vernunft in ihrem Wesen Entgrenzung ist, und daß jede denkbare Begrenztheit der Vernunft von der Vernunft erdacht werden muß und damit sich selbst aufhebt. Wenn also gesagt wird, daß alles Wissen prinzipiell kontingent und fallibel ist, dann ist die Frage zu stellen, ob Wissen kontingent sein kann und was die Begriffe der Kontingenz und Fallibilität besagen sollen. Alles Wissen besteht darin, Kontingenz zu überwinden, nämlich die Kontingenz der Sachen; selbst wenn ich sage: «etwas ist kontingent», habe ich die Kontingenz des Kontingenten inkontingent, das heißt begrifflich feststehend gemacht.

Mein Urteil will sagen: das Kontingente kann *nur* kontingent, nicht inkontingent, das heißt notwendig sein. Wissen ist allerdings dann kontingent, wenn es als Ergebnis der menschlichen Erkenntnistätigkeit betrachtet wird. Denn es besteht keine Notwendigkeit, daß eine bestimmte Erkenntnis eintritt – darauf beruht gerade die Freiheit des menschlichen Ideenlebens. Dagegen ist ein Wissen, wenn es eingetreten ist, nicht mehr fallibel, das heißt fehlbar, sonst wäre es eine Vermutung über das Wahrscheinliche. Gewiß ist der einzelne Urteilende, Erkennende fallibel, dem würde Steiner gewiß nicht widersprechen, gesteht er doch selbst den Naturgesetzen nur hypothetische Form zu. Das Wissen selbst aber, das heißt die aus den Gegebenheiten resultierende Verknüpfung der Begriffe dieser Gegebenheiten im Urteil, ist dann notwendig, wenn sie sich aus den Gegebenheiten ergibt.
Die Einsicht in die Kontingenz der Sachen oder des Wissens zum auszeichnenden Merkmal der Modernität zu machen, heißt die gesamte Philosophiegeschichte ausblenden. Der Begriff der Kontingenz ist ein Zentralbegriff des mittelalterlichen Denkens und geht zuletzt auf Aristoteles zurück (der den Begriff des endechomenon, dynaton, des Angenommenen, Möglichen im Unterschied zum Notwendigen prägt). Bei Aristoteles bezeichnet er alle sublunarischen Substanzen, die Werden und Vergehen unterliegen, später findet er seine Anwendung auf *alles Geschaffene*, setzt also den Begriff eines inkontingenten Schöpfers aller sein-könnenden Dinge, eines ens necessarium, voraus. Auch die Kontingenz der Theorien ist dem Mittelalter nicht unbekannt: besteht doch die Verfassung des menschlichen Denkens, im Gegensatz zu dem der Engel oder Gottes etwa, gerade darin, daß es kontingent und fallibel ist. Dagegen ist es das Anliegen Kants, die unbedingte Notwendigkeit und strenge Allgemeingültigkeit der synthetischen Urteile a priori zur Grundlage der reinen Naturwissenschaften, überhaupt der reinen Vernunfterkenntnis zu machen. Notwendigkeit und strenge Allgemeinheit sind für Kant die beiden Kriterien der Apriorität, «*deren jedes für sich unfehlbar ist.*»[1] ... Doch genug davon!
Es gibt, nach all diesen kritischen Bemerkungen, einen Satz in Tremls Arbeit, der auch für eine tiefergehende Auseinandersetzung mit Steiner gelten kann und der – allerdings mit gewissen Kürzungen – meine Zustimmung findet. Er lautet: «Liest man Steiner ... nicht als ... Offenbarung ewiger Wahrheiten, dann ist jene Distanz gegeben, die es erlaubt, relativ gelassen sowohl zu bejahen und den Reichtum seines umfangreichen Werkes zu entdecken, wie auch zu verneinen...»(T1,24). *In der Tat! Aber man muß Steiner lesen...!*

1 Kritik der reinen Vernunft, Werkausgabe, Bd. 3, Frankfurt 1984, S. 47

LORENZO RAVAGLI

Geistesgeschichte als Archäologie der Worte

Heiner Ullrichs exemplarisches Scheitern an der Anthroposophie

> «Der Irrationalismus – als das Gegenspiel des Rationalismus – redet nur schielend von dem, wogegen dieser blind ist.»
> *Heidegger, Sein und Zeit*

1. Geschichte eines Gesprächsversuchs. Publikationen und Entgegnungen

Heiner Ullrich hat im Jahr 1982 erstmals mit seiner Kritik an Waldorfpädagogik und Anthroposophie das Forum der Öffentlichkeit betreten. Seine Studie, die in der Zeitschrift «Neue Sammlung» erschien, trug den provokanten Titel «Ver-steiner-te Reformpädagogik. Anmerkungen zur neuerlichen Aktualität der Freien Waldorfschulen.»[1] Seither ist die Reihe der Veröffentlichungen nicht abgerissen, die sich mit seinen kritischen Einwänden gegen Originalität und Modernität des pädagogischen Konzepts der Waldorfschule auseinandersetzen. Diese Versuche der Entgegnung wurden dadurch zusätzlich angefacht, daß Ullrich 1984 und 1986 mit zwei weiteren Publikationen[2] die Aufmerksamkeit der interessierten und engagierten Kreise auf sich zog. Hier soll Verlauf und Gehalt der bisherigen Diskussion nachgezeichnet werden, bevor in den folgenden Kapiteln die inhaltliche Auseinandersetzung mit Ullrich selbst beginnt.

Im selben Heft der Zeitschrift «Neue Sammlung» hat zunächst Gerhard Herz das Gespräch mit Ullrich aufgenommen.[3]

Herz wendet sich in seiner Entgegnung gegen die These von der «Versteinerung» der Waldorfpädagogik. Er tut dies, indem er darauf hinweist, daß Ullrich, nach gängigem erziehungswissenschaftlichem Usus, die Theorie der

1 Heiner Ullrich, Ver-steiner-te Reformpädagogik. Anmerkungen zur neuerlichen Aktualität der Freien Waldorfschulen. Neue Sammlung 1982, H. 6, S. 539 – 564

2 Siehe weiter unten in diesem Kapitel

3 Gerhard Herz, Pädagogik und Waldorfpädagogik. Ein Kapitel über Berührungsangst und Wahrnehmungsstörung. Neue Sammlung 1982, H. 6, S. 565 – 574

Waldorfpädagogik zu Unrecht von ihrer Praxis trenne. Herz kritisiert die Methode, die Ullrich bei dieser chirurgischen Operation beobachtet: er isoliert einzelne Merkmale der Waldorfpraxis aus ihrem «anthroposophischen Begründungszusammenhang» und versucht die Modernität und Originalität der von ihm isolierten Methodenmerkmale zu demontieren, indem er sie ihrem Ursprung nach in der Reformpädagogik der Jahrhundertwende verortet.

Ebenso wendet sich Herz gegen den Vorwurf des Dogmatismus und die Behauptung, Steiner und mit ihm die Waldorfpädagogen erhüben einen weltanschaulichen und pädagogischen Allmachtsanspruch. Er hebt hervor, daß zwei Rahmenbedinungen Voraussetzung für die Praxis der Waldorfpädagogik sind: als ideelle Rahmenbedingung die anthroposophische Geisteswissenschaft und als gesellschaftliche Rahmenbedinung im Ansatz verwirklichte Dreigliederungsstrukturen. Er bemerkt, daß Ullrich, ohne auf die Originalliteratur im nötigen Umfang einzugehen, den fundamentalen Zusammenhang zwischen Anthroposophie und Waldorfpädagogik bestreitet, daß er der Aufgabe, die sich einer wirklich hermeneutischen Intention ergäbe, nämlich den notwendigen inneren Zusammenhang beider zu analysieren, ausweicht.

Diese Beobachtungen hindern Herz jedoch nicht daran, gegenüber Ullrich zu konzedieren, daß seine Kritik an der Reformpädagogik auch für die Waldorfpädagogik relevant sei (S. 571). Ja, er geht sogar so weit, zuzugestehen, daß die «Waldorfpädagogik *historisch* und in ihren Erscheinungsformen ein *Produkt der Reformpädagogik*» sei (S. 568).

Doch dies ist gerade die Frage. Wenn auch vielleicht «die Waldorfpädagogen», wie Herz meint, sich mit den Kategorien der Originalität und Modernität nicht messen lassen wollen oder können, so wird doch kaum ernsthaft in Frage gestellt werden, daß Steiner selbst sowohl für seine pädagogische Anthropologie (die Temperamentslehre eingeschlossen) als auch für die aus ihr resultierende innere und äußere Gestaltung der Waldorfschule nicht nur methodische Originalität, sondern auch Modernität beansprucht hat.

Neben Herz hatte auch Erhard Fucke Gelegenheit, in der Zeitschrift «Neue Sammlung» den Standpunkt der Waldorfpädagogik zu vertreten.[1]

Auch Fucke setzt mit seiner Kritik hauptsächlich an Ullrichs Methode an. Ullrich überträgt, so Fucke, die Kritik an der Reformpädagogik «unbesehen» auf die Waldorfpädagogik. Dasselbe gilt für die Anthroposophie, deren Wissenschaftsanspruch Ullrich nicht aufgrund seiner Kenntnis der Originaltexte

1 Erhard Fucke. Das sehr lebendige «Fossil». Aphoristische Hinweise zu einigen Grundzügen der Waldorfpädagogik. Neue Sammlung 1982, H. 6, S. 575 – 589

(also der Werke von Steiner), sondern aus zweiter Hand, unter Zuhilfenahme ihrer voreingenommenen, unsachlichen Kritiker zu demontieren sucht. Ullrich huldigt dem Fragmentarismus: er greift willkürlich anthropologische Einzelergebnisse aus komplexen Forschungsberichten heraus, unterschlägt deren für ihr Verständnis entscheidenden Begründungszusammenhang, läßt sich auf eine «kritische Klärung» der anthroposophischen Grundbegriffe nicht ein. Die Kritik an der Reformpädagogik läßt sich nur unter der Voraussetzung auf die Waldorfpädagogik übertragen, daß die von Ullrich postulierte Identifikation beider beziehungsweise die Reduzierung der letzteren auf die erstere überhaupt legitim ist. Darüberhinaus entwickelt Fucke exemplarisch einige Grundzüge der Waldorfpädagogik.
Im Jahr 1984 erschien die zweite Studie von Ullrich, die in ihrem kritischen Anspruch noch tiefer als die erste greift, weil sie sich nicht nur auf formale Struktureigentümlichkeiten der Waldorfschule, sondern auf einen fundamentalen Baustein der anthroposophischen Anthropologie bezieht: die Temperamentslehre.[1]
Kurz nach Erscheinen dieser Studie meldete sich Johannes Kiersch mit einer Sammelrezension zu Wort, die aber hauptsächlich auf Ullrichs zweiten Aufsatz eingeht.[2]
Merkwürdig berührt die Mischung aus Anerkennung und Anfechtung, die in diesem Aufsatz Ullrichs Bemühen zuteil wird. Zwar ist Kiersch zuzustimmen, daß der «apologetische Bannfluch» kein angemessenes Mittel der Auseinandersetzung mit Kritikern ist. Doch ist es der angesichts nicht in die Tiefe dringender Kritik voreilig geübte Verzicht auf fundamentale Positionen der Anthroposophie oder Waldorfpädagogik genausowenig. Für Kiersch ist Ullrichs Argumentation «anfechtbar», begeht er «gravierende Fehler», interpretiert er das «Lehrgebäude Steiners» in höchst einseitiger Weise. Dennoch vermittelt Ullrich Kiersch die «wichtige Einsicht, daß viele Ideen und Methoden, die von Waldorflehrern immer wieder für Entdeckungen Rudolf Steiners gehalten werden, ganz woanders herstammen oder doch zumindest unabhängig von der Anthroposophie gefunden worden sind.» (S. 380) Wenn viele «Ideen und Methoden» der Waldorfpädagogik nicht von Steiner stammen, dann ist die Frage, worin wohl

1 Heiner Ullrich. Anthroposophie – zwischen Mythos und Wissenschaft. Eine Untersuchung zur Temperamentslehre Rudolf Steiners. Pädagogische Rundschau 1984. H. 4, S. 443 – 471

2 Johannes Kiersch. Herausforderungen an die anthroposophische Lehrerbildung. Goetheanum, Nr. 49, 2. Dezember 1984, S. 379 – 382

noch die «anthroposophischen Kerngedanken» dieser Pädagogik bestehen, die die Waldorflehrer nach Kiersch «in akzeptabler Form» vertreten sollen. Kiersch bleibt aber sowohl die Antwort auf die Frage nach den aufrechtzuerhaltenden Kerngedanken als auch die nach den fallenzulassenden Ideen und Methoden schuldig. Eine derart pauschale und zugleich konkret nichtssagende Aussage an so exponierter Stelle ist nicht nur unbedacht, sie ist auch gefährlich. Ullrichs Studie (gemeint ist der Aufsatz «Anthroposophie - zwischen Mythos und Wissenschaft») stellt für Kiersch «durch ihren Detailreichtum und die Originalität der Fragestellung die entschiedenste Herausforderung von seiten der akademischen Forschung dar...» Obwohl Ullrich zu einem vernichtenden Urteil über den Wissenschaftsanspruch der Anthroposophie kommt, hält Kiersch ihn für einen «wohlwollenden Kritiker». Obwohl Ullrich das «wissenschaftstheoretische Hauptwerk»[1] Steiners, die Schrift «Von Seelenrätseln» nicht so genau gelesen hat, um nicht den Wissenschaftsbegriff (von Steiner) gravierend falsch zu verstehen, obwohl er an den «bedeutenden einschlägigen Untersuchungen der philosophischen Schüler Steiners ... offensichtlich ahnungslos vorbeigegangen ist» (S. 380), bemühe sich Ullrich ernsthaft um «eine verstehende Annäherung an die Eigenart anthroposophischer Begriffsbildung.» Kiersch weiß die anthroposophische Temperamentslehre angesichts ihrer Konfrontation mit historischem, begriffsgeschichtlichem und persönlichkeitsdiagnostischem Material nur dadurch aufrechtzuerhalten, daß er ihr schlichtweg den deskriptiven Charakter abspricht. Die «Erweiterung des Wissenschaftsbegriffs» durch Steiner mache die «Begriffe der anthroposophischen Menschenkunde» zu «individuellen Forschungsorganen», ihre «ärgerliche Unbestimmbarkeit und Widerspenstigkeit» verbürge ihre Verwendbarkeit in der praktisch-pädagogischen Situation. Kiersch glaubt die Temperamentslehre der Kritik dadurch zu entziehen, daß er die in ihr enthaltenen charakterologischen Vorstellungen zu «Grenzvorstellungen» im Sinne der Schrift «Von Seelenrätseln» erklärt.

Es ist allerdings zu bezweifeln, daß die Ausführungen Steiners über die Grenzerfahrungen des gewöhnlichen Bewußtseins mit (für dieses) unlösbaren Erkenntnisfragen auf die Darstellungen seiner Menschenkunde, insbesondere seine Temperamentslehre übertragbar sind. Wenn die Begriffe der

1 Die Kennzeichnung des Buches «Von Seelenrätseln» mit diesem Prädikat erscheint angesichts des philosophischen Frühwerks und des wissenschaftstheoretischen Selbstverständnisses von Steiner bezüglich der Grundlegung der Anthroposophie als Wissenschaft ungerechtfertigt.

Temperamentslehre zu individuellen Erkenntnisorganen werden sollen, dann müssen sie das individuelle Erkennen auch leiten können. Sie gehören dann, im Sinne der «Philosophie der Freiheit», der moralischen Technik an, die eine für das Handeln aus moralischer Intuition genügende Kenntnis des «naturgesetzlichen» Zusammenhangs des Wirklichkeitsgebiets vermitteln sollen, in das der Mensch aufgrund seiner moralischen Intuitionen eingreifen will. Wenn diese Begriffe der Menschenkunde aber, im Sinne Kierschs, weder einen deskriptiven Sinn haben noch bestimmbar sind, kann mit Recht gefragt werden, was für ein Erkennen diese diffusen Begriffe leiten sollen, ganz abgesehen vom konkreten pädagogischen Handeln, das auf klare begriffliche Motive und inhaltsvolle Phantasievorstellungen angewiesen ist, wenn es greifen soll. Mit seinen Anschauungen über die Natur der menschenkundlichen Begriffe der Anthroposophie hängt offenbar die von Kiersch vertretene Ansicht zusammen, die durch Steiner vollzogene Erweiterung des Wissenschaftsbegriffs führe zu einer Form von individueller Erkenntnis, die «nicht mehr intersubjektiv gültig vermittelt werden kann.» (S. 381) Es wäre angesichts dieser Behauptung zu überlegen, was Steiner selbst wohl für eine Absicht verfolgte, als er die nach seinem Selbstverständnis wissenschaftlicher Einsicht entsprungenen Erkenntnisse der Anthroposophie ein Vierteljahrhundert wechselnden Zuhörer- und Leserkreisen intersubjektiv zu vermitteln versuchte, ohne deren Geltungsanspruch in Frage zu stellen. Es ist wohl nur eine logische Konsequenz der von Kiersch vorausgesetzten Unbestimmbarkeit der anthroposophischen Begriffe und der mangelnden intersubjektiven Vermittelbarkeit der aus ihrer Anwendung entspringenden Einsichten, wenn er, in Anlehnung an Ullrich, nach Auslegung dieser Begriffe und Einsichten durch eine «Philosophie der symbolischen Formen» ruft.

Die anthroposophischen Begriffe bedürfen keiner Philosophie der symbolischen Formen im Sinne Cassirers, da es sich bei diesen Begriffen um keine vom subjektiven Geist gewobenen Formen des Welterfahrens handelt, in denen dieser unbewußt die nie zu verwirklichende Annäherung an das tranzendente Wesen der Wirklichkeit sucht. In seinen Begriffen ergreift der Mensch das transzendente Wesen der Wirklichkeit, und diese sind nicht unbestimmbar, sondern ins Unabsehbare bestimmt und bestimmend. Gewiss stellen die Vorträge Steiners, über Allgemeine Menschenkunde etwa, keine allseitig ausgebildete und bis in die letzten Einzelheiten gehende deskriptive Psychologie oder Anthropologie dar. Wer dies von ihnen erwartet oder fordert, verkennt nicht nur vollständig die historische und soziale Situation, in der diese Vorträge entstanden sind, er täuscht sich auch über ihre

Absicht.[1] Diesem Irrtum verfällt aber nicht nur Ullrich, der in den Darstellungen Steiners, soweit er sich überhaupt auf sie einläßt, etwas sucht, was sie weder sein können noch sein wollen, sondern in seiner Fährte auch Kiersch, der ihnen den deskriptiven Charakter schlechthin abspricht. Daß Steiners Temperamentslehre, wie seine gesamte Menschenkunde, *auch deskriptiv* gemeint ist, geht aus seinen eigenen Äußerungen zur Genüge hervor. Doch ist es eine Forderung der Konsequenz, die anthroposophische Erweiterung des Wissenschaftsbegriffs auch auf den Begriff der *Deskription* zu beziehen. Wissenschaft ist ohne Deskription, aber auch mit Deskription allein nicht denkbar. Deskription ist allerdings im Zusammenhang des anthroposophischen Erkenntnisparadigmas etwas anderes als im Zusammenhang des analytischen oder empirisch-objektivistischen Wissenschaftsverständnisses. Inwiefern sie sich in den einzelnen Forschungsgebieten der Anthroposophie zur Phänomenologie, Symptomatologie, Charakterisierung und so weiter wandelt, kann an dieser Stelle nicht untersucht werden. Dieser wissenschaftstheoretische Tatbestand (der Modifikation des Begriffs der Deskription) führt aber weder zu einem Verlust der intersubjektiven Mitteilbarkeit, Gültigkeit oder Überprüfbarkeit der anthroposophischen Erkenntnisse, noch zur Notwendigkeit, diese vermittels eines Dritten (etwa einer noch zu schaffenden «Philosophie der symbolischen Formen» der Anthroposophie) auszulegen. Wenn die Anthroposophie eines hermeneutischen Zugriffs bedürfte, der ausserhalb ihrer entspränge, dann würde ihre Kohärenz mit Recht in Frage gestellt. Die Anthroposophie *legt sich aber selbst aus*, da sie einem sich selbst verstehenden Erkennen entspringt, ja, sie ist die einzige Form des wissenschaftlichen Erkennens, die sich selbst auszulegen vermag, da sie in all

1 Die drei großen Reihen von Lehrveranstaltungen, die Steiner vom 21. August bis zum 6. September 1919 abgehalten hat («Allgemeine Menschenkunde als Grundlage der Pädagogik», «Erziehungskunst – Methodisch-Didaktisches», «Erziehungskunst – Seminarbesprechungen und Lehrplanvorträge») sollten das kleine Grüppchen von teils akademisch gebildeten Lehrern, teils bisher nicht pädagogisch Tätigen, jedoch weitgehend mit Anthroposophie Vertrauten innert 14 Tagen auf ihre künftige Tätigkeit an der zu eröffnenden Waldorfschule vorbereiten. Von daher ist sowohl die Diktion als auch die inhaltliche Ausgestaltung dieser drei Lehrveranstaltungen zu interpretieren. Mindestens diese zwei Gesichtspunkte (welche Zuhörerschaft, welche Zielsetzung der Darstellung) wären ebenso für alle anderen mündlichen Darstellungen Steiners einzubeziehen. Ohne sie ist eine adäquate Interpretation nicht möglich. Dazukommen muß jedoch auch die Rücksicht auf den systematisch-genetischen Ort der Ausführungen innerhalb des Gesamtwerkes, sowie die Betrachtung des Grades der Authentizität der jeweils vorliegenden Aufzeichnungen.

ihren Einzelergebnissen auf ihren Ursprung der Selbstverständigung des Erkennens bezogen bleibt.

Im Jahr 1986 hat Ullrich seine umfassende «bildungsphilosophische und geistesgeschichtliche Auseinandersetzung mit der Anthropologie Rudolf Steiners», das Buch «Waldorfpädagogik und okkulte Weltanschauung»[1] der Öffentlichkeit vorgelegt.

Die Studie hat seither eine Reihe von Reaktionen sowohl auf anthroposophischer als auch auf nicht-anthroposophischer Seite hervorgerufen.

In der «Zeitschrift für Pädagogik»[2] beurteilte Achim Leschinsky, der Autor des Aufsatzes «Waldorfschulen im Nationalsozialismus»[3], das Buch. Leschinsky bescheinigt Ullrich «distanzierte Offenheit», «angestrengtes Bemühen um eine vorbehaltlose Würdigung der Waldorfpädagogik». Er sieht in Ullrichs Arbeit eine «sorgfältig abwägende ... Darstellung zentraler Theorieelemente der Waldorfpädagogik», die «in vorbildlicher Form der Grundregel wissenschaftlicher Auseinandersetzung» folge. Sie sei durch den bewußten «Verzicht auf andere Optionen, als sie in den modernen Standards wissenschaftlicher Kritik gegeben sind» gekennzeichnet.

Leschinsky kann dem Fazit der Ullrichschen Untersuchung nur zustimmen, daß die Pädagogik Steiners «den Kriterien wissenschaftlicher Vernunft nicht» genüge, sondern «wie die Anthroposophie insgesamt ... bewußt» hinter diese Kriterien zurückgreife. Allerdings stellt er fest, daß die Argumentation Ullrichs Mängel besitzt. Diese Mängel hängen, so meint er, damit zusammen, daß Ullrich das Hauptgewicht seiner Untersuchung auf die «Widerlegung von fragwürdigen Originalitätsansprüchen Steiners» lege, daß er den autoritativen «Geltungsanspruch» der Steinerschen Lehre lediglich aus dem Zusammenhang ihrer Entstehung demontieren wolle. Die Widerlegung des Absolutheitsanspruchs der Anthroposophie kann ein mögliches Ziel der wissenschaftlichen Kritik sein, aber es darf nicht das Hauptziel bleiben, meint Leschinsky. Plausible Vermutungen über die Herkunft der Kenntnisse Steiners reichen nicht aus, um seine Tatsachenbehauptungen zu widerlegen. Selbst wenn sein (vorgeblicher) «absoluter Geltungsanspruch»

1 Heiner Ullrich. Waldorfpädagogik und okkulte Weltanschauung. 1986[1], 1987[2]. Als Dissertation März 1985 unter dem Titel «Reformpädagogik und okkulte Weltanschauung. Bildungs- und geistesgeschichtliche Studien zur Pädagogik der Waldorfschule und zur Anthroposophie Rudolf Steiners» an der Universität Heidelberg eingereicht.

2 Zeitschrift für Pädagogik. 32. Jg., 1986. Nr. 4. S. 592 – 596.

3 Achim Leschinsky. Waldorfschulen im Nationalsozialismus. Neue Sammlung 2/3. 1983. S. 255 ff.

und seine «Originalität» nicht aufrechtzuerhalten wären, zeige sich dennoch, daß er aus den anderswo erborgten Versatzstücken *etwas Neues* geschaffen habe und daß dieses Neue spezifische Effekte erziele, die nicht wegdiskutiert werden können. Wenn also schon nicht der ideologische Überbau der Waldorfschulen besticht, so besticht doch ihre unübersehbare Effizienz, was immer Effizienz im pädagogisch-praktischen Zusammenhang auch heißen mag.

Es führe zu «problematischen Übergeneralisierungen», wenn Steiner durch eine Kritik seiner vermutlichen theoretischen Vorläufer oder Gewährsmänner wiederlegt werden solle: dies gilt sowohl für die Auseinandersetzung über die Temperamentslehre als auch für den Versuch, die Waldorfpädagogik zu einem bloßen Abklatsch der Reformpädagogik zu machen. Auch hat Leschinsky seine Zweifel, ob Ullrich, wenn er seine generellen Vorbehalte gegen entwicklungspsychologische Stufenkonzepte aus der Betrachtung der Entwicklungslehre Steiners gewinnt, nicht das Kind mit dem Bade ausschüttet und mit Steiner zugleich J. Piaget und andere ins vorwissenschaftliche Abseits stellt. Doch halten diese Bedenken, die, auch wenn sie an einzelnen Beispielen festgemacht und in vornehmer akademischer Zurückhaltung formuliert werden, fundamentale Zweifel an der von Ullrich konsequent verfolgten Methode implizieren, Leschinsky nicht davon ab, am für ihn, wie bereits erwähnt, überzeugenden Gesamtergebnis der Untersuchung festzuhalten. Hierbei tritt die Leschinsky offenbar entgangene Merkwürdigkeit auf, daß eine zweifelhafte Methode zu überzeugenden Ergebnissen führen kann. Da das Überzeugende nicht in der Methode liegt, kann es nur in den Ergebnissen liegen. Da diese jedoch nicht überzeugend aus der Methode erfolgen, müssen sie offensichtlich durch sich selbst überzeugen. Das heißt, es ist im Grunde genommen gleichgültig, mit welcher Methode bestimmte Ergebnisse erzielt werden, wenn nur die Ergebnisse mit den eigenen Vorurteilen übereinstimmen. Eine genauere Auseinandersetzung mit dieser Problematik erfolgt weiter unten.

Neben Leschinsky hat auch Kiersch den Versuch des Gesprächs mit Ullrich wieder aufgenommen. In seinem Aufsatz «Fruchtbare Kritik»[1] entwickelt er im wesentlichen, wenn auch etwas differenzierter, die bereits Dezember 1984 ausgesprochenen Auffassungen, bezieht aber weitaus kritischere Positionen zu einigen Grundannahmen Ullrichs. So wendet er sich nunmehr grundsätzlich gegen den von Ullrich erhobenen Vorwurf des Eklektizismus,

1 Johannes Kiersch. Fruchtbare Kritik. Ein neues Buch über die Pädagogik Rudolf Steiners, und was daraus folgt. Goetheanum, Nr. 41, 5.10.1986, S. 314 – 317

dem er 1984 noch selbst zugestimmt hat. Seine Haltung ist ungleich komplexer. Auch für die Temperamentslehre wird der Vorwurf des Eklektizismus zurückgewiesen, zugleich jedoch ein Hauptargument Ullrichs zumindest teilweise als sehr wahrscheinlich anerkannt: daß Steiner sein temperamentstheoretisches Stärke-Erregbarkeits-Schema aus der theoretisch anspruchslosen, populärwissenschaftlichen Kompendienliteratur der Jahrhundertwende (Hellwig) geschöpft habe. Ja, zuletzt wird sogar das Insgesamt der *Ausdrucksformen* für die Temperamentslehre zu einem aus fremden Quellen einverleibten Material. Auch wenn seine Auseinandersetzung mit dem Eklektizismus-Vorwurf und seine Überlegungen zur Begrenztheit der quellenkritischen, begriffsgeschichtlichen Methode auf wichtige Teilaspekte des Problems verweisen, versäumt es Kiersch, auf die Frage nach dem Erkenntnisprinzip zurückzugehen, aus deren Beantwortung allein der Eklektizismus-Vorwurf prinzipiell widerlegbar ist. Auch den Dogmatismus-Vorwurf versucht Kiersch mit Hinweisen auf historische Bedingungen der Anfangsentwicklung der Anthroposophie (das theosophische Publikum) und auf die Beschränktheit der Nachgeborenen (O. J. Hartmann) zu entkräften, statt ihn durch den Hinweis auf das Verständnis des menschlichen Erkennens als eines prinzipiell offenen und unabschließbaren, wie es sich aus den wissenschaftstheoretischen Grundlegungen Steiners vor der Jahrhundertwende ergibt, auf der systematischen Ebene ad absurdum zu führen.

Was den Vorwurf der Unwissenschaftlichkeit betrifft, so gesteht Kiersch Ullrich zu, daß er «einige der wesentlichen Züge des erkenntnistheoretischen Selbstverständnisses der anthroposophischen Geisteswissenschaft» zur Darstellung bringt. Dieses Urteil halte ich für völlig verfehlt. Wenn Ullrich «einer der besten nicht-anthroposophischen Kenner der Waldorfpädagogik» sein soll, wie Kiersch meint, so ist ihm doch die Grundlegung der Anthroposophie als Geisteswissenschaft und damit der Pädagogik in Steiners philosophischen Schriften vor der Jahrhundertwende vollständig entgangen. *Zumindest findet eine Auseinandersetzung mit diesen Schriften überhaupt nicht statt, die für eine Beurteilung der Wissenschaftlichkeit der Anthroposophie unabdingbar ist.* Die Auseinandersetzung mit der philosophischen Grundlegung der Anthroposophie als Geisteswissenschaft wird mit dem marginalen Hinweis auf die «Inkohärenzproblematik» (S. 76) von Ullrich beiseite geschoben. Und dies, obwohl Steiner selbst wiederholt auf deren Bedeutung für die pädagogische Arbeit verweist. Das sieht Kiersch, neben seiner Anerkennung für die Verdienste, die sich Ullrich um die Erläuterung der erkenntnistheoretischen Grundpositionen der Anthroposophie erwirbt, auch so. Ullrich biete keine «ernsthafte Bemühung um die erkenntniswissenschaftlichen Grundlagen der Anthroposophie.» (S. 314) Auch liegt diese Einsicht im Hinweis darauf vor, daß Ullrich seine eigene wissenschaftstheoretische Position nicht explizit und deutlich artikuliere. Allerdings läßt sich unter Zugrundelegung des Methodenparadigmas des reduktionistischen Positivismus (falls Ullrich ihm anhängen sollte) keine sachgemäße Würdigung der Wissenschaftlichkeit der Anthroposophie gewinnen. Auch läßt sie sich hermeneutisch nicht angemessen behandeln, wenn dieses hermeneutische Bemühen nicht vom Ideal geleitet ist, sich zunächst, wenn auch nicht ausschließlich, von ihrem Selbstverständnis führen zu lassen. Umso mehr aber, als die Bedeutung dieser Einsicht durchdringt, werden die positiven Beurteilungen der Ullrichschen Bemühung fragwürdiger. Soll Waldorfpädagogik mehr als eine bloße Ansammlung von praktischen Normen sein, die ihre Geltung autoritativem Ursprung und Anspruch verdanken, dann muß sie ihre methodischen Entwürfe aus einer verbindlichen Erkenntnis des Menschen schöpfen. Sie muß in ihrem humanwissenschaftlichen Betätigungsfeld, in dem Gesetze zu Randbedingungen und die individuellen Randbedingungen zu zentralen Forschungsgegenständen werden, in einer anthropologischen Einsicht verankert sein, die sowohl das Verstehen genereller Randbedingungen ermöglicht (Typenlehre), als auch offen ist für das Erfassen individueller Gegebenheiten (Veranlagungen, Begabungen, Interessen). Diese verbindliche und zugleich unabschließbare, weil gegen die Wirklichkeit offene Erkenntnis entspringt aus der anthroposophischen Forschungsmethode und ist in ihr verankert. Die erkenntniswissenschaftliche Begründung und Rechtfertigung der Anthroposophie ist zugleich die Grundlegung der Pädagogik als Freiheitswissenschaft.

Von ihrem wissenschaftlichen Ursprung her verstanden, ist die Waldorfpädagogik bereits im philosophischen Frühwerk Steiners veranlagt, und die «Philosophie der Freiheit»[1] ist seine pädagogische Erstlingsschrift. In ihr wird nicht nur der systematische Nachweis erbracht, daß der Mensch ***bildungsfähig*** ist, weil er in seinem Erkennen eine ursprüngliche, individuelle Produktivität entfaltet, die allein den Namen Autopoiesis (Selbsthervorbringung) verdient. In der «Philosophie der Freiheit» wird auch dargelegt, daß die ***Erziehungswürdigkeit*** des Menschen in seiner Bestimmung zur Freiheit gründet, in der er seine Autonomie (Selbstgesetzgebung) verwirklicht. Die «Philosophie der Freiheit» erweist als Erkenntnisanthropologie (Noetik) den Menschen als der Autopoiesis entspringendes, sich selbst im Erkennen der

1 Rudolf Steiner, Die Philosophie der Freiheit, Seelische Beobachtungsresultate nach naturwissenschaftlicher Methode. Berlin 1894[1].

Welt bildendes Wesen. Sie zeigt als Freiheitsanthropologie (Erotologie), daß die Autonomie des Menschen kein naturgegebenes Faktum, sondern sein ihm eingeborenes individuelles Telos ist, das er nur verwirklichen kann, wenn er die ihm zuteil gewordene Erziehung durch andere zur Selbsterziehung erhöht. Wer also über die Wissenschaftlichkeit der Waldorfpädagogik oder über die Wissenschaftlichkeit der Anthroposophie urteilen will, indem er an der «Philosophie der Freiheit» und den ihr intentionell verwandten Schriften der ersten Lebenshälfte Steiners vorbeigeht, beweist allein schon dadurch seine vollständige Inkompetenz oder, wenn nicht diese, so doch zumindest seine hoffnungslose Desorientierung. Daß an dieser Desorientierung die Schüler und Nachfolger Steiners nicht ganz unschuldig sind, ist ein tragisches, aber historisches Problem, das für das systematische Verständnis der Anthroposophie als Geisteswissenschaft nicht ins Gewicht fällt. Denn dieser systematischen Begründung gegenüber kommt es nicht auf die zufällige Desorientierung oder Inkompetenz des Einzelnen an, sondern auf ihre adäquate und immanente Entwicklung aus Steiners Selbstverständnis.
Nach diesem Exkurs, der zugleich ein Vorgriff auf die spätere Auseinandersetzung mit Ullrich ist, zurück zu Kierschs Aufsatz. In ihm kehren zuletzt auch die beiden schon 1984 ausgesprochenen Gedanken wieder, daß der Temperamentslehre Steiners keine deskriptive Funktion zugeschrieben werden darf, und daß das Verstehen der Anthroposophie eines besonderen hermeneutischen Zugriffs in der Gestalt einer «Philosophie der symbolischen Formen» bedürfe. Der Kommentar zu diesen beiden Vorschlägen ist schon weiter oben erfolgt, doch kommt hier ein neuer Gesichtspunkt hinzu, der eigens erwähnt werden muß. Kiersch vertritt nämlich die Auffassung, daß jene notwendige Auslegung der Ausdrucksformen, die Steiner für seine übersinnliche Schau geschaffen habe, eine zentrale Aufgabe der «Philosophie über den Menschen» ist, deren Programm Steiner in der Schrift «Von Seelenrätseln» entwirft. Die «Philosophie der symbolischen Formen» wird jetzt zu einer Philosophie über den Menschen, ihre Aufgabe bleibt aber die gleiche: die hermeneutische Bearbeitung der Ausdrucksformen, in denen die Anthroposophie sich nach der Jahrhundertwende dargestellt hat. Nun soll das Besondere dieser Ausdrucksformen einerseits darin liegen, daß sie der übersinnlichen Forschung entspringen, nicht vollständig in die Abstraktheit herabgelähmt sind, sondern als «Grenzvorstellungen» eine gewisse innere Lebendigkeit bewahrt haben. Als solche Vorstellungen besonderer Form bedürfen sie eines besonderen hermeneutischen Zugriffs, ohne den sie unverständlich bleiben. Andererseits aber entwertet Kiersch im selben Atemzug die Ausdrucksformen der Temperamentslehre zu Aneignungen aus fremder Quelle.

Zwar soll Steiner das Zustandekommen der Temperamente aus dem Zusammenwirken der Wesensglieder übersinnlich erforscht, bei der Gestaltung der Ausdrucksformen für seine Erkenntnisse jedoch auf antike und populärwissenschaftliche Überlieferungen zurückgegriffen haben. Wenn also offenbar nicht das Erfließen aus originärer übersinnlicher Erkenntnis der Grund für die Lebendigkeit jener Grenzvorstellungen ist, die auch in der anthroposophischen Temperamentslehre vorliegen sollen, dann ist die Frage, ob nicht auf die übersinnliche Erkenntnis überhaupt verzichtet werden kann. Denn das Entscheidende an diesen Vorstellungen ist ja offenbar nicht ihr deskriptiver, mit den anthropologischen Sachverhalten korrespondierender Charakter, sondern ihre von ihrer Lebendigkeit abhängende Verwendbarkeit als «Kunstmittel» des pädagogischen Handelns. Wenn aber dieses entscheidende Kriterium auch Hellwigs Darstellung erfüllt, der nicht den Anspruch erhebt, auf übersinnliche Erkenntnis zurückzugreifen, kann auf diesen übersinnlichen Überbau getrost verzichtet werden. Sollte diese Einsicht ein Ergebnis der in Aussicht stehenden Philosophie der symbolischen Formen der Anthroposophie sein, dann dürfte das Interesse der Anthroposophie an ihrer Weiterentwicklung nicht allzu groß sein.

Auch Gerhard Herz, der, wie Ullrich in seinem Vorwort sagt, ihm gegenüber, zum «besseren Verständnis der Sache» beitragend, «konsequent die Auffassung der Waldorfpädagogik» (wohl im Gespräch) «vertreten hat», nahm im Januar 1987 zu Ullrichs Buch Stellung.[1] Die Stellungnahme geriet zu einer Art Generalabrechnung, der man die Verstimmung des sich unverstanden fühlenden Freundes anmerkt. Herz setzt sich mit den sieben Grundthesen Ullrichs auseinander.

(1) Angesichts des Versuchs, die Waldorfpädagogik historisch in der Reformpädagogik zu verorten, wird auf die restriktive Arbeitsmethode Ullrichs verwiesen, die immanentes Verstehen durch Einordnung in anderes und Zuordnung zu anderem verunmöglicht.

(2) Eine inhaltliche Auseinandersetzung mit Ullrichs These, die Zeugnisgestaltung der Waldorfpädagogik entspreche dem Typus des «normativen Zeugnisses mit beschönigender Tendenz», fällt gänzlich der Polemik zum Opfer.

(3) Zu Recht moniert Herz an der Darstellung der anthroposophischen Menschenkunde durch Ullrich, daß dieser die Auseinandersetzung mit der erkenntniswissenschaftlichen Grundlegung der Anthroposophie versäumt

1 Gerhard Herz, Die Waldorfschule – eine Weltanschauungsschule? Erziehungskunst Nr. 1, Januar 1987, S. 41 – 47.

und für das Referat des Menschenbildes auf die Kompilationen von O. J. Hartmann zurückgreift. Ebenso ist es zutreffend, Ullrich bei seiner Kritik an anthroposophischer Kosmologie und Evolutionslehre darauf hinzuweisen, daß die neuzeitlichen Theorien und Modelle, an denen er die anthroposophischen Darstellungen als absolutem Maßstab misst, genauso historisch bedingt und kontingent sind, wie alle vorangehenden Theorien der Welterklärung.

(4) Wenn Ullrich die präskriptive, normative Funktion der Entwicklungslehre Steiners sowie ihre wissenschaftliche Fragwürdigkeit behauptet, dann hält dem Herz entgegen, daß Ullrich ohne nachgewiesene Legitimation die Kritik an den Theorien von Gesell, Hetzer und Bühler auf Steiners Auffassungen überträgt. Ebensowenig gelingt Ullrich, so Herz, der Nachweis, Steiner habe in seiner Entwicklungslehre die mythologische Hebdomadenlehre des Altertums im Mantel der Pseudomodernität adaptiert. Anhand der Kritik des «Kulturstufenlehrplans» der Waldorfpädagogik weist Herz darauf hin, daß die strukturelle Verwandschaft verschiedener Lehrplanformen (Spätherbartianischer und Steinerscher) weder eine inhaltlich gleiche Begründung dieser Formen impliziere noch ihre inhaltliche und funktionelle Vergleichbarkeit. Daß Steiner sich explizit von Herbarts Philosophie, seiner «mechanistischen Vorstellungspsychologie und der darauf aufbauenden Pädagogik» distanziert – ein nicht unbedeutender Sachverhalt, der Ullrich entgangen ist –, macht den Versuch, die Lehrplanform der Waldorfschule aus dem philosophischen Begründungshorizont des Herbartianismus abzuleiten, nur noch fragwürdiger. In diesem Zusammenhang moniert Herz erneut das Unzureichende des von Ullrich angewandten Verfahrens der Analogisierung. Dieses Verfahren, das Ullrich, wenn Steiner es, seiner Meinung nach, anwendet, als Indiz seines vorwissenschaftlichen Methodenbewußtseins wertet, beruht darauf, verglichene Sachen aufgrund strukturell oder partiell ähnlicher Merkmale als Ganze gleichzusetzen. (Die Frage ist, sprachphilosophisch ausgedrückt, ob die beiden in Vergleich gezogenen Arten von Diskursen der gleichen Diskursgattung angehören und ob ihre Artverschiedenheit eine Übertragung von Urteilen über die eine Art auf die andere nicht verbietet.) Die Methode der Analogiebildung an der Leitlinie von Begriffsfragmenten ist eklektisch und kann nur zu semantischen Unklarheiten in der Explikation sowie Fehlurteilen in der Sache führen.

(5) Gegenüber dem Versuch Ullrichs, Steiners Temperamentslehre auf die antike Humoralpathologie und neuzeitliche populärwissenschaftliche Varianten derselben zurückzuführen, sieht sich Herz zu gewissen Zugeständnissen genötigt. So steht für Herz fest, daß Steiner keine neuartige und

selbständige Temperamentspsychologie entwickelt hat, ja, es ist wahrscheinlich, meint Herz, da sich in Steiners Bibliothek das Buch von Hellwig über die Temperamente findet, daß Steiners Rezeption und Ausformulierung dieser Lehre an Hellwigs Darstellung orientiert ist.

(6) Herz bemängelt zu Recht, daß Ullrich sich in seiner Beschäftigung mit der Wissenschaftlichkeit der Anthroposophie auf Kritiker stützt, deren wissenschaftliche Integrität, wenigstens in Sachen Anthroposophie, mehr als zweifelhaft ist. Dies gilt für Leisegang[1] und Dessoir[2]. Er wirft Ullrich vor, daß er einerseits die «Fahne des Wissenschaftspluralismus» hochhalte[3], andererseits aber zu einem geradezu «monomanischen Verfechter der herrschenden Wissenschaft» werde. Allerdings geht Herz auf die inhaltlichen und methodischen Voraussetzungen der Ullrichschen Kritik, die schwer genug zu erkennen sind, sowie die daraus erfolgenden Mängel der Arbeit nicht näher ein.

(7) Was die Überlegungen Ullrichs zur staunenswerten Effizienz der Waldorfschulen anbelangt, so versucht Herz die von Ullrich behauptete Verwandtschaft der Waldorfschulen mit den Jesuitenschulen mit dem Hinweis darauf zu entkräften, daß Steiner zu der mit den Intentionen des Jesuitenordens verbundenen Tendenz zur Unterdrückung der Gedankenfreiheit bzw. geistigen Indoktrination in heftiger lebenslanger Opposition stand. So sehr die Jesuitenschulen ihre Zöglinge zu guten Christen des rechten Glaubens erziehen wollten, so wenig will die Waldorfschule die ihr anvertrauten Kinder zur Anthroposophie erziehen.

Zwar muß sich die Rezension von Herz den Vorwurf gefallen lassen, daß sie teilweise inhaltliche Begründungen durch Polemik oder bloße Gegenbehauptungen ersetzt (was angesichts der Dreistigkeit mancher Unterstellungen des Ullrichschen Buches verständlich ist), doch ist sie die bisher ausführlichste, von der Zielrichtung her auch zutreffendste Entgegnung. Wenn sie auch ihrem Gegenstand noch nicht angemessen ist (denn die Arbeit Ullrichs,

1 Leisegang geht in seinen «Grundlagen der Anthroposophie» (1924) weder auf das philosophisch-wissenschaftstheoretische Werk Rudolf Steiners noch auf die für die Frage der Grundlegung wichtige Schrift «Von Seelenrätseln» ein.

2 Dessoir hat im Buch «Von Seelenrätseln» durch Steiner eine vernichtende Kritik erfahren, die es eigentlich unmöglich machen sollte, sich weiterhin auf ihn zu beziehen, ohne sich mit dieser Kritik auseinanderzusetzen.

3 Eine Haltung, die aber aus dem Text des Buches nicht hervorgeht, der vielmehr von der Anwendung der konsequent verfolgten Einheitsmethode des begriffsgeschichtlichen Reduktionismus Zeugnis ablegt. Zum begriffsgeschichtlichen Reduktionismus siehe weiter unten.

vor allem auch das Berechtigte seiner Arbeit, kann nicht in einem Zeitschriftenartikel gewürdigt werden), so legt sie doch weitgehend mit sicherem Gespür die Marschrichtung fest, die eine künftige Behandlung der Arbeit Ullrichs zu nehmen hat. Dabei ist sie, trotz ihres teilweise polemischen Charakters, der aber nur die polemische Tiefendimension des Ullrichschen Buches widerspiegelt, keineswegs zu einem «apologetischen Bannfluch» geraten.

Zuletzt hat sich Volker Rentsch mit Ullrichs Monographie befaßt[1]. Rentsch hat sich weniger auf eine Widerlegung inhaltlicher Behauptungen Ullrichs eingelassen, als daß er formale Eigentümlichkeiten der Argumentationsstruktur zu analysieren versuchte.

(1) Dabei verweist er, wie auch schon Herz, auf die betrübliche Spaltung von Theorie und Praxis, die Ullrich mittels intersubjektiv gesicherter Erkenntnisse im Sinne einer Diskurstheorie der Wahrheit zu überbrücken versuche. Doch scheint Rentsch die konventionalistisch verstandene intersubjektive Wahrheit als pragmatisches Dispositiv für das pädagogische Handeln nicht zu genügen.

(2) Als zweites verfolgt Rentsch die Trennung von Theorie und Praxis in die erkenntnistheoretisch faßbare Sphäre ihrer Herkunft. Aus der Art, wie Ullrich die Funktion der Wahrnehmung beim Zustandekommen der Erkenntnis behandelt, genauer gesagt, nicht behandelt, geht hervor, daß er ein «monopolistisches» Verständnis ihrer Funktion hat. Das soll wohl heissen, daß er seiner Wahrheitsprüfung einen positivistisch restringierten Wahrnehmungsbegriff zugrundelegt. Andererseits bedeutet es aber auch, daß er eine andere Form von Wahrnehmung als die objektivierbare sinnliche bzw. empirische nicht anerkennen kann.

(3) Erst der dritte Teil des Aufsatzes von Rentsch befasst sich im engeren Sinn mit der Struktureigentümlichkeit der Ullrichschen Argumentation. Die durchaus zutreffende Analyse mehrerer Argumentationsgänge führt zur Grundstruktur der Ullrichschen Untersuchung, die sich in den sieben Kapiteln des Buches über jeweils vier Stufen entfaltet. Daß es sich bei diesen vier Stufen um die vier Herbartschen Formalstufen der Unterrichtsgestaltung handelt, ist Rentsch nicht aufgefallen: sie ordnen sich zwanglos in das Schema Darbietung, Verknüpfung, System und Methode. Auf der ersten Stufe entwickelt sich in «ruhender Vertiefung» die Darstellung eines Vorstellungskomplexes der Anthroposophie oder Waldorfpädagogik;

1 Volker Rentsch, Argumentationsschemata der Kritiker. Erzeihungskunst Nr.5, Mai 1987, S. 365 - 369.

auf der zweiten, der «bewegten Vertiefung» findet die assoziative Verknüpfung des Dargestellten mit bereits im Bewußtsein des Interpreten vorhandenen Vorstellungskomplexen mittels Analogisierung, Affinisierung, Variierung statt; auf der dritten Stufe, der «ruhenden Besinnung», wird eine systematische Zusammenfassung der Kritik geboten, die die auf der zweiten Stufe mit den Vorstellungskomplexen der Anthroposophie analogisierten Gedankengefüge oder Theorien erfahren haben; auf der vierten schließlich, der «bewegten Besinnung», erfolgt die praktische Anwendung der gewonnenen Erkenntnisse im Kurzschluß, der die Kritik der mit den Lehrinhalten der Anthroposophie analogisierten Vorstellungskomplexe auf die letztere überträgt.

Bei dieser Entwicklung von Gedanken ist aber nicht nur, wie Rentsch richtig bemerkt, der Übergang von der ersten zur zweiten Stufe «zugespachtelt», sondern auch der Übergang von der dritten zur vierten Stufe problematisch, ja selbst die auf der dritten Stufe entwickelte *streng selektive Zusammenfassung* wissenschaftlicher Kritik wäre im einzelnen einer Untersuchung zu unterziehen. Der Übergang von der dritten zur vierten Stufe ist nur unter der Prämisse durchführbar, daß die behauptete Identität zwischen den *verschiedenen Diskursarten* tatsächlich besteht. Doch liegt die entscheidende Wendung des Gedankens in der Tat in der weitgehenden Identifikation, die beim Übergang von der ersten zur zweiten Stufe vorgenommen wird. Das sollten auch diejenigen anthroposophischen Kritiker Ullrichs bedenken, die vorschnell bereit sind, Teilen der anthroposophischen Menschenkunde fehlende Originalität zu attestieren. Denn wenn diese wirklich keine originäre Schöpfung der Forschung Steiners ist, dann ist nicht zu sehen, wie sie nicht der Kritik verfallen soll, der die angeblichen Quellen Steiners zum Opfer gefallen sind, wenn man diese Kritik anerkennt. Im Prinzip gibt es nur zwei Möglichkeiten, diesem Schicksal zu entgehen: entweder es läßt sich überzeugend nachweisen, daß die Bestandteile der Menschenkunde Steiners unverzichtbare Glieder eines originärer Forschung entsprungenen Gesamtkonzepts der Wirklichkeit sind. Oder es gelingt, nachzuweisen, daß die «wissenschaftliche» Kritik, der die «historisch namhaft zu machenden Quellen» Steiners zum Opfer fallen, diese Quellen gar nicht zu treffen vermag, weil die Kritik einem reduktionistischen Erkenntnisparadigma entspringt, das im Sinne einer aufgeklärten Diskursethik kein Recht hat, anderen Erkenntnisformen entsprungene Einblicke in die Wirklichkeit den Maßstäben des eigenen, beschränkten Methodenideals zu unterwerfen.

Im Jahr 1987 ist der, soweit ich sehe, letzte Beitrag Ullrichs zur anstehenden

Fragestellung unter dem Titel «Rationalisierte Mystik» erschienen[1]. Daß es sich dabei um die in seinem Buch (Anmerkung 73) angekündigte «gesonderte Studie» zu Steiners geistiger Entwicklung, die von der «philosophisch unergiebigen ... Fragestellung beseelt» war: «Wie ist das mystische Erlebnis der Vereinigung mit dem All, der Wiedervermählung mit dem Geist, im Erkenntnismodus der modernen Naturwissenschaften zu erklären?», läßt sich vermutungsweise bejahen. Zumindest setzt sich der Aufsatz mit einem ähnlichen Thema auseinander. In der folgenden Auseinandersetzung mit Ullrich beziehe ich mich auch auf diesen Aufsatz, weil er die bisher geschlossenste Darstellung der Einwände Ullrichs zur erkenntniswissenschaftlichen Grundlegung der Anthroposophie beinhaltet.

2. Die Kritik am anthroposophischen Menschenbild

> «Kein Gedanke ist so alt oder absurd, daß er nicht unser Wissen verbessern könnte.»
>
> *Paul Feyerabend*

2.1. «Gegenstand und Methode der anthroposophischen Geisteswissenschaft»

Ullrich eröffnet seine Auseinandersetzung mit Methode und Gegenstand der anthroposophisch orientierten Geisteswissenschaft durch drei unzutreffende, dogmatische Behauptungen und die Selbstanzeige eines unbegreiflichen methodischen Mißgriffs.

1. *Systemanspruch und Inkohärenzproblem.* Zunächst sieht er sich bemüßigt, eine Behauptung zu widerlegen, die entgegen seiner Unterstellung weder von Steiner selbst noch von seinen Schülern (sofern sie über ein Mindestmaß an kritischem Bewußtsein verfügten) aufgestellt worden ist: daß die Anthro-

1 Heiner Ullrich, Rationalisierte Mystik, Problemgeschichtliche Anmerkungen zu den «erkenntniswissenschaftlichen» Grundlagen der Waldorfpädagogik. In: Pro und Contra Waldorfpädagogik, Akademische Pädagogik in der Auseinandersetzung mit der Rudolf-Steiner-Pädagogik. Herausgegeben von Otto Hansmann, Würzburg 1987. Der Beitrag Ullrichs nimmt die Seiten 213 – 232 ein.

posophie ein einheitlich systematisiertes, «widerspruchsfreies Gedankengebäude» darstelle. Vielmehr unterlägen Steiners Auffassungen Wandlungen, sei seine geistige Entwicklung von Brüchen und Neueinsätzen gekennzeichnet.

2. *Periodisierung.* Steiners Denken lasse sich, nach Hauer[1], in drei Perioden einteilen: die vortheosophisch-monistische (bis 1900), die theosophisch-antievolutionistische (bis ca. 1917) und eine Periode der Wiederanlehnung an romantisch-idealistische Philosophie (ab 1917).

3. *Einheitlichkeit.* Trotz der behaupteten Brüche, Wandlungen und Widersprüche im Werk Steiners, lasse sich aus Gründen der Übersichtlichkeit von *der* Anthroposophie als einem einheitlichen Gebilde sprechen.

4. *Sachliche und methodische Inkompetenz.* Der methodische Mißgriff, den Ullrich begeht, durch den sich seine Arbeit weitgehend selbst disqualifiziert, besteht darin, daß er sich in seiner Rezeption der Anthroposophie weitgehend nicht auf Steiner selbst, sondern auf anthroposophische Sekundärliteratur stützt. Ullrich erwähnt explizit Otto Julius Hartmann, der sich durch seine Präzision und größere sprachliche Eindringlichkeit wohltuend von

1 Jakob Wilhelm Hauer, Die Anthroposophie als Weg zum Geist, in: Die Tat. Monatsschrift für die Zukunft der deutschen Kultur 12 (1921), H. 11, S. 801 ff. Mit diesem Aufsatz sowie der Schrift Hauers «Werden und Wesen der Anthroposophie» (Stuttgart 1922) hat sich Louis M. J. Werbeck 1924 kritisch auseinandergesetzt («Die wissenschaftlichen Gegner Rudolf Steiners und der Anthroposophie durch sie selbst widerlegt»). Hauer beruft sich auf sein eigenes, prophetisches Hellsehen gegen Steiner und sieht diesen als «intellektuellen Gewaltmenschen», wenn er meint, er könne den ekstatischen Raptus mit Bewußtsein durchsetzen. «Das Geheimnis des Ergreifens der geistigen Welt selber ans helle Tageslicht des Bewußtseins zu zerren, scheint mir Sakrileg, das Sakrileg des intellektuellen Gewaltmenschen.» (Werbeck, S. 68) Als Kriterium zur Unterscheidung der wahren prophetischen Schau von Selbstsuggestion läßt er nur den Instinkt gelten: «Und für meinen Instinkt herrscht zwischen den echt prophetischen und den anthroposophischen Gesichten Unvergleichbarkeit, wenn nicht gar Feindschaft.» (ebenda, S. 69) – Das Zeugnis eines sich selbst nicht verstehenden zweifelhaften Sehers gegen einen anderen vorgeblichen Seher anzurufen, mag jemandem zugestanden werden, der an die Möglichkeit des Sehertums glaubt. Von Ullrich aber, der soviel Wert auf den Standard kritischer Rationalität legt, für den sein eigenes Arbeiten Zeugnis abzulegen vorgibt, wäre zu erwarten, daß er mit geschärfterem kritischem Bewußtsein die Zeugen auswählt, auf deren Urteil er sich beruft. Doch daß Ullrich weder ein kritisches noch überhaupt ein Bewußtsein seiner eigenen Methode hat, wird später noch deutlicher werden.

Steiner abhebe. Hartmanns Bild der Anthroposophie schließe sich hauptsächlich an Steiners dritte Entwicklungsphase an. (Ullrich stützt sich aber nicht nur auf Hartmann, sondern auch auf andere anthroposophische Sekundärliteratur[1]. Gegenüber der extensiven Benutzung anthroposophischer Sekundärliteratur erscheint der Rückgriff auf Steiner selbst als verschwindend und nahezu bedeutungslos[2].)

2.1.1. Zum Systemanspruch der Anthroposophie und zum Problem der Inkohärenz

Es gehört gegenwärtig zu den fraglos anerkannten Dogmen sich kritisch dünkender Rationalität, jeglichen Totalitätsanspruch und alle Formen von Ganzheitlichkeit als überlebte Forderungen absolutistisch inspirierter Ideologien von sich zu weisen. Stellvertretend für viele sei hier Wolfgang Welsch,

1 Er zitiert: Schneider, Biesantz, Pelikan, Hiebel, Bühler, Treichler, Oberkogler, Lorenz, Müller, Gabert, Kugler, Kiersch, Grosse, Carlgren, Koob, von Heydebrand, von Kügelgen, Wehr, Lindenberg, Glas, Vogel.

2 Marginal zitiert werden folgende Werke von Steiner: 1. *zur Wissenschaftstheorie* – Philosophie und Anthroposophie (1908), Rätsel der Philosophie (1914), Von Seelenrätseln (1917), Mein Lebensgang (1925); 2. *zum Menschenbild* – Grundbegriffe der Theosophie (1904/05), Theosophie (1904), Das Geheimnis der Temperamente (1908/09), Von Seelenrätseln (1917), Der innere Aspekt des sozialen Rätsels (1921); 3. *zur Entwicklungslehre* – Die Erziehung des Kindes… (1907), Allgemeine Menschenkunde (1919), Gegenwärtiges Geistesleben und Erziehung (1921); 4. *zum Lehrplan der Waldorfschulen* – Erziehungskunst. Seminarbesprechungen und Lehrplanvorträge; 5. *zum Erziehungs- und Bildungsbegriff* – Die Erziehung des Kindes (1907), Allgemeine Menschenkunde (1919); 6. *zur Temperamentslehre* – Das Geheimnis der Temperamente (1908/09), Erziehungskunst. Seminarbesprechungen und Lehrplanvorträge (1919). – Allein schon diese Aufreihung verdeutlicht zweierlei. Erstens ist die Grundlage an Textkenntnis, auf die Ullrich es wagt, eine «bildungsphilosophische und geistesgeschichtliche Auseinandersetzung mit der Anthroposophie Rudolf Steiners» abzustützen, viel zu dürftig und ohne jede Tragfähigkeit. Stattdessen wäre es angebrachter, sein Werk mit dem Untertitel «Rudolf Steiners Anthropologie im Spiegel der anthroposophischen Sekundärliteratur» oder ähnlich zu versehen. Zweitens zeigt die Möglichkeit, Werke zwischen 1904 und 1925 zu zitieren, daß es mit der unterstellten Widersprüchlichkeit und Brüchigkeit des anthroposophischen Gedankengebäudes doch nicht so weit her sein kann, zumal dann nicht, wenn die aus diesen Werken gezogene Darstellung ein Bild von überraschender Einheitlichkeit und Geschlossenheit bietet.

einer der Vordenker der Postmoderne im deutschsprachigen Raum zitiert, der dieser «postmodernen» Position in seinem Buch «Unsere postmoderne Moderne» beredt Ausdruck verliehen hat.

«Es gibt keine Ganzheitsoption, in der alle Positionen sich aufgehoben fühlten... Man kann jeder Ganzheitsoption ihre Spezifität und Partikularität schnell nachweisen... Das Mißverständnis besteht darin, die Struktur des Ganzen für durch einen bestimmten Gehalt (also einen Teilgehalt des Ganzen) erfüllbar anzusehen. Genau diese Nichtunterscheidbarkeit von Totalität und Partialität im Übergang von Struktur zu Gehalt wird überall dort praktiziert, wo bestimmte Konzeptionen des Ganzen sich für pertinent halten und sich daher absolut setzen... Zu ‹erfüllter› Totalität kann man nicht anders als durch Totalisierung eines Partikularen gelangen, und das heißt zugleich: durch massive Elimination anderer Optionen, durch eklatanten Ausschluß. Das Ganze wird nur erreichbar, indem man gegen seine Logik, gegen seine Dialektik, gegen seinen Ausgriff verstößt. Terror ist der einzig effiziente Weg zum Ganzen. Und der Weg vom strukturellen zum faktischen Terror ist kurz.»[1]

Diese Argumentation gegen Ganzheit und Totalität, die sich als vollendete und abgeschlossene Gebilde verstehen, zielt auch auf jede Form eines Systemanspruchs. Der Systemanspruch neuzeitlichen Philosophierens hat, so wird gesagt, in der Hegelschen Philosophie seine Vollendung erfahren und sich in dieser Philosophie zugleich ad absurdum geführt. Für Hegel ist das Wahre das Ganze. Seine Philosophie soll aber dieses Ganze sein, indem sie das Ganze praktisch im Gang durch die Widersprüche vollzieht. Weil sein System den Widerspruch nicht aus-, sondern einschließt, schließt für Hegel seine Philosophie des Geistes die Totalität möglichen Wissens ein. Im dialektischen Gang durch die Widersprüche kommt das Absolute zum Bewußtsein seiner selbst, zu seinem Anundfürsichsein. Mit der Historisierung der «Gestalt des Wissens», die die Hegelsche Philosophie darstellt, ist sie selbst zu einer unter vielen geworden. Sie ist durch den Entwicklungsgang der Wissenschaften und der Geistesgeschichte faktisch dadurch relativiert worden, daß diese Wissenschaften über ihren Universalitätsanspruch hinweggegangen sind.

Insoweit nun die Anthroposophie jenen Anspruch erhebt, die Totalität des Wissens darzustellen, trifft sie der gleiche Vorwurf wie jede «Ganzheitsoption», die einen partikulären Inhalt zum allumfassenden Ganzen totalisieren will. *Die Behauptung aber, die Anthroposophie erhebe den Anspruch, eine*

1 Wolfgang Welsch, Unsere postmoderne Moderne, Weinheim 1987, S. 62

erfüllte, vollendete Totalität des Wissens zu sein, wäre, würde sie erhoben, eine reine Unterstellung.

Nun kann sich aber der Vorwurf auf zweierlei beziehen: auf den Inhalt einer «Gestalt des Wissens» und auf ihre Form. Ein inhaltsbezogener (quantitativer) Totalitätsanspruch ist wohl von vorneherein absurd, und es ist mehr als wahrscheinlich, daß Hegel seine eigene Philosophie nicht als Inhaltstotalität verstanden hat. Anders verhält es sich aber mit der qualitativen Totalität der Form. Die Forderung nach der Totalität der Form besagt, daß eine Gestalt des Wissens mit sich selbst übereinstimmen soll. Diese Forderung nach Selbstübereinstimmung (nach innerer Widerspruchslosigkeit) birgt allerdings auch inhaltliche (materiale) Implikationen: ein System oder eine Klasse von Aussagen, die bestimmten formellen Anforderungen genügen sollen, darf nicht einzelne Aussagen enthalten, die jene Forderungen nicht erfüllen. In einem Argumentationszusammenhang, in dem nur mathematische Aussagen zugelassen sind, kann nicht mit psychologischen Begriffen operiert werden. Aus der formalen Selbstübereinstimmung ergibt sich aber auch die methodische Festlegung eines Systems von Aussagen: im mathematischen Argumentationszusammenhang wird jede Einzelaussage durch Deduktion aus Axiomen beziehungsweise durch Intuition und Konstruktion gewonnen, in anderen Argumentationsklassen durch andere Methoden.

Wie sofort deutlich wird, kann die Forderung nach *Totalität der Form* nicht abgelehnt werden. Sie ist vielmehr notwendige Vorbedingung methodisch bewußter wissenschaftlicher Untersuchung und ihre Erfüllung eine Selbstverständlichkeit. Eine wissenschaftliche Einzeluntersuchung, die durch methodische Unklarheiten und Fehler gekennzeichnet ist, wird schon deswegen fragwürdig sein, weil sie von einem nicht vorhandenen Methodenbewußtsein Zeugnis ablegt. (Das schließt natürlich nicht aus, daß eine solche Untersuchung trotzdem richtige Einzelaussagen oder gar zutreffende Ergebnisse enthält. Denn man kann auch auf Umwegen oder über Irrwege zum Ziel kommen.)

Die Frage ist nun, ob es eine «Ganzheitsoption» gibt, die sich nicht als Inhaltstotalität versteht und daher die Entfaltung verschiedener partikularer Inhaltstotalitäten zuläßt, ohne deren Vereinigung in sich, als der Gesamtform, auszuschließen. Eine solche Ganzheitsoption könnte nur eine Option sein, die die verschiedensten Wirklichkeitsbereiche und die diesen entsprechenden Erkenntnismethoden in ihrer Eigengestalt und ihrem Eigenrecht erkennt und anerkennt. Sie wäre nur aus einer Untersuchung zu gewinnen, die nach zwei Richtungen verläuft. Einerseits müßte sie ontologisch sein: sie müßte die Wirklichkeit in ihrer ontologischen Struktur erfassen, ohne dabei einem wie auch immer gearteten Reduktionismus zu verfallen. Und sie müsste zugleich noetisch (wissenschaftstheoretisch) sein: sie hätte die Erkenntnismethoden abzuleiten, die den jeweiligen ontologischen Nischen adäquat sind. *Die Forderung nach einer solchen pluralistischen und dennoch in sich zusammenhängenden Ganzheitsoption ist die Grundintuition, die Steiner in seinem Lebenswerk ausgestaltet hat.*

Steiner hat in einer Zeit, als sich die Geschichts- und Geisteswissenschaften nach dem Methodenparadigma der experimentellen Physik (der «Schablone», wie er sagt) zu orientieren begannen und es als ihr Ideal betrachteten, ihre nicht-physikalischen Gegenstände physikalistisch zu definieren und zu interpretieren[1], in einer Deutlichkeit und Klarheit wie kein anderer die Notwendigkeit des Methodenpluralismus betont.[2] Aber Steiner blieb nicht dabei stehen, bloß die Notwendigkeit der verschiedenartigen Erkenntnismethoden hervorzuheben: er hat sie auch im einzelnen namhaft gemacht, ihre Gesetzmäßigkeit untersucht und beschrieben.[3]

Die Notwendigkeit einer pluralistischen Ganzheitsoption ergibt sich aus dem Verlauf der erkenntnistheoretischen Untersuchungen, die Steiner in seinen frühen Schriften durchführt. Dabei zeigt sich, daß es möglich ist, einen allgemeinen Erkenntnisbegriff zu formulieren, der sich in verschiedenen ontologischen Schichten der Wirklichkeit der kategorialen Gestalt dieser Schichten gemäß modifiziert, ohne daß diese Modifikationen zu einem Zerfall des Gesamtbegriffs führen. Dieser Gesamtbegriff des Erkennens schließt die experimentellen Verfahren der (anorganischen) Naturwissen-

1 Es seien hier nur folgende Werke erwähnt: für die Gesellschaftswissenschaften Comte (1830 – 1842) mit seinem «Cours de philosophie positive», Marx mit dem Kapital (1867 f.); für den Empirismus Mill's «System der Logik» (1843) und das Buch «Utilitarism» (1863); Lotze und Fechner für die Psychologie – 1852 Die «Physiologie der Seele» (so der Untertitel des Buches «Medizinische Psychologie») des ersteren und die «Elemente der Psychophysik» des letzteren 1860, schließlich Wundt's «Grundzüge der physiologischen Psychologie» 1874. Wundt ließ Lange das Wort von der «Psychologie ohne Seele» prägen.

2 An die differenzierte Darstellung Steiners reichen weder Dilthey (1883, 1894) noch Windelband (1894), denen gegenüber Steiner nicht nur das ideelle, sondern auch das geschichtliche Primat besitzt, die geisteswissenschaftliche Methode von der naturwissenschaftlichen begrifflich scharf abgegrenzt und beide erkenntnistheoretisch begründet zu haben.

3 Dies schon 1883, im ersten Band von Goethes Naturwissenschaftlichen Schriften, insbesondere aber 1886 in den «Grundlinien einer Erkenntnistheorie» und 1887 im zweiten Band von Goethes Naturwissenschaftlichen Schriften.

schaften, die morphologischen Typologien der organischen Wissenschaften und die hermeneutischen Methoden der Geisteswissenschaften ein. Die Grundintuition der pluralen Einheit des Erkennens, in der die divergenten Ströme der Lebenswelt zusammenfließen, um sich in den kategorial bestimmten Horizonten originärer Methoden aufzufächern, liegt der Entwicklung des Lebenswerks von Steiner zugrunde. Gerade die seinem Erkenntnisbegriff immanente Anerkennung von Pluralität ist es, die es später ermöglichen wird, daß sich aus der Anthroposophie gewonnene pragmatische Leitmotive mit der gesamten Lebenswelt (durch die sogenannten Tochterbewegungen) in ihrer unausschöpfbaren Vielgestaltigkeit verflechten.

Angesichts der in sich geschlossenen und zugleich in sich offenen Gestalt der angedeuteten Grundintuition erscheint die Vorstellung, Anthroposophie sei ein «einheitlich systematisiertes, widerspruchsfreies Gedankengebäude», merkwürdig schal, ja ledern. Anthroposophie ist kein Gebäude von Gedanken, *sondern ein Gefüge von Methoden, die ähnlich wie die ontologischen Seinsschichten ineinander in lebendigem Widerspruch verschränkt sind.* Genauso wie der Vorwurf gegenüber der lebendigen Wirklichkeit, sie vermeide es nicht, sich selbst zu widersprechen, nur absurd erscheinen kann, muß diesem Methodengefüge gegenüber der Vorwurf absurd erscheinen, die einzelnen, in ihm vereinigten Methoden hätten versäumt, ihre Differenzen aufzuheben. Das Wahre ist in der Tat das Ganze: aber nicht das Ganze als Inhaltstotalität, sondern das Ganze als die Form des menschlichen Erkennens, die sich in den einzelnen Wissenschaften oder Lebensgebieten zu jener Vielfalt von Einblicken verspiegelt, die erst die Fülle der Totalität sichtbar werden lassen. Wenn Steiner durch vier Jahrzehnte hindurch an wechselnden Gegenständen und in mannigfaltigen Lebenszusammenhängen seine Grundintuition erprobt und entfaltet, dann muß die Erscheinung dieser Grundintuition vielfältig und den jeweiligen Gegebenheiten entsprechend immer anders sein. Wäre die Anthroposophie ein «einheitlich systematisiertes Gedankengebäude», dann hätte Steiner womöglich in autistischer Monomanie vierzig Jahre lang überall dasselbe gesagt.

Wenn also in Steiners Auffassungen «Wandlungen» und «Neueinsätze» erkennbar sind, dann sind diese Wandlungen und Neueinsätze als Dokumente seines Versuchs zu sehen, seiner Grundintuition der pluriformen Wirklichkeit und der Pluralität der Erkenntnisformen in verschiedensten Lebenszusammenhängen sowie in Anknüpfung an verschiedene, auf seine eigenen Grundanschauungen hinzielende Zeitströmungen Gehör und Geltung zu verschaffen. Daß Steiner bei diesem Versuch immer dann scheitert, wenn er bei seiner Artikulation über die Grenzen jener Anschauungen hinausgeht, an die er anknüpft, ist in mehrfacher Hinsicht eine tragische Tatsache. Sie beweist für die Zeit vor der Jahrhundertwende, daß sein Kampf gegen das herrschende Methodenparadigma des wissenschaftlichen Arbeitens aussichtslos war, nicht weil seinem Anliegen die Berechtigung gefehlt hätte: denn mittlerweile wird der Methodenpluralismus als die «exoterische Einlösungsform der einst esoterischen Moderne des 20. Jahrhunderts» erkannt[1]. Sie macht für die Zeit nach der Jahrhundertwende deutlich, daß sein Bemühen, seine «Wissenschaft vom Geiste» vor einem wissenschaftlich kaum gebildeten und methodisch unbewußten Publikum[2] zu entwickeln, eigentlich nur als Verzweiflungstat interpretiert werden kann. Sie zeigt aber auch, daß trotz aller Unterschiede der Ausdrucksformen und mitunter selbst der scheinbar widersprüchlichen Einzelurteile die gleichbleibende Grundintuition das kontinuitätsstiftende Moment im gesamten Entwicklungsprozeß des Steinerschen Werkes ist. Diese Grundintuition schält sich aber erst vor dem tiefer dringenden Verstehen heraus, das hinter der Wandlung der Ausdrucksformen nach den gleichbleibenden Grunderlebnissen sucht, die sich in der *Zeitgestalt des Werkes* entfalten. Auf der vollkommen dürftigen Textgrundlage aber, auf der Ullrich seine Urteile aufbaut, läßt sich weder ein hermeneutisches Gebäude errichten noch eine philosophisch-kritische Beurteilung dessen, *was man nicht verstanden haben kann, weil man es nicht studiert hat.*

2.1.2. Zum Problem der Periodisierung

Merkwürdig ist, daß Kritiker der Anthroposophie vielfach die in ihr praktizierte Form der Typologisierung, also die Anwendung von Typenbegriffen auf zeitliche Vorgänge oder Lebensphänomene, ablehnen, daß sie aber selbst zu den willkürlichsten Typologisierungen und Periodisierungen gegenüber der Anthroposophie neigen, die, was nicht verwunderlich ist, an ihrem Gegenstand vollständig vorbeigehen. Dieses Verhalten erscheint nicht verständlicher, wenn man weiß, daß Steiner selbst Periodisierungen seines Lebenswerkes im Hinblick auf die Entwicklung der Anthroposophie vorgenommen hat. Es wäre zu erwarten, daß eine Auseinandersetzung mit dem Problem der Periodisierung zunächst mit der Diskussion der Selbstinterpretation Steiners

1 Wolfgang Welsch, a.a.O., S. 6. Im Hinblick auf Steiner müßte von einer esoterischen Form der Moderne auch des 19. Jahrhunderts gesprochen werden.

2 Gemeint ist das Forum der Theosophischen Gesellschaft.

anhebt. Eine solche Diskussion sucht man aber vergeblich. Auch dies ist ein Zeichen dafür, wie ernst es wissenschaftliche Kritiker Steiners oft mit ihrem Anspruch meinen, eine unvoreingenommene oder auch nur eine «kritischer Distanz» entsprungene Behandlung ihres Gegenstandes zu bieten. Nicht nur in Anbetracht der inneren Entwicklungsdynamik der Anthroposophie sowie der Darstellung, die Steiner selbst über die «Biographie» der anthroposophisch orientierten Geisteswissenschaft gegeben hat, erscheinen die vollzogenen Periodisierungen und Phaseneinteilungen als völlig willkürlich. Sie entlarven sich auch selbst, wenn sie einander gegenübergestellt werden und sich zeigt, daß jede mit dem selben Geltungsanspruch ihre eigene Berechtigung behauptet und zugleich jeder anderen widerspricht.

Beispielhaft sei hier auf zwei Periodisierungen aus der neueren Zeit und deren beeindruckenden gegenseitigen Kontrast hingewiesen.

Alfred K. Treml hat in seinem Aufsatz «Träume eines Geistersehers oder Geisteswissenschaft» (1987)[1] eine Dreiphasentheorie entworfen, die sich an der Leitlinie der Erkenntnistheorie Steiners orientiert. Treml kennt eine Phase, die durch die Schrift «Wahrheit und Wissenschaft» (1891) dokumentiert ist, eine zweite, die er bereits mit der «Philosophie der Freiheit» (1894) ansetzt, und schließlich eine dritte, die sich in den Schriften «Theosophie» (1904) und «Wie erlangt man Erkenntnisse der höheren Welten?» (1904/05) niedergeschlagen hat. Treml überhebt sich in seiner dogmatischen Setzung jeglichen Versuchs, die Einteilung zu begründen, und macht es dadurch auch unmöglich, seine Gliederung rational zu diskutieren.

Im April 1988 ist der Evangelische Oberkirchenrat Stuttgart mit einer «Arbeitshilfe» zum «Verhältnis des christlichen Glaubens zu Anthroposophie und Waldorfpädagogik» hervorgetreten, die in ihrem anonymen Hauptteil eine andere Phasentheorie entwickelt. Sie zeichnet sich dadurch aus, daß sie zumindest den Versuch unternimmt, sich inhaltlich zu begründen, wenn auch die herbeigezogenen Inhalte völlig willkürlich in die postulierten Phasen hineingepresst erscheinen. Diese Phasen sollen biographisch sein, was immer das auch heißen mag. Die erste soll von 1884 bis 1897 dauern und durch den beherrschenden Gegensatz von Monismus und Dualismus gekennzeichnet sein. Zwar sei Steiner in Anlehnung an Goethe eher dem Monismus zugeneigt, versuche aber auch in seinen Überlegungen zum Werden der Natur dualistischen Gesichtspunkten gerecht zu werden. Die zweite Phase soll von 1900 bis 1912 dauern und durch die Polarität von Materie

1 Vergleiche das Kapitel «Kritik als Kunst des Mißverstehens» über Alfred K. Treml im vorliegenden Buch und die dortigen bibliographischen Hinweise.

und Geist bestimmt sein. Steiner versuche in dieser Phase durch die Begründung einer umfassenden Wissenschaft die Evolution der Welt vom Gesichtspunkt des Geistes zu begreifen. Im Gegensatz zu Hauer also, an den sich Ullrich anschließt, wird hier die zweite Phase keineswegs anti-evolutionistisch gesehen. Vielmehr ist sie vom Gedanken und Problem der Evolution beherrscht. Sie spielt sich im übrigen auch für den Evangelischen Oberkirchenrat in der Hauptsache in der Auseinandersetzung mit Inhalten der Theosophie ab. Die dritte Phase (von 1912 bis zum Lebensende [1925] muß angenommen werden, auch wenn hier die Datierung vergessen wurde) ist vom Gegensatz Orient und Okzident und dem Problem des Christentums bestimmt.

Ullrich nun, der sich naiv an Hauer anschließt[1], sieht ebenfalls (hier huldigt er dem gleichen *Zahlensymbolismus* wie die übrigen zitierten Autoren) drei Phasen in Steiners Werkentwicklung: die «monistische» bis 1900, die «theosophisch-antievolutionistische» bis etwa 1917 und die «romantisch-idealistische» ab 1917. Die Tatsache, daß man beliebig von Phasen und Perioden sprechen kann, scheint auch die einzige Rechtfertigung dafür, in Steiners Werk Brüche und Verwerfungen zu sehen. Denn eine andere Rechtfertigung dafür wird nirgendwo nachgewiesen. Hier ist eine der Stellen, an denen Ullrich in unmaskierter Offenheit als der Dogmatiker erscheint, der er ist, der in der seinem Bewußtsein gängiger Rationalitätsstandards entsprechenden Eleganz über die «Inkohärenzproblematik zugunsten der Übersichtlichkeit» hinweggeht. Der Sachverhalt aber, daß Ullrich das gesamte philosophische Grundwerk Steiners in seinem Buch überhaupt nicht heranzieht (und das heißt, das Werk der gesamten ersten Lebenshälfte), legt eher den Gedanken nahe, daß er in Rücksicht auf sein eigenes Bildungsdefizit über die «Inkohärenzproblematik» hinweggeht. Sein eigenes Studium, hätte er es denn durchgeführt, würde ihn auch darüber aufgeklärt haben, daß die «Inkohärenzproblematik» in der von ihm gemeinten Bedeutung ein reines Hirngespinst ist. Dies ergibt sich schon aus der widersprüchlichen, weit divergierenden Datierung der angeführten Phaseneinteilungen. Es ergibt

1 Es ist übrigens ein interessantes psychologisches Aperçu, daß Ullrich, so kritisch er auch Steiner selbst zu hinterfragen scheint, gegenüber all den Autoritäten, die er gegen Steiner ins Feld führt, weil sie ihm aus irgendeinem Grund für seinen Kriegszug Munition liefern, durch ein vollständiges Defizit an kritischem Bewußtsein geprägt ist. Fast könnte der Eindruck entstehen, die Tatsache allein, daß sie für die Kritik an Steiner instrumentalisierbar sind, dämpfe vollständig das Bewußtsein für ihre mitunter durchaus vorhandene eigene Zweifelhaftigkeit herab.

sich aber auch aus einem lediglich oberflächlichen Blick auf die begrifflichen Merkmale, mit denen die Phasen im einzelnen versehen werden.
Darin scheinen sich wenigstens drei Autoren einig, daß die Periode bis etwa zur Jahrhundertwende durch ihren monistischen Grundcharakter gekennzeichnet ist.
Die Phase vor der Jahrhundertwende ist aber keineswegs bloß monistisch. Sie ist vielmehr monistisch und dualistisch zugleich. Sie ist insofern dualistisch, als Steiner die Herkunft der Erkenntnis des Menschen aus zwei Quellen betont: aus Sinnlichkeit und aus Verstand (Beobachtung und Denken). Dies ist auch 1924 noch so. Deshalb vertritt Steiner die Auffassung, daß der von ihm in seinen «Grundlinien...» entwickelte Erkenntnisbegriff auch 1924 noch gültig ist, auch für das sogenannte «übersinnliche Erkennen». So heißt es in einer Anmerkung zu der Neuausgabe der «Grundlinien...» 1924: «In Wahrheit ist in meinen späteren Veröffentlichungen kein Verlassen der Idee des Erkennens vorhanden, die ich in dieser Schrift ausgebildet habe, sondern nur die Anwendung dieser Idee auf die geistige Erfahrung.»[1] Der fundamentale Dualismus, den Steiner vertritt, ist also erkenntnistheoretischer Dualismus, ein Dualismus der Erkenntnisermöglichung, da ohne die Dualität der Quellen Erkenntnis des Menschen weder möglich noch nötig wäre. Zugleich aber ist Steiner in dieser Phase seines Wirkens Monist. Er ist deshalb Monist, weil sich als Ergebnis[2] seiner erkenntnistheoretischen Überlegungen die Einsicht ergibt, daß im Vollzug des Erkennens die dualistische Form der Welterscheinung (die die Bedingung der Möglichkeit des Erkennens darstellt) überwunden und die Einheit der erkannten Wirklichkeit konstituiert wird. Seiner existentiellen Verwurzelung in der Wirklichkeit wird der Mensch erst im Erkennen gewahr. Das Sein der Wirklichkeit im Erkennen und das Sein des Erkennens in der Wirklichkeit begründen in ihrer wechselseitigen Immanenz einen ontologischen Monismus, der die Konsequenz des erkenntnistheoretischen Dualismus darstellt. Genausowenig, wie Steiner den ersten Gedanken während seiner späteren Entwicklung fallenließ, hat er den zweiten verlassen. Hier wäre also am Erkenntnisbegriff aufzeigbar, daß ein Be-

1 Rudolf Steiner, Grundlinien einer Erkenntnistheorie der Goetheschen Weltanschauung. Dornach 1979. S. 138. – Steiner behauptet dies nicht nur, sondern stellt auf der vorangehenden Buchseite, die die gesamte Anmerkung einnimmt, dar, wie diese Erkenntnisidee für die Naturerkenntnis, für die Geisteswissenschaften im Diltheyschen Sinn und für die anthroposophisch orientierte Geisteswissenschaft gilt.
2 Und nicht etwa als deren Voraussetzung wie Ullrich in seinem Aufsatz «Rationalisierte Mystik» 1987 behauptet. Doch dazu weiter unten.

standteil seiner Grundintuition durch sein ganzes Leben hindurch in der oben angedeuteten Abwandlung bestehenbleibt. Ein Querschnitt durch sein Leben anhand der Monismus-Dualismus-Frage würde, wäre er auch detaillierter, kein anderes Ergebnis zutage fördern als die Aufrechterhaltung der Grundintuition bei Abwandlung im Detail. Es wird hier zugleich eine entscheidende Phase sichtbar, die von den ersten Veröffentlichungen Steiners bis zu seinem Tod dauert. Mit den anderen Inhalten verhält es sich ähnlich.
Die Behauptung, in der sogenannten «theosophischen» Phase erscheine Steiner als «Antievolutionist», führt sich schon durch Berücksichtigung der Theorie des Evangelischen Oberkirchenrats ad absurdum. Und es muß dem Oberkirchenrat zugute gehalten werden, daß er an dieser Stelle zutreffend auf ein Hauptmotiv der Arbeit Steiners verwiesen hat, wenn auch keineswegs bloß der Zeit zwischen 1900 bis 1912. Steiner erscheint bereits in seiner Weimarer Zeit (1890 – 1897) als glühender Anwalt des Entwicklungsgedankens, der damals von Haeckel in populärer Form in Deutschland verfochten wurde. Daß er sich nicht mit dessen materialistischer Form identifizierte, hinderte ihn nicht daran, ihn gegen Einwände von seiten eines dogmatischen Spiritualismus zu verteidigen. Ähnlich wie für das Problem des Monismus und Dualismus ließe sich durch eine Querschnittsuntersuchung am Werk zeigen, daß auch nach 1912 bis 1925 die Darstellungen seiner Kosmologie («Geheimwissenschaft im Umriß») nichts von ihrer Geltung verloren haben.

Hauer nahm das Erscheinen der Schrift «Vom Menschenrätsel» 1916 zum Anlaß, eine dritte Phase einzuläuten. Die Bedeutung des Buches, dessen Untertitel lautet «Ausgesprochenes und Unausgesprochenes im Denken, Schauen und Sinnen einer Reihe deutscher und österreichischer Persönlichkeiten», läßt sich nur ermessen, wenn nicht außer Acht gelassen wird, daß es während des Ersten Weltkriegs entstand. Es stellt eine Art Apologie des deutschen Geistes angesichts der Eskalation der deutschen Gewalt dar: eine Apologie des deutschen Geistes vor der deutschen Gewalt, eine Beschwörung der guten Genien eines Volkes, das diese Genien nach Nietzsches Ansicht schon 1871 «exstirpiert» hatte. Die Beschwörung der deutschen Nation wendet sich an die Gebildeten unter ihren Verächtern und möchte den Weg zu einer friedlichen Beilegung der nihilistischen Selbstzerfleischung der europäischen Völker bereiten. Das Buch bietet vielfach Gelegenheit, Größe und Grenze des deutschen Idealismus, der Klassik und der Romantik aufzuzeigen. Aber Steiner ist gewiss weit davon entfernt, in der Ausgestaltung der Anthroposophie sich nun wieder verstärkt an diese «alt gewordenen Gestalten des Geistes» anzulehnen.

Diese kurze kritische Darlegung illustriert die Willkürlichkeit der erwähnten Untergliederungen der Werkentwicklung Steiners. Sie weist aber keineswegs die Möglichkeit ab, daß eine solche Periodisierung des Werkes, die sich wirklich an der Sache orientiert, vorgenommen werden kann. Der Versuch einer solchen Periodisierung setzt allerdings ein gründliches Studium der Sache voraus. Das ist an sich eine Selbstverständlichkeit. Aber gegenüber der Anthroposophie erscheinen die größten Selbstverständlichkeiten verzichtbar, wenn von vorneherein feststeht, daß sie ein kurioses Gebilde einer skurrilen und vielleicht in ihrer Skurrilität genialen Phantasie ist. Steiner selbst hat aber, wie bereits erwähnt, Hinweise für eine solche Periodisierung gegeben. Steiners Werk gliedert sich danach in vier Phasen: in die philosophische Grundlegung der Anthroposophie vor der Jahrhundertwende, in die Entfaltung der Anthroposophie in der Sphäre der Wissenschaft (1902 – 1909), in der Sphäre der Künste (1910 – 1917) und im Bereich des sozialen Lebens (1918 – 1925).

Daneben lassen sich zwei diese vier Phasen überwölbende Arbeitsrichtungen unterscheiden, die vor der Jahrhundertwende und nach der Jahrhundertwende Steiners Wirken mit einem jeweils gemeinsamen Grundmotiv durchziehen: die Zeit vor der Jahrhundertwende ist durch den fortlaufend erneuerten Versuch gekennzeichnet, den menschlichen Erkenntnishorizont in Auseinandersetzung mit nahezu allen bedeutenden wissenschaftlichen und kulturellen Zeitströmungen freizulegen und den Zugang zur Wirklichkeit in ihrer ontologischen Vielschichtigkeit durch Beiseiteräumung partikularer Vorstellungen zu eröffnen. Die Zeit nach der Jahrhundertwende zeigt, wie Steiner die von ihm selbst freigelegten Wege beschreitet, die Horizonte der Lebenswelt durchwandert und in nie dagewesenem Ausmaß erkennend und praktisch reformierend erschließt.

Die drei Perioden der Entfaltung der Anthroposophie unter dem Gesichtspunkt des platonischen Ternars (Wahr – Schön – Gut) lassen sich durch folgende herausragenden Ereignisse andeutend charakterisieren.

Steiner wird im Oktober 1902 unter ausdrücklicher Anerkennung seiner vollständigen Lehrfreiheit Generalsekretär der Deutschen Sektion der Theosophischen Gesellschaft. Damit beginnt sein offizielles Wirken für die Gesellschaft, die das Licht des Orients im Okzident verbreiten und die vereinseitigte, eurozentrische Kultur mit den Ideen der östlichen, spirituellen Weisheit befruchten will. Steiner stellt von Anfang an seine Absicht klar, dem Licht des Orients das spirituelle Licht des Okzidents entgegenzuhalten. Er betrachtet es als seine Aufgabe, in der östlich inspirierten Gesellschaft die spirituelle Tradition des Westens zu repräsentieren. Er legt 1904 in seiner

«Theosophie» die geisteswissenschaftliche *Anthropologie* vor, in der er einem theosophischen, von theosophischen Erwartungen und Vorstellungen geprägten Publikum sein trichotomisches Menschen- und Weltbild entwickelt. 1904/05 stellt er demselben Publikum in großer Ausführlichkeit die *geisteswissenschaftliche Methode*, den «Schulungsweg» dar, der sich vom bis dahin in der Theosophischen Gesellschaft bekannten und gepflegten östlichen Schulungsweg fundamental unterscheidet. In derselben Zeit (1905) erfolgt eine ergänzende, weiter differenzierende Darstellung der geisteswissenschaftlichen Methode im Buch «Die Stufen der höheren Erkenntnis». 1909 schließlich wird die «Geheimwissenschaft im Umriß» vollendet, die die Grundzüge einer geisteswissenschaftlichen *Kosmogonie und Kosmologie* enthält sowie die Umrisse des anthroposophischen Geschichtsbildes und eine erneute Darstellung des «Schulungsweges». Die «Geheimwissenschaft...» enthält nach Steiners Selbstverständnis die «Umrisse der Anthroposophie als eines Ganzen».
Die Zeit von 1910 bis 1917 ist durch das Wirken der Anthroposophie für die Künste geprägt. 1910 bis 1913 werden die vier Mysteriendramen in München uraufgeführt, die Steiner schreibt und inszeniert. Erste Keime zur Erneuerung der Schauspielkunst und der Kunst der Sprachgestaltung werden gelegt. Ab 1912 wird die Tanzkunst «Eurythmie» aus der Wiege gehoben. 1913 erfolgt die Grundsteinlegung des ersten Goetheanumbaues, des anthroposophischen Gesamtkunstwerks, an dem die Künste der Architektur, Plastik und Malerei ihre gemeinsame Erneuerung erfahren. Am Goetheanum, das in der Schweiz errichtet wird, wirkt eine Bauhütte, die aus nahezu allen europäischen Nationen besteht, auch während des Ersten Weltkriegs ununterbrochen weiter.
Das absehbare Ende des Ersten Weltkriegs ruft die politisch tätigen Persönlichkeiten auf den Plan, die Steiner um Rat für eine Neugestaltung des gesellschaftlichen Lebens in der bevorstehenden Friedenszeit bitten. Otto Graf von Lerchenfeld und Ludwig Polzer-Hoditz eröffnen bereits Ende 1917, gleichsam vor den Augen der Öffentlichkeit verborgen, Kanäle in die höchsten Regierungskreise bis zu Kaiser Karl V. und Prinz Max von Baden. Nachdem die Versuche gescheitert sind, eine Revolution von oben zu entfachen, wendet sich Steiner an das deutsche Volk und die Kulturwelt und versucht eine breite Volksbewegung zur Neugestaltung der Gesellschaft in Gang zu bringen. Namentlich im süddeutschen Raum stoßen seine Initiativen, besonders in der Arbeiterschaft, auf nicht geringes Echo. Die sogenannte Bewegung für Dreigliederung des sozialen Lebens nimmt im Revolutionsjahr 1918 ihren Anfang. Bereits 1919 wird auf Initiative des Fabrikanten Molt die erste Waldorfschule für die Kinder seiner Fabrikarbeiter begründet. Stei-

ner hält in Stuttgart die ersten Lehrerkurse, 1920 den ersten Kurs für Ärzte: die anthroposophische Medizin wird ins Leben gerufen. 1921 wird die Christengemeinschaft begründet, nachdem Steiner einer Reihe evangelischer Geistlicher, die auf der Suche nach einer Erneuerung des religiösen Lebens waren, Anregungen vermittelt hat. Zur Jahreswende 1923/24 findet die «Weihnachtstagung» zur fundamentalen Erneuerung der anthroposophischen Bewegung, zur Begründung der Anthroposophischen Gesellschaft und der Freien Hochschule für Geisteswissenschaft statt, nachdem ein Jahr zuvor an Silvester das erste Goetheanum einer Brandstiftung zum Opfer gefallen war. Im Jahr 1924 führt Steiner schließlich den Koberwitzer Kurs durch, mit dem die Biologisch-Dynamische Landwirtschaft inauguriert wird.

Diese mögliche Gliederung des Lebenswerks Steiners sollte jedoch nicht dazu verführen, die Kontinuität der Arbeit zu übersehen. Denn wenn auch auf den angedeuteten Arbeitsfeldern die Hauptgewichte liegen, so setzen sich doch die anderen Tätigkeiten ohne Unterbrechung fort. Die Arbeit an der Entfaltung der Anthroposophie als Geisteswissenschaft bricht nicht etwa 1909 abrupt ab, sondern wird bis zum Lebensende Steiners weitergeführt. Dasselbe gilt für die Künste, deren Erneuerung in der zweiten Phase beginnt. Und das Bemühen um philosophische Grundlegung durchzieht das gesamte Wirken Steiners in der zweiten Lebenshälfte. Denn auch die differenzierte Ausgestaltung der anthroposophisch orientierten Geisteswissenschaft in einzelnen Erkenntnisgebieten enthebt nicht der Notwendigkeit, sie im Interesse ihrer Verstehbarkeit stets radikal aus ihren Fundamenten neu zu entwickeln. Neben dieser an der Zeitlinie entwickelten Perspektive der Interpretation muß an der oben erwähnten Perspektive festgehalten werden, die sich an Sachthemen orientiert. Diese letztere führt zu Querschnitten durch das Lebenswerk, die erst, neben der ungeheuren Vielfalt der Ausdrucksformen, die beeindruckende Kontinuität der Motiventwicklung und die innere Kohärenz der Auffassungen zu Sachthemen sichtbar werden lassen. Der Hinweis auf diese möglichen Interpretationsperspektiven führt zum dritten Problem, das Ullrich anschneidet.

2.1.3. Zum Problem der Einheitlichkeit der Anthroposophie

Aus den vorangegangenen Ausführungen zu Systemanspruch, Inkohärenzproblematik und Periodisierung geht bereits zur Genüge hervor, in welchem berechtigten Sinn von Einheitlichkeit in der Anthroposophie gesprochen werden kann. In dem von Ullrich gemeinten Sinn jedenfalls nicht. Weder stellt die Anthroposophie jenes «streng systematisierte Gedankengebäude» dar, das er erwartet, noch kann die Einheit der Anthroposophie bloß aus dem Zeitraum nach 1917 verstanden werden. Um ihre innere Kohärenz zu erkennen, ist der Blick auf das Ganze notwendig. Das Ganze ist aber erst das Gesamtwerk, ohne Ausschluß irgendwelcher Phasen oder Teile. *Das Ganze des Gesamtwerks ist aber nicht das Ganze der Anthroposophie. Denn die Anthroposophie ist in ihrer historischen Gestalt selbst kein abgeschlossenes Ganzes.* Sie ist zwar in ihrer Fragmentarität ein in sich einheitliches, mit sich selbst übereinstimmendes, einer gleichbleibenden Grundintuition entsprungenes Kulturphänomen. Aber sie ist zugleich überall über die gewordene Gestalt des Ausdrucks hinausweisende Intention. In allen Ausdrücken, die sie erhalten hat, weist sie auf ihre Intention, die sich nicht im Ausdruck erschöpft, sondern nur im auf die Tiefe dringenden Verstehen zum Erlebnis kommt.

Anthroposophie als jenes oben charakterisierte Gefüge von Methoden kann sich nicht in bestimmten Erkenntnisergebnissen, in singulären Inhalten erschöpfen. Diese Ergebnisse und Inhalte sind zwar Niederschläge der Erkenntnisintention, aber sie sind nicht diese sie umgreifende Intention selbst. Jeder Streit in der und gegen die Anthroposophie um einzelne Forschungsergebnisse geht am Wesentlichen vorbei. Das Wesentliche liegt in der intentionellen Grundgestalt, die nur dem genetischen Blick eines umfassenden Verstehens sichtbar wird. Dieses synoptische Verstehen kann die intentionelle Grundgestalt der Anthroposophie in ihren Methodenidealen erblicken. Der Aufweis ihres methodologischen Entwurfs vermag den Aufrufcharakter der Anthroposophie zu verdeutlichen. Während sich oberflächliches Verstehen mit einzelnen Forschungsergebnissen zufriedengeben oder diese bekämpfen mag, sieht ein genetisches Verstehen das Entscheidende der Intention Rudolf Steiners in der Verwirklichung seiner pluralistischen Ganzheitsoption, die eine methodologische Option im Angesicht der ontologischen Struktur der Wirklichkeit ist. *So unabschließbar das menschliche Erkennen und damit die Vertiefung des Weltverständnisses ist, so unabschließbar ist auch der Realisierungsprozeß jener intentionellen Grundgestalt der Anthroposophie.* Mit dem Tode Steiners ist die Entwicklung der Anthroposophie nicht zu ihrem Ende gekommen, sondern muß erst ihren Anfang nehmen. Ihren Anfang nehmen deshalb, weil nun das Tiefenverständnis ihrer ideellen Grundgestalt von den Nachgeborenen erarbeitet werden muß. Es kann auch erst in der historischen Distanz, die den unverstellten Blick auf das Ganze ermöglicht, die ideelle und intentionelle Grundgestalt dieses Ganzen erschaut werden. Erst mit dem Abschluß der Gesamtausgabe der Werke Rudolf Steiners, die in den neunziger Jahren zu erwarten ist, wird der ungeheure Reichtum dieses Lebenswerkes vorliegen. Und erst wenn gründliche Querschnittstudien zu den verschiedensten Sachthemen vorliegen, die die ideelle Grundgestalt des Werkes herausarbeiten, kann die Wirkgeschichte Steiners eigentlich beginnen. Wenn die bisherige Adaption der Intentionen Steiners trotz ihrer bereits erstaunlichen Vielfalt in ihrer historisch bedingten Vorläufigkeit erkannt wird, kann der Zugang zu diesem Werk sich in einer Form erweitern, die unabsehbare Konsequenzen haben wird.

2.1.4. Zu Ullrichs sachlicher und methodischer Inkompetenz.

Wie bereits mehrfach angedeutet, beruht die extensive Herbeiziehung anthroposophischer Sekundärliteratur auf Ullrichs sachlicher Inkompetenz in bezug auf die Rezeption des Steinerschen Werkes. Es kann hier nicht der Ort sein, im einzelnen eine Auseinandersetzung mit der anthroposophischen Sekundärliteratur zu führen oder, etwa nach dem Vorbild Kierschs, einzelne Autoren zu disqualifizieren, auf die sich Ullrich stützt. Doch darf die von ihm praktizierte Methode mit einigen grundsätzlichen Hinweisen charakterisiert werden.
Wer vorgibt, sich mit der Anthropologie Steiners auseinanderzusetzen, und sich dabei hauptsächlich auf verschiedene sekundäre Autoren stützt, setzt voraus, daß es in der anthroposophischen Bewegung eine Art von korporativer Identität (corporate identity) gibt. Das ist aber eine völlig unzulässige Voraussetzung. Es gibt in der Anthroposophischen Gesellschaft und erst recht in der anthroposophischen Bewegung kein verbindliches Lehramt oder eine entsprechende Zensurinstanz, die über die dogmatische Reinheit der Lehre wacht und entsprechende Abweichungen verfolgt bzw. deren Verbreitung durch Entziehung der Druckerlaubnis verhindert. Ein solches Amt verträgt sich nicht mit der in ihr konstitutiv waltenden Freiheitsidee. Es kann also weder vorausgesetzt werden, daß in der anthroposophischen Sekundärliteratur eine einheitliche Interpretation Steiners tradiert wird, noch daß überhaupt die einzelnen Autoren den Intentionen Steiners gerecht werden. Es ist keineswegs überspitzt, zu sagen, daß die einzige Gemeinsamkeit aller anthroposophischen Autoren in ihrem positiven Bezug auf Steiner besteht. Doch wäre es abwegig zu unterstellen, daß dieser positive, bejahende Bezug auf Steiner bereits gewährleistet, daß Steiners Intentionen realisiert, oder auch nur, daß seine Ansichten kongenial beziehungsweise adäquat wiedergegeben werden. Auf jeden Fall darf eine solche korporative Identität oder individuel-

le Kongenialität nicht einfach naiv vorausgesetzt werden, wie Ullrich dies tut. Diese Voraussetzung wäre vielmehr in jedem einzelnen Fall zu prüfen[1]. Geprüft werden kann diese Übereinstimmung nur, indem die Betreffenden an Steiner selbst gemessen werden. Dazu ist offenbar nötig, auf Steiner zurückzugehen. Das Vertrauen in die anthroposophische Sekundärliteratur setzt implizit die Prüfung dieser Literatur an Steiner und damit die möglichst umfassende Kenntnis von Steiner selbst voraus. Liegt diese Kenntnis nicht vor, ist das Vertrauen völlig naiv und in einer wissenschaftlich-kritischen Untersuchung, die diese Problematik mit keinem Wort diskutiert, disqualifizierend.

Da der Bezug auf sekundäre Autoren immer den angedeuteten erheblichen Unsicherheitsfaktor in sich trägt, wäre es am sinnvollsten, auf das Heranziehen von Sekundärliteratur gänzlich zu verzichten, sofern eine vorgängige Prüfung nicht gezeigt hat, daß diese Sekundärliteratur von der primären interpretativ nicht abweicht. Kann ein Autor diese Prüfung durchführen, dann hat er es aber auch nicht mehr nötig, auf die Sekundärliteratur zurückzugreifen. Die Forderung nach dem Rückgang zu den Originalquellen gilt aber erst recht dann, wenn eine Auseinandersetzung mit bestimmten Ansichten Steiners – etwa seiner Anthropologie – stattfinden soll. Es ist mehr als problematisch, eine solche Auseinandersetzung in erster Linie auf Sekundärliteratur zu bauen. Das würde, in historischen Kategorien gesprochen, dem Verhalten entsprechen, die Metaphysik oder Psychologie des Aristoteles hauptsächlich aus Theophrast, Straton und Lykon zu ziehen, nicht aber aus Aristoteles' Originalwerken selbst. Dies wäre einzig dann legitim, wenn die Originalwerke aus irgend einem Grund nicht zugänglich oder nicht mehr vorhanden wären. Diese Gründe kommen aber bei Steiner nicht in Betracht.

Diese Kritik an Ullrichs sachlicher und methodischer Kompetenz bezieht sich, das sei ausdrücklich bemerkt, keineswegs darauf, daß ihm die Sachkompetenz oder die methodische Kompetenz in einem wie auch immer gearteten anthroposophischen Sinn abgesprochen würden. Die Forderung an einen aus «kritischer Distanz» beobachtenden Kritiker, sich durch methodische Kompetenz in einer anthroposophischen Methode auszuweisen, käme der Forderung gleich, er müsse Anthroposoph werden. Schon eher ist die Forderung nach Sachkompetenz vertretbar, wenn ein Beobachter, mag er auch kritische Distanz wahren, beansprucht, eine Sache beurteilen zu können. Doch ist diese Forderung nach Sachkompetenz keine spezifisch anthro-

1 Diese Ausführungen gelten natürlich auch für den Verfasser der vorliegenden Abhandlung.

posophische, sondern eine Forderung des allgemeinen wissenschaftlichen Arbeitens. Ein Autor hat sich in einer geistesgeschichtlichen Monographie durch Sachkenntnis auszuweisen. Eine solche ist aber nur an der Sache selbst zu gewinnen und nicht an irgendwelchen sekundären Quellen. Dies vor allem dann, wenn die Sache primär unbeschränkt zugänglich ist. Sachkenntnis und von dieser abhängende Sachkompetenz zu fordern, entspringt also keiner anthroposophischen Voreingenommenheit, sondern ist Ausdruck eines anerkannten oder anerkennungswürdigen Standards wissenschaftlichen Arbeitens. Dasselbe gilt auch für die Forderung nach methodischer Kompetenz. Diese wird Ullrich hier nicht in einem anthroposophischen Sinn abgesprochen, sondern in einem ganz allgemeinen Sinn wissenschaftlicher Handwerklichkeit. Zu dieser Handwerklichkeit gehört, zumindest in geistesgeschichtlicher Beziehung, daß Quellen durch originäres Studium erschlossen und sekundäre Bezugsorte der Argumentation von diesen Quellen her kritisch diskutiert werden.

2.2. Anthroposophie als Wissenschaft im Verhältnis zu anderen Wissenschaften

Im weiteren Fortgang seiner Ausführungen zu Gegenstand und Methode der anthroposophischen Geisteswissenschaft[1] spricht Ullrich eine Reihe weiterer unzutreffender Behauptungen aus, die aufgrund der tiefgreifenden Fehldeutungen, die sie beinhalten, einer Richtigstellung bedürfen.

1. *Anthroposophie und Naturwissenschaften.* Die Anthroposophie will den Erkenntnisbestand der Naturwissenschaften bruchlos in ihren eigenen integrieren (78); den Naturwissenschaften wirft Steiner vor, daß sie nicht zum Wesensverständnis ihrer Gegenstände vordringen, sondern den undurchdringlichen Schleier verfehlter Theorien über die Wirklichkeit geworfen hätten; deshalb fordert der frühe und der späte Steiner ein gänzliches Umdenken in den methodischen Grundlagen naturwissenschaftlichen Forschens (79).

1 Diese Ausführungen, die sich mit der für die Wissenschaftlichkeit der Anthroposophie entscheidenden Frage der Methode befassen, nehmen insgesamt fünf Seiten ein. Die Bedingungen, der Aufbau und der gesetzmäßige Verlauf der spezifisch anthroposophischen Methode (der «Schulungsweg») werden entweder nur oberflächlich aufgezählt oder überhaupt nicht diskutiert.

2. *Anthroposophie und Geisteswissenschaft.* Die anthroposophische Geisteswissenschaft erhebt den Anspruch, im Gegensatz zur historisch-hermeneutischen die eigentliche Geisteswissenschaft zu sein (78).

3. *Anthroposophie als Weltanschauungstypus.* Anthroposophie entspricht dem Typus der pantheistischen Weltanschauung, dem objektiven Idealismus im Sinne der Weltanschauungslehre Diltheys (78).

4. *Methode der Anthroposophie.* Methodologisch will die anthroposophische Geisteswissenschaft direkt an Goethes denkendes Anschauen und indirekt an den Schulungsweg der östlichen Weisheitslehren anknüpfen (78).

2.2.1. Zum Verhältnis von Anthroposophie und Naturwissenschaften

Werden die erwähnten Behauptungen zusammengeschaut, dann fällt zunächst auf, daß sie eine nahezu vollkommene Kontradiktion darstellen. Einerseits fordert schon der frühe Steiner – eine Forderung, die der späte beibehält (also ein weiterer Hinweis auf ein Moment der Kontinuität) – ein radikales Umdenken in den «methodischen Grundlagen des naturwissenschaftlichen Forschens». Diese Forderung kann, wird sie im Sinne der von Ullrich angedeuteten Intention durchgeführt, nur zu radikal anderen Ergebnissen führen, als die gebräuchlichen Methoden der Naturwissenschaften sie bisher erbracht haben. Steiner werfe den Naturwissenschaften vor, daß sie sich mit dem Schleier ihrer atomistischen und mechanistischen Theorien den Blick auf die Wesensverhältnisse der Naturkräfte verhüllen: nicht nur die Methoden sind also verfehlt, auch die Theorien sind es. Da die Methoden durch die Theorien bestimmt sind, die Ergebnisse durch die Methoden, die Ergebnisse und Methoden wiederum auf die Gestalt der Theorien zurückwirken, ist dem Teufelskreis der self-fulfilling prophecy nur durch radikalen Paradigmenwechsel zu entkommen. Andererseits soll aber die Anthroposophie den Erkenntnisbestand der Naturwissenschaften «bruchlos» in ihren eigenen übernehmen, ohne daß dies offenbar zu Widersprüchen führt.
Daß diese beiden hier kontrastierten Auffassungen nicht zugleich haltbar sind, ist sofort einsehbar. Man kann nicht den Erkenntnisbestand der Naturwissenschaften anerkennen wollen, wie er ist, und zugleich eine völlig andere Form von Naturwissenschaft mit radikal anderen Ergebnissen fordern. Ullrich diskutiert aber wider Erwarten nicht die sich aus diesen kontradiktorischen Forderungen ergebenden Probleme. Es ist völlig offen, ob die Anthro-

posophie nun den Anspruch erhebt, eine radikale Reform des naturwissenschaftlichen Erkennens zu bieten, oder ob sie sich die Ergebnisse der gewöhnlichen Naturwissenschaften unbesehen einverleibt, ohne sich an deren möglichen Widersprüchen zu den eigenen Erkenntnisergebnissen zu stoßen. Diese Fragestellung ist deshalb von außerordentlicher Bedeutung, weil sich Ullrich mit der Anthropologie Steiners auseinandersetzt, dieser Anthropologie gegenüber in der Methodendiskussion aber die Frage nicht aufwirft, ob Steiner sie als naturwissenschaftliche, geisteswissenschaftliche oder gar als Disziplin versteht, die die herkömmliche Unterscheidung zwischen Natur- und Geisteswissenschaften umgreift. Es ist eine völlig offene Frage, ob sich dieser Widerspruch im Anspruch der Anthroposophie gegenüber den Naturwissenschaften Ullrichs fehlender Kenntnis des Steinerschen Werkes und seiner verworrenen Gedankenführung, dem Autor, auf den er sich an den betreffenden Stellen stützt (Hartmann), oder Steiners eigener Widersprüchlichkeit verdankt. Letzteres erscheint schon deshalb unwahrscheinlich, weil offenbar sowohl der «frühe als auch der späte» Steiner die Forderung radikalen Umdenkens in Sachen naturwissenschaftlicher Erkenntnis erhoben hat. Die Klärung der disziplinären Einordnung der Anthropologie ist natürlich für die Frage nach der Wesenserkenntnis des Menschen von entscheidender Bedeutung. Ist die Anthropologie eine naturwissenschaftliche Disziplin im Sinne der experimentellen Naturwissenschaft nach ihrem empirisch-analytischen Verständnis, dann sind schon von der Methode her bestimmte Dimensionen des Menschseins ausgegrenzt. Subjektivität und Personalität können eo ipso nicht Gegenstand experimenteller Empirie sein. Ist die Anthropologie dagegen eine geisteswissenschaftliche Disziplin im Sinne des historisch-hermeneutischen Methodenideals, dann werden jene «objektiven» Gegebenheiten, die allein in den Fokus der objektivistischen Empirie fallen, nur als Gegebenheiten subjektiven Erlebens, als Gestalten des tradierten Ausdrucks, als Formen der erlebten Selbstauslegung des Subjekts in seiner lebensmäßigen Verfaßtheit Inhalt der Forschung. Schon aus dieser einfachen Überlegung ergibt sich, daß eine *ganzheitliche Anthropologie* sich weder einseitig an den Methodenidealen und am leitenden Interesse der empirisch-analytischen Wissenschaft, noch ausschließlich an denen der historisch-hermeneutischen Geisteswissenschaften orientieren kann: ein anthropologisches Gesamtbild des Menschen kann sich nur aus der Zusammenschau der Ergebnisse all jener Wissenschaften ergeben, die mit dem Menschen befaßt sind. Oder aber, sie muß das Ergebnis einer Gesamtschau des Menschen sein, die aus der Anwendung ganz anderer Methoden hervorgeht. *In diesem Sinn will Anthroposophie Wissenschaft vom Menschen sein.*

Der Erkenntnisanspruch der Anthroposophie gegenüber dem Menschen erstreckt sich also insofern nicht auf das Gebiet der Einzelwissenschaften, weil er umfassender ist als die Phänomenklassen, die diese Einzeldisziplinen jeweils zu erforschen vermögen. Physiologie, Biochemie, Biologie, Psychologie, die sich wiederum in einer Vielzahl von untergeordneten Disziplinen auffächern, sind jeweils auf eine mehr oder weniger klar abgegrenzte Klasse von Phänomenen spezialisiert, die sie mit den diesen entsprechenden oder auch nicht entsprechenden Methoden erkennend zu durchdringen versuchen: keine dieser Einzeldisziplinen vermag aber aufgrund ihrer methodischen und inhaltlichen Begrenztheit ein zusammenhängendes anthropologisches Gesamtbild des Menschen zu entwerfen. Die Konkurrenz der Paradigmen und Methoden, der Streit der Disziplinen um Geltung und Vorrang ist also auch in der Anthropologie anzutreffen. Darum findet sich auch hier mittlerweilen eine Spezialisierung der Arbeitsfelder und eine Differenzierung der Methodenansätze, die den Namen Anthropologie zu einem bloßen Sammelbegriff für systematisch Unvereinbares macht. Neben der biologischen, ethnologischen, historischen, soziologischen streiten sich auch theologische und philosophische Anthropologie um das Bild des Menschen. Es ist allein schon angesichts des Sachverhalts der faktischen Pluralität der Anthropologien nicht einzusehen, warum nicht auch die anthroposophische Anthropologie neben diesen als Wissenschaft unter anderen sich geltend machen soll. Nur vom Standpunkt eines veralteten Methodenmonopolismus und eines reduktiven Verständnisses von Wissenschaft kann gegen einzelne Methoden mit dem Vorwurf argumentiert werden, sie seien nicht wissenschaftlich. Auf die Methoden der empirisch-analytischen Naturwissenschaften jedenfalls kann der Begriff der Wissenschaftlichkeit oder der exakten Forschung nicht begrenzt werden, das hat nicht zuletzt die Erosion des empiristischen Sinnkriteriums in der Diskussion von Popper und Carnap deutlich gezeigt.

Diesem Sachverhalt versucht die neuere Wissenschaftstheorie, zumindest wiederum in bestimmten philosophischen Strömungen, durch eine denkbar weite Formulierung des Wissenschaftsbegriffs Rechnung zu tragen. So etwa Vertreter einer sprachkritischen Metatheorie der Erkenntnis wie Seiffert und Lorenzen/Kamlah.

«Eine wissenschaftliche Aussage ist nach unserer Auffassung alles, was von urteilsfähigen Personen als solche tatsächlich angesehen wird – völlig unabhängig davon, durch welche Methode sie gewonnen wurde... Urteilsfähig ist, wer gemäß der allgemeinen Sachlage so eingeschätzt werden kann.» «Man muß es ... jeder Wissenschaft selbst überlassen, was sie als legitime Methode ansieht und welche Aussagen sie daher als ‹wissenschaftliche› Aussagen anzunehmen geneigt ist... Wir müssen uns daher auf die allgemeine Forderung beschränken, daß wissenschaftliche Aussagen mit Hilfe der ‹jeweils geeigneten› Methoden zustandekommen.[1]

Das Problem der intersubjektiven Uberprüfbarkeit stellt sich vom Standpunkt dieser pluralitätsfreundlichen Wissenschaftstheorie wie folgt dar: «‹Intersubjektive Überprüfbarkeit› in den exakten Wissenschaften heißt...: Jeder, der ein normales Wahrnehmungsvermögen hat, der denken gelernt hat und der die entsprechende wissenschaftliche Ausbildung genossen hat, kann von einem anderen Forscher gemachte Beobachtungen und daraufhin abgeleitete Theorien auf ihre Richtigkeit nachprüfen (204).» Vorausgesetzt er verfügt über denselben Beobachtungsapparat, um die Beobachtungen zu machen, die Experimentaleinrichtung, um sie durchzuführen, über Geduld, Ausdauer, die Fähigkeit der planvollen Lenkung der Aufmerksamkeit, eine ebenso durch subjektive und objektive Bedingungen ausgezeichnete Laboratoriumscrew sowie die Fähigkeit, jene Theorie zu verstehen und ihr unter Umständen denkend eine andere entgegenzusetzen.

«Das Kriterium ist also ... die Ausbildung in der betreffenden wissenschaftlichen Methode. Jeder, der die jeweils einschlägige Methode zu handhaben gelernt hat, kann Forschungsergebnisse nachprüfen. Dieses Methodenkriterium gilt nun nicht nur für die Naturwissenschaften, sondern für jede andere Wissenschaft auch. Denn alle Disziplinen haben ihre Methoden, die jedem zugänglich sind, der sie lernen will, und die eindeutige Kriterien dafür liefern können, was jeweils als richtig oder falsch anzusehen ist. Jedenfalls kann man nicht einfach darauf abstellen, ob etwas für ‹jedermann› zu überprüfen ist (204).... Die bei der Nachprüfung verwendeten Kriterien» hängen «immer von der Methode der jeweils zuständigen Wissenschaft» ab und können «daher nicht für alle Wissenschaften durch den Richterspruch eines Wissenschaftstheoretikers bestimmter Observanz festgelegt» werden (205).[2]

Die hier vorgetragenen generellen Gesichtspunkte über die Bedingungen der Wissenschaftlichkeit von Aussagen und über das Kriterium der Intersubjektivität sind wie auf jede andere Wissenschaft, so auch auf die Anthroposophie anwendbar. Es wäre also der Nachweis zu führen, daß die Anthroposophie über eine von ihr selbst zu definierende geeignete Methode verfügt, um zu ihren wissenschaftlichen Aussagen zu gelangen. Auch für die intersubjek-

1 Helmut Seiffert, Einführung in die Wissenschaftstheorie. München 1983, Bd. 1, S. 93 und 94

2 Ebenda, S. 204 und 205

tive Überprüfung, will man sie denn als allgemeines Kriterium zur Feststellung von Beobachtungen anerkennen, wäre nichts erforderlich als die entsprechende Ausbildung, die *Aneignung der einschlägigen wissenschaftlichen Methode, in diesem Fall der Erkenntnismethode der Anthroposophie.* Diese Aneignung der entsprechenden Methode ist aber nicht umgehbare Bedingung für die Überprüfung der Beobachtungen. Nicht «jedermann» kann über die nur durch die entsprechenden Methoden und Beobachtungsinstrumente zu gewinnenden empirischen Daten und deren Beschaffenheit oder gar Existenz Aussagen machen, sondern lediglich der entsprechend Geschulte. Dieses Kriterium der intersubjektiven Nachprüfbarkeit gilt aber nicht für die aus den Beobachtungen abgeleiteten Theorien. Die Theorien kann auch nachvollziehen, wer die Beobachtungen nicht gemacht hat, vorausgesetzt, die Beobachtungen sind in einer verstehbaren Theoriesprache niedergelegt und der jeweils Nachvollziehende versteht diese Theoriesprache (ist in die Bedeutung der Fachtermini eingeweiht). Sind sie derart in eine wissenschaftliche Theorie verwoben, kann die logische Konsistenz dieser Theorie im Rahmen der vorausgesetzten und definierten Begrifflichkeit auch von Forschern überprüft werden, die die Ausgangsbeobachtungen nicht gemacht haben. Von ihrem Urteil über die abgeleiteten Theorien und deren innere logische Kohärenz oder ihren vernünftigen, nachvollziehbaren Sinngehalt sind jedoch die ursprünglichen Beobachtungen nicht betroffen. Der Nachweis eines Mangels in der Theorie falsifiziert also noch lange nicht die vorausgesetzten Beobachtungen.

Ähnlich sehen Lorenzen/Kamlah das Problem der Intersubjektivität: «Wer über Einzelgegenstände ... wahre Aussagen machen will, der muß sich in jedem Fall und in der jeweils geeigneten Weise Zugang zu diesen Gegenständen verschaffen, sei es durch Beobachtungen, durch Experimente, durch Befragung von Zeugen, Interpretation von Texten und so fort. In den Wissenschaften nennen wir diese jeweils ‹geeignete Weise› des empirischen Nachsehens die jeweils erforderte ‹Methode› der Forschung. Welche Methode der Forschung die jeweils erforderte ist, darüber entscheidet je und je der Sachkundige, der technikos ... Jede Forschungsmethode muß wiederum interpersonal anwendbar sein... Eine Forschungsmethode ist von der hier angegebenen Verifizierungsmethode zu unterscheiden, die aber für alle Methoden empirischer und auch nichtempirischer Forschung gleichsam den Rahmen abgibt. Freilich hat sich die moderne Wissenschaft eine folgenschwere Beschränkung auferlegt...: Die jeweilige Forschungsmethode soll von jedermann anwendbar sein, der sich die je erforderte Sachkunde in unbeteiligter Distanz...von den Sachen...erworben hat... Während der Platonische Sokra-

tes nach dem technikos fragen konnte, der zum Beispiel hinsichtlich der Tapferkeit sachkundig ist, verengt sich seit dem 17. Jahrhundert die Sachkunde auf Technik, wie man sie aus der Mechanik entwickeln kann... Eine Sachkunde also, die nur durch lebenslange Erfahrung, durch ‹Lebenserfahrung› gewonnen wird, durch eine Erfahrung, die sich nicht auf das unbeteiligte Hantieren und Berechnen beschränkt, wird aus dem Bezirk des vernünftigen Forschens und Redens verwiesen, und die Folge ist, daß diejenigen Fragen, von deren Beantwortung Glück und Unheil der Menschen abhängen, von den Wissenschaften nicht beantwortet werden können, ja auch von der Philosophie nicht, sofern sie sich als szientistische Philosophie der Selbstbeschränkung moderner Wissenschaftlichkeit unterwirft. *Diese Beschränkung ist aber eine geschichtliche Besonderheit der modernen Wissenschaft, sie ist nicht mit der hier erörterten Methode der interpersonalen Verifizierung von Aussagen notwendig verbunden* [Hervorhebung L.R.].
Welche Möglichkeiten sich für das vernünftige Denken ergeben, wenn wir die Selbstbeschränkung der modernen Wissenschaft nicht länger für das vernünftigerweise allein Mögliche erachten, kann nicht summarisch vorausgesagt werden. Dagegen kann und muß darauf hingewiesen werden, daß die Forderung der kritischen Nachprüfung durch vernünftige Sachkenner aufrecht erhalten bleibt. Dazu bedarf es einer interpersonal normierten Sprache (also auch in der Philosophie!), ferner der interpersonalen Zugänglichkeit der besprochenen Gegenstände (125/126).»[1]

Da die interpersonale Zugänglichkeit der besprochenen Gegenstände im Falle der Anthroposophie (wie in jedem anderen Fall) durch die praktizierte Erkenntnismethode gewährleistet, ihre Wissenschaftlichkeit in dieser Methode gegeben ist, kann eine Aberkennung derselben weder von den von ihr vorausgesetzten Beobachtungen noch von den aus diesen Beobachtungen abgeleiteten Theorien ausgehen. Die Kritik kann aber auch nicht vom Standpunkt einer anderen Methode aus auf die Methode der Anthroposophie zielen. Wer die Wissenschaftlichkeit der Anthroposophie bestreitet, zielt mit seiner Kritik auf die Adäquatheit ihrer Methode gegenüber ihren Gegenständen. Damit setzt er aber die Existenz ihrer Gegenstände und die Möglichkeit ihrer Erkenntnis voraus. Diese kann er nicht bezweifeln. Tut er es, schießt er an seinem Ziel vorbei und mißversteht zugleich das Wesen wissenschaftlicher Kritik. Eine Kritik der anthroposophischen Methode kann nur vom Standpunkt dieser Methode aus erfolgen: etwa daraus, daß

1 Wilhelm Kamlah, Paul Lorenzen. Logische Propädeutik. Mannheim 1985, S. 125 und 126

aus ihrer Anwendung andere Beobachtungen resultieren, die die bisher gewonnenen falsifizieren oder die in ihr zur Anwendung gebrachten Gültigkeitskriterien in Frage stellen. Eine andere Möglichkeit der Kritik böte sich vom Standpunkt einer vergleichbaren, konkurrierenden Methode, die die Angemessenheit der anthroposophischen Methode an ihre Gegenstände in Frage stellen könnte. Eine solche müsste ihre größere Angemessenheit aber selbst wiederum durch die aus ihrer Anwendung hervorgehenden Ergebnisse ausweisen.

Die Forderung nach vernünftiger Überprüfung durch vernünftige Sachkenner wiederum, die eine interpersonal normierte Sprache voraussetzt, kann an der Anthroposophie in hohem Grade verwirklicht werden. Steiners schriftliche Werke zeichnen sich durch ein exklusives Bewußtsein der Sprachproblematik der Darstellung übersinnlicher Forschung und durch kaum zu übertreffende Exaktheit in der Einführung wissenschaftlicher Fachtermini aus. Man kann seine Werke weitgehend als axiomatische Gebäude von Aussagen mittels normierter Prädikatoren lesen und wird die strengen Forderungen bezüglich Einführung wissenschaftlicher Termini durchgehend erfüllt finden, die von sprachkritischer Seite erhoben werden können. Dies gilt namentlich für seine Anthropologie. Daß durch eine solche Interpretation die ontologische Tiefendimension seiner Schriften natürlich nicht erfaßt ist, braucht den Sprachanalytiker nicht zu stören. Er wird jedenfalls von seinem Standpunkt aus nichts gegen die «theoretischen Konstrukte» der Steinerschen Werke einwenden können.

Steiner selbst hat im übrigen eine solche Lesart seiner Darstellungen empfohlen. Er spricht davon, daß sie als «Hypothesen», als «regulative Prinzipien im Sinne Kants»[1] aufgefaßt werden können, wenn ihr Wahrheitsgehalt nicht vorausgesetzt werden soll. Die Verifikation dieser Hypothesen soll durch ihre Anwendung in der Beobachtung des Lebens und im praktischen Lebenszusammenhang erfolgen. Doch davon weiter unten.

Wollte man, um an das Ausgangsproblem wieder anzuknüpfen, Wissenschaftlichkeit auf die empirisch-analytischen Methoden und die durch sie erfaßbaren Gegenstände einschränken, verfiele man über den wissensfeudalistischen Methodenmonopolismus hinaus zu Recht Habermas' Interessenkritik. Habermas hat sehr zutreffend das erkenntnisleitende Interesse der objektivistischen empirischen Methoden als das technokratische Verfügungsinteresse über versachlichte Gegenstände und vergegenständlichte Geschehnisse charakterisiert. Habermas befindet sich mit dieser Interpretation

1 Rudolf Steiner, Philosophie und Anthroposophie, GA 35. Dornach 1965, S. 129

im Einklang mit dem großen Programmatiker des objektivistischen Empirismus Francis Bacon, der schon in der Frühzeit der experimentell-analytischen Methoden die Versachlichung der Welt und den Machtgewinn als das Ziel der naturwissenschaftlichen Erkenntnistechnik anpries.

Für Habermas steht fest, daß die empirisch-analytischen Wissenschaften dem leitenden Interesse der «informativen Sicherung und Erweiterung erfolgskontrollierten Handelns» unterstellt sind.

Erfahrungswissenschaftliche Theorien stehen nicht nur unter der Voraussetzung der subjektfreien Objektivierbarkeit ihrer Gegenstände, sie grenzen auch all jene Gegenstände von der wissenschaftlichen Erkenntnis aus, die sich nicht dieser Form der Objektivierung fügen. Die damit verbundene Verarmung der Wirklichkeit führt nicht nur zu einer Reduktion des erkennbaren Gehaltes der Welt, sie entstellt auch den der Erkenntnis verbleibenden Teil, weil er nicht vom Ganzen her interpretierbar ist. Erfahrungswissenschaftliche Theorien liefern ein reduktionistisches Bild der Welt nach Maßgabe ihres technischen Verfügungsinteresses. Ihr objektivistischer Wahrheitsbegriff ist aber selbst mit entscheidenden Mängeln behaftet: «In der kontrollierten Beobachtung, die oft die Form des Experiments annimmt, erzeugen wir Anfangsbedingungen und messen den Erfolg der dabei ausgeführten Operationen. Nun möchte der Empirismus den objektivistischen Schein an den in Basissätzen ausgedrückten Beobachtungen festmachen: darin soll nämlich ein evident Unmittelbares ohne subjektive Zutat verläßlich gegeben sein. In Wahrheit sind die Basissätze keine Abbildungen von Tatsachen an sich, sie bringen vielmehr Erfolge oder Mißerfolge unserer Operationen zum Ausdruck. Wir können sagen, daß Tatsachen und die Relationen zwischen ihnen deskriptiv erfaßt werden; aber diese Redeweise darf nicht verschleiern, daß sich die erfahrungswissenschaftlich relevanten Tatsachen als solche durch eine vorgängige Organisation unserer Erfahrung im Funktionskreis instrumentalen Handelns erst konstituieren.»[1]

Das heißt mit anderen Worten, die in Basissätzen festgehaltenen Beobachtungen sind nichts weniger als objektiv[2], weil sie das Ergebnis subjektiver Operationen sind. Die Phänomene sind durch die Experimentalanordnung

1 Jürgen Habermas, Technik und Wissenschaft als «Ideologie». Frankfurt 1968, S. 155 – 157.

2 Objektiv im Sinne von subjekt-unabhängig und von den Bedingungen der Subjektivität frei. Objektivität im Sinne der Theoretiker des Objektivismus gibt es nicht, weil Beobachtungen immer ein Ergebnis des Zusammenwirkens subjektiver Bedingungen und objektiver Gegebenheiten sind, das Subjekt sich auch in den von ihm selbst geschaffenen Experimentalanordnungen nicht eliminieren läßt.

bestimmt, sie kämen gar nicht zustande, wenn nicht das Erkenntnissubjekt die Operationen festlegen würde, deren Erfolg die eintretenden Phänomene sind. Dabei ist ohne Bedeutung, daß die Stelle des Subjekts von jedem beliebigen Beteiligten eingenommen werden kann: die Ausgangsbedingungen und die Verlaufsgesetzlichkeit des Experiments und jeder anderen empirischen Ermittlungsmethode werden vom Subjekt festgelegt. Dieses ist damit ein struktureller Bestandteil der vorgeblich subjektfreien Erkenntnis. Die gesamte Gesetzmässigkeit des Experiments ist durch das Subjekt bestimmt und bedingt: der scheinbar subjektunabhängige Erkenntnisapparat stellt nur eine Objektivierung (Vergegenständlichung) der subjektiven Erkenntnisbedingungen dar. Durch diese Objektivierung (Vergegenständlichung) seiner subjektiven Erkenntnisbedingungen in den apparativen und operativen Strukturen des Experiments (mögen sie auch noch so gigantisch sein) gibt sich das Subjekt der Illusion hin, die Wirklichkeit finde ohne es statt. Die gegenseitige Abhängigkeit von Subjekt und Phänomen, deren Beschreibung den Inhalt der Heisenbergschen Unschärferelation bildet, ist eine allgemeine Strukturbedingung der erfahrungswissenschaftlichen Erkenntnis. Der Monopolanspruch objektivistischer erfahrungswissenschaftlicher Methoden verabsolutiert die subjektiven Erkenntnisbedingungen, die insbesondere den experimentellen Verfahren der modernen Physik innewohnen. Es gibt aber Seinsbereiche, die sich dieser Form der objektivierenden Beobachtung entziehen und nur auf dem Umweg über das Subjekt erkannt werden können. Dies zeigt schon eine Rücksichtnahme auf die alltägliche Lebenswelt, in der der einzelne Mensch verwurzelt ist. Tatsache ist, daß sich die wirkenden Kräfte des Lebens, der seelischen Innerlichkeit, der Personalität, abgesehen von ihrem physiognomisch-mimischen Niederschlag, der äußeren Beobachtung entziehen. Sie deswegen von der Erkennbarkeit auszuschließen, hieße auf eine Erkenntnis des Menschen zu verzichten. Denn der Mensch ist nicht das uniforme Monstrum, als das ihn ein naturwissenschaftlicher Reduktionismus zeichnet. Er ist ein pluriformes Wesen, das in seiner personalen Innerlichkeit zentriert ist, von der her die übrigen Formen seiner Weltzuwendung (seelisches Erleben, organisches Leben) ihren Sinngehalt empfangen.

Den pauschalen Zweifel an der anthroposophischen Erkenntnismethode vom Standpunkt eines empirisch-analytischen Monopolismus oder jedes anderen Methodenmonopolismus (der genausosehr mit dem emanzipatorischen Interesse der Ideologiekritik verbunden sein kann, wie sie Habermas versteht) darf man aufgrund der jeweiligen Beschränktheit dieser Methoden zurückweisen. Wer den Anspruch erhebt, anthroposophische Forschungsergebnisse zu bezweifeln, muß sich schon auf die spezifischen Bedingungen der anthroposophischen Forschungsmethode einlassen. Tut er dies nicht, kann er auf die fehlende Legitimität seines Unterfangens hingewiesen werden. Daß sich auch Ullrich in dieser Situation befindet, dürfte inzwischen zur Genüge klar geworden sein.

Daß aufgrund dieser Überlegungen der Anerkennung einer wissenschaftlichen Anthropologie, die sich aus der Anthroposophie ergibt, als einer neben anderen gleichberechtigten Formen des anthropologischen Wissens vom Menschen nichts im Wege stehen dürfte, ist aber ebenso klar. Ihr Bild vom Menschen stünde gleichberechtigt neben anderen, sofern diese ein Gesamtbild von ihm entwerfen, ihr Anspruch auf Wissenschaftlichkeit dürfte von anderen Methodenstandpunkten aus nicht bestritten werden.

Insofern nun die Anthroposophie den Anspruch erhebt, eine Gesamtschau des Menschen zu sein, stellt sich die Frage, ob sie die Fähigkeit besitzt, andere Teilbilder des Menschen (etwa ein biologisches oder physiologisches, ethnologisches oder theologisches) in ihre Gesamtschau zu integrieren, oder ob ein solcher Integrationsversuch zu Widersprüchen führt. Diese Frage impliziert die andere nach der Ganzheitsoption, die hier in bezug auf das anthropologische Wissen spezifiziert werden müßte. Jedenfalls kann gesagt werden, daß Steiner versucht hat, eine solche ganzheitliche Schau des Menschen in seiner Anthropologie vorzulegen, die nicht nur die physikalisch-chemische Seite der Erscheinung des Menschen, die sich durch bestimmte Untersuchungsmethoden erschließt, sondern auch seine übrigen Wesenskomponenten berücksichtigt. Anthropologie als Gesamtschau des Menschen in seiner lebensmäßigen Verfaßtheit kann nicht auf reduktiven Teilbildern begründet werden. Sie ist auch als bloße Naturwissenschaft nicht möglich, weil der Mensch nicht nur ein «Naturwesen» ist. Sie setzt das Bemühen um Integration der Teilbilder in einer Ganzheitsidee voraus. Diese Ganzheitsidee kann aber nur von der Personalität her konzipiert werden, die das gattungsspezifische ontologische Strukturmerkmal des Menschen darstellt. Von der Personalität des Menschen (seiner Freiheitsfähigkeit und erkennenden Selbsttätigkeit her) sind auch die übrigen Seinsschichten des Menschen bestimmt. Die Gesamtkonfiguration seines Wesens erschließt sich nicht «von unten», durch Kombination und Mutation untergeordneter ontologischer Strukturmerkmale. Aus den kategorialen Formen, die die gesetzmäßige Bestimmtheit des Anorganischen ausmachen, lassen sich nicht die Produktions- und Reproduktionsvorgänge des Organischen erklären. Kausalzusammenhänge sind keine Lebenserscheinungen, die durch entelechische Prinzipien bestimmt sind. Lebenserscheinungen wiederum aufgrund immanenter

Selbstproduktion und -reproduktion der Gestalt sind keine Bewußtseinsphänomene, in denen das entelechische Prinzip des Individuums sich von den seine Gestalt bestimmenden Gesetzen emanzipiert. Über die bloße Emanzipation der empfindenden Innerlichkeit erhebt sich das selbstbestimmte denkende Bewußtsein des Menschen, in dem sich das entelechische Prinzip in reiner ideeller Form erfaßt.

Überall dort also, wo naturwissenschaftliche Einzeldisziplinen ihre reduktiven Teilbilder des Menschen verabsolutieren wollen, wird Anthroposophie mit ihrem Anspruch auf Gesamtschau die methodisch unzulässige Grenzüberschreitung monieren. Eine pauschale Anerkenntnis naturwissenschaftlicher Erkenntnisergebnisse oder deren ungeprüfte Integration in den Zusammenhang der Anthroposophie kann es bei Steiner demnach nicht geben. Wird dies behauptet, muß diese Ansicht auf einem Mißverständnis oder einer voreiligen Verallgemeinerung beruhen. Ein scheinbarer «Konkordismus» Steiners gegenüber reduktionistischen naturwissenschaftlichen Erkenntnisansätzen stellt sich bei genauerem Hinsehen als Grenzbestimmung dar. Daß zwei verschiedene Erkenntnisarten aneinandergrenzen, bedeutet auch, daß sie deutlich voneinander *abgegrenzt* sind. Es bedeutet aber auch, *daß es einen Erkenntnisgesichtspunkt geben muß, der ihr gegenseitiges Aneinandergrenzen und ihre Begrenztheit verstehen und begründen kann.* Den im Werk Steiners vorhandenen konkordistischen Formeln, die das Verhältnis von Naturwissenschaft und anthroposophisch orientierter Geisteswissenschaft betreffen, ist einerseits der jeweilige Zusammenhang, auf den sie sich konkret beziehen, ergänzend an die Seite zu stellen. Andererseits ist der prinzipielle Hinweis darauf hervorzuheben, daß es eine beide Forschungsrichtungen umgreifende Anschauung geben muß, die sie in ihrer Begrenztheit begreift und begründet. Diesen Gesichtspunkt betont Steiner, um nur ein Beispiel zu nennen, deutlich in seinem Vortrag auf dem 4. Internationalen Kongress für Philosophie in Bologna am 8. April 1911.[1]

Steiner führt in diesem Zusammenhang, nachdem er die Entstehung des Ich-Bewußtseins an der Leibesorganisation mit der Metapher der Spiegelung gekennzeichnet hat, folgendes aus: «Durch eine solche erkenntnistheoretische Vorstellung würde nun der Streit zwischen der zum Materialismus neigenden Naturwissenschaft und einer das Spirituelle voraussetzenden Geistesforschung in eindeutiger Art wirklich beigelegt werden können. Denn für die Naturforschung wäre freie Bahn geschaffen, indem sie die Gesetze der

1 Rudolf Steiner, Die psychologischen Grundlagen und die erkenntnistheoretische Stellung der Anthroposophie. Veröffentlicht in GA 35, S. 111 – 144.

Leibesorganisation unbeeinflußt von einem Dazwischenreden einer spirituellen Denkart erforschen könnte. Will man erkennen, nach welchen Gesetzen das Spiegelbild entsteht, so ist man an die Gesetze des Spiegels gewiesen. Von diesem hängt es ab, wie der Beschauer sich spiegelt... Das Wesen dessen, der sich spiegelt, liegt aber außerhalb des Spiegels. So könnte man sehen in den Gesetzen, welche die Naturforschung ergibt, die Gründe für die Gestaltung des empirischen Bewußtseins; und in diese Gesetze wäre nichts einzumischen von dem, was die Geisteswissenschaft über das innere Leben des menschlichen Wesenskernes zu sagen hat... Dieser Wesenskern aber ist nicht in das Innere des physischen Organismus, sondern in das Transzendente [d.h. jenseits der Leibesorganisation, L.R.] zu verlegen. Und Geistesforschung wäre dann als der Weg zu denken, sich in das Wesen dessen einzuleben, was sich spiegelt. *Selbstverständlich bleibt dann die gemeinsame Grundlage der Gesetze des physischen Organismus und jener des Übersinnlichen hinter dem Gegensatz: ‹Wesen und Spiegel› liegen*. [Hervorhebung L.R.] Doch ist dies gewiß kein Nachteil für die Praxis der wissenschaftlichen Betrachtungsweise nach den beiden Seiten hin... *Der relativen gegenseitigen Unabhängigkeit der einen und der anderen von obigen Betrachtungsweisen muß ergänzend eine andere, in die Tiefe gehende, gegenübertreten, welche die Synthesis des Sinnlichen und Übersinnlichen anzuschauen in der Lage ist. Der Zusammenschluß der beiden Strömungen kann als gegeben gedacht werden durch eine mögliche Fortentwicklung des Seelenlebens zu der charakterisierten intuitiven Erkenntnis*[1]. *Erst innerhalb dieser ist die Möglichkeit gegeben, den Gegensatz zu überwinden* [Hervorhebung L.R.].»[2]

In diesen Erörterungen ist also die relative Selbständigkeit gehirnphysiologischer oder biochemischer Untersuchungen zugestanden, solange aus ihnen keine reduktionistischen Schlüsse gezogen werden. Soweit sie sich darauf beschränken, den Aufbau, die Funktionsgesetze und die Verlaufsform physiologischer Tatbestände zu erforschen, ist gegen sie nichts einzuwenden. Sie können zu Aussagen über die physiologischen Bedingungen des «empirischen Bewußtseins» führen. Allerdings ist auf der Grundlage dieser Untersuchungen weder eine Aussage über das transzendente Wesen dessen möglich, das mittels der physiologischen Gegebenheiten zu einem Bewußtsein von

1 Der Begriff der intuitiven Erkenntnis hat einen genau definierten Gehalt. Diese Erkenntnisart stellt die vorläufig höchste der geisteswissenschaftlichen Erkenntnismethoden dar und hat mit dem trivialen Verständnis von Intuition im Sinne zufälliger Eingebungen nichts zu tun. (Anm. L. R.)
2 Ebenda, S. 141/142.

sich gelangt (weil es die physiologischen Gegebenheiten transzendiert), noch kann der gemeinsame Ursprung (die «Synthesis») der beiden Phänomenbereiche durch physiologische Untersuchungen erklärt werden. Es gibt jedoch eine Erkenntnisart, die sowohl die Entstehung der physiologischen Tatbestände als auch die Entstehung des empirischen Bewußtseins aus dem transzendenten Wirklichkeitsgefüge zu beobachten und zu beschreiben vermag: Steiner nennt sie die intuitive. Daß die dieser Beobachtungsweise faßbaren Tatbestände weder unmittelbar physiologischer Natur noch von bewußtseinsempirischer Gestalt sind, ist daraus begreiflich, daß sie diese beiden Erscheinungsgebiete gleichsam «hintergreift». Was Steiner hier für das physiologische Forschungsgebiet anführt, gilt analog auch für andere naturwissenschaftliche Forschungsgebiete.

Damit wäre die Frage nach dem Verhältnis zwischen Anthroposophie und Naturwissenschaft zumindest vorläufig und generell beantwortet. Eine Untersuchung der spezifischen Ausgestaltung dieser generellen Beziehung in den einzelnen Erkenntnisgebieten würde hier zu weit führen. Hinsichtlich der Methodologie finden sich auch Hinweise im Aufsatz über Alfred K. Treml (s. S. 48 – 55).

2.2.2. Zum Verhältnis von Anthroposophie und Geisteswissenschaft

Steiner ist im Jahr 1886 in seiner Schrift «Grundlinien einer Erkenntnistheorie der Goetheschen Weltanschauung...» auf die Geisteswissenschaften und ihre Methodologie näher eingegangen. Die Geisteswissenschaften als Ganze werden dort als «Freiheitswissenschaften» bestimmt. Dies impliziert zunächst, daß sie es nicht mit normativen Gehalten zu tun haben und daß sie nicht nach allgemeinen Gesetzen zur Erklärung von Einzelfällen suchen. Die Geisteswissenschaften als Freiheitswissenschaften verhalten sich vielmehr *verstehend*, indem sie den Ideengehalt der Individuen (Psychologie einschließlich Pneumatologie) und Völker (Volkskunde oder Völkerpsychologie, Staatswissenschaft) sowie der Geschichtsepochen (Historie) aufsuchen und deren Erlebnissprache einer hermeneutischen Bemühung unterwerfen. Dabei geht es nicht darum, hermeneutische Kategorien in den betrachteten Gegenstand hineinzutragen, sondern diese aus dem Gegenstand selbst zu entnehmen. Der Gegenstand der Geisteswissenschaften erläutert und interpretiert sich selbst, weil er Geist ist. In den Geisteswissenschaften werden die individuellen Randbedingungen, die in empirisch-generalisierenden Verfahren statistisch eliminiert werden, zum zentralen Forschungsgegenstand. Aufgabe der Geisteswissenschaften ist es nicht, auf induktivem Weg allgemeine Gesetze abzuleiten, sondern zu singulären Sätzen vorzustoßen, in denen sich das einmalige historische Wesen eines Einzelmenschen oder einer Epoche ausspricht. «Was uns in der Naturwissenschaft nur als Durchgangspunkt wertvoll ist, das Besondere, das interessiert uns in den Geisteswissenschaften allein. Was wir in jener suchen, das *Allgemeine*, kommt hier nur insofern in Betracht, als es uns über das *Besondere* aufklärt.»[1]

In der Psychologie (einschließlich der Pneumatologie) steht sich «der Geist selbst gegenüber». Die Methode der Psychologie ist die subjektive Intuition, das Erfassen des eigenen ideellen Gehalts: Selbsterfassung der eigenen Tätigkeit. In der Psychologie kommt es darauf an, das Wesen des individuellen Geistes aus seinen Äußerungen zu erkennen. Die Bekundungen und Tätigkeiten des menschlichen Geistes, seine Äußerungen in Denken, Fühlen und Wollen gilt es auf ihren Ausdrucksgehalt hin zu belauschen, um auf diesem Wege zum Ideengehalt (Intuitionsgehalt) der Person vorzustoßen. Auch im Verstehen anderer Menschen ist die Selbsterfassung methodische Voraussetzung der psychologischen Erkenntnis. Dabei ist dieses Verstehen des Fremden ein Vorgang der Wechselwirkung: das Eintauchen in die Tätigkeitsäußerungen des anderen vertieft das Selbstverstehen und das vertiefte Selbstverstehen erschließt wiederum tiefere Wesens-Schichten des anderen.

Völkerpsychologie und Staatswissenschaft haben den Vernunftgehalt des Volkes zu erfassen: die Produktionen der Einzelnen ergeben in ihrer Zusammenschau die Ausdrucksgestalt des Volkstypus. Die Volkskunde hat zu erforschen, wie sich der Einzelne innerhalb seines Volkes betätigt. Die Staatswissenschaft hat den Ideengehalt einer Volksgemeinschaft (historisch) zu erfassen, um daraus die diesem Volk entsprechende Staatsform abzuleiten. Staatsformen, Verfassungen können nicht den einzelnen Völkern als Schablonen übergestülpt werden, sie haben sich aus der Betrachtung der Individualität des Volkes zu ergeben.

Ebenso wie die anderen Geisteswissenschaften hat die Historie individualisierend zu verfahren. Die Geschichte ist nicht allgemeinen Gesetzen zu unterwerfen, die Historie ist keine apriorische Wissenschaft, sondern Empirie. Den intentionellen und intuitiven Gehalt der handelnden Individuen hat sie aufzusuchen und zu zeigen, wie ideelle Tatsachen durcheinander bestimmt sind. Geschichtliche Vorgänge sind nicht kausal zu erklären, sie können nur verstanden werden, wenn die Selbstmotivation der Einzelnen und der Gemeinschaften, denen diese angehören erforscht wird. «Die Geschichte ist we-

1 Rudolf Steiner, Grundlinien einer Erkenntnistheorie... Dornach 1979, S. 118.

sentlich eine Idealwissenschaft. Ihre Wirklichkeit sind schon Ideen. Daher ist die Hingabe an das Objekt die einzig richtige Methode. Jedes Hinausgehen über dasselbe ist unhistorisch.»[1] Aus dieser Hingabe an das Objekt entspringt das Verständnis des Objekts, das Ergebnis der Auffassung des individuellen Ideengehalts einer geschichtlichen Konstellation ist. Jede Epoche ist dabei *unmittelbar zu Gott*, es gibt keinen transzendenten Zweck der Geschichte, der nicht aus den selbständigen Zwecksetzungen der Individuen hervorginge. Der Fortschritt der Geschichte ist also nicht der teleologisch zu verstehende Fortschritt auf ein transzendentes Ziel hin, sondern er ist der Fortschritt oder Rückschritt, der sich aus den Intentionen und Intuitionen der handelnden Subjekte der Geschichte ergibt.

Diese Überlegungen zur Methodologie der hauptsächlichen Formen der Geisteswissenschaft zeigen, daß Steiner 1886 ein klares differentielles Bild des Unterschiedes zwischen Natur- und Geisteswissenschaften zu zeichnen vermochte. Sie machen aber auch deutlich, daß schon der frühe Steiner unter Geisteswissenschaft nicht nur wie Dilthey das «Ganze der Wissenschaften» versteht, die «die geschichtlich-gesellschaftliche Wirklichkeit zu ihrem Gegenstande haben», sondern daß er ihnen auch übergeschichtlich-übergesellschaftliche Gegenstände zuschreibt. Denn der Ideengehalt der Individuen, der Völker und Zeiten trägt nicht nur die zeitliche Seite seiner Erscheinung an sich, sondern auch die überempirische seiner zeitlos gültigen Idealität. Mit Gültigkeit ist hier nicht die normative Verbindlichkeit generalisierter Gesetze, wie sie für die nomothetischen Wissenschaften kennzeichnend ist, gemeint, sondern die substantielle Tiefe ihres Ausdrucksgehalts, ihrer Motivationskraft, ihrer Verwurzelung in den unendlichen Horizonten der Lebenswelt. Daß sich auf diesem hermeneutischen Wege auch Idealtypen erschließen können, ist leicht einsehbar. Nicht nur an der Betrachtung des individuellen Subjekts der Geschichte läßt sich der Idealtypus seiner Biographie ablesen, der sich aus der Spannung zwischen Ideal und Verwirklichung, Lebensintention und Widerstand der geschichtlichen Gegebenheiten ergibt, auch Völker, ja selbst Zeiten bergen solche Idealtypen in sich. Diese Idealtypen erschließen sich aber nur in der hermeneutischen Doppelbewegung von vorbehaltloser Hingabe an den Gegenstand und Besinnung auf den eigenen Ideengehalt und Lebenshorizont. Aus der zeitlichen Distanz läßt sich nicht nur die Wirkungsgeschichte, sondern auch der gestische Gehalt einer Biographie, eines Volksschicksals, eines historischen Zeitraums erkennen.

1 Ebenda S. 128.

Die Darstellungen Steiners lassen aber auch eine Interpretation auf den tieferen Sinn zu, den er den Geisteswissenschaften durch sein späteres Lebenswerk erst erschlossen hat. Der Idealtypus des Einzelmenschen erscheint zwar erst im Lauf der Lebensentwicklung dieses Menschen: er geht dieser Lebensentwicklung aber voraus. Der einzelne Mensch schöpft den Gehalt seiner Lebensintuitionen nicht aus der empirischen Wirklichkeit, die er vorfindet, er empfängt sie aus sich selbst. Der Blick auf diese Idealgestalt des einzelnen Menschen macht die historische Betrachtung zum Okular, durch das sich die zeitliche Dimension des Einzellebens in eine überhistorische Dimension erweitert. Genausowenig wie der Idealtypus des einzelnen Menschen aus biologischen Bedingungen und Umwelteinflüssen erklärbar ist, erschöpft er sich in den Manifestationen eines einzelnen Lebens. Dieses zeigt vielmehr, daß das enge Gehäuse eines einzelnen Lebens nicht ausreicht, die unabsehbare Fülle der Idealgestalt des Menschen zu tragen. Das enge Gehäuse zerbricht, aber die Idealgestalt lebt fort. Und dies nicht nur in einem metaphorischen, sondern in einem durchaus wörtlichen Sinn. Nicht nur für den einzelnen Menschen lassen sich solche Überlegungen anstellen, sondern auch für Volks- und Sprachgemeinschaften, ja selbst für historische Zeiträume. Der Idealtypus einer Volksgemeinschaft, der an den Produktionen der Individuen ablesbar ist, die ihm angehören und angehörten, erschöpft sich nicht in einzelnen geschichtlichen Ereignissen, die dieser Volks- und Sprachgemeinschaft widerfahren. Nur der Blick auf Jahrhunderte kann die Einsicht in den idealen Gehalt einer «Volksindividualität» eröffnen. Genauso, wie der einzelne in seiner empirischen Wirklichkeit nur eine begrenzte Realisation seines ihm eingeborenen Idealtypus ist, so auch eine Volks- und Sprachgemeinschaft im Verlauf ihres Lebenszeitraums. Schließlich können selbst historische Epochen, die durch die Begegnung von Völkern und Staaten und ihre wechselnden Schicksale bestimmt sind, auf ihren Idealtypus hin betrachtet werden. Auch ihnen gegenüber ist die hermeneutisch verstandene Frage nach ihrer ideellen Grundgebärde durchaus zulässig. Je größer allerdings die Fülle von Phänomenen und Ereignissen, Geschehnissen und Faktoren wird, die zu einem Idealtypus zusammengeschaut werden müssen, um so schwieriger wird diese Zusammenschau. Deswegen ist sie aber nicht unmöglich.

Es kann angesichts dieser schon in Anknüpfung an die methodologischen Ausführungen der «Grundlinien...» möglichen Gedankengänge auch die Frage nach einer Weiterentwicklung oder Vertiefung der Methoden aufgeworfen werden, die in den geisteswissenschaftlichen Disziplinen zur Anwendung kommen. Gewiß ist die historisch-hermeneutische Methode zunächst der Weg, durch den ein Zugang zum Geschichte des Vergangenen überhaupt erschlossen wird. Es ist aber keineswegs gesagt, daß die Eröffnung des Zugangs bereits das gesamte Gelände in all seinen Verwerfungen und Überschichtungen verständlich macht. Die Frage ist, ob nicht die Möglichkeit besteht, den Idealtypus eines einzelnen Menschen losgelöst von seiner empirischen Verkleidung unmittelbar anzuschauen. Dasselbe läßt sich auch in bezug auf die Idealtypen von Völkern und Zeiten fragen. Die Frage setzt allerdings voraus, daß diese Idealtypen mehr als bloß induktive Abstraktionen sind. Die Indizien, die sich auf hermeneutischem Weg gewinnen lassen, sprechen jedoch mehr für das Vorhandensein einer überempirischen Realität von Idealtypen, als dagegen. Ein möglicher Weg zur ideellen Erkenntnis dieser Idealtypen müsste an die Methode der subjektiven Intuition, an die Betrachtung des «Geistes als eines Tätigen» anschließen, die Steiner als die Methode der Geisteswissenschaften, insbesondere der Psychologie und Pneumatologie vorstellt. Daß Steiner diese denkbare Vertiefung der geisteswissenschaftlichen Methode nicht bereits in den «Grundlinien...» dargestellt hat, spricht nicht gegen die Möglichkeit einer solchen erweiternden Vertiefung. Es läßt sich sowohl aus der systematischen Bedeutung der «philosophischen Grundschriften» als auch aus historischen Bedingungen erklären, daß Steiner sich in diesen Grundschriften auf dezente Andeutungen beschränkt hat[1]. Diese Andeutungen sind so beschaffen, daß sie eine Erweiterung und Vertiefung zulassen, ohne daß diese zu den vielbeschworenen Widersprüchen führt. Der Zusammenhang zwischen den einzelnen Stufen muß allerdings denkend nachvollzogen werden. Der Verzicht auf diesen denkenden Nachvollzug muß zum Urteil führen, daß die einzelnen Darstellungen der geisteswissenschaftlichen Erkenntnismethoden nichts miteinander zu tun haben. Wer so urteilt, verwechselt aber das Ergebnis seines Nichtdenkens mit dem wirklichen Sachverhalt.

Daß der historisch-hermeneutische Weg nicht zur Erkenntnis des *realen,*

1 So äußert sich Steiner zum Beispiel 1920 zu diesem Problem im ersten Hochschulkurs in Dornach: «Man sollte nur denken, was geleistet worden wäre für anthroposophisch orientierte Geisteswissenschaft, wenn ich gleich begonnen hätte mit geisteswissenschaftlichen Werken. Diese geisteswissenschaftlichen Werke wären selbstverständlich als der purste Dilettantismus, als Laienliteratur von allen Fachphilosophen unberücksichtigt gelassen worden. Ich mußte zunächst vor die Welt hinstellen etwas, was im reinen Sinne philosophisch gedacht war, trotzdem es eben hinausging über das gewöhnliche Philosophische.» Vortrag vom 3. Oktober 1920, in: Grenzen der Naturerkenntnis. Dornach 1981, GA 322, S. 112.

wirkenden Geistes vordringt, vorausgesetzt, es ist berechtigt, von einem solchen zu sprechen, versteht sich von selbst. Denn er befaßt sich lediglich mit den *Produktionen des Geistes*, nicht aber mit diesem selbst in seiner vor allen Produktionen und Erscheinungen liegenden Konfiguration. Wenn die Hermeneutik die Geschichte als Ergebnis der Tätigkeit des menschlichen Geistes interpretiert, dann muß sie die Realität des menschlichen Geistes voraussetzen, will sie nicht den Namen des Geistes lediglich als Abbreviatur für die in materiellen Dokumenten zugänglichen Residuen organischer Tätigkeit verstehen. Eine solche Auffassung wäre aber reichlich absurd und entzöge der Geisteswissenschaft auch in ihrem historisch-hermeneutischen Sinn allen Boden. Geisteswissenschaft wird daher nicht umhin können, wenn sie ihren Gegenstand nicht nur als Fundgrube unverbindlicher feuilletonistischer Ergüsse behandeln will, einen realen Begriff ihres Gegenstandes zu entwickeln. Das kann sie letztlich nur an der Beobachtung des realen Geistes. Diese Beobachtung wird zunächst Selbstbeobachtung (Selbsterfassung) sein. Es ist aber nicht ausgeschloßen, daß der menschliche Geist auch in ein «Commercium», wie Kant sagt, zu anderen Geistern, menschlichen wie nicht-menschlichen, tritt. Und zwar ein Commercium ohne Vermittlung der sinnlich wahrnehmbaren Äußerungen dieser anderen Geister. Daß die menschlichen Geister keine fensterlosen Monaden sind, die nur aufgrund einer prästabilierten Harmonie koexistieren können, in die die Illusionen der sinnlichen Tatsachenwelt eingeschlossen sind, wäre durch die Tat zu erweisen. Wer aber den Taterweis, den Steiner erbracht hat, aus irgendeinem Grund nicht anerkennen kann, vermag sogar auf philosophischem Weg zur Einsicht in die Möglichkeit einer rein geistigen Erfahrung zu gelangen. Denn die Einsicht, daß die Realmöglichkeit eines rein geistigen Commerciums unter Geistern besteht, ergibt sich nicht nur aus der Überwindung der historischen Verengung des Erkenntnishorizontes, der mit der Neuzeit eingetreten ist, und dem Einbezug der hermeneutisch zu erschließenden beabsichtigten und unbeabsichtigten Selbstzeugnisse vergangener Kulturen, sie ergibt sich auch aus der philosophisch-systematischen Verständigung des erkennenden Bewußtseins mit sich selbst. Schon an diesem läßt sich der zweifache Wesenstausch[1] erfahren, der der Entstehung des denkenden Selbstbewußtseins aus dem universellen Denken (großer Wesenstausch) und der verstehenden Begegnung der Menschen durch die Überwindung der trennenden Wahrnehmungsperspektive (kleiner Wesenstausch) zugrundeliegt. Obgleich also die perspektivische

1 Herbert Witzenmann, Die Philosophie der Freiheit als Grundlage künstlerischen Schaffens. Dornach 1988, S. 140 f.

Erweiterung des hermeneutischen Zugangs zur geistigen Welt durch den Einbezug der Beobachtung des realen, wirkenden Geistes eine notwendige Konsequenz des historisch-hermeneutischen Erkenntnisansatzes ist, macht diese Erweiterung das Erschließen des Zugangs keineswegs obsolet. Im Gegenteil, es läßt sich gewiß nicht zu Unrecht sagen, daß eine gründliche historisch-hermeneutische Arbeit die Ausgangsbedingung für eine Erweiterung der Beobachtungsperspektive im Sinne einer exakten Geistesforschung ist. Der philosophisch außerordentlich frappierende Gedanke, daß der reale Geist nicht vergeht, das heißt, daß auch die Vergangenheit des realen Geistes in der Gegenwart anwesend sein muß, und zwar nicht nur in Form sinnlich wahrnehmbarer Relikte, sondern in *ideeller Form*, eröffnet für eine mögliche geisteswissenschaftliche Geschichtsforschung ungeahnte Aussichten.
Steiner hat das Vorhandensein solcher Erkenntnismöglichkeiten behauptet, hat die dafür nötigen Erkenntnismethoden dargestellt und eine Fülle von Forschungsergebnissen vorgelegt, die aus der Anwendung jener Methoden resultieren sollen. Will man ihm nicht ohne nähere ernste Prüfung Hochstapelei unterstellen, dann muß man zugeben, daß allein die philosophischen Implikationen seiner Behauptungen schwindelerregend sind. Es ist vielleicht auch dies ein Grund dafür, daß sie von gegenwärtiger Philosophie und Wissenschaft kaum ernsthaft zur Kenntnis genommen werden. Denn der gegenwärtige Wissenschaftsbetrieb hat weitgehend die Dimension der existentiellen Betroffenheit, die die Grenzen der bourgeoisen Selbstversorgungsmentalität sprengt, verabschiedet. Die Institutionen, die für Produktion und Reproduktion von Wissensinhalten Verantwortung übernommen haben, beschranken sich darauf, durch Verteilung von Qualifikationen die Selbsterhaltung zu befördern oder sich für die Erhöhung der gesellschaftlich-technokratischen Performanzen instrumentalisieren zu lassen. Dies ist einer der Gründe dafür, warum laizistische Gesellschaftsordnungen aufgrund mangelnden metaphysischen Steuerungswissens dahinsiechen. Die Krankheitserscheinungen des gesellschaftlichen Lebens werden nicht so sehr durch den Blick in die Nachrichtensendungen und Tageszeitungen sichtbar als durch die Kenntnisnahme spezialwissenschaftlicher Untersuchungen, die die Verfallenheit großer Teile der Bevölkerung an Alkoholismus, Tablettensucht, zivilisatorisch induzierte Krankheiten somatischer und psychischer Art erschrekkend deutlich machen. Die Einordnung des Einzelnen in das (nicht vorhandene) Gemeinschaftsgefüge, die Motivation seines privaten und beruflichen Handelns, die Sinnorientierung seines Daseins: aus der Reproduktion des herrschenden Wissens kann er sie gewiß nicht schöpfen. Grenzt doch gerade dieses Wissen die existentiellen Fragen des Menschen als wissenschaftlich

unbeantwortbar aus. Doch abgesehen von diesen wissenssoziologischen Aperçus läßt sich auch die prinzipielle Berechtigung einer Horizonterweiterung geisteswissenschaftlicher Forschung im Sinne der realen Anschauung des Geistes nicht von der Hand weisen.
Die Behauptung jedoch, Anthroposophie nehme für sich in Anspruch, die einzig wahre Geisteswissenschaft zu sein, erscheint ungerechtfertigt. Sie versteht sich auch hier, ähnlich wie gegenüber den Naturwissenschaften, als Erweiterung und Ergänzung. Sie läßt es sich aber auch im Felde der Geisteswissenschaften nicht nehmen, auf Horizontverengungen und Dogmatismen hinzuweisen, die eine tendenziöse Entstellung der geschichtlichen und geistigen Wirklichkeit nach sich ziehen. Von daher ist zum Beispiel Steiners Kritik an der konfessionellen Verengung und der einseitig historisch-kritischen Interpretation des Christentums zu verstehen.

2.2.3. Zur Einordnung der Anthroposophie als Weltanschauungstypus

Ullrich schreckt nicht davor zurück, typologisch zu denken. Zwar lehnt er eine charakterologische Typologie in der Gestalt der Temperamentslehre als vorwissenschaftliche Form organisierter Erfahrung ab, gibt sich aber selbst gegenüber der Anthroposophie typologischen Ausschweifungen ohne Rücksicht auf die ideelle Gestalt seines Gegenstandes und die von ihm selbst hervorgehobene Problematik typologisierender Betrachtung hin. Während er sich verschiedenen Kritikern psychophysischer Totaltypen anschließt und anthropologische Typologien als durch die wissenschaftliche Forschung überwunden betrachtet, scheint er keinerlei Bedenken zu haben, sich einer ideengeschichtlichen Totaltypologie im Sinne von Diltheys Weltanschauungslehre kritiklos zu bedienen. Ebenso verfährt er aber auch, wenn er selbst, ohne andere Autoritäten zu zitieren, die Anthroposophie in den ideengeschichtlichen Horizont einordnet und ihr attestiert, sie entspreche, zum Beispiel, dem gnostischen Weltanschauungs-Typus der Spätantike.
Dabei ist zu bedenken, daß prinzipiell kein Unterschied zwischen einer ideengeschichtlichen und einer psychologisch-anthropologischen Typologie besteht. In beiden Fällen werden eine Fülle empirischer Daten mittels eines begrifflichen Merkmalsbündels gefiltert und vielschichtige Erfahrungskomplexe durch regulative Begriffsschemata klassifiziert. Wenn im einen Fall Wahrnehmungsdaten, die der sinnlichen Beobachtung entstammen, begrifflich zusammengefaßt werden und im anderen Fall ideelle Daten, die dem

Ideenstrom der Geschichte entnommen werden, dann ist dieser formale Unterschied vernachlässigbar. Gnostizismus und Pantheismus deklarieren sich meist nicht selbst als solche, ja, selbst wenn sie es tun, stellen diese begrifflichen Klassifizierungen bereits Merkmalsbündel dar, die eine unbestimmte Zahl von Begriffsbeziehungen mitmeinen, die in ihnen zusammengefaßt werden. Die Frage ist natürlich hier wie dort, ob die klassifizierenden Urteile intersubjektiv überprüfbar sind.

Die Problematik solcher Klassifizierungen ist im Bereich der empirischen Beobachtung von der ideengeschichtlich-hermeneutischen kaum verschieden. Schon im Ursprung stellt sich die Frage, ob die Phänomene überhaupt dazu berechtigen, Typenbegriffe zu bilden. So ist zum Beispiel die Frage, ob die Gnosis oder der Gnostizismus ein so einheitliches Gebilde ist, wie es eine an Begriffsschablonen orientierte Geistesgeschichte suggerieren will, oder ob nicht vielmehr die Gnosis eine in sich disparate, von individuellen Charakteren ausgestaltete Geistesströmung ist, der gegenüber die ideengeschichtliche Zusammenfassung unter dem Gesamtbegriff des Gnostizismus eine unzulässige Verallgemeinerung darstellt. Dies ist vor allem dann bedenkenswert, wenn man berücksichtigt, daß es in dieser scheinbar einheitlichen Strömung sich gegenseitig bekämpfende Anschauungen und Standpunkte gegeben hat. Dasselbe gilt von anderen Weltanschauungskategorien, wie etwa dem «Platonismus» oder dem «Aristotelismus». Die Gnosis eines Simon Magus, eines Valentin oder eines Markion, ja die Gnosis eines Clemens von Alexandrien oder Origenes stellen individuelle Gestalten des geistigen Lebens dar, deren individueller Prägung man keineswegs gerecht wird, wenn man sie undifferenziert unter einem Typenbegriff zusammenfaßt. Noch viel mehr gilt dies, wenn Idealismus, Pantheismus und ähnliche ideengeschichtlichen Klassenbegriffe abschließende und erschöpfende Kennzeichnungen individueller Gestalten des geistigen Lebens bieten wollen.

Das entscheidende an der Art, wie ein einzelner Mensch die Welt betrachtet, kann nicht sein, inwiefern er einem bereits feststehenden abstrakten Typus der geistigen Haltung entspricht, das entscheidende ist die ihm mögliche *singuläre, einzigartige und unvergleichbare Ideengestaltung*. Wenn diese mittels ideengeschichtlicher Klassifikation ins Allgemeine aufgelöst wird, dann entfernt sich die Betrachtung von der individuellen Gestalt dieser Anschauungsweise und entfernt sich damit zugleich vom anvisierten Gegenstand. Unter der Voraussetzung, daß die erkennenden Individuen nichts als Beispiele fertiger Begriffsschablonen sind, kann natürlich jede individuelle Ideengestaltung in das Korsett einer solchen Klassifikation gezwungen werden. Eine solche typologisierende geistesgeschichtliche Betrachtungsweise ist im Kern reduktionistisch. Problem- und Begriffsgeschichten neigen dazu, von den individuellen und singulären Bedingungen geistiger Arbeit abzusehen und sich subjektlosen Inhalten zuzuwenden.

Die Geistesgeschichte ist aber keine subjektlose Geschichte, sondern sie ist in erster Linie die Geschichte der denkenden Subjekte, die sich durch ihre Art des Denkens in konkreten historischen und biographischen Rahmenbedingungen situiert haben. Sie ist auch eine Geschichte des Erfolges und des Scheiterns ideeller Bewältigungsversuche von Lebensproblemen. Eine dem Bildungsbürgertum des 19. Jahrhunderts und seinem verlogenen Idealismus verpflichtete Form von Geistesgeschichte glaubt die Ideen als Lebensmächte von den Individuen loslösen und die Entwicklung des Geistes in der Geschichte unabhängig von den Menschen, die diesen Geist in sich trugen, und ihren lebensweltlichen Bezügen darstellen zu können.

Begriffsgeschichtliche Klassifizierung und typologischer Reduktionismus sind überlebte Erben jenes Bildungsbürgertums, das Weltanschauungen als Ideologien darlebte und empfand. Insofern Ullrich diesem begriffsgeschichtlichen Reduktionismus huldigt, und er tut es gegenüber der Anthroposophie in exzessivem Ausmaß, ist er selbst Erbe eines ideologisch verbrämten, vorwissenschaftlichen Umgangs mit dem Gegenstand einer geisteswissenschaftlichen Hermeneutik. Eine wirklich wissenschaftliche Hermeneutik muß sich mit dem entsprechenden Methodenbewußtsein auf ihren individuellen Gegenstand einlassen und diesem die Möglichkeit bieten, sich im Spiegel der Gegenwart in seiner ideellen Gestalt abzubilden. Verständnis und Kritik geschichtlicher Gestalten, die erst im Spiegel des Gegenwartsbewußtseins entstehen, lassen sich nicht gewinnen, indem der Hermeneutiker hinter den Spiegel blickt: Er muß das Bild der Vergangenheit in seinem eigenen Bewußtsein betrachten, um ihre unvergängliche Gegenwärtigkeit zu erkennen.

Dilthey unterscheidet in seiner Weltanschauungslehre[1] aus dem Jahr 1911 drei verschiedene Weltanschauungstypen nach ihrer Ausprägung in metaphysischen Systemen. Er geht von der die Skepsis nährenden Beobachtung der Anarchie philosophischer Systeme und ihrer historischen Überholbarkeit aus. Die Skepsis kann nur überwunden werden, wenn der einheitliche Grund der verschiedenen Ausgestaltungen von Weltanschauung im Lebenshorizont des einzelnen Menschen erkannt wird. Weltanschauung gründet im Leben, in der Lebensverfassung, Lebenserfahrung und Lebensstimmung. Sie geht aus der «Struktur der psychischen Totalität» des Menschen hervor. Die

1 Gesammelte Schriften, VIII. Band. Die Typen der Weltanschauung und ihre Ausbildung in den metaphysischen Systemen. S. 75 – 118.

einzelnen Ausgestaltungen metaphysischer Systeme vergehen im Gang der Geschichte, aber die aus der seelischen Totalstruktur des Menschen resultierenden Grundtypen bleiben bestehen. So wie es nun drei Grundlebenshaltungen gibt, gibt es auch drei weltanschauliche Selbstauslegungstypen des Lebens: den Naturalismus, den Idealismus der Freiheit oder der Personalität und den objektiven Idealismus. Im Hinblick auf die drei Grundleistungen jeder Weltanschauung – Wirklichkeitserkenntnis, Lebenswürdigung und Zwecksetzung – können diese Weltanschauungstypen nach ihren Merkmalen näher bestimmt werden.

Der *naturalistische Seelentypus*, dessen Schlachtruf die Emanzipation des Fleisches von den Ansprüchen sittlicher Dogmatik ist, führt in der Erkenntnistheorie zum Sensualismus und Empirismus, in der Ethik zum Hedonismus oder zum Ideal der Ataraxie, in der Metaphysik zu einem materialistischen, mechanistischen Weltbild.

Der heroische Seelentypus des *Idealismus der Freiheit*, der von der Überzeugung der essentiellen Verschiedenheit des Geistes von der Materie und seiner sittlichen Autonomie geprägt ist, hat einen auf den Tatsachen des Bewußtseins gegründeten, erkenntnistheoretischen Idealismus zur Folge, in der Ethik das Ideal eines Geisterreiches, das auf sittlicher Selbstbestimmung und Selbstbegrenzung beruht und in der Metaphysik entwirft er ein Weltbild, das den Ursprung alles Seienden in den autonomen Geist versetzt. Er durchläuft die drei Stufen des bildenden (demiurgischen) Geistes in der Antike, des Schöpfergeistes im Christentum und des Idealismus der Freiheit in der deutschen Transzendentalphilosophie.

Der Weltanschauungstypus des *objektiven Idealismus* oder *Panentheismus* endlich wurzelt in einer kontemplativen Seelenhaltung. Der kontemplative Seelentypus ist vom Gefühl einer universellen Sympathie erfüllt, durch die sich die Seele zur Welt erweitert und die Beseitigung aller Widersprüche des Lebens im universellen, göttlichen Zusammenhang der Dinge findet. Das erkenntnistheoretische Prinzip des objektiven Idealismus ist das «Mitgefühl mit dem Weltganzen», das ethische der Determinismus und die metaphysische Grundanschauung ein universeller, ontologischer Dualismus. Für den objektiven Idealisten ist die Welt eine «Explikation Gottes; er hat sich in ihr in die grenzenlose Mannigfaltigkeit auseinandergelegt; jedes Ding spiegelt an seinem Ort das Universum.» Alles Seiende ist dem objektiven Idealisten einem einheitlichen Weltgrund immanent, alle Werte sind Teil eines zusammenhängenden Ganzen, das den Sinngehalt des Universums darstellt.

Diese drei Grundtypen der Weltanschauung durchziehen die historische Entwicklung und die Konkretionen der einzelnen «Ideologien» als gleichbleibende Merkmalskomplexe. Es sind demnach ideengeschichtliche, aber überhistorische Schemata, die den einzelnen konkreten Gedanken-Systemen zwar immanent sind, diese aber als Grundstrukturen überragen. Während die einzelnen Systeme der Relativität alles Historischen verfallen, sind diese Grundstrukturen überhistorisch und überrelativ. Ihre Absolutheit besteht in ihrer unveränderlichen Struktur, die sich, in einzelnen Systemen aufgipfelnd und im erlebten Leben wurzelnd, durch die Jahrhunderte erhält. Ihre Relativität liegt in ihrer Gleichberechtigung oder vielmehr darin, daß die Seelenkräfte, die sich in ihnen in Ideenform manifestieren, sich aus der Wurzel des Lebens stets von Neuem nähren und unausrottbar geltend machen. Der sensualistische Seelentypus ist von den leiblichen Trieben bestimmt, der heroische von den ideellen Werten, denen er seine Triebe unterwirft, und der kontemplative strebt nach einem gefühlsmäßigen Ausgleich zwischen den beiden Extremen der Leibverfallenheit und der Geistergebung. Der Diltheyschen Weltanschauungslehre liegt also ein *psychologischer Totaltypus* zugrunde: sie unterscheidet Menschen, die vom Wollen (Begehren), normsetzenden Denken (Vorstellen) und Fühlen einseitig bestimmt sind. Hätte Ullrich Dilthey verstanden, dann hätte er seine Weltanschauungslehre derselben Kritik unterwerfen müssen wie Steiners Anthropologie. Die Anthroposophie aber mittels Diltheyscher Kategorien in den geistesgeschichtlichen Horizont einzuordnen, mutet mehr als sonderbar an. Es ist so, als würde Hegel Fichte mit Argumenten von Marx und Engels widerlegen oder kritisieren wollen.

Doch abgesehen vom inneren Widerspruch des Verfahrens, der einmal mehr die methodische Inkompetenz von Ullrich offenlegt, ist sehr zu bezweifeln, daß die Anthroposophie ausschließlich in den Typus des objektiven Idealismus oder Panentheismus eingeordnet werden kann. Das Fragwürdige der Diltheyschen Typologie, die trotz ihrer Betonung der Geschichtlichkeit aller Weltanschauung einer seltsam ahistorischen Vermengung von historischen Selbstinterpretationen des Lebens sowie vielfach willkürlichen Zuordnungen verfällt, einmal außer Acht gelassen, kann man fragen, ob die Anthroposophie nicht ebenso Züge des Idealismus der Freiheit, ja sogar des Naturalismus an sich trägt. Allein, wenn man das philosophische Grundwerk Steiners betrachtet, dann muß man feststellen, daß seine Erkenntnistheorie einen konsequenten Empirismus verfolgt, der selbst die ideellen Komponenten des Erkennens zum Erfahrungsgegenstand erhebt. Die ethischen Überlegungen der «Philosophie der Freiheit» stellen die Begründung eines Idealismus der Freiheit mit sensualistischen Argumenten dar. Das entscheidende Motiv im ethischen Individualismus ist nicht die Überformung des Subjekts mit den Normen des objektiven Geistes, sondern die Anerkennung der hedonischen

Dimension dieses Geistes. Wenn Ullrich die Anthroposophie zugleich dem Diltheyschen Panentheismus und der dualistischen Gnosis zuordnet, dann muß er sich fragen lassen, ob er den immanenten Widerspruch dieser Zuordnung nicht bemerkt hat, oder ob er an der inneren Konsequenz seiner eigenen kategorialen Einordnungen keinerlei Interesse hat. Im Sinne Diltheys ist nämlich der Dualismus ein Kennzeichen des objektiven Idealismus. Es wäre der Versuch einer bequemen Ausflucht, diese Widersprüche Steiner zur Last zu legen; sie fallen ohne Abstriche auf den Interpreten zurück.

Wenn Ullrich Steiner in eine philosophische Tradition des Intuitionismus von Plotin über Paracelsus zu Schelling und Goethe einordnet und dem ideengeschichtlichen Strang von Descartes über Kant zur modernen Naturwissenschaft gegenüberstellt, so ist diese Einordnung in mehrfacher Hinsicht unzutreffend. Steiner hat nicht nur das Cartesische Grundmotiv der Bewußtseinsphilosophie, die Intuition der eigenen Denktätigkeit, zum Grundmotiv seiner Philosophie erhoben, er hat auch an die Kantsche Intention der Aufklärung der Vernunft über Ursprung, Umfang und Grenzen ihres Vermögens angeknüpft. Steiner hat Kant nicht wegen dieser Intention kritisiert, sondern deswegen, weil er diese Intention nicht konsequent genug verfolgte: weil er es versäumt hat, die Vernunft im vollumfänglichen Sinn über ihren Ursprung und ihr Vermögen aufzuklären.[1] Daß ein erkenntnistheoretischer Intuitionismus und ein mechanistisches Weltbild zusammen bestehen können, beweist die Philosophie Descartes'. Diese Koinzidenz beweist aber auch, daß offenbar kein zwingender Zusammenhang zwischen dem Steiner vorgeworfenen Intuitionismus und seiner organologischen Wirklichkeitsauffassung besteht. Entscheidend für die Gestaltung seines Weltbildes ist nicht nur, daß ein Philosoph einen erkenntnistheoretischen Intuitionismus vertritt, sondern entscheidend ist, *was für Intuitionen* er seiner Weltinterpretation zugrundelegt.

Die Tradition des erkenntnistheoretischen Intuitionismus müßte im übrigen bis in die Anfänge der Philosophie zurückverfolgt werden. Dabei würde sich zeigen, daß nicht nur Heraklit in dieser Tradition steht, sondern auch Plato, ja daß selbst Aristoteles nicht umhin kann, in seiner Theorie des Erkennens zuletzt auf intuitive Erfahrung und Gewissheit zurückzugreifen. Gerade Aristoteles ist, trotz seiner polemischen Abwendung von der Platonischen Ideenlehre und seiner Hinorientierung zur Empirie, in der Wissenschaftstheorie Axiomatiker, der sich zwar der Bedeutung der induktiven Abstrak-

1 Den Hinweis auf die Anthroposophie als Vollendung der Aufklärung verdanke ich Günter Röschert in München

tion bewußt ist, zugleich aber hervorhebt, daß Prinzipienerkenntnis nur auf dem überempirischen Weg der intuitiven Anschauung erreicht werden kann, die zwar in die Gegebenheiten der Empirie blickt, aus ihr aber nicht ihren Inhalt empfängt, diesen vielmehr selbsttätig hervorbringt. (Das Allgemeine läßt sich unmöglich sinnlich wahrnehmen ... durch Wahrnehmung kann man nicht wissen. Anal. post. I. 31, 87 b 30-35.) Weder der Beweis (apodeixis), das heißt die Ableitung von Aussagen aus schlechthin gewissen und notwendigen Aussagen, noch die Erkenntnis der Prinzipien, die für das wissenschaftliche Wissen unabdingbar sind, können aus der Empirie geschöpft werden. Beide setzen den Nus, den tätigen Geist voraus, der durch seine Bearbeitung der empirischen Inhalte die Definitionen und Wesensbegriffe erschafft, die er nicht aus den Inhalten der Empirie, sondern nur aus sich schöpfen kann. Das Allgemeine ist für den rationalen Empiriker Aristoteles zwar kein transzendent Wirkliches, das jenseits der Dinge als ihr Urbild bestünde, aber es wohnt den Dingen als deren kraftende Gesetzmässigkeit inne. Diese Auffassung tritt nicht nur in seiner qualitativen Physik und Astronomie hervor, sondern auch und vor allem in seiner Anthropologie (Biologie), die das Allgemeine als Entelechie, als kraftendes, dem organischen Wesen innewohnendes Prinzip versteht. Der gemäßigte Universalien-Realismus des Aristoteles ist weit davon entfernt, das Allgemeine, den Begriff bloß als regulatives Prinzip, als bequeme Abbreviatur, die ihr Dasein menschlicher Konvention verdankt, zu sehen.

Andererseits kann dem aufmerksamen Betrachter auch nicht entgehen, daß die moderne Form der Naturwissenschaft, die für die von Ullrich herangezogene wissenschaftsgeschichtliche Autorität Gaston Bachelard erst mit dem Jahr 1905, der Etablierung der Einsteinschen Relativitätstheorie, beginnt, auf der Überwindung des Cartesianismus beruht. Das mechanistische, im Grunde statische Weltparadigma des Descartes liegt aber bis heute den reduktionistischen Anthropologien zugrunde, von deren theoretischem Boden aus Ullrich gegen die anthroposophische Anthropologie zu Felde zieht.

2.2.4. Zur Methode der anthroposophisch orientierten Geisteswissenschaft.

Ullrich stellt die ominöse Behauptung auf, Steiner wolle «methodologisch ... mittelbar an den Schulungsgang der östlichen Weisheitslehren anschließen.» Zunächst stellt sich die Frage, was die Vokabel «mittelbar» eigentlich besagen will. Steiner, so muß man vermuten, schließt nicht *unmittelbar* an den Schulungsgang östlicher Weisheitslehren an, das heißt, seine Anknüpfung ist durch Vermittler bedingt. Wer diese Vermittler sein mögen, bleibt an dieser Stelle offen. Es läßt sich nur vermuten, daß Ullrich an Blavatsky und vielleicht auch Besant und andere Vertreter der theosophischen Bewegung denkt, da Steiner doch in seiner «theosophischen Phase» im organisatorischen Rahmen der Theosophischen Gesellschaft wirkte, die sich ohne Zweifel «unmittelbar» an östliche Weisheitslehren anschloß. Ullrich will demnach etwa sagen, daß Steiner seinen eigenen Schulungsweg «im Anschluß» (was immer dies auch bedeuten mag) an den östlichen Schulungsweg entwickelt hat, den er in der Form kennenlernte, wie er von Blavatsky und den übrigen ungenannten Repräsentanten der theosophischen Bewegung gelehrt wurde. Es wäre dies (wenn dadurch seine Andeutungen richtig interpretiert sind) eine der vielen dogmatischen Behauptungen in seinem Buch, für die Ullrich jeden auch nur andeutungsweisen Beleg schuldig bleibt. Dies allein würde schon genügen, eine Auseinandersetzung mit dieser Unterstellung zu verweigern. Da sie sich aber immer wieder als Bestandteil des umfassenderen Eklektizismusvorwurfs in kritischen Argumentationsgängen findet, sei sie durch einige historische Hinweise ad absurdum geführt.

Als Rudolf Steiner eingeladen wird, im Rahmen der Theosophischen Bewegung Vorträge zu halten, tut er dies, indem er darauf hinweist, in seiner Arbeit nichts als die Ergebnisse seiner eigenen Geistesforschung darzustellen. «Ich erklärte, daß ich aber nur über dasjenige sprechen könne, was in mir als Geisteswissenschaft lebt. Ich konnte auch wirklich von nichts anderem sprechen. Denn von der von der ‹Theosophischen Gesellschaft› ausgehenden Literatur war mir sehr wenig bekannt. Ich kannte Theosophen schon von Wien her, und lernte später noch andere kennen. Diese Bekanntschaften veranlaßten mich, im ‹Magazin› die abfällige Notiz über die Theosophen beim Erscheinen einer Publikation von Franz Hartmann zu schreiben. Und was ich sonst von der Literatur kannte, war mir zumeist in Methode und Haltung ganz unsympathisch; ich hatte nirgends die Möglichkeit, mit meinen Ausführungen daran anzuknüpfen... *Niemand blieb im Unklaren darüber*, daß ich in der Theosophischen Gesellschaft nur die Ergebnisse meines eigenen forschenden Schauens vorbringen werde. Denn ich sprach es bei jeder in Betracht kommenden Gelegenheit aus.» So schildert Steiner die Situation im Rückblick in seiner Selbstbiographie «Mein Lebensgang»[1].

Studiert man die Briefe aus dieser Zeit, dann finden seine Aussagen in «Mein Lebensgang» ihre dokumentarische Bestätigung. Steiner hat also nicht etwa

1 Rudolf Steiner, Mein Lebensgang. Dornach 1986, (tb) S. 293 – 294

nur im Rückblick nach dem Bruch mit der Theosophischen Gesellschaft zu seinen Gunsten beschönigend auf diese Situation hingewiesen, sondern er hat sie wirklichkeitsgetreu dargestellt. Steiner schreibt am 16. August 1902 an Hübbe-Schleiden, zwei Monate *vor* der Gründung der Deutschen Sektion und vor der Übernahme des Generalsekretariats: «Das Beste wäre ja zweifellos etwas ganz Neues, ohne Anlehnung an Bestehendes. Doch glaube ich, daß wir dieses Beste auch im Rahmen der Theosophical Society Section *vielleicht* doch durchführen können. Das wissen Sie aus unserem kurzen Zusammengehen, daß ich nie etwas anderes im Rahmen der Theosophical Society tun kann, als was auch Ihren Intentionen entsprechen wird. Das Risiko, dem ich mich aussetze, schwebt mir klar vor Augen. Und ich glaube, ich *muß* mich demselben aussetzen... Entweder wir sind in der Lage, der Theosophical Society Section in Deutschland als Rahmen ein Bild einzusetzen, das wir für das Richtige halten. Dann werden die bisherigen Persönlichkeiten sehen, wie sie sich zu uns stellen. Oder aber wir sind nicht in der Lage: *dann* ist die Summe der bisherigen Persönlichkeiten einfach durch diese Tatsache ... ins Nichts zusammengesunken. Denn damit hätten sie ein für allemal auf die Bewegung innerhalb der deutschen Geistesbildung verzichtet. Und wir hätten es dann mit einer tabula rasa zu tun, die nicht *wir* erst gemacht haben und die uns unser Wirkensfeld eröffnet... Ich mag vielleicht unrecht haben, aber ich stehe auf dem Standpunkte, daß ich mich der Theosophical Society anschließen darf, daß ich mit ihr wirken darf... *Ich glaube nämlich, daß die Bewegung, die H.P.B.[lavatsky] und A. Besant eingeleitet haben, über H.P. Blavatsky und Annie Besant hinausschreiten kann...»*[1] (Hervorhebung L.R.)

Angesichts solcher, an Deutlichkeit nichts zu wünschen übriglassender Äußerungen müssen Behauptungen, Steiner habe sich zu irgendeinem Zeitpunkt an Blavatsky oder Besant angeschlossen, «ins Nichts zusammensinken.» Steiner hat vielmehr schon in dem Augenblick, als er im Begriff war, sich äußerlich in die von Blavatsky und Besant inaugurierte geistige Strömung hineinzustellen, die Intention verfolgt, die von diesen geprägte geistige Strömung über Blavatsky und Besant *hinauszuführen.*

Er dokumentierte die Absicht, in der Theosophischen Gesellschaft seine eigenen Einsichten zu vertreten, aber nicht nur gegenüber Vertrauten, sondern auch in aller Öffentlichkeit. Der Vortrag, durch den er sich in der Öffentlichkeit erstmals mit der Theosophie in Verbindung brachte, fand im Giordano-Bruno-Bund in Berlin am 8.Oktober 1902 unter dem Titel «Monis-

1 Rudolf Steiner, Briefe Band II. Dornach 1953, S. 269 – 270

mus und Theosophie» statt. Steiner knüpfte in diesem ersten öffentlichen Vortrag über Theosophie nicht etwa an orientalische Weisheitslehren an, sondern an den deutschen spekulativ-transzendentalen Idealismus Immanuel Hermann Fichtes. Er entwickelte die Erkenntnisidee Fichtes, die weitgehend mit der von ihm in «Wahrheit und Wissenschaft» und der «Philosophie der Freiheit» konzipierten übereinstimmt. Fichte kommt in der Betrachtung des menschlichen Erkennens zur Einsicht, daß dieses Erkennen kein Abbild der Natur, sondern eine schöpferische Wiedererzeugung der Natur in der Form des Geistes ist. Das Gesetz des eigenen Wesens kann die Seele nicht von aussen empfangen, sie muß es selbst hervorbringen. Indem sie dies tut, verwirklicht sie auf dem Schauplatz ihrer Selbsterfahrung göttlich-schöpferische Akte. Indem der Mensch sich das Gesetz seines seelischen Lebens selbst gibt, lebt er das Göttliche, «an diesem Punkte geht die Philosophie in die Theosophie über! Hier tritt uns der Begriff der Theosophie im deutschen Geistesleben entgegen. Wir sehen, ... daß Theosophie nichts anderes ist als letzte Anforderung eines wahren Monismus zwischen Naturerkenntnis und Selbsterkenntnis.»[1] Von der Gründungsversammlung für die Deutsche Sektion der Theosophischen Gesellschaft am 20. Oktober 1902, anläßlich der er zum Generalsekretär der Sektion gewählt wurde, mußte er sich zeitweilig entfernen, um im Giordano-Bruno-Bund einen Vortrag der Reihe «Von Zarathustra zu Nietzsche. Entwicklungsgeschichte der Menschheit an Hand der Weltanschauungen von den ältesten orientalischen Zeiten bis zur Gegenwart, oder Anthroposophie»[2] zu halten.

Ein letzter Hinweis. Annie Besant, die ab Mai 1907 Präsidentin der Theosophischen Gesellschaft war, vertrat ohne Zweifel einen an östliche Weisheitslehren anknüpfenden Schulungsweg. Es mag sein, daß der Selbstdarstellung Steiners gegenüber trotz aller historischen Dokumentierbarkeit Skepsis waltet, aber wenn jemand ein Urteil darüber zugestanden werden muß, ob Steiner den von Blavatsky oder Besant vertretenen östlich inspirierten Schulungsweg vertrat, dann wird es wohl Annie Besant selbst sein. «Dr. Steiners okkulte Schulung ist von der unsrigen sehr verschieden. Er kennt den östlichen Weg nicht, daher kann er ihn auch nicht lehren. Er lehrt den christlich-rosenkreuzerischen Weg, der für manche Menschen eine Hilfe, aber von

1 Rudolf Steiner, Monismus und Theosophie, in: Über Philosophie, Geschichte und Literatur. GA 51, Dornach 1983, S. 311 – 316.

2 Von dieser Vortragsreihe existieren leider keine Nachschriften. Zum Wirken Rudolf Steiners im Giordano-Bruno-Bund vgl. Bd. 51 der Rudolf Steiner Gesamtausgabe, Dornach 1983, S. 285 – 319, sowie «Beiträge zur Rudolf Steiner Gesamtausgabe», Nr. 79/80, Ostern 1983.

unserem verschieden ist. Er hat seine eigene Schule und trägt auch selbst die Verantwortung dafür. Ich halte ihn für einen sehr guten Lehrer in seiner eigenen Richtung und für einen Mann mit wirklichen Erkenntnissen. Er und ich arbeiten in vollkommener Freundschaft und Harmonie, aber in verschiedenen Richtungen.»[1] Wie immer man über die Behauptung denken mag, daß Steiner den östlichen Weg nicht kenne und ihn deshalb nicht lehren könne, die Präsidentin der TG scheint Steiner 1907 nicht als «Theosophen» betrachtet zu haben, wenn für einen Theosophen eben jene "östliche" geistige Orientierung kennzeichnend ist, die man Steiner immer unterschieben möchte. Weder Steiner selbst noch die «Theosophin» Annie Besant waren demnach der Auffassung, Steiner sei im Sinne einer Anknüpfung an östliche Weisheitslehren Theosoph: die Behauptung, dies sei dennoch der Fall, widerspricht den historischen Tatsachen.

Wenn Steiner aber, was seine Erkenntnismethode anbetrifft, kein (wenn auch nur «mittelbar») östlich inspirierter Eklektiker war, so war er doch vielleicht nur ein begabter Literat, der Goethe phantasievoll plagiierte. Schließt Steiner also methodologisch «unmittelbar an Goethes denkendes Anschauen» an ? Daß er dies tut, ist nicht von der Hand zu weisen. Insbesondere in seinen methodologischen Ausführungen, die der naturwissenschaftlichen Erkenntnis gewidmet sind und den Titel tragen «Grundlinien einer Erkenntnistheorie der Goetheschen Weltanschauung...». Aber wie tut er dies ? So, daß er zugleich, so sehr er an Goethe anknüpft, auch entscheidend über ihn hinausgeht. Er geht dadurch entscheidend über Goethe hinaus, daß er dessen Erkenntnispraxis zur wissenschaftlichen Methode erhebt.[2]

Hätte er lediglich an Goethes anschauendes Denken angeknüpft, indem er es unreflektiert adaptiert oder nachgeahmt hätte, wäre er nicht in der Lage gewesen, eine Erkenntnistheorie der Goetheschen Weltanschauung zu schreiben. Der dezente Vorwurf, den seine Darstellung erhebt, besteht darin, daß Goethe es versäumte, seine eigene Art des Erkennens als Wissenschaft zu

1 Anni Besant am 7. Juni 1907 an Dr. W. Hübbe-Schleiden. Original in Englisch, GA 264, S. 270.

2 Genausogut ließe sich aber sagen, Steiner knüpfe an Schiller an. Der vollständige Titel seiner erkenntnistheorethischen Arbeit lautet: «Grundlinien einer Erkenntnistheorie der Goetheschen Weltanschauung mit besonderer Rücksicht auf Schiller.» Die Rücksicht, die auf Schiller genommen wird, ist eine methodische. Goethes Erkenntnispraxis wird nach der Methode Schillers untersucht und zum Begriff gebracht. Steiner ist also, indem er die Erkenntnistheorie der Goetheschen Weltanschauung schreibt, was die von ihm praktizierte hermeneutische Methode anbetrifft, *Schillerianer.*

begründen.[1] Steiner will diese wissenschaftliche Begründung für Goethes Erkenntnisart nachliefern. Entscheidend für die Wissenschaftlichkeit einer Erkenntnismethode ist nicht, daß sie praktiziert wird, sondern, daß sie kritisch reflektiert wird. Ein klares, selbstkritisches Methodenbewußtsein ist Voraussetzung und Bedingung für die Wissenschaftlichkeit einer Erkenntnismethode. Wer das Gesetz seiner Erkenntnisoperationen nicht durchschaut und in kritischer Selbstreflexion diesem gemäß zu handeln bestrebt ist, kann nicht den Anspruch erheben, sein Erkennen in wissenschaftlicher Form zu praktizieren. Die Einsicht in diesen Zusammenhang ist für das Verständnis von Wissenschaftlichkeit entscheidend. Wissenschaftlichkeit ist weder von den untersuchten Gegenständen noch von den verwendeten Begriffssystemen abhängig: sie ist vielmehr an die Aufgeklärtheit des erkennenden Bewußtseins gebunden. Von den vier Komponenten, die für das Erkennen in Betracht kommen – den Gegenständen, den Organen (Apparaten), dem Subjekt und den Begriffen (Modellen, Theorien, Hypothesen) –, sind das Subjekt und die Organe für die Methode von zentraler Bedeutung. Während die Gegenstände, Objekte des Erkennens den Wahrnehmungsgehalt der Erkenntnis vermitteln, die Begriffe deren Gesetzesgehalt darstellen, hängt die Methode vom erkennenden Subjekt und dem Verhältnis des Subjektes zu den Erkenntnisorganen ab. Das Subjekt verwirklicht die Akte des Erkennens. Ohne daß es sich dem Gesetz dieser Akte unterwürfe und sie ausführte, könnte es diese Akte nicht geben. Die Gesetze der spezifischen Erkenntnisakte sind von den Gesetzen zu unterscheiden, mittels derer das Subjekt die begrifflichen Bestimmungen der Erkenntnisgegenstände erfaßt. Sie sind ebenso zu unterscheiden von den Gesetzen der Organe und Apparate, deren sich das erkennende Subjekt planmäßig bedient. Es besteht aber eine notwendige Korrelation zwischen den Gesetzen der Akte und den Gesetzen der Organe, die das erkennende Subjekt verwirklichen muß, wenn es mittels bestimmter Organe bestimmte Akte des Erkennens ausführen will.

Die Wahrnehmungen sind durch die Organe vermittelt. Wenn das Subjekt Gesichtswahrnehmungen sucht, muß es sich des Gesichtssinns und seiner Organe, fallweise der Apparate bedienen, die den Gesichtssinn unterstützen. Es muß die Gesetzmäßigkeit dieser Organe und Apparate berücksichtigen, wenn es sie planmässig zur Gewinnung von Beobachtungen einsetzt. Es muß

1 Der Vorwurf wird von Steiner erst 1897 im Buch «Goethes Weltanschauung» offen ausgesprochen. Dort wird Goethe das «innerste menschliche Erlebnis» abgesprochen, weil er nicht «hinter die Kulissen des menschlichen Erkennens geschaut» habe. Vgl. Goethes Weltanschauung, Dornach 1979, S. 83 – 95 (Tb).

sich Aufklärung über die Rahmenbedingungen verschaffen, die mit dem Gebrauch dieser Organe oder Apparate verbunden sind, um sie bei der Beurteilung der Wahrnehmungen in Anschlag zu bringen. Mit den übrigen Wahrnehmungsbereichen verhält es sich ebenso. Der kontrollierte (gesetzmäßige) Gebrauch der Organe (Apparate) durch das Subjekt bedingt die wissenschaftliche Methode. Dies gilt auch für den Spezialfall der kontrollierten Beobachtung, daß das Denken als Erkenntnisorgan des Subjekts fungiert. Der Begriff der Kontrolle schließt in der Regel die Anforderung der Willkürlichkeit, der Wiederholbarkeit, Variierbarkeit der Beobachtungen beziehungsweise Beobachtungsbedingungen sowie eine gewährleistete intersubjektive Überprüfbarkeit ein. Ob ein Experiment als Beobachtungsexperiment, Gedankenexperiment, als Befragung oder durch irgend ein anderes Verfahren vollzogen wird, ist von untergeordneter Bedeutung. Für das objektivistische Erkenntnisverständnis ist maßgebend, daß das Experiment, auf dessen in Protokollsätzen festgehaltenen Ergebnissen Hypothesen und, nach Falsifizierungsversuchen, Theorien aufgebaut werden, unter Ausschluß des Subjekts stattfindet. Wie bereits ausgeführt, ist dieses objektivistische Verständnis des Experiments eine Illusion. Für das Verständnis der geisteswissenschaftlichen Methode ist aber entscheidend, daß diese sich der Unmöglichkeit, das erkennende Subjekt aus dem Erkenntnisvorgang zu eliminieren, stellt und es zum Erkenntnisorgan macht. Anthroposophisch orientierte Geisteswissenschaft gibt sich, genauso wie die hermeneutischen Geisteswissenschaften, nicht der Illusion hin, auf das Subjekt beim Erkennen verzichten zu können: sie macht aus dieser Not eine Tugend, indem sie das Subjekt zum Hauptmittel der Erkenntnisgewinnung erhebt. Aber im Gegensatz zur hermeneutischen verwendet die anthroposophische Erkenntnismethode auf die Zubereitung dieses Erkenntnismittels die allergrößte systematische Sorgfalt. Das erkennende Subjekt, das zum Organ der Erkenntnis werden soll, bleibt nicht sich selbst in seiner unvermittelten Erlebnisfähigkeit und Verstehenskraft überlassen, sondern hat diese Erlebens- und Verstehenskräfte einer systematischen Schulung zu unterziehen. Hierin unterscheidet sich also bereits im Vorfeld die anthroposophische Methode von der hermeneutischen.
Während die gewöhnlichen hermeneutischen Methoden die unvermittelt gegebenen Erlebens- und Verstehenskräfte des Menschen auf ihre vorgegebenen Gegenstände anwenden, sie allenfalls einer historischen und akademischen Schulung im herkömmlichen Sinn unterwerfen, also von den unmittelbar vorhandenen Organen der Seele ausgehen, müssen die Organe der Erkenntnis in der anthroposophischen Methode erst entwickelt werden. Denn weder diese Organe (Apparate) noch die Gegenstände der anthroposo-

phischen Geisteswissenschaft sind von Natur gegeben. Die Darstellung der anthroposophischen Methode ist daher in erster Linie eine Darstellung der Methode, die zur Ausbildung der benötigten Erkenntnisorgane führt, durch welche die Gegenstände der Geisteswissenschaft erst greifbar werden. Man könnte diesen Teil der Methodentheorie den *technischen* nennen.

Zugleich ist aber die Methode *kathartisch.* Die Ausbildung der Erkenntnisorgane allein würde nicht ausreichen, wenn nicht diese Ausbildung von einer Bearbeitung der gesamten subjektiven Organisation begleitet wäre, in die jene zu entwickelnden Organe eingebettet sind. Da die auszubildenden Organe des Erkennens nicht bloß subjektive Befindlichkeiten zugänglich machen sollen, sondern auf objektive, vom Subjekt selbst unabhängige Gegenstände gerichtet werden, muß gewährleistet sein, daß dieses Subjekt die möglichen Beobachtungen nicht verfälscht oder unbewußt umdeutet. Auf diese unerläßliche Randbedingung bezieht sich der kathartische Teil der Methodentheorie der anthroposophisch orientierten Geisteswissenschaft. Die Katharsis hat das Ziel, die Erlebens- und Verstehensfähigkeiten des Subjekts soweit zu entwickeln, daß sie von allem empirischen Inhalt gereinigt sind. (Gemeint sind unwillkürlich auftretende Gefühls- und Begehrenserlebnisse, aber auch assoziative Vorstellungsverknüpfungen, die sich der Kontrolle des Experimentierenden [Meditierenden] entziehen.)

Die Katharsis kann sich weitgehend an den methodologischen Hinweisen orientieren, die Steiner bereits in seiner «Philosophie der Freiheit» ausgesprochen hat. Die Methoden, die die Ausbildung der Wahrnehmungsorgane für das Nichtsinnliche betreffen, hat Steiner nach der Jahrhundertwende in einer Anzahl von Büchern dargestellt: in «Wie erlangt man Erkenntnisse der höheren Welten?», in der «Theosophie», in der «Geheimwissenschaft im Umriß» und anderen.

Der erste Teil der «Philosophie der Freiheit» führt zum sogenannten «Ausnahmezustand», der Beobachtung des Denkens, die über die gewöhnliche Form des sich an die Gegenstände verlierenden Denkens zur sich in sich selbst ergreifenden Anschauung der Vernunft führt. Die Beobachtung des Denkens im Ausnahmezustand umgreift sowohl die intuitive Selbsterfassung des Denkaktes als auch die reflexive Anschauung des durch den Denkakt Hervorgebrachten.

Im ersten Teil der «Philosophie der Freiheit» lassen sich, systematisch gegliedert, vier Stufen der Entwicklung des Denkbewußtseins unterscheiden. Das Aufsteigen auf diesen vier Stufen, die mit der Umlenkung des Denkblicks vom Gegebenen zum Selbsterzeugten anhebt, ist nicht nur eine Realabstraktion des Denkens vom empirischen Bewußtseinsinhalt, sondern zugleich eine Reinigung des Willens, soweit er sich im Denken betätigt. Diesem Weg, den Steiner in der «Philosophie der Freiheit» beschreibt, ist von der Intention her der Weg der phänomenologischen Epoche verwandt, den Husserl durch die historische und die existentiale Einklammerung der Welt, durch die eidetische und transzendentale Reduktion zum «reinen Bewußtsein» zu beschreiten versuchte.

Die vier Stufen der Reduktion in der «Philosophie der Freiheit» sind: 1. das Beobachtungsbewußtsein, 2. das Vorstellungsbewußtsein, 3. das Begriffsbewußtsein und 4. das reine Denkbewußtsein.

1. Das *Beobachtungsbewußtsein* ist durch das Gegenüber von Beobachtendem und Beobachtetem gekennzeichnet. Es ist in der gegenseitigen Abhängigkeit von Gegenstand (Erblicktem) und gegenstandsbildenden Akten (Erblicken) befangen und kann diese Dualität nicht überschreiten. Das beobachtende Bewußtsein ist auf den Gegenstand fixiert, der sich im Augenblick des Zusammengehens von Begriff und Wahrnehmung als vielgegliedertes Ganzes ergibt. Das Verhältnis von Gegenstand und Denken läßt sich durch den Begriff der wechselseitigen Inhärenz beschreiben. Der Begriff inhäriert während des Beobachtens den wahrnehmlichen Gegebenheiten, die wahrnehmlichen Gegebenheiten inhärieren dem beobachtenden Blick des Denkens. Im Augenblick der Beobachtung ergibt sich die volle Wirklichkeit des Gegenstandes aus der (unbewußten) Synthesis von Wahrnehmungs- und Begriffselementen. Insofern der Akt der Synthesis unterbewusst vollzogen wird, was beim Beobachtungsbewußtsein (außer in Schreckmomenten) zutrifft, ist die Synthesis transzendental, weil sie vom beobachtenden Bewußtsein, das von ihr abgewandt auf den sich bildenden Gegenstand oder Zusammenhang blickt, nicht beobachtet wird.

Das Denken hat auf der Stufe des Beobachtungsbewußtseins den Charakter der Potentialität, denn es wird durch die gegebenen Sinnesdaten, die in seinen (aktiven) Blick einfallen und ihn aktualisieren, bestimmt. Die Potentialität ist die spezifische Potentialität des Geistes. Das beobachtende Bewußtsein ist darüber hinaus sinnlichkeitserfüllt und leibgebunden.

2. Auch das *Vorstellungsbewußtsein* ist durch das Gegenüberstehen und die Entzweiung von Bewußtseinsgegenstand und gegenstandserfassenden Akten sowie ihre gegenseitige, sich bedingende Abhängigkeit gekennzeichnet. Aber im vorstellenden Bewußtsein handelt es sich nicht um objektive Wahrnehmungsdaten, aus deren Aufnahme durch den prägend-geprägtwerdenden Denkblick sich die Wirklichkeit des jeweiligen Gegenstandes ergibt. Der Denkblick wendet sich im vorstellenden Bewußtsein subjektiven Wahrnehmungsinhalten, das heißt Wahrnehmungen am Wahrnehmungssubjekt

selbst zu. Das Beobachtungsbewußtsein ist gegenwartsförmig, das Vorstellungsbewußtsein erinnerungsförmig. Das Verhältnis zwischen Denken und Gegenstand des Denkens läßt sich im Vorstellungsbewußtsein durch den Begriff der zweifachen Repräsentanz beschreiben. Denn nicht nur die Wahrnehmung findet im Begriff oder der Begriff in der Wahrnehmung, sondern beide finden in der Vorstellung ihre subjektive Repräsentation, der Begriff als individualisiertes Gesetz, die Wahrnehmung als universalisiertes Sinnesdatum. Der Begriff der Repräsentanz besagt zwar Vergegenwärtigung, aber die Gegenwart der Vorstellung ist eine Vergegenwärtigung des Vergangenen. Die Vorstellung weist in sich über sich hinaus, auf das Vergangene oder auf das vom Vergangenen her interpolierte Zukünftige, sie ist also Erinnerung oder Phantasie.

Während das Beobachtungsbewußtsein gegenstandsbezogen ist, ist das Vorstellungsbewußtsein bildbezogen. Die Vorstellung ist ein Bild der Wirklichkeit, die sich in ihr repräsentiert. Diesem bildhaften Vorstellungsbewußtsein ist sowohl das bildhafte Denken (Phantasie und Erinnerung) als auch das Sprachdenken zuzuordnen. Wörter und Sätze sind in dem Augenblick, wo sie gedacht werden, genauso individualisierte Begriffe oder universalisierte Sinnesdaten wie Bildvorstellungen. Allerdings unterscheiden sich die Wörter von den Vorstellungsbildern dadurch, daß sie eine nächsthöhere Abstraktionsstufe gegenüber diesen darstellen. Die Erinnerungsbilder oder Phantasievorstellungen tragen die Sinnesdaten in Form subjektiver Repräsentation in sich, die die spezifischen Sinnesqualitäten unmittelbar repräsentiert. (Der Ausdruck Bildvorstellung weist nicht nur auf Erinnerungsvorstellungen, die durch den Gesichtssinn gewonnen werden, sondern auf alle Erinnerungsvorstellungen, die Sinnesqualitäten unmittelbar repräsentieren, also auch auf Tonvorstellungen oder Geschmacksvorstellungen usw.) Die Worte sind Repräsentationen solcher Repräsentationen. Worte und Bilder haben eine zweifache Intention: sie repräsentieren Sinnliches und Nichtsinnliches zugleich. Sie weisen nach beiden Seiten über sich hinaus, nach der sinnlichen Seite und nach der übersinnlichen Seite. Darum bilden die Vorstellungen auch den eigentlichen Inhalt des seelischen Lebens. Während das Denken im Beobachtungsbewußtsein einen potentiellen Charakter hat, nimmt es hier den Charakter des Habitus an. Der Habitus ist das Ergebnis der dem Subjekt eingeprägten aktuellen Erkenntnistätigkeit. Er ist die Spur, die die aktuellen Erkenntnisakte im Subjekt zurücklassen, sofern es nach seiner leiblichen Seite von ihnen betroffen ist. Der Habitus ist die dem Subjekt verbleibende Fähigkeit, unabhängig von der Gegenwart des Objektes Vorstellungen über das Objekt zu bilden. Der Habitus ist also eine aktive Potenz, das heißt eine

Potenz, die nicht durch einen äußeren Gegenstand aktualisiert werden muß, sondern vom Denken unmittelbar aktualisiert werden kann. Auch das Vorstellungsbewußtsein ist sinnlichkeitserfüllt und leibgebunden. Aber es kann durch seine vorstellungsartigen Erfüllungen auch auf nichtsinnliche Inhalte hinblicken, sowohl in Worten als auch in Bildern. Das Wort «Geist» etwa weist, obwohl es eine Erinnerungsvorstellung darstellt, auf einen nichtsinnlichen Inhalt hin. Das Phantasiebild des «Engels» weist als aus Erinnerungskomponenten komponiertes Bild ebenso auf einen nichtsinnlichen Inhalt.

3. Das *Begriffsbewußtsein* mit Worten zu beschreiben, wird durch die Tatsache erschwert, daß Worte auf Begriffe nur hindeuten können, aber selbst nicht Begriffe sind. Die Worte haben deshalb lediglich Gleichnischarakter. Auch das Begriffsbewußtsein ist durch die Zweiheit von Gegenstand und erfassendem Akt gekennzeichnet. Aber der Gegenstand, der im Begriffsbewußtsein erfaßt wird, erfließt nicht aus der Welt der Gegebenheiten (der Wahrnehmungswelt). Er fließt weder aus der Welt der subjektiven noch aus der Welt der objektiven Gegebenheiten, sondern aus der übersubjektiven und überobjektiven Welt des Denkens. Erfaßter Gegenstand und erfassende Akte gehören zudem derselben Substanz, dem Denken, an. *Es ist das Denken selbst, das sich als Begriff erscheint.* Begriffe sind in sich bestimmte, konkrete, individuelle Kraftwesenheiten, die aus dem unbestimmten, formlosen Strom des Denkens gleichsam ausfällen.

Wenn das Denken seinen Blick in sich selbst zurückwendet, dann erfaßt es zunächst seine eigene Essenz. Es erfaßt Essentialitäten und ihre Bewegungsverhältnisse, ihre Relationen. Die Begriffe, als in sich bestimmte Wesenheiten, werden erblickt, ertastet (mit dem Blick ertastet) und treten in den intendierenden Denkblick ein, der sie hervorbringt und gleichzeitig von ihnen hervorgebracht wird. Dabei erweisen sich die Begriffe als Insichbestimmtheiten, als individuelle logoi, als Kraftwesenheiten, die einen Eigenwillen besitzen (Wille ist «die Idee», der Begriff «als Kraft aufgefaßt»). Ihre Kraft drängt aber nicht den sie hervorbringenden Denkwillen zurück, sondern sie beschränkt sich darauf, ihre eigene Umgrenztheit (den horismos), die ihre allseitige Durchdringungsfähigkeit nicht ausschließt, zu erhalten.

Das Denken ist auf der Stufe des Begriffsbewußtseins blickender Wille. Als tätiges Organ der Auffassung vereinigt es sich «intuitiv» mit den Begriffswesenheiten, mit denen es immer schon vereinigt ist, die seine strömende Essenz darstellen, ohne doch aus ihm als Einzelne, Bestimmte herauszutreten, solange das Denken als blickender Wille sich nicht auf sie zurückwendet. Dieses sich auf sich selbst zurückwendende Denken ist seiner Bewegungsform nach Intention, gerichteter Wille. Indem es gerichteter Wille, tätiges Suchen und Blicken ist, das auf seine Erfüllung und Prägung durch das Erblickte wartet, ist es ein potentieller Akt. Es ist nicht, wie der Habitus, eine aktuelle Potenz, sondern ein Akt, der das Moment der Potentialität (Bestimmbarkeit) in sich trägt. Zugleich ist dieses Denken, indem es auf sich selbst zurückgewendeter Wille ist, sich selbst erhellende Essenz.

Das Begriffsbewußtsein ist sinnlichkeitsfrei. Es empfängt seine Inhalte nur aus sich, aus seiner in sich blickenden Tätigkeit. Es ist seinen Inhalten nach, nicht aber der Form nach, auch leibfrei. Denn das Auftreten der sich selbst Form gebenden, sich selbst formierenden Gestalten, der Begriffe, hängt damit zusammen, daß das Denken als reine Aktualität von sich selbst weg in ein Medium hineinströmt, in dem es Gestalt annimmt. Dieses Medium ist die Leibesorganisation als nicht-sinnliche Kraftgestalt, die von der Tätigkeit des Denkens zurückgedrängt und von den intelligiblen Formen, den Begriffen, erfüllt wird.

4. Auf der vierten Stufe, dem *reinen Denkbewußtsein,* gibt es kein Gegenüberstehen von Gegenstand und gegenstandserfassenden Akten mehr. Hier erfaßt sich das reine Aktuieren unmittelbar selbst. Das Denken blickt nicht mehr auf ein von ihm selbst Unterschiedenes, das aus ihm selbst, sich von ihm als strömendem Willen ablösend, Gestalt gewinnt, sondern das Denken als reiner Blick blickt in sich selbst: strahlendes Auge des Geistes durchstrahlt sich. Der Denkwille strömt im reinen Denkbewußtsein nicht in sich selbst zurück, er strömt gar nicht erst aus sich heraus. Dieser in sich ruhende Denkwille, der als in sich geschlossener Kreis sich selbst durchdringt, ist aber nicht gesetz- oder begriffslos, sondern ein tätiges Gesetz, das sich als Einheit von Tun und Gesetz selbst anschaut: das Gesetz des Denkens, als des Inbegriffs aller Gesetze. Im reinen Denkbewußtsein erfaßt sich das Denken selbst als tätiges Wesen, nicht etwa bloß seinen Begriff, sich in seiner Essentialiät, sondern sich in seiner sich selbst unmittelbar setzenden Existenz. Existentialität, durch sich selbst sein in reiner Aktualität, ohne Beimischung von Potentialität, ist das Merkmal dieser Stufe des Bewußtseins.

Was sich hier in Tätigkeit erfaßt, ist das unterste Glied des höheren Ich des Menschen, das Geistselbst (Manas)[1]. Der Mensch nimmt sich im reinen

1 «Nun habe ich versucht, die allmähliche Hinauferziehung des Menschen, die Reinigung des Menschen aus dem Seelischen in das Geistige, in einem Buche darzustellen, das ich vor einigen Jahren geschrieben habe als meine ‹Philosophie der Freiheit›. Was ich jetzt dargestellt habe, finden sie dort in den Begriffen der abendländischen Philosophie ausgedrückt. Sie finden dort die Entwicklung des Seelischen vom Kama- zum Manasleben. Ich habe dort Ahamkara das ‹Ich› genannt, Manas das ‹höhere Denken›, reines Denken, und die Buddhi, um noch nicht

Denken als tätiges Geistwesen in seiner Tätigkeit wahr. Die Form dieses reinen Denkbewußtseins ist intuitiv, auch der Inhalt ist intuitiv: es ist die Intuition des Geistes selbst, des Geistselbsts. Das Denken ist auf der Stufe des reinen Denkbewußtseins sinnlichkeitsfrei, denn es erfaßt eine rein übersinnliche Tätigkeit. Es ist aber auch leibfrei, denn weder Tätigkeit noch Inhalt dieses Denkens stammen aus der Leiblichkeit des Menschen. Das ewige Wesen des Menschen, das mit der vergänglichen Leiblichkeit oder Seelennatur nicht vermischt ist, obgleich es sie durchdringt, erfaßt sich auf der Stufe des reinen Denkselbstbewußtseins.

Diese höchste Stufe des philosophischen Bewußtseins stellt die unterste Stufe der modernen Initiation dar: es ist die Einweihung des Denkens, in der die Schwelle der Gestaltwerdung des Geistes im Begriff durch die Meditation überschritten wird.

Neben dieser Epoche des Denkens wird in der «Philosophie der Freiheit» aber auch (eine bei Husserl fehlende Komponente, durch die sich die Phänomenologie von der anthroposophischen Geisteswissenschaft unterscheidet) eine «Epoche» des Erlebensgehalts der Seele beschrieben. Die «Reinigung des Denkens» ist, im Hinblick auf die Gesamtseele betrachtet, auch eine Befreiung des Fühlens und Wollens aus den Fesseln der Empirie. Der erste Teil dieses philosophisch-anthroposophischen Schulungsbuches führt über die Beobachtung des Denkens zur Wirklichkeitsmeditation. Die Beobachtung des Denkens zeigt, daß das Ich (Subjekt) das Denken hervorbringt, daß das Ich (Subjekt) im Denken sein Leben entfaltet und daß es vom Denken wiederum hervorgebracht wird. In dieser wechselseitigen Wesensdurchdringung bringt das denkend tätige Ich mit der Verwirklichung seines Wesensbegriffs zugleich seine geistige Materialität hervor. Bei der Selbstbeobachtung des denkend tätigen Ich fallen Wahrnehmung und Begriff, die sonst, beim übrigen Weltinhalt, getrennt auftreten, in eins zusammen. Das Ich ist eine Wahrnehmung, die aus sich selbst begreiflich, und ein Begriff, der als tätiger wahrnehmbar ist.

Dieses meditative Erlebnis der Freiheit, der Selbstverwirklichung (Autopoiese) und Selbstbestimmung (Autonomie) im reinen (intuitiven) Denken hat nun aber in Beziehung zum Menschen als wahrnehmbarem Wesen, insofern er diese seine wahrnehmbare Gestalt nicht unmittelbar selbst erzeugt, sondern aus dem übrigen Welthorizont empfängt, zu treten. Wie verhält sich das Freiheitserlebnis in der Meditation des reinen Denkens zum Menschen

auf den Ursprung hinzuweisen, die ‹moralische Phantasie›. Das sind nur andere Ausdrücke für ein und dieselbe Sache.» GA 53, S. 145 (Vortrag vom 9. Februar 1905).

als empfangenem Wahrnehmungsinhalt, zu seinem Charakter, seinen Seeleneigentümlichkeiten, seinem Temperament, seinem Leib und zum wahrnehmbaren, empfangenen Inhalt seines Lebensumkreises, seinem Lebensschauplatz und seinem Schicksal?

Diese Frage wird im zweiten Teil der «Philosophie der Freiheit» untersucht. Er entwirft eine Anthropologie der Freiheit auf der Grundlage einer allgemeinen Trieblehre oder Erotologie. Er untersucht die Entfaltung des Geistgehalts der menschlichen Begehrenskräfte durch verschiedene Stufen des individuellen Lebens. Diese vier Stufen sind: 1. das Wahrnehmen, 2. das Fühlen, 3. das Vorstellen und 4. das reine Denken.

Die Entfaltung der Begehrenskräfte ist aufgrund der Zielbestimmtheit des Wollens durch zwei voneinander abhängige Faktoren beschreibbar: die bewegende Energie des Willens selbst, die Triebfeder (causa efficiens), und die Motive (causa finalis), die den Willen zur Tätigkeit anregen. Sie verhalten sich wie Wahrnehmung und Begriff zueinander. Die unterste Stufe ist durch die größte Distanz von Triebfeder und Motiv, die höchste Stufe durch deren Zusammenfallen in ein und derselben Substanz des Geistes gekennzeichnet.

1. Auf der Stufe des *Wahrnehmungslebens* bilden die Triebfedern die leibgebundenen Begehrenskräfte, die sich in den Bedürfnissen nach sinnlichen Gegenständen ausleben. Diese Form des tätigen Willens ist der Trieb schlechthin. Er wirkt im Leib des Menschen, bedient sich der leiblichen Organe und setzt sich unmittelbar in Handlungen um, die den Genuß des Erstrebten durch den Leib erfordern. Die causa finalis (das Motiv) dieser Handlungen hat jedoch (wie alle Motive) ideellen Charakter, hier Vorstellungscharakter. Entweder ist es die unmittelbare Gegenwart des Objekts der Begierde, die die Begierde erregt (Geschlechtstrieb, Gaumengenuß etc.) und eine Triebhandlung auslöst: dies wäre das Handeln aufgrund von Gegenwartsvorstellungen. Oder es sind Erinnerungsvorstellungen, die denselben Effekt haben und die Begierde auslösen können. Bildet sich der Triebmensch eine allgemeine Vorstellung seines gewohnheitsmäßigen Handelns und versucht er, eine Maxime für dieses Handeln zu formulieren, dann wird er das höchste erstrebenswerte Gut allein im eigenen und fremden Wohlleben (leiblichen Genuß) sehen können.

2. Auf der nächsthöheren Stufe der Willensentfaltung, auf der Stufe des *Fühlens*, nehmen die Triebfedern Gefühlscharakter an. Die Begehrenskräfte (Liebeskräfte) wirken nicht mehr unmittelbar im Leib und durch den Leib, sondern in der Seele in Form von Sympathien und Antipathien und ihren mannigfaltigen Abwandlungen. Die Phänomenologie der sittlichen Gefühle zählt eine große Anzahl möglicher Gefühlserlebnisse als bewegende Kräfte

des Handelns auf: Scham, Stolz, Reue, Demut, Rache, Treue, Neid sind nur einige davon. Der gefühlsmäßigen Triebfeder korrespondiert auf der Seite der causa finalis (Motiv) die Vorstellung von moralischen Autoritäten, Vorbildern, die das beeindruckungsfähige Gefühl als konkrete Vorstellungen erregen. Der Gefühlsmensch trägt die Vorstellungen seiner moralischen Vorbilder als feste Normen mit sich herum, und seine konkreten Handlungen nehmen ihre Gestalt aus dem Hinblick auf diese inneren Vorstellungsbilder (Erinnerungsbilder) an. Solche Vorstellungen sind die Vorstellung der Eltern, der Repräsentanten des Staates, der gesellschaftlichen Sitte (der Nachbarn), der Kirche (des Pfarrers), des Erlösers.

3. Auf der nächsten Stufe betätigt sich der Wille in der Bildung von *Vorstellungen.* Die Vorstellungen kommen nur durch Willensbetätigung zustande. So wie der Gefühlsmensch durch Gefühle und konkrete Vorstellungen moralischer Autoritäten bewegt wird, so der Vorstellungsmensch durch Erinnerungsvorstellungen und den Hinblick durch diese auf die konkrete Erfahrung. Der Vorstellungsmensch ist der Mensch, der aus praktischer Erfahrung handelt. Er ist der Fachmann, der über die entsprechende Routine verfügt. Er ist derjenige, der neuartige Situationen dadurch bewältigt, daß er Lösungsstrategien erinnert, die er in ähnlichen Situationen angewandt hat. Der Vorstellungsmensch handelt also nicht mehr aufgrund von Gefühlen oder unmittelbaren Triebregungen, sondern aufgrund von Vorstellungen, die er sich durch seine Lebenspraxis angeeignet hat. Diese Stufe der Entwicklung kann sich sowohl in der Gewandtheit als auch in der Starrheit des Handelns äußern. Je mehr die zu bewältigenden Situationen vom Gewohnten abweichen, um so weniger wird sie der Praktiker aus seiner Erfahrung bezwingen können. Seine Stärke und zugleich Grenze besteht darin, daß er routiniertes Handeln aus Erinnerungsvorstellungen mit situativer Stimmigkeit und Kreativität verwechselt. Die aus Erinnerungsvorstellungen handelnden Praktiker tragen die Hauptschuld am Generationenkonflikt.

Formuliert der Vorstellungsmensch allgemeine Maximen des Handelns, dann wird er aus seinen Erinnerungsvorstellungen durch Verallgemeinerung Leitvorstellungen ableiten, die allgemeinverbindlichen, normativen Charakter haben sollen. Solche normativen, generalisierten Erinnerungsvorstellungen sind die Maxime des Gesamtwohls, des Kulturfortschritts, der Christlichkeit. Da der Vorstellungsmensch beim seelischen Produkt des Geistes stehenbleibt, tritt die Entfaltung des Willens bei ihm nicht über das Seelische hinaus. Das ist erst bei demjenigen der Fall, der aus dem reinen Denken handelt.

4. Das *reine Denken* stellt die höchste Entfaltungsstufe des Willens dar. Der

Wille hat sich im reinen Denken von jedem sinnlichen Inhalt befreit und fällt mit der Tätigkeit des zu sich selbst gekommenen Geistes zusammen. Als causa efficiens wirkt dieser Wille so, wie der Denkwille wirkt, indem er Gedanken hervorbringt. Motive können im reinen Willen (in der praktischen Vernunft) keine Vorstellungen mehr sein. Was hier als Motiv wirkt, ist der reine Begriff, die Idee, die moralische Intuition einer Handlung. Die Begehrenskräfte haben auf dieser Stufe die geistige Form angenommen. Die Liebe ist geistig, so wie sie auf den vorangehenden Stufen körperlich und seelisch war. Das Objekt der Liebe ist auch geistig. Handeln aus reiner Vernunft ist Handeln aus geistiger Liebe zu geistigen Objekten (individuellen Idealen).

In dieser Anthropologie der Freiheit ist der Weg des Menschen zur Verwirklichung der Freiheit beschrieben. Er verläuft von der körperlichen Liebe zur seelischen Liebe, von der seelischen (in den zwei Formen der Gefühlsbestimmtheit und Vorstellungsbestimmtheit) zur geistigen Liebe. Der Wille entfaltet sich von einer im Leib gebundenen Form, die ihren Geistgehalt verbirgt, zu der individuell erfaßten, erlebten Idee, in der seine geistige Natur zum Vorschein kommt.

Die Frage, wie der Weg zur Verwirklichung der Freiheit vom Menschen konkret gegangen werden kann, also die Frage der kathartischen Technik, wird in der «Philosophie der Freiheit» mit dem Hinweis auf Selbsterziehung und Selbstgestaltung beantwortet. «Es ist in dem Wahrnehmungsobjekt Mensch die Möglichkeit gegeben, sich umzubilden, wie im Pflanzenkeim die Möglichkeit liegt, zur ganzen Pflanze zu werden. Die Pflanze wird sich umbilden wegen der objektiven, in ihr liegenden Gesetzmäßigkeit; der Mensch bleibt in seinem unvollendeten Zustande, wenn er nicht den Umbildungsstoff in sich selbst aufgreift, und sich durch eigene Kraft umbildet. Die Natur macht aus dem Menschen bloß ein Naturwesen; die Gesellschaft ein gesetzmäßig handelndes; ein *freies* Wesen kann er nur *selbst* aus sich machen. Die Natur läßt den Menschen in einem gewissen Stadium seiner Entwicklung aus ihren Fesseln los; die Gesellschaft führt diese Entwickelung bis zu einem weiteren Punkte; den letzten Schliff kann nur der Mensch selbst sich geben.»[1]

Aus dieser Freiheitsanthropologie, die den Evolutionsgedanken in die Ethik integriert, ergeben sich zwei mögliche Entwicklungsperspektiven. Die Umbildung des menschlichen Tätigkeitsvermögens gegenüber der sinnlichen Gegebenheitswelt und die Umbildung des Tätigkeitsvermögens gegenüber

1 Philosophie der Freiheit, Dornach 1962[13], S. 170.

der nichtsinnlichen Welt. Die erste beinhaltet den Gedanken der Schulung jener Fähigkeiten, die Steiner im ethischen Zusammenhang als moralische Intuition, moralische Phantasie und moralische Technik bezeichnet. Die moralische Intuition, als das Ideenvermögen für die Hervorbringung von Leitideen für das menschliche Handeln, kann so geübt und geschult werden, wie das Ideenvermögen (die Fähigkeit des Ideenerfassens) überhaupt geschult werden kann. Daraus resultiert, daß die Summe der moralischen Begriffe im einzelnen Individuum nicht festgelegt ist, sondern durch die entsprechende Schulung des Anschauungsvermögens für Ideen entwickelt werden kann. Dasselbe gilt für die moralische Phantasie, die Fähigkeit, aus den moralischen Ideen konkrete Vorstellungen darüber abzuleiten, wie die gefaßten Ideen umgesetzt und in welcher Gestalt, mit welchen Mitteln sie umgesetzt werden können. Die Entwicklung des vorstellungsbildenden Vermögens kann durch entsprechende Übungen der Vorstellungs- und Phantasiekräfte gefördert werden. Ebenso die moralische Technik, die Fähigkeit, konkrete Situationen zu beurteilen, in die aufgrund moralischer Intuitionen eingegriffen werden soll. Die moralische Technik setzt eine Kenntnis des Erscheinungsgebiets voraus, in dem sich das Handeln betätigt, und ein Wissen von den Handlungsformen, die die beabsichtigten Zwecke unter Berücksichtigung der Eigengesetzmäßigkeit des Erscheinungsgebiets ihrer Realisation entgegenführen. Aus der Kenntnis dieser drei praktischen Fähigkeiten und ihrer Lebensbedingungen lassen sich Übungsabläufe entwickeln, die durch sinnvoll geordnete Tätigkeitsfolgen zu ihrer Erweiterung führen.

Aus der Einsicht in die Unbegrenztheit und Unbegrenzbarkeit des Erkennens (die sich aus der Korrektur des Erkenntnisbegriffs im ersten Teil der «Philosophie der Freiheit» ergibt) und aus der Idee der Selbsterziehung (Umbildung) des eigenen Wesens durch Hinwendung des Tätigkeitsvermögens auf den Menschen selbst ergibt sich die Konsequenz der Entwicklung von Erkenntnisfähigkeiten, die sich auf die Welt der Intuitionen richten. Diese Konsequenz ist ebenso plausibel und ebenso leicht nachzuvollziehen wie jene, die sich auf die praktischen Fähigkeiten des Menschen bezieht. Deshalb kann Steiner auf diese Konsequenz 1918, nachdem er selbst diese Erkenntnisentwicklung vollzogen und in umfangreichen Ergebnissen dokumentiert hat, verweisen. «Die geistige Wahrnehmungswelt kann dem Menschen, sobald er sie erlebt, nichts Fremdes sein, weil er im intuitiven Denken schon ein Erlebnis hat, das rein geistigen Charakter trägt... Vom lebendigen Ergreifen des in diesem Buche gemeinten intuitiven Denkens wird sich ... naturgemäß der weitere lebendige Eintritt in die geistige Wahrnehmungswelt ergeben.»[1]

Während nun die «Philosophie der Freiheit» den strukturellen Aspekt der Katharsis vom Standpunkt einer Freiheitsanthropologie schildert, die normativen Aspekte einer psychischen Diätetik aber aus begreiflichen Gründen nicht ausführt, liefern diese inhaltlichen Aspekte die bereits erwähnten Darstellungen über den Schulungsweg, die nach der Jahrhundertwende erschienen sind. So beschreibt «Wie erlangt man Erkenntnisse der höheren Welten?» vom Standpunkt einer okkulten Psychologie außerordentlich detailliert eine Fülle von Übungsabläufen, die zu bestimmten Veränderungen in der subjektiven Organisation des Menschen führen, die ebenso genau beschrieben werden wie die Übungsanordnungen. Man kann die gesamten Darstellungen von «Wie erlangt man...», die sich auf diese diätetisch-kathartische Seite des Schulungsweges beziehen, als in sich gegliederte Schilderung von Experimentalbedingungen verstehen, die, wenn sie erfüllt werden, zu bestimmten prognostizierten Beobachtungen führen. So ist bereits in den Schulungsweg der Anthroposophie das Element der empirischen Bestätigungsfähigkeit ihrer Theorien (hier der Methodentheorie) eingebaut. Der Weg wird dann richtig beschritten, die Experimentalanordnungen werden dann gesetzmäßig durchlaufen, wenn die prognostizierten Ergebnisse, Beobachtungen auftreten. So sind die Ausführungen Steiners über den achtgliedrigen Pfad, die sechs auszubildenden Eigenschaften, die drei Beherrschungen, das vollkommene Gleichgewicht und die vollkommene Selbstbeherrschung aufzufassen, die als kathartisch-diätetische Übungsabläufe die meditative Arbeit begleiten sollen.

Die erforderliche Erfüllung der übrigen Kriterien experimenteller Arbeit ist aber ebenso gewährleistet, wie das Kriterium der empirischen Bestätigungsfähigkeit. Das läßt sich schon an der Meditation zeigen, die zur Ausbildung der ersten Stufe der übersinnlichen Erkenntnis führen soll.

Zur Ausbildung des imaginativen Bewußtseins[2] dienen Symbolvorstellungen ebenso wie Wortvorstellungen. Maßgebend ist nicht der Inhalt der Vor-

1 Ebenda, S. 256/257.

2 Das imaginative Bewußtsein beschränkt sich nicht auf die Fähigkeit der Visualisierung: es betrifft im Prinzip sämtliche Sinnesfunktionen. Wenn es als bildliches Bewußtsein bezeichnet wird, dann heißt dies nicht, daß es sich auf Visualisierung beschränkt. Auch alle möglichen anderen, sinnlichen Wahrnehmungen korrelierenden Seelenerlebnisse treten in bildhafter Form auf. Der Begriff der Bildhaftigkeit besagt, daß im Unterschied zu den gewöhnlichen Sinneswahrnehmungen seelische Begleiterlebnisse von Sinneswahrnehmungen ohne diese Sinneswahrnehmungen auftreten.

stellungen, sondern die zu ihrer Bildung und Kontinuierung aufgebrachte Energie. Meditation, das heißt Konzentration auf einen einzigen gleichbleibenden Vorstellungsinhalt und Abstraktion von allen möglichen andrängenden anderen Inhalten, ist nur unter Aufbringung erhöhter Willensanstrengung durchführbar. In vollständiger innerer Ruhe ist für die Dauer der Meditation ein Zustand der vollkommenen Abgeschlossenheit der Seele von den Eindrücken der Außenwelt anzustreben. Die nahezu vollständige Isolation der Seele mit ihrem Innenerlebnis ist nachvollziehbare und überprüfbare Bedingung des Meditierens. Jeder, der es versucht, weiß und erlebt, wann ihm, für kürzere oder längere Augenblicke, dieses Erlebnis herstellbar ist. Der Grad der Bewußtheit, in der die geisteswissenschaftliche Meditation verläuft, ist gegenüber dem Alltagsbewußtsein ein Grad gesteigerter Wachheit. Auch dies läßt sich in der inneren Seelenerfahrung überprüfen. Bevor jedoch die Konzentration auf eine bestimmte Meditationsvorstellung stattfindet, hat der Meditant diese Vorstellung durch gedankliche Überlegungen vorzubereiten und im Anschluß an diese Überlegungen aus einzelnen Vorstellungselementen aufzubauen. Durch diesen selbst zu vollziehenden Aufbau ist gewährleistet, daß die Meditationsvorstellung selbst, über die während der Meditation nicht reflektiert werden soll, bis in ihre Einzelheiten durchdacht und durchschaut ist. Mit den erwähnten Bedingungen sind einige elementare Randbedingungen genannt, die Voraussetzung für das Meditationsexperiment sind. Für den Erfolg der Meditation ist nicht ihre Einmaligkeit, sondern ihre Wiederholbarkeit entscheidend. Die oftmalige Anwendung desselben Meditationsinhalts durch lange Zeiträume hindurch und die damit verbundene wachsende Anstrengung sind die gesetzmäßigen Tätigkeiten, durch die das Subjekt in seiner inneren Beschaffenheit verändert wird. Da es die Seele ist, die diese Tätigkeit ausführt, wirkt diese Tätigkeit auf die Seele zurück. Es ist leicht zu sehen, daß sowohl das Kriterium der Willkürlichkeit in der Meditation erfüllt ist, als auch das Kriterium der Wiederholbarkeit. Ohne die Willkür, das heißt den bewußten Entschluß und die planvolle Absicht des Subjektes, zu meditieren, käme die Meditation gar nicht zustande. Auch die Variierbarkeit einzelner Parameter ist im Meditationsexperiment gewährleistet. So ist nicht festgelegt, durch welche Gedankenschritte der Meditand zu seiner Meditationsvorstellung kommt: diese können nicht nur inhaltlich, sondern auch in der Reihenfolge variieren. Es ist aber auch denkbar, daß einzelne Elemente des Meditationsinhaltes verändert werden.

Wird dieses Meditationsexperiment konsequent und intensiv genug fortgesetzt, treten bestimmte innere Erfahrungen auf, die im einzelnen zu beschreiben hier zu weit führen würde. (Dazu liegen vielfältige, öffentlich zugängliche Darstellungen von Steiner vor.) Jedenfalls tritt auch hier wieder das Kriterium der empirischen Bestätigungsfähigkeit in Kraft: die prognostizierten Erfahrungen müssen auftreten. Treten sie auf, stellen sie eine Bestätigung der Methoden«hypothese» dar.

Was das Problem der intersubjektiven Überprüfung betrifft, so sind weiter oben bereits Beiträge zu deren Verständnis angeführt worden. Hier sei noch folgendes hinzugefügt. Die Forderung nach intersubjektiver Überprüfung kann sich auf Verschiedenes beziehen. Bezieht sie sich auf Beobachtungen, dann ist nötig, daß die entsprechenden Beobachtungsinstrumente und die mit diesen verbundenen Methoden angewandt werden, um eine intersubjektive Überprüfung durchzuführen. Handelt es sich um individuelle Beobachtungen am Subjekt, dann können, ausgehend von Beobachtungsprotokollen, diese Beobachtungen auch von anderen Subjekten an sich durchgeführt werden. Die Erfahrung zeigt, daß auf diesem Weg eine intersubjektive Überprüfung von Introspektionen möglich ist. Erfahrungen mit Meditationsexperimenten unter bestimmten Versuchsbedingungen zeigen verwandte, ja weitgehend gleichartige Strukturen, über die sich die Experimentierenden, sofern sie eine gemeinsame Theoriesprache sprechen, jederzeit austauschen können.

Steiner selbst hielt eine solche intersubjektive Überprüfung durchaus für möglich und auch, in bezug auf seine eigenen Beobachtungen, für nötig. Er hat dies vielfach deutlich ausgesprochen. Ein Beispiel: «Ich möchte ausdrücklich bemerken, daß ich mich gerne korrigieren lasse von anderen Forschern. Die Beobachtungen auf diesem Felde sind natürlich unsicher. Und diese Unsicherheit läßt sich gar nicht vergleichen mit der, die schon auf dem physischen Felde möglich ist, obwohl doch auch diese – Forscher wissen es – eine sehr große ist.»[1] Unfehlbarkeit hat Steiner offenkundig weder beansprucht noch für möglich gehalten.

Bezieht sich die intersubjektive Überprüfung nicht auf Beobachtungen, sondern auf aus diesen abgeleitete Theorien, dann ist sie nach Maßgabe der logischen Gesetze möglich. Dies gilt auch für die geisteswissenschaftlichen Theorien. Auch diese Form der Überprüfung hat Steiner ausdrücklich für möglich gehalten und in bezug auf sein eigenes Werk gefordert: «Erforscht können die übersinnlichen Tatsachen nur durch die übersinnliche Wahrnehmung werden; sind sie aber erforscht und werden sie von der Wissenschaft

1 Rudolf Steiner, Von der Aura des Menschen (1904), in: Lucifer-Gnosis. GA 34, S. 117, Dornach 1987

des Übersinnlichen mitgeteilt, so können sie eingesehen werden durch das gewöhnliche Denken, wenn dieses nur wirklich unbefangen sein will... Es kann sogar vorkommen, daß ein Forscher, der auf übersinnlichen Gebieten wahrzunehmen vermag, sich Irrtümern in der logischen Darstellung hingibt, und daß einen solchen dann jemand verbessern kann, der gar nicht übersinnlich wahrnimmt, wohl aber die Fähigkeit eines gesunden Denkens hat... Gar nicht nötig sollte man haben zu betonen, daß gegen die Tatsachen selbst nichts aus bloß logischen Gründen vorgebracht werden kann.»[1]

Diese Einschränkung ist sinnvoll, nachvollziehbar und auch in der gewöhnlichen Wissenschaftstheorie allgemein anerkannt.

Nach diesen Ausführungen lassen sich die drei Haupteinwände Ullrichs gegen die «vorgebliche» Wissenschaftlichkeit der Anthroposophie in ihrer Haltlosigkeit leicht durchschauen[2]. Steiner soll deshalb unwissenschaftlich sein, weil er folgende drei «Kriterien der Wissenschaftlichkeit» nicht erfüllt: 1. er gehe nicht auf die zeitgenössische Diskussion ein, 2. seine Theorien und Tatsachenbehauptungen seien auf dem normalen Boden sinnlicher Gegebenheiten nicht intersubjektiv überprüfbar, 3. über die inhaltlichen Voraussetzungen seiner Spekulationen ist eine empirisch-wissenschaftliche und erkenntnistheoretische Diskussion nicht möglich.

Die *erste* Behauptung trifft überhaupt nicht zu. Das lässt sich leicht schon anhand der schriftlichen Werke Steiners zeigen: sie stehen in fortlaufender impliziter und expliziter Diskussion mit Methodenfragen der Erkenntnis, die auch in der akademischen Wissenschaft seiner Zeit erörtert werden. Die Diskussion wird auf dem allgemein wissenschaftstheoretischen Feld schon 1883 aufgenommen, auf die Methoden der Einzeldisziplinen 1886 erweitert und nach der Jahrhundertwende vielfach vertieft. Daß Steiner nicht auf einzelne Erkenntnisfragen und Detailprobleme von Wissenschaftsrichtungen eingeht, die völlig anderen Methoden verpflichtet sind, kann ihm nicht zum Vorwurf gemacht werden. Eine solche Diskussion wäre auch unzulässig. Er hätte dabei nämlich die Grenze seiner Methode überschritten, ein Fehler, den sich Ullrich fortlaufend zuschulden kommen läßt, zuletzt wieder in diesen drei Einwänden.

Der *zweite* Einwand ist völlig verfehlt und verlangt etwas Unmögliches. Er setzt voraus, daß sinnliche Gegebenheiten den gesamten Umfang des empirisch und intersubjektiv Überprüfbaren ausmachen: dieser Einwand trifft, wie gezeigt, auch alle Wissenschaften, die nicht der objektivistischen

1 Rudolf Steiner, Geheimwissenschaft im Umriß. Dornach 1987 (tb), S. 142/143

2 Ullrich, Waldorfpädagogik und okkulte Weltanschauung, S. 189/190

Illusion der exakten Naturwissenschaften verfallen sind. Würde Ullrich sich selbst richtig verstehen, hätte er darauf verzichten müssen, sein Buch zu schreiben, denn auch sein Buch ist, als «bildungsphilosophische und geistesgeschichtliche Auseinandersetzung», die sich weitgehend in vorstellungsartigen Konstrukten bewegt, nicht auf dem Boden sinnlicher Gegebenheiten überprüfbar.
Inwiefern *drittens* eine empirisch-wissenschaftliche und erkenntnistheoretische Diskussion über die inhaltlichen Voraussetzungen von Steiners «Spekulationen» möglich ist, sollten unsere Ausführungen gezeigt haben. Die Voraussetzungen der Steinerschen «Spekulationen» sind keine Voraussetzungen und die Spekulationen keine Spekulationen. Die Voraussetzungen sind Beobachtungsergebnisse und die Spekulationen auf Beobachtungen beruhende Ergebnisprotokolle. Eine empirisch-wissenschaftliche Diskussion ist, sofern sie sich im Rahmen der anthroposophischen empirischen Methode bewegt, durchaus möglich und auch nötig. Eine erkenntnistheoretische Diskussion der anthroposophischen Methode und ihrer wissenschaftstheoretischen Begründung ist wünschenswert, wird aber von Ullrich, zumindest in seinem Buch, überhaupt nicht geführt.

3. Die Kritik an der anthropologischen «Schichtenlehre»

> «Zu sagen, die Grammatiker von Port-Royal hätten
> überhaupt nichts erfunden, oder zu entdecken,
> daß Cuvier mehr Vorläufer hatte als man annahm,
> das alles sind liebenswerte, aber verspätete Spielchen
> von Historikern in kurzen Hosen.»
>
> *Foucault, Archäologie des Wissens*

Ullrich verwirft das gesamte Menschenbild der Anthroposophie nicht nur wegen seiner angeblichen Unwissenschaftlichkeit: ein Vorwurf, der durch die bisherigen Untersuchungen bereits gründlich entkräftet ist. Ullrichs Studie ist durch die Unfähigkeit oder die fehlende Bereitschaft gekennzeichnet, auf die singuläre, eigenständige Methode der anthroposophisch orientierten Geisteswissenschaft einzugehen oder diese auch nur in ihrer Spezifität gegenüber anderen Methoden zu würdigen. Der Umstand, daß Ullrich in seinem Methodenkapitel (und auch im späteren über die «Wissenschaftlichkeit» der Anthroposophie) die philosophisch-wissenschaftstheoretische Grundlegung der anthroposophischen Erkenntnismethode ausblendet und auch dem anthroposophischen Schulungsweg als der spezifischen Methode dieser Geisteswissenschaft nicht die nötige Aufmerksamkeit zuteil werden läßt, macht

deutlich, daß er nicht bereit ist, sich auch nur auf die *Denkmöglichkeit* einer solchen Erkenntnis einzulassen. Der Umstand, daß Ullrich die philosophisch vollziehbare «Epistrophe» (die Umwendung des Denkblicks im Sinne der «Philosophie der Freiheit») nicht in seine Untersuchungen oder Erwägungen einbezieht, beraubt ihn auch der Chance, den prinzipiellen Aufweis originärer Selbstgebung nichtsinnlicher Gegenstände im Denken als Weg zur Anerkennung einer möglichen Wissenschaft des Übersinnlichen zu verstehen. Das reduktionistische Vorurteil, das aus einer impliziten Haltung der wissenschaftstheoretischen Unaufgeklärtheit resultiert, läßt ihn den auf originäre Erkenntnisqualität deutenden Ausdrucksgestus, den das Werk Steiners an sich trägt, nicht erblicken. Die Folge seines Vorurteils ist, daß er in allem, was Steiner vorbringt, nichts Originäres, Selbsterkanntes, Selbsterschautes sehen kann, sondern nur Plagiat. Die logisch widersprüchliche, nicht aufrecht zu erhaltende Voraussetzung negativer Existenzialsätze, die dem reduktionistischen Vorurteil Ullrichs zugrundeliegt: «Es gibt kein Übersinnliches; es gibt keine übersinnliche Erkenntnis»[1], prägt den Duktus seiner gesamten Arbeit. Da es keine originäre nicht-sinnliche Erkenntnis geben kann, weil es auch kein Übersinnliches gibt, müssen alle von Steiner als solche bezeichneten Erkenntnisse entweder woanders herstammen oder ausgedacht sein. Da es Beobachtungen nicht geben kann, werden Beobachtungen zu Zitaten und Plagiaten. Da es begriffliche Zusammenhänge, die auf übersinnlichen Beobachtungen beruhen, nicht geben kann[2], sind diese behaupteten Zusammenhänge Spekulationen, Analogien. Weil einer nicht denkbaren übersinnlichen Erkenntnis keine eigenen Gegenstände zuerkannt werden können, sind die Wesenheiten, von denen Steiner angeblich aus der Auschauung spricht, hypostasierte Metaphern.
Man könnte durch die Selbstanpreisung Ullrichs und durch das zusammengetragene historische Material versucht sein, Teile seiner Arbeit als begriffgeschichtliche oder gar «geistesgeschichtliche» Untersuchung zu mißdeuten. Aber wie soll eine geistesgeschichtliche Untersuchung möglich sein, wo kein Begriff des Geistes vorhanden ist? Wo die Realität des Geistes explizit verneint wird? Ja selbst die Begriffsgeschichte rechnet mit der Realität und

1 Die Einsicht in die Paradoxität negativer Existentialsätze, die voraussetzen, was sie negieren, nämlich die Existenz ihrer Subjekte, kann ein Weg zur Anerkennung eines universalienrealistischen Standpunkts sein.

2 Daß begriffliche Zusammenhänge selbst übersinnliche Beobachtungen sind, ist Ullrich gewiß nichts als törichter Aberglaube. Daß aber der Begriff des Aberglaubens nicht wissenschaftlich exakt zu definieren ist, wird ihn als methodologischen Eklektiker kaum stören.

Genese des Begriffs als eines nicht-sinnlichen (eidetischen) Gegenstandes. Was Ullrich statt dessen bietet, sind die Früchte eines *wortgeschichtlichen Reduktionismus.* Seine «Geistesgeschichte» ist *Wort-Archäologie.*

Daß Ullrich unfähig ist, Zusammenhänge zu denken, wird auch aus seinem Referat des anthroposophischen Menschenbildes deutlich. Es ist, als würde ein Blinder von Farben sprechen. Wer mit Steiners Darstellungsweise etwas vertraut ist, wird sich gewiß schon gefragt haben, warum Steiner für die Entwicklung einfachster Begriffsverknüpfungen umfangreiche Erörterungen anstellen muß, warum seine akroamatischen Darstellungen oft durch Wochen hindurch allmählich zu Ideenbildern hinführen, die in wenigen nüchternen Sätzen ausgesprochen werden könnten. Liegt dieser Darstellungsmethode vielleicht eine Absicht zugrunde? Was Ullrich darstellt, wenn er das «theosophische» Menschenbild Steiners referiert, wird man bei Steiner so nicht finden. Zwar mag man die einzelnen Bestandstücke zu dem Flickwerk finden, das in der Darstellung Ullrichs entstanden ist, aber dieses Flickwerk darf nicht mit dem Menschenbild Steiners verwechselt werden. *Das Menschenbild Steiners läßt sich vom Vorgang des lebendigen Anschauens des Menschen nicht loslösen: es ist im wesentlichen die sich lebendig entwickelnde Anschauung des Menschen selbst.*

Legt man Steiner immanent aus, findet sich bei ihm selbst eine Erklärung seiner scheinbaren didaktisch-ermüdenden Weitläufigkeit: «Darinnen besteht die wissenschaftliche Methode, daß wir den Begriff einer einzelnen Erscheinung in seinem Zusammenhange mit der übrigen Ideenwelt aufzeigen. Wir nennen diesen Vorgang: Ableiten (Beweisen) des Begriffes. Alles wissenschaftliche Denken besteht aber nur darinnen, daß wir die bestehenden Übergänge von Begriff zu Begriff finden, besteht in dem Hervorgehenlassen eines Begriffes aus dem andern. Hin- und Herbewegung unseres Denkens von Begriff zu Begriff, das ist wissenschaftliche Methode.»[1] Dieses methodische Prinzip, das Steiner 1887 formuliert hat, darf nicht mit der Hegelschen dialektischen Begriffsbewegung verwechselt werden. Steiner formuliert sein Methodenprinzip von der naturwissenschaftlichen Phänomenologie Goethes aus. Maßgebend für diese ist das unablässige Wechselspiel von Begriff und Anschauung. Nur in diesem Wechselspiel kann auch das Transzendente des Begriffs, der Beobachtungsinhalt, in diesen eingehen. Um Ullrichs Art der Umformung geisteswissenschaftlicher Begriffs- und Gegenstandsexplikation zu charakterisieren, kann hingegen die treffende

1 Rudolf Steiner, Einleitungen zu Goethes Naturwissenschaftliche Schriften, Dornach 1987, S. 170.

Kennzeichnung des «formellen Verstandes» in der «Phänomenologie des Geistes» von Hegel verwendet werden: «Statt in den immanenten Inhalt der Sache einzugehen, übersieht er immer das Ganze und steht über dem einzelnen Dasein, von dem er spricht, das heißt, er sieht es gar nicht.»
Die aus der realen Anschauung gewonnene Darstellung von Zusammenhängen und dynamischen Beziehungen verwandelt sich unter Ullrichs Hand in einen «naturphilosophischen Formalismus»: «Der Pfiff einer solchen Weisheit ist so bald erlernt, als es leicht ist, ihn auszuüben; seine Wiederholung wird, wenn er bekannt ist, so unerträglich als die Wiederholung einer eingesehenen Taschenspielerkunst... Es würde schwer zu entscheiden sein, was dabei größer ist, die Behaglichkeit, mit der alles, was im Himmel, auf Erden und unter der Erden ist, mit solcher Farbenbrühe angetüncht wird, oder die Einbildung auf die Vortrefflichkeit dieses Universalmittels; die eine unterstützt die andere. Was diese Methode, allem Himmlischen und Irdischen, allen natürlichen und geistigen Gestalten die paar Bestimmungen des allgemeinen Schemas aufzukleben und auf diese Weise alles einzurangieren, hervorbringt, ist nichts geringeres, als ein sonnenklarer Bericht über den Organismus des Universums, nämlich eine Tabelle, die einem Skelette mit angeklebten Zettelchen oder den Reihen verschlossener Büchsen mit ihren aufgehefteten Etiketten in einer Gewürzkrämerbude gleicht, die so deutlich das eine und das andre ist, und wie dort von den Knochen Fleisch und Blut weggenommen, hier aber die eben auch nicht lebendige Sache in den Büchsen verborgen ist, auch das lebendige Wesen der Sache weggelassen oder verborgen hat.»[1]
Was Hegel hier im Hinblick auf die Schellingsche Naturphilosophie äußert, ist auf einen wortgeschichtlichen Formalismus auch anwendbar, der Geistesgeschichte mit einer Archäologie des Plagiats verwechselt. Unter der Voraussetzung, daß bestimmte Produkte des Geistes aus anderen kausal oder filial ableitbar sind (so wie sich chemische Reaktionen aus festgelegten Ausgangsbedingungen ergeben), können diese Produkte, nach Maßgabe der Belesenheit des geistesgeschichtlichen Archäologen, auf ihre Ausgangsbedingungen zurückgeführt werden. Dabei bleibt diese formalistische Ableitung aber immer eine vorläufige, konjekturale, denn im Grunde genommen müßte der gesamte Inhalt der bisherigen Geschichte des Geistes geprüft werden, um alle möglichen «Quellen» sicherzustellen. Niemand kann wissen, ob ein Autor nicht gerade die Quellen, aus denen er wirklich geschöpft hat, verschweigt. Der Nachweis derselben ließe sich nur führen, wenn man sie

1 G. W. F. Hegel, Phänomenologie des Geistes. Frankfurt 1970, S. 39/40/42.

fände. Doch selbst wenn man etwas fände, was wie eine Quelle aussähe, wäre die Herleitung des Späteren aus dem Früheren problematisch. Diese Problematik wird im 20. Jahrhundert, nach einer zeitweisen Blüte philologischer Quellenforschung, wieder verstärkt gesehen. Foucault hat sie vom Standpunkt einer strukturalistischen Analyse des wissenschaftlichen Diskurses beredt artikuliert: «Was die Ähnlichkeit zweier oder mehrerer aufeinanderfolgender Formulierungen betrifft, so wirft sie ... eine Reihe von Problemen auf. In welchem Sinne und nach welchen Kriterien kann man behaupten: ‹Dies ist bereits gesagt worden›; ‹dasselbe findet man bereits in jenem Text›; ‹diese Proposition kommt jener schon sehr nahe› usw.? Was ist innerhalb der Ordnung des Diskurses die teilweise oder völlige Identität? Daß zwei Äußerungen völlig identisch sind, daß sie sich aus denselben Wörtern zusammensetzen, die in derselben Bedeutung gebraucht werden, berechtigt, wie man weiß, nicht, sie absolut zu identifizieren... Auch die vollständige Identität ist kein Kriterium; noch weniger, wenn sie nur partiell ist, wenn die Wörter nicht jedesmal in der gleichen Bedeutung gebraucht werden oder wenn derselbe Bedeutungskern in verschiedenen Wörtern erfaßt wird: inwieweit kann man behaupten, daß in den so verschiedenen Diskursen und Wortschätzen von Buffon, Jussieu und Cuvier durchaus dasselbe organizistische Thema hervortritt?»[1] Auch wenn man Foucaults positiven Positionen nicht zustimmt, wird sich seine Kritik des Traditions- und Filiationsbegriffs auch und gerade bei der Berücksichtigung hermeneutischer Aneignungstheorien als berechtigt erweisen.

Der wortgeschichtliche Formalismus läßt die Fähigkeit des Menschen, originäre Begriffsverknüpfungen zu erzeugen und selbst in der Auseinandersetzung mit fremden Darstellungen vorgegebene Verknüpfungen wieder zu erzeugen, völlig außer Acht. Er läßt aber auch außer Acht, daß Begriffsverknüpfungen nicht nur auf literarischer Filiation beruhen, sondern auch aus der Beobachtung der Wirklichkeit geschöpft werden können. Er vergißt, daß die einer Archäologie des Wissens zugänglichen Spuren der Diskurse nur die Relikte einer Bewegung des Geistes sind, die außerhalb und jenseits der Sprache stattgefunden hat.

Wenn ein Mensch einen schleppenden Gang hat, wie ich beobachten kann, wenn ein anderer einen hängenden Kopf hat, werde ich dann nicht diesen Gang als schleppend bezeichnen, den Kopf als hängend? Dies ist so selbstverständlich, wie es trivial ist. Ich werde Menschen mit schleppendem Gang als Phlegmatiker, solche mit habituell hängendem Kopf als Melancholiker

1 Michel Foucault, Archäologie des Wissens. Frankfurt 1988, S. 204

bezeichnen. (Eine ungefähre Vorstellung vom Sachverhalt muß ich mir allerdings aus der gewöhnlichen Bildung angeeignet haben. Das hindert mich aber nicht, die Begriffe, sind sie einmal bewußt gemacht, fortan als selbständige, durch eigenen Vollzug experimentell erhärtete Erkenntnisinstrumente zu verwenden.) Und dies, ob ich die vorausgegangene Literatur kenne oder nicht. Die Beobachtung der Wirklichkeit zeigt, daß es Birken gibt, deren Stämme schlank und weiß sind: ist also die Aussage eines historisch späteren Autors über die schlanke, weißstämmige Birke deshalb das Ergebnis einer plagiativen Filiation, weil sie sich bei einem früheren auch schon findet? Statt des wortgeschichtlichen Formalismus, der meint, Geistesgeschichte ließe sich aus literarischen Filiationen erkennen, hat eine wirkliche geisteswissenschaftliche Hermeneutik sich auf den «immanenten Inhalt der Sache» einzulassen. «Das wissenschaftliche Erkennen erfordert ... sich dem Leben des Gegenstandes zu übergeben oder, was dasselbe ist, die innere Notwendigkeit desselben vor sich zu haben und auszusprechen.»[1] Das Eintauchen in den immanenten Gehalt der Sache kann deren Ausdrucksgehalt erschließen. Nur die Hingabe an den Gegenstand läßt ihn zum Erlebnis werden.

Soll das Erlebnis im anderen durch akroamatische Darstellung ermöglicht werden, dann ist es nur über die Explikation des Gegenstandes zu gewinnen. Zusammenhang kann nur erfahren (eingesehen) werden, indem er vollzogen wird. Das Vollziehen von erlebbarem (denkbarem) Zusammenhang ist wissenschaftliches Erkennen. Dieses Methodenideal hat Steiner schon 1887 formuliert: es liegt auch seinen mündlichen Darstellungen zugrunde.

Kennzeichnend für die wissenschaftliche Darstellungsmethode (auch die populärwissenschaftliche vieler Vorträge) Steiners ist demnach die nachvollziehbare Explikation von Zusammenhängen, ja, da es in der Anthroposophie um den eigenständigen Vollzug von Zusammenhang geht, ist nicht der Zusammenhang als solcher, sondern der individuelle Vollzug des Zusammenhangs das spezifische Merkmal der anthroposophischen Darstellungsmethode. Wird die Möglichkeit des individuellen Vollzugs von Zusammenhängen aufgrund von eigenständigen Beobachtungen oder Gedankenexperimenten ausgeblendet, dann ist auch dies ein Mittel, die Anthroposophie zu entstellen. Was im Zusammenhang verstehbar und vollziehbar ist, wird, aus diesem Zusammenhang herausgelöst, zum Dogma. Was andernorts das Ergebnis von umständlichen Begriffsentwicklungen ist, wird, in der Form der Entstellung, zu einem Spiel der Analogie oder zur wilden Spekulation.

Ullrich verneint, unter konsequenter Ausblendung des vollziehbaren

1 Hegel, Phänomenologie des Geistes, S. 41.

Zusammenhangs, nicht nur generell die Angemessenheit der Anthroposophie an die Standards der Moderne, er kann auch in verschiedenen Konzeptionen Steiners zur Anthropologie keine Einheitlichkeit erkennen. Für Ullrich bestehen Unstimmigkeiten zwischen einer theosophisch-naturphilosophischen und einer eher psychologisch orientierten Konzeption des Menschen. Die theosophische (ab 1904) und naturphilosophische Konzeption (ab 1921) der Strukturanthropologie ist, so Ullrich, durch die Viergliederung des Menschen gekennzeichnet, die psychologische (ab 1917) orientiert sich an den «drei Grundfunktionen des Seelischen: Denken, Fühlen und Wollen.» Zwischen diesen verschiedenen Konzepten bestehen nicht nur «Unstimmigkeiten» und «Inkohärenzen», der Versuch, die disparaten Menschenbilder zu einer Einheit zu verschmelzen, muß auch zu «gedanklichen Gewaltsamkeiten» führen.

In der theosophischen Phase Steiners ist der Mensch, so Ullrich, aus vier Gliedern zusammengesetzt, die substantiell als Leiber aufgefaßt werden und deren Vierheit sich «entsprechend» der Vierheit der Erkenntnisstufen ergibt, von denen Steiner unter theosophischem Einfluß spricht[1]. Der Zusammenhang, den Ullrich hier bereits *unterstellt*, ist der Zusammenhang der Entsprechung oder der Analogie. An dieser Stelle ist es nötig, eine Anmerkung zum Begriff und zur Bedeutung der Analogie zu machen. Dies vor allem deshalb, weil Ullrich eines seiner Hauptargumente gegen die Wissenschaftlichkeit der Anthroposophie aus der Unterstellung zieht, sie beruhe weitgehend auf einem naiven Spiel mit Bildern und Analogien, auf einem «ungezügelten Gebrauch der Metaphorik» und der «Analogieschlüsse».

In einem analogen Verhältnis stehen Gegebenheiten der Wirklichkeit (genauer: Verhältnisse ihrer Teile), die zu einem Begriff (logos) oder wahrnehmbaren Teil der Wirklichkeit in einer gemeinsamen Beziehung stehen. Das Verhältnis der Analogie sagt selbst nichts über den Inhalt des Relationsbegriffs aus. Ursprünglich (bei Archytas von Tarent) wird der Begriff der Analogie für mathematische Verhältnisse verwendet. Die Pythagoräer unterscheiden arithmetische, geometrische und harmonische Analogien[2]. Schon bei Platon aber tritt die Analogie als Darstellungsmittel ontologischer Strukturen auf, das in Kosmologie, Anthropologie und Politik Verwendung findet. Auch Aristoteles verwendet die Analogie in der Ethik und in natur-

1 Gemeint sind die «materielle» (physisch-sinnliche), die imaginative, die inspirative und die intuitive Erkenntnis.

2 Vergleiche: Historisches Wörterbuch der Philosophie, Bd. 1, S. 214 – 227. Darmstadt 1971.

wissenschaftlichen Disziplinen als Mittel der Gruppierung von Beobachtungen und zur Erhellung von Beziehungen. So wird im Begriffslexikon der «Metaphysik» die Analogie als eine Art der Einheit, neben der Einheit der Zahl, der Art und der Gattung aufgezählt. Die Einheit der Zahl hängt von der Einheit des Stoffes (hyle) ab, die Einheit der Art von der Einheit des Begriffs (logos), die Einheit der Gattung von der Einheit der Kategorie. Der Analogie nach Eines ist, «was sich ebenso verhält wie ein anderes zu einem anderen».[1] Solche Beziehungen der Analogie bestehen etwa, wenn gesagt wird, der Flügel habe für den Vogel dieselbe Bedeutung wie die Flosse für den Fisch oder die Wurzel der Pflanze erfülle dieselbe Aufgabe, wie der Mund für den Menschen.

Aus dieser Aufzählung des Aristoteles wird deutlich, daß analogische Beziehungen unter Bestandteilen der Wirklichkeit nicht allein in Begriffen und Begriffsbeziehungen gründen wollen, die vom Menschen gesetzt werden, sondern voraussetzen, daß sie in beobachtbaren Gegebenheiten verankert sind. Die Bildung von Analogien zwischen einzelnen Erkenntnisgegenständen setzt demnach beobachtbare oder denkbare Momente der Gesamtwirklichkeit voraus, an denen diese Erkenntnisgegenstände gemeinsam partizipieren. Bei Aristoteles erscheint die Analogie weniger als heuristisches Prinzip, als Analogieschluß, der es ermöglicht, von bekannten Gliedern eines Verhältnisses auf unbekannte zu schließen («wenn es für alles Lebende eine Sonne gibt, die der Quell des Lebens ist, so muß es für alles Beseelte einen Quell des seelischen Lebens geben»), sondern vielmehr als "regulatives" Prinzip, als Verfahren, die Inhalte der Erkenntnis in eine begriffliche Ordnung zu bringen, die ihre Beziehungen erhellt. So kommt die Analogie auch in der Metaphysik zur Anwendung, die über die Grenzen der Gattungen und Kategorien hinweg über ihre Gegenstände Aussagen macht. Die Metaphysik spricht vom Stoff, von der Form, vom Guten, vom Sein schlechthin im Sinne der Analogie. Solche Überlegungen, die im Neuplatonismus mit der Partizipationsmetaphysik verbunden werden, bereiten die bedeutende mittelalterliche Lehre von der «analogia entis» vor, die, vom 4. Laterankonzil 1215 formuliert, in der Hochscholastik insbesondere von Thomas von Aquin systematisch ausgeformt wird.

Auch in der neueren Biologie ist es üblich, im Hinblick auf morphologische oder funktionelle Ähnlichkeiten von Organismen, sofern sie unabhängig voneinander entstanden sind und nicht in Artverwandtschaft gründen, von Analogie zu sprechen. In diesem Sinne werden Spezialisationsanalogien und

3 Aristoteles, Metaphysik V. 6, 1016 b 29 f.

aromorphotische Analogien unterschieden: die ersteren sind durch Anpassung an die gleiche Lebensweise (schwimmen, fliegen; Insektivoren) oder den gleichen Lebensraum (Hochgebirge, Wüste) bedingt, die letzteren durch innere Differenzierung auf der gleichen Entwicklungsstufe (Ameisen und Termiten). Darüber hinaus neigen gerade die neueren Naturwissenschaften zu Analogien, die Seinsaussagen implizieren, ohne daß Beobachtungen aufgezeigt werden, die diese Aussagen rechtfertigen würden. Descartes hat mit dieser Form des Analogisierens in der Anthropologie und Biologie den Anfang gemacht, indem er den Organismus mechanisch dachte, der Materialismus eines de la Mettrie und eines Holbach tradierte diese Auffassungsweise in die Gegenwart, die in kybernetischen Erkenntnistheorien und systemtheoretischen Modellen des organischen Lebens diese Ansätze zu hochkomplexen, analogischen Konstrukten weitergesponnen hat.
Ob es berechtigt ist, einzelne Bestandteile der Wirklichkeit oder in ihr befindliche Beziehungen von Teilen in analogische Verhältnisse zu setzen oder nicht, hängt von der jeweiligen Beschaffenheit der Vergleichsglieder und ihrem Vergleichsmedium ab. Analogien sind geeignet, Zusammenhänge zu erschließen, auf die andere Relationsbegriffe nicht anwendbar sind. Die proportionale oder partizipative Analogie impliziert keine Kausalbeziehung der Analogata und braucht auch nicht zum Mißverständnis zu verführen, als sei eine solche in ihr ausgesagt.
Problematisch sind analoge Begriffsbeziehungen (wie übrigens alle anderen Begriffsbeziehungen auch), wenn sie den Anspruch erheben, unabhängig von Beobachtungen Erfahrungsdaten zu ordnen. Das gilt besonders für Analogieschlüsse, die von bekannten Beziehungen aus unbekannte Zusammenhänge postulieren. Gestalthafte oder geschehensförmige Ordnungen (wie jeder andere begriffliche Zusammenhang) können in der Beobachtungswelt berechtigterweise nur postuliert werden, wenn sie auf Beobachtungen beruhen. Verstehen sich Analogieschlüsse als Hypothesen, sind sie heuristisch verwendbar. Doch liegt die Grenze ihrer Verwendbarkeit dort, wo sie das Gebiet des Beobachtbaren überschreiten. Diese «empirische» Grenze der Urteilsbildung hat Steiner im Auge, wenn er sich anläßlich methodologischer Ausführungen über das imaginative Erkennen gegen ein «vages Analogisieren» wendet.
Dem imaginativen Erkennen stellt sich die Pflanzenwelt der Erde als ein großes Ganzes dar: «Man bekommt ... die Vorstellung, daß das gesamte Pflanzenreich der Erdenwelt ... mit dieser Erdenwelt zusammen eine große Einheit bildet. *Das ergibt sich rein empirisch dem imaginativen Blick.* [Hervorhebung L.R.] ... Nicht im Sinne einer vagen Analogie, sondern im Sinne

eines wirklichen Durchschauens wird einem die Erde eine Art organischen Wesens… Was ich ihnen hier entwickle, das kann ja sehr leicht, wie es zum Beispiel bei Gustav Theodor Fechner der Fall ist, durch bloße Analogieschlüsse gewonnen werden. *Auf solche bloßen Analogieschlüsse gibt aber die Geisteswissenschaft, die hier gemeint ist, gar nichts, sondern eben nur auf das unmittelbare Anschauen. Daher muß immer betont werden, daß vorangehen müsse dem Sprechen über so etwas wie zum Beispiel die Erde als Organismus das Sprechen über das imaginative Vorstellen, denn nur dem imaginativen Vorstellen, nicht dem kombinierenden Verstande mit seinen Analogien kann gegeben sein die Erde als ein Gesamtwesen* [Hervorhebung L.R.] … Was ich hier ausdrücklich erwähnen will, weil es eine sehr große methodologische Bedeutung hat … daß wir nötig haben, bei allen Beobachtungen, die wir machen, nicht irgendwie zu theoretisieren über die Beobachtungen, bevor wir das Beobachtete in seine entsprechende Totalität eingefaßt haben… Die irdische Pflanzenwelt als ein Ganzes … ist … nur dann seinsgemäß vor uns gestellt, wenn wir sie mit dem Bewußtsein als ein Ganzes auffassen und wenn wir das Einzelne, was uns entgegentritt, die Gattungen und Arten der Pflanzenwelt…nur betrachten als Teil des ganzen Pflanzenorganismus, der … aus der Erde herauswächst.»[1]

Steiner weist durch diese Äußerungen auf den erweiterten Beobachtungshorizont, der sich dem imaginativen Bewußtsein erschließt. Dieser erweiterte Bewußtseinshorizont, der die irdische Pflanzenwelt «als Ganzes» vor Augen stellt, berechtigt empirisch, die Erde als Organismus, die Pflanzenwelt als Ganzes anzusprechen. Von dieser empirischen Anschauung des Ganzen wäre eine durch bloße Analogie gewonnene abstrakte Bestimmung der Beziehung der Pflanzenwelt zur Erde zu unterscheiden, die sich etwa am Verhältnis des menschlichen Organismus zu seiner Behaarung orientieren würde. Während im letzteren Fall die Übertragung des Organismusbegriffs auf die Erde eine abstrakte Operation des Verstandes wäre, ist sie im ersteren Fall das Ergebnis einer synthetischen Anschauung (im Sinne einer über Kant hinausgehenden transzendentalen Ästhetik), die, in einer analogen Art wie die sinnliche Anschauung den menschlichen Organismus, als übersinnliche Form der Anschauung den Erdorganismus zum Gegenstand werden läßt. Bei Steiner liegt also ein deutliches Bewußtsein des methodologischen Unterschiedes zwischen durch bloße Analogie postulierter Ganzheit und

1 Rudolf Steiner, Naturbeobachtung, Mathematik, wissenschaftliches Experiment und Erkenntnisergebnisse vom Gesichtspunkt der Anthroposophie, GA 324, Dornach 1972, S. 61 – 63.

wirklicher Anschauung gemeinsamer Partizipation an beliebiger Totalität vor, wenn er diese Differenz problematisiert.
Gesetzt, es würde sich zum Beispiel beim «Zusammenhang» von «Wesensgliedern» des Menschen und «Erkenntnisstufen» um eine Analogie handeln, wäre, angesichts der durchaus möglichen Berechtigung analogischer Begriffsbeziehungen, die postulierte Beziehung einer genauen Prüfung zu unterziehen. Die Einheit der Analogie als das Sichverhalten einer Sache zu einer anderen, das mit dem Verhältnis zweier anderer vergleichbar ist, in Bausch und Bogen zu verwerfen, dürfte aber genauso unberechtigt sein wie die generelle Ablehnung des Kausalbegriffs, weil er nicht auf alle Wirklichkeitsgebiete oder Beziehungen von Gegenständen anwendbar ist.
Doch stimmt auch hier, wie in vielen anderen Fällen, die bisher untersucht wurden, Ullrichs Voraussetzung nicht. Denn der Zusammenhang zwischen «Wesensgliedern» und «Erkenntnisstufen» ist kein Zusammenhang der Entsprechung von Verhältnissen, also kein analogischer, sondern ein erkenntnislogischer und, in einer tieferen Schicht, ontologischer Zusammenhang. Auf die von Steiner hierzu entwickelten Überlegungen im einzelnen einzugehen, würde an dieser Stelle zu weit führen. Sie sind weit komplexer und differenzierter, als der von Ullrich konstruierte Schematismus erahnen läßt. Dieser stellt sich in Anbetracht der komplexen Realität übersinnlicher Erkenntnis als schlichtweg falsch heraus, mag Ullrich sich bei seiner «Dekonstruktion» auch auf sogenannte anthroposophische Sekundärliteratur stützen.
Generell kann folgendes gesagt werden. Bei der Beziehung von «Wesensgliedern» und «Erkenntnisstufen» handelt es sich um eine wechselseitige Bedingungsbeziehung: Organe, die in verschiedenen ontologischen Wesensschichten des Menschen durch Freiheit entwickelt werden, führen zu qualitativ neuartigen Wahrnehmungen, deren Auftreten von einer Veränderung der menschlichen Bewußtseinsform begleitet ist. Oder umgekehrt ausgedrückt, die gesetzmäßige Veränderung der menschlichen Bewußtseinsform stellt eine gesetzmäßige Betätigung des Subjektes dar, die zur Veränderung der Wahrnehmungen führt, die das Subjekt an sich selbst und durch sich selbst machen kann. Die sich in originärer Selbstgebung mitteilenden Gegenstandsbereiche der übersinnlichen Wirklichkeit sind zwar auch unabhängig von der wahrnehmenden Betätigung des Menschen vorhanden, aber sie teilen sich diesem nur mit, wenn er sich durch seine gesetzmäßige Tätigkeit in die Disposition versetzt, sie zu erfassen. *Übersinnliche Organe sind also übersinnliche Tätigkeiten und bestehen nur, insofern sie vollzogen werden.* «Diese ‹Organe› sind eben übersinnlich und bestehen in einer bestimmt

geformten Seelenbetätigung; und sie bestehen nur insofern und so lange, als diese Seelenbetätigung geübt wird.»[1]

Durch bestimmte, gesetzmäßig geformte Erkenntnisbetätigungen (Organe) kann der Mensch sich wahrnehmend und erkennend zu bestimmten strukturellen Dimensionen der Wirklichkeit in Beziehung setzen, die er im gewöhnlichen Bewußtsein zwar in ihren Wirkungen erfährt, ohne sie aber nach ihrer Wesensgesetzlichkeit zu durchschauen. Da die vom Menschen zu entwickelnden übersinnlichen Organe (Betätigungen) am Menschen selbst entwickelt werden müssen, bedeutet diese Entwicklung, daß sich der Mensch mit seiner eigenen Gesamtwesenheit auch in ihren strukturellen Tiefendimensionen handelnd und erkennend verbindet. In dieser «Arbeit an sich selbst» bildet er seine Betätigungen zu Organen aus, die die tieferen Schichten seines Seins seinem Erkennen erschließen. In diesen tieferen Schichten seines Seins stellt sich dem Menschen das Verhältnis seines Bewußtseins zu den Gegenständen anders dar als im gewöhnlichen Bewußtsein. Die Modifikation der Bewußtseinsform zieht auch eine Modifikation der Welterscheinungen nach sich. Daß diese Erscheinungen darum minder wirklich wären als die des gewöhnlichen Bewußtseins, ist nur ein Vorurteil, das bestimmte Bedingungen des Welterfahrens mit den schlechthin möglichen Bedingungen des Welterfahrens verwechselt.

Neben dieser Aufhellung des Verhältnisses von «Wesensgliedern» und «Erkenntnisstufen» ist aber auch die Frage aufzuwerfen, wie das Reden Steiners von «Wesensgliedern» überhaupt zu verstehen ist. Die Frage ist nämlich, ob seine Anthropologie als Schichten- oder Stufenmodell interpretiert werden darf, ob sein Sprechen von «Leibern» und «Organen» eine Substantialisierung der Objekte darstellt, auf die diese Termini hinweisen, und ob Steiner etwa von ihm verwendete Metaphern nicht bloß naiv mit wirklichen Wesen verwechselt hat.

Die Behauptung, Steiner sei einer Verführung der Sprache zur Verdinglichung erlegen, indem er ihre naive Neigung zur Personifizierung, Substantiierung und Hypostasierung nicht durchschaut habe, ist einer der subtilsten und zugleich perfidesten Vorwürfe des Nominalismus gegen die Anthroposophie und ihre Wissenschaftlichkeit. Er ist subtil, weil er sich auf den verbreiteten Schein der Wahrheit berufen kann, den eine von vielen anerkannte Meinung für sich beanspruchen zu dürfen glaubt. Er ist perfid, weil er die Diskussion des Sprach- und Mitteilungsproblems übersinnlicher Erkenntnis, die sich in der Anthroposophie findet, völlig ignoriert und so tut, als

1 Rudolf Steiner, Die Geheimwissenschaft im Umriß. Dornach 1987, (tb) S. 345.

habe Steiner selbst kein Bewußtsein von den Schwierigkeiten und Gefahren sprachlicher Symbolisierung nichtsinnlicher Gegenstände gehabt.
Ein auch nur oberflächliches Studium der einschlägigen Originalwerke kann jedoch darüber aufklären, daß die Behauptung, Steiner habe in bezug auf die Sprachproblematik das kritische Bewußtsein ermangelt, nichts als ein Ausfluß der Ignoranz ist.
Das Erkennen der anthroposophisch orientierten Geisteswissenschaft ist ein Erkennen, das außerhalb oder jenseits der sprachlichen Formen verläuft. Dies gilt bereits für das «imaginative Bewußtsein». Sie kennt daher nicht nur das Sprachproblem, mit dem sich naturwissenschaftliche Disziplinen auseinanderzusetzen haben, wenn sie ihre in der Beobachtungssprache niedergelegten Protokollsätze in die jeweilige Theoriesprache übersetzen müssen. Ihr Sprachproblem ist ein viel fundamentaleres, weil sie die semantische Ebene, in der auch das philosophische Denken in der Regel verläuft, vollständig verläßt. Das Sprachproblem der Geisteswissenschaft ist ein radikales *Mitteilungsproblem*, das nicht erst bei der Konstruktion einer Theorie beginnt, sondern bereits mit der Protokollierung von Beobachtungen anhebt. Denn schon die elementaren Beobachtungen der Geisteswissenschaft sind sprachlich nur symbolisierbar. Ebenso gut oder ebenso schlecht wie in den Worten der Alltagssprache ließen sich die Beobachtungen in einer künstlichen Sprache symbolisieren. Der geisteswissenschaftlich Forschende gibt sich aber nicht der Illusion hin, daß die symbolischen Ausdrucksformen, die er für die Beschreibung seiner Beobachtungen wählt, mehr als metaphorische Bedeutung haben.
Die Gefahr ist allerdings groß, sowohl unter Anhängern wie Gegnern der Geisteswissenschaft, daß die gewählten bildlichen Ausdrucksformen mit den beobachteten Tatbeständen verwechselt werden. Auf diese Gefahr sowie auf die Notwendigkeit einer klaren Unterscheidung von Ausdrucksform und Beobachtungsgehalt hat Steiner selbst permanent hingewiesen. Eine mögliche Verwechslung beider bei anderen kann also kaum ihm angelastet werden.
Eine Diskussion dieses Mitteilungsproblems findet sich im bereits zitierten Vortrag vom 4. Internationalen Philosophie-Kongress in Bologna aus dem Jahr 1911.
«Wenn der Geistesforscher seine Erlebnisse *zum Ausdruck bringen will*, so ist er genötigt, das in einer übersinnlichen Sphäre Erlebte durch die *Mittel* des sinnlichen Vorstellens darzustellen. Sein Erleben ist dann nicht aufzufassen, wie wenn es gleich wäre seinen Ausdrucksmitteln, sondern so, daß er sich dieser Ausdrucksmittel nur bedient wie der Worte einer ihm notwendigen

Sprache. Man muß den Inhalt seines Erlebens nicht in den Ausdrucksmitteln, das heißt, in den versinnlichenden Vorstellungen suchen, *sondern in der Art, wie er sich dieser Ausdrucksmittel bedient* [Hervorhebung L.R.]. Der Unterschied seiner Darstellung von einem phantastischen Kombinieren sinnlicher Vorstellungen liegt ... nur darin, daß phantastisches Kombinieren der subjektiven Willkür entspringt, die Darstellung des Geistesforschers aber auf dem durch Übung erlangten Einleben in die übersinnliche Gesetzmäßigkeit beruht. Hier ist aber auch der Grund zu suchen, warum die Darstellungen des Geistesforschers so leicht mißverstanden werden können. Es kommt nämlich bei ihm wirklich weniger darauf an, was er sagt, sondern *wie* er spricht. In dem ‹Wie› liegt der Abglanz seiner übersinnlichen Erlebnisse.»[1]

Die Sprache des «sinnlichen Vorstellens» oder die Wortsprache ist ein *Mittel der symbolischen Darstellung*, das vom Geistesforscher benutzt werden kann wie andere, um seine Beobachtungen verstehbar zu repräsentieren. Worte der Alltagssprache, die auf sinnliche Beobachtungsinhalte oder auf seelische Erlebnisinhalte verweisen, können metaphorisch benutzt werden, um auf übersinnliche Erfahrungen *hinzuweisen.* Die übersinnlichen Erfahrungen sind aber nicht den sinnlichen Inhalten oder seelischen Alltagserlebnissen gleichzusetzen. Vor die Wahl gestellt, eine völlig unverständliche und daher abschreckende Kunst- oder Geheimsprache zu schaffen, die möglicherweise ein adäquaterer Ausdruck seiner Erfahrungen wäre, oder sich der Mißverständnisse evozierenden Alltagssprache zu bedienen, entscheidet sich Steiner aufgrund seiner Intention, das Esoterische exoterisch zu machen, für das letztere. Wenn also etwa in der sinnlichen Sprache der Darstellung übersinnlicher Beobachtungen von Gegenständen die Rede ist, die sinnliche Bedeutungen haben, dann kann die Sprache nur richtig verstanden werden, wenn im Bemühen um Verständnis der sinnliche Gehalt gleichsam *ausgelöscht* wird. Die *Ausdrücke* können nicht das Entscheidende sein, sie könnten auch anders lauten (wenngleich sie nicht völlig willkürlich sein werden), entscheidend ist der Beobachtungsgehalt, auf den die jeweiligen Ausdrücke hinweisen. Was die jeweiligen Kompositionen von Ausdrücken angeht, so ist der *gesetzmäßige Aufbau* dieser Kompositionen der «Abglanz» der übersinnlichen Erlebnisse. Der gesetzmäßige Aufbau der Darstellungen und die Komposition der Elemente, deren die Darstellung sich bedient, sagt mehr über die übersinnliche Beobachtung aus als das, was als sinnlicher Inhalt durch die Ausdrücke repräsentiert wird.

Daß die Darstellungen des Geistesforschers dennoch verstanden werden

1 GA 35, loc. cit. S. 128

können, hängt damit zusammen, daß sie gesetzmäßig aufgebaut sind, daß die Ausdruckskompositionen von begrifflichen Gestaltungsprinzipien durchformt sind. Diese begrifflichen Gestaltungsprinzipien strukturieren auch die Beobachtungsgegebenheiten der übersinnlichen Erfahrung und werden vom Geistesforscher aus der übersinnlichen Erfahrung (wenn auch in anderer Form) in die sprachliche oder vorstellungsartige Ausdrucksgestaltung «herabgelähmt».[1] Der begriffliche Anteil der sprachlichen Audrucksgestaltung übersinnlicher Beobachtungen (des «Vortrags», des «Buches», «Aufsatzes») ist durch das Denken im nachträglichen Bearbeiten erneut vollziehbar. Im Vollzug dieser (übersinnlichen) Begriffszusammenhänge nimmt der Studierende den Begriffszusammenhang des übersinnlichen Beobachtungsgefüges in sich auf. «Liest man ... Mitteilungen über übersinnliche Tatsachen im rechten Sinne, so lebt man sich ein in den Strom geistigen Daseins. Im Aufnehmen der Ergebnisse nimmt man zugleich den eigenen Innenweg dazu auf.»[2]

Die symbolisierenden Darstellungen des Geistesforschers sind aber noch aus einem anderen Grunde nicht Ausdruck subjektiver Phantastik oder abenteuerlicher Willkür. Sie sind nicht nur wegen des ihnen immanenten, sie strukturierenden Begriffsgehaltes verstehbar, sie sind es auch deshalb, weil die *seelischen Erlebnisse*, die der Geistesforscher bei seiner Beobachtung durchlebt, in vieler Beziehung eine adäquate Repräsentation in seelischen Begleiterlebnissen sinnlicher Erfahrungen (Beobachtungen) besitzen. Orientiert sich der Geistesforscher am seelischen Erlebnisecho seiner übersinnlichen Erfahrungen, kann er seine seelischen Erlebnisse durch den Hinweis auf jene sinnlichen Erfahrungen symbolisieren, die zu den durch übersinnliche Beobachtungen (Gegenstände) ausgelösten adäquaten seelischen Begleiterlebnissen führen. Ein Beispiel:

In seinen Auseinandersetzungen über das Wesen «imaginativer Vorstellungen» (die den Inhalt der ersten Stufe übersinnlicher Erfahrung bilden) macht Steiner den Unterschied dieser imaginativen, «bildhaften» Vorstellungen von gewöhnlichen Erinnerungs- oder Phantasievorstellungen sowie solchen bildhaften Vorstellungen deutlich, die Abglanz realer imaginativer Vorstellungen (Erfahrungen) sind. «Man verkennt, was hier als ‹imaginativ› gemeint ist, wenn man es verwechselt mit der bildlichen Ausdrucks*form*, die angewendet werden muß, um solche Vorstellungen entsprechend anzudeuten... Wenn

1 Zum Terminus der «Herablähmung» lebendiger Begriffe (Vorstellungen) vergleiche «Von Seelenrätseln» GA 21, 4. Aufl., S. 11 – 33; S. 138 – 142.
2 Geheimwissenschaft im Umriß. Loc. cit. S. 49.

der Mensch die Farbe *Gelb* wahrnimmt, so hat er in seiner Seele nicht bloß das Augenerlebnis, sondern ein *gefühlsartiges Mit-Erlebnis der Seele.* Dieses kann für verschiedene Menschen eine verschiedene Stärke haben, ganz fehlen wird es niemals. Goethe hat ... in seiner Farbenlehre ... die *Gefühls-Nebenwirkungen* für Rot, Gelb, Grün usw. sehr eindringlich beschrieben. Nimmt nun die Seele aus einem gewissen Gebiete des Geistes etwas wahr, so kann der Fall eintreten, daß diese geistige Wahrnehmung in ihr dasselbe *gefühlsmäßige Neben-Erlebnis* hat, das bei der sinnlichen Wahrnehmung des Gelb auftritt. Man hat dabei natürlich nicht in der Vorstellung dasselbe vor sich, was man in der sinnlichen Wahrnehmung der gelben Farbe vor sich hat. Aber man hat dasselbe Innenerlebnis als *gefühlsmäßige Nebenwirkung,* das man hat, wenn die gelbe Farbe vor dem Auge ist. Man sagt dann: man nehme das Geist-Erlebnis als ‹gelb› wahr. Vielleicht könnte man, um sich genauer auszudrücken, immer sagen: man nimmt etwas wahr, was wie ‹gelb› für die Seele ist. Doch sollte niemand einer so umständlichen Redeweise bedürfen, der aus der anthroposophischen Literatur den Vorgang kennen gelernt hat, welcher zur geistigen Wahrnehmung führt. Diese Literatur macht genugsam darauf aufmerksam, daß das der Geisteswahrnehmung zugängliche Wesenhafte nicht so vor dem Geistorgane steht wie ein verdünnter sinnlicher Gegenstand oder Vorgang, oder so, daß es wiedergegeben werden könnte durch Vorstellungen, die in gewöhnlicher Bedeutung sinnlich-anschauliche sind.»[1] (Hervorhebungen L. R.)

Verwendet der Geistesforscher Ausdrücke der gewöhnlichen Sprache, die auf sinnliche Gegenstände verweisen, so kann er dies deshalb, weil diese Worte zugleich für seelische Neben-Erlebnisse supponieren, die denen annähernd adäquat sind, die durch bestimmte übersinnliche Gegenstände ausgelöst werden. Derjenige, der die Beschreibungen des Geistesforschers entgegennimmt, hat sie deshalb nicht nur nach ihrem Begriffsgehalt aufzufassen, sondern auch nach den seelischen Nebenerlebnissen zu lauschen, die jene Beschreibungen in ihm auslösen. Wird etwa von einem «Geistorgan» oder von «Astralleib» gesprochen, dann nicht deshalb, weil der übersinnlich Erkennende «Organe» oder «Leiber» analog der sinnlichen Wahrnehmung «sieht». Die Berechtigung, im Hinblick auf nichtsinnliche «Gegenstände» von «Organen» oder «Leibern» zu sprechen, besteht darin, daß die diesen Gegenständen angemessene Beobachtungsart zu seelischen Begleiterlebnissen führt, die den Erlebnissen der Seele bei der Beobachtung von Leib und Organen im Sinnlichen entsprechen. Wenn etwa die oben angedeutete Auf-

1 Von Seelenrätseln. Loc. cit. S. 27 – 29

fassung eines geistigen Erkenntnisorgans bedacht wird, die den Begriff dieses Organs als «gesetzmäßige Tätigkeit der Seele, die nur besteht, sofern sie vollzogen wird», erscheinen ließ, dann kann im Ansatz deutlich werden, wie die symbolisierenden Darstellungen Steiners mit Hilfe sinnlicher Vorstellungsinhalte gemeint sind. Wesentlich näher wird ein Bemühen um Verständnis der Absicht anthroposophischer Darstellungen kommen, wenn es auf die Beobachtungsvollzüge, Begriffszusammenhänge und Funktionsbeschreibungen hinblickt, die benutzt werden, um bestimmte Termini einzuführen. Würden die Darstellungen Steiners hingegen im wörtlichen Sinne sinnlich aufgefaßt, dann müßten sie zu einem schlimmen materialistischen Mißverständnis des Gemeinten verleiten.

Ein Verständnis dieses Gemeinten (des Versuchs einer Beschreibung übersinnlicher Beobachtungen und der Darstellung einer zusammenhängenden Interpretation dieser Beobachtungen) kann sich demnach an der strukturierenden Gesetzmäßigkeit der Darstellung oder aber an den seelischen Begleiterlebnissen orientieren, die durch diese Darstellungen ausgelöst werden. Was die strukturierenden Gesetzmäßigkeiten anbelangt, so erschließen sie sich nicht oberflächlicher Lektüre, sondern nur einem intensiven Studium, das die systematische Tiefenstruktur und die historische Genese des Steinerschen Werkes erforscht. Oberflächliches Bemühen prallt an der Außenseite der Darstellungen ab. Das ist die Art, wie sich das offenbare Geheimnis vor Mißbrauch schützt. *Wer es nicht durch mühevolle Anstrengung entbirgt, sieht es nicht, obwohl es im Tageslicht dasteht.* Was aber die seelischen Nebenerlebnisse angeht, so müssen sie erst aus ihrem Verhaftetsein im Dunst der Alltagsempirie befreit werden. Das Alltagsbewußtsein lenkt in der Regel seine Aufmerksamkeit nicht den seelischen Begleiterlebnissen der Begegnung mit dem Alltag zu, sondern den zu bewältigenden Alltäglichkeiten. Insofern werden sie aber, mögen sie auch vorhanden sein, so gut wie nicht beachtet. Diese Mißachtung seelischer Begleiterlebnisse sinnlicher Erfahrung kann sogar zur Leugnung ihres Vorhandenseins führen. Nur eine entsprechende Schulung der introspektiven Beobachtungsgabe kann diese Begleiterlebnisse verstärkt in den Suchstrahl der Aufmerksamkeit rücken. Diese Schulung der Beobachtungsgabe für seelische Begleiterlebnisse ist ein Teil der oben erwähnten kathartischen Randbedingungen der anthroposophischen Methode. Die systematische Lenkung des Beobachtungsinteresses führt nämlich erst zu einer Isolation der gesuchten Phänomene. Was sich der gewöhnlichen, ungeschulten Introspektion darbietet, sind (im Hinblick auf das Alltagsbewußtsein gesprochen) keine reinen Phänomene seelischen Erlebens, sondern vermischte Phänomene. Erst die bewußte, planmäßige, stets erneuerte Übung des inneren Beobachtens ermöglicht das Hervortreten reiner Phänomene, ermöglicht ihre introspektive Isolation. Von dieser inneren Arbeit gilt, daß ihre Ergebnisse sich nur dem nicht nachlassenden Bemühen darbieten, das hartnäckig genug ist, sich durch Mißerfolge nicht scheuen zu lassen. Oder in Steiners Worten: «Man braucht sich gar nicht vorzustellen, daß etwa die Aneignung der imaginativen Methode leichter ist als diejenige von Laboratoriumsmethoden oder diejenige der Klinik, der Sternwarte und so weiter. Das eine wie das andere braucht jahrelange Arbeit, das eine Gedankenarbeit, das andere seelische innere Arbeit.»[1]

Darüberhinaus aber ist der pragmatische Umgang mit den bildlichen Ausdrucksformen übersinnlicher Erkenntnis so legitim wie der Umgang mit Modellvorstellungen legitim ist. Ja, er ist sogar noch legitimer. Ihr Vorzug gegenüber gewöhnlichen Modellvorstellungen besteht nämlich darin, daß die Modellvorstellungen der Geisteswissenschaften nicht auf dem Wege der Abstraktion aus der sinnlichen Beobachtung konstruiert werden, sondern Versinnlichungen tatsächlicher übersinnlicher Beobachtungen sind. Sie stellen also, im Gegensatz etwa zu klassischen Atommodellen, keine Substantiierung von Begriffen aufgrund von nicht vorhandenen Beobachtungen (Analogien) dar, sondern (symbolische) Verbildlichungen von tatsächlich Beobachtetem.

Für die gezielte pragmatische Verwendung geisteswissenschaftlicher Modellvorstellungen ist ihre exakte Erarbeitung und die penible Berücksichtigung ihres jeweiligen Geltungsbereichs maßgebend. Steiner hat seine Darstellungen so gestaltet, daß sie nicht nur das Begriffsvermögen des Lesers, sondern auch sein Beobachtungsvermögen beanspruchen. Es ist gewiß kein Zufall, sondern methodischer Absicht entsprungen, daß er etwa in seiner «Geheimwissenschaft im Umriß» die Darstellung der geisteswissenschaftlichen Anthropologie an beobachtbaren Phänomenen orientiert. Um den Begriff des physischen Leibes zu beleuchten, muß die «Aufmerksamkeit» auf die Erscheinung des Todes gelenkt werden. Die folgenden Schilderungen sollen «vorläufige Vorstellungen anregen». Der Tod läßt am Menschen das sichtbar werden, was er auch während des Lebens schon in sich trägt, was aber durch die Erscheinungen des Lebens unterdrückt ist: die Vorgänge in seinem Organismus, die den Gesetzen gehorchen, denen die anorganische Welt unterworfen ist.

Der lebendige Organismus ist nicht von den Gesetzen der anorganischen Welt allein bestimmt, sondern auch von den Gesetzen (Kategorien) des

1 GA 324. Loc. cit. S. 64

Lebens. Während am Verfall oder der Mumifizierung des Leichnams das Wirken der anorganischen Gesetze manifest wird, können die Wirkungen des Organisationsgefüges der Kategorien des Lebendigen nur am belebten Leib beobachtet werden. Das Organisationsgefüge dieser Kategorien kann aber genausowenig unmittelbar beobachtet werden, wie die Gesetze des Anorganischen. Letztere müssen gedacht, erstere geschaut werden. Naturgesetze, in denen anorganische Wirkungsmechanismen beschrieben werden, bestimmen die ihnen untergeordneten Phänomene, indem sie ihnen selbst äußerlich bleiben. Sie sind Deskriptionen von beobachtbaren, gesetzmäßigen Veränderungen, die aus der Komposition und Dekomposition von Wahrnehmungsaggregaten bestehen. Das Organisationsgefüge der Kategorien, die die Phänomene des Lebendigen bestimmen, befaßt aber wirkende Gesetze in sich, die die Wahrnehmungsgefüge durchdringen und wirkend bestimmen. Das Insgesamt dieses kategorialen Gefüges erhält den Namen «Ätherleib». (Der fachsprachliche, technische Charakter des Ausdrucks wird bei dessen Einführung deutlich hervorgehoben).

Wachstumsphänomene und Fortpflanzung (autopoietische Gestaltgenese und artspezifische Gestaltreproduktion) treten nur im Bereich des Lebendigen auf. Die Gestaltung eines autonomen Innenraums, der sich nicht nur darauf beschränkt, die Erhaltung der Gestalt zu bewerkstelligen oder diese zu reproduzieren, sondern zur ihn umgebenden Welt in intentionale Beziehungen tritt, ist aber dem Seelischen vorbehalten. Der Hinweis auf unterschiedliche Bewußtseinszustände (Schlafen und Wachen) regt eine vorläufige Vorstellung der Wirksamkeit des Seelischen an. Auch bei der Einführung des terminus technicus, der die Phänomene des Seelischen zur Einheit zusammenfasst («Astralleib»), wird auf dessen Setzungscharakter ausdrücklich hingewiesen.

Während die Intentionalität des Seelischen sich zwar vom immanenten Zweck der Gestalterhaltung und Gestaltreproduktion durch den Gehalt einer «zweiten Welt» emanzipiert, aber zu keiner Selbsterfassung durch intentionale Beziehung auf sich selbst vordringt, ist dies im Bereich des Geistes der Fall, der zur intentionalen Selbsterfassung fähig ist und sich als «dritte Welt» mit selbsterzeugtem Gehalt neben (in und zugleich über) der seelischen begründet. So wie bei der Einführung des Begriffs der Seele auf den Unterschied von Bewußtsein und Bewußtlosigkeit hingewiesen wird, so bei der Einführung des vorläufigen Geistbegriffs auf die Phänomene Erinnerung und Vergessen.

Bei der Bildung von Erinnerung betätigt sich der Geist in der Seele. Während die Entstehung von Bewußtsein an das bloße intentionale

Gegenstreben eines sich emanzipierenden Innenraums gebunden ist, wird Erinnerung an das Bewußtgewordene und Leben in dieser Erinnerung der bildgestaltenden Wirkung des Geistes in der Seele zugeschrieben. Diese erinnernde Form des seelischen Lebens erhält den Namen «Empfindungsseele». Doch entfalten die Erinnerungen in der Seele ein eigenes Leben und werden wiederum von der Tätigkeit des Geistes bearbeitet, der durch diese Bearbeitung zur Erkenntnis und Bewältigung seiner Lebenswelt gelangt. Diese Form des seelischen Lebens erhält den Namen «Verstandesseele». Im Raum der den Dingen zugewandten intentionalen Beziehungen kann eine intentionale Selbstbeziehung des Geistes nicht stattfinden. Erst indem sich der in der Seele Beziehungen setzende Geist zur Beziehung auf sich selbst übersteigt, kann er sich als Geist begreifen. Im sich denkend selbst erfassenden Geist, in der sich selbst erfassenden intentionalen Beziehung öffnet sich der seelische Innenraum für einen Gehalt, der zwar im Subjekt entspringt, aber übersubjektiv ist. Der Ort dieser Selbstbewußtwerdung des Geistes in der Seele – die «Bewußtseins-Seele» – ist zugleich der Ort, wo der Inhalt der geistigen Wirklichkeit gegenständlich zu werden beginnt. Daß dieser wiederum verschiedene Dimensionen der Selbstbeziehung in sich birgt, ergibt sich bereits der Beobachtung des Denkens. Das Subjekt des Denkens (Geistselbst) bringt zwar das Denken (den Geistesmenschen) hervor, wird aber zugleich vom Denken hervorgebracht. Das denkende Subjekt entfaltet im Denken und aus dem Denken sein geistiges Leben (Lebensgeist), das in der Wechselwirkung der individuellen Form mit dem universellen Gehalt manifest wird. In der wechselseitigen Durchdringung von Form und Gehalt wird der Gehalt individualisiert und die Form (die Tätigkeit des Subjekts) universalisiert.

Der Mensch, als geistiges Wesen, entfaltet gegen die Wirksamkeit der anorganischen Kräfte sein Leben, gegen dessen alleinige Herrschaft das Bewußtsein, das Bewußtsein übersteigend sein Selbstbewußtsein, auf diesem gründend Bewußtsein des überindividuellen Geistes. Diese in sich einheitliche Gestalt des menschlichen Gesamtwesens läßt sich aber von den verschiedensten Gesichtspunkten betrachten. Je nach der begrifflichen Perspektive, die den beobachtenden Blick lenkt, fächern sich die anthropologischen Phänomene in verschiedene Gebildeklassen auf. Genauso wie es berechtigt ist, den Gesichtspunkt der Einheit einzunehmen, und die Entfaltung der einheitlichen Idealgestalt des Menschen in seiner Lebensgeschichte zu beobachten, ist es berechtigt, die in sich differenzierte, integrale Ganzheit auf ihre verschiedenen Organisationsbereiche zu untersuchen. Während die der Vererbung unterworfene Gattungsnatur des Menschen (seine leibliche Gestalt, seine Instinkte und Reflexe) auf der Ebene des belebten Leibes anzusiedeln ist, haben Temperament und Charakter, Neigungen und Gewohnheiten im beseelten Lebensleib ihre ontische Verankerung. Fähigkeiten und Begabungen, Erinnerungen und Entwürfe, insofern sie sich im Verlauf der Daseinsbemächtigung als individuelle Signatur des einzelnen Lebens entpuppen, verdanken sich nicht den Gattungseigentümlichkeiten, sondern der geisterfüllten Seele des Menschen.

So sehr nun der Mensch als Ganzheit betrachtet werden kann, dürfen auch die einzelnen Gebildeklassen, die er in seiner integralen Natur vereinigt, darf die «Pluralität der Formen», deren Einheit er ist, Spezialuntersuchungen unterworfen werden. Diese in der Obhut von Einzelwissenschaften durchgeführten Untersuchungen sind auf die jeweiligen Gebildeklassen und ihre inneren Beziehungen sowie auf die Beziehungen der jeweiligen Phänomenbereiche zu den angrenzenden Bereichen beschränkt. Inwieweit diese Wechselwirkungen verschiedener Gebildeklassen adäquat erfaßt werden, hängt von der methodischen Beschränktheit oder Beweglichkeit der jeweiligen Wissenschaft ab. Auf dieses Problem wurde oben schon hingewiesen.

Was aber die von Ullrich zitierte wissenschaftliche Kritik an anthropologischen Schichtenmodellen anbelangt, so ist nicht weiter verwunderlich, daß sie auf Steiners Anthropologie schlicht nicht zutrifft. Weder werden bei Steiner Funktionen zu «ontologischen Realitätsstufen verdinglicht» (stellen doch die «Funktionen» selbst ontologische Realitäten dar), noch verkennt Steiner die «Nichträumlichkeit» des Seelischen (ist für ihn die Verräumlichung der Welt vielmehr eine Funktion des in der Seele wirkenden Geistes), noch läßt er die Personalität des Menschen lediglich im obersten Stockwerk des Stufenbaus wohnen (sie ist vielmehr die von Anfang anwesende gestaltbildende Entelechie, die sich auch der geistfernsten Stofflichkeit personhaft annimmt), er schließt aus seiner Anthropologie auch nicht die Aneignung geschichtlicher und kultureller Leistungen der Menschheit als Vehikel der Individuation aus (diese bilden vielmehr zentrale Bestandteile seines Verständnisses des seelischen und geistigen Lebens), noch bezieht er die «unmittelbare Innerlichkeit der personalen Existenz» nicht ein (ihr ist ein Großteil seiner Darstellungen zur Diätetik und Katharsis der Seele gewidmet).

Ullrich zitiert wissenschaftliche Kritiker des anthropologischen Schichtendenkens: solche, die nach seiner Ansicht zu den Überwindern dieses Reliktes aus vorwissenschaftlicher Zeit gehören. Zu diesen gehört Franz Josef Mathey, der 1960 für das Handbuch der Psychologie das Kapitel über die «Schichttheorie der Persönlichkeit» verfaßt hat. Mathey ist aber kein Gegner, sondern ein Befürworter von Schichtenmodellen. Diesen Tatbestand unterschlägt Ullrich. Für Mathey sind Modelle genetischer Schichtung (die noch am ehesten der Anthropologie bzw. Psychologie Steiners vergleichbar sind) nicht nur geeignete Mittel der Darstellung der Differenziertheit des seelischen Lebens, sie sind auch besser in der Lage, den «ganzheitlichen Charakter des Seelischen zu veranschaulichen».

Mathey äußert sich 1960 zum Problem der Schichtenmodelle unter anderem so: «Überhaupt würde es schwerlich möglich sein, die Frage der Priorität bezüglich des modernen Schichtendenkens in den verschiedenen anthropologischen Wissenschaften zu klären. Es scheint fast, als ob im Zuge der von diesen Disziplinen zusammengetragenen Einzelergebnisse die Zeit mehr und mehr reif geworden ist für eine an neueren wissenschaftlichen Erkenntnissen orientierte und entsprechend modifizierte Wiederaufnahme der antiken Schichtenlehren. Ist es doch auch gerade der Schichtgedanke, der eine Synthese der verschiedenen Einzelergebnisse und Theorien in oft geradezu idealer Weise ermöglicht. Sicher kann angenommen werden, daß in der Neuzeit vor allem die Ideen der Philosophen Schopenhauer und Nietzsche die Wirksamkeit unbewußter seelischer Kräfte wieder in den Blickpunkt des Interesses gerückt haben...» (und E. v. Hartmann, wäre zu ergänzen!)

«Mit ebensolcher Sicherheit kann festgestellt werden, daß es andererseits nicht nur philosophische Lehren gewesen sind, die zu einem Wiederaufleben und endlich zu einer solchen Blütezeit des Schichtendenkens geführt haben, wie sie seit den zwanziger Jahren dieses Jahrhunderts zu beobachten sind. Bahnbrechend sind hier vielmehr auch die hirnanatomischen und hirnpathologischen Erkenntnisse sowie die eingehenden phänomenologischen Beschreibungen von Wernicke, Kraus, Kleist und anderen gewesen...»

«Innerhalb der Psychologie selbst wurde dem Schichtendenken vor allem dadurch der Boden geebnet, daß nach Überwindung der stark mechanistisch orientierten sogenannten Elementenpsychologie die Idee der Ganzheit und Struktur des seelischen Lebens sich in zunehmendem Maße durchsetzte. Gerade der Gedanke einer Schichtung des Seelischen vermag der von Ganzheits- und Strukturpsychologie vertretenen Idee vom gegliederten Aufbau des seelischen Ganzen in hohem Maße gerecht zu werden. Zu der Aufnahme der Schichtenlehre in der Psychologie hat aber auch die Tatsache beigetragen, daß diese Modellvorstellung es vermochte, die ganzheits- und strukturpsychologischen Gesichtspunkte mit den Ergebnissen einer zunehmend onto- und phylogenetisch orientierten Entwicklungspsychologie zu einer besonders glücklichen Synthese in sich zu vereinigen. Seine große Fruchtbarkeit hat das Schichtendenken innerhalb der modernen Psychologie mehr und mehr heimisch werden lassen. Dies ist um so mehr zu begrüßen, als es einerseits selbst nicht an ein bestimmtes psychologisches ‹System› gebunden, andererseits aber sehr oft in der Lage ist, die Ergebnisse und Theorien mancher konträrer psychologischer Systeme in sinnvoller Weise in sich aufzunehmen und zu verarbeiten. Wenn freilich der Schichtgedanke von einigen der verschiedenen Schulen auch in der ihnen jeweils spezifischen Weise modifiziert wird, so scheint doch der Tatsache des Schichtendenkens an sich auch unter dem Aspekt der Annäherung unterschiedlicher psychologischer ‹Schulen› ein hoher Wert zuzukommen.»

«Anknüpfend an die Feststellung Gilberts (1951), die Schichtenlehre werde auch durch die Ergebnisse der Faktorenanalyse bestätigt ... fühlt sich Eysenck[1] (1959) zu einer emphatischen Ablehnung des gesamten Schichtendenkens veranlaßt. Die Schichtentheorie müsse eher als philosophische Spekulation denn als Beitrag zu einer naturwissenschaftlich fundierten wissenschaftlichen Psychologie angesehen werden. Diese Aussage Eysencks vermag freilich nur auf dem Boden einer recht oberflächlichen Kenntnis der hier zur Debatte stehenden Theorie zu erwachsen. So verkennt seine Ansicht zumindest die breite Basis naturwissenschaftlicher Befunde, die der Lehre von den seelischen Schichten zugrunde liegt.

Im übrigen hat die psychologische Schichttheorie auch bereits ihre Bewährungsprobe als Arbeitshypothese in den mannigfachsten psychologischen und auch in Nachbardisziplinen bestanden, so in der Sozialpsychologie, in der psychologischen Diagnostik und in den verschiedensten Bereichen der angewandten Psychologie.»[2]

Die Methode chirurgischer Operation, die Ullrich gegenüber Steiner anwendet, macht, wie man sieht, auch vor anderen Autoren nicht Halt. Mit monomaner Zielsicherheit werden jene Muster in Texten aufgefunden und verwertet, die in das vorgegebene Urteilsmosaik hineinpassen. Ullrich mißdeutet nicht nur die dynamisch-genetische Strukturanthropologie Steiners, indem er sie in einen Interpretationsrahmen hineinzwängt, der ihr völlig inadäquat ist, er verfährt selbst mit dem wissenschaftlichen Diskurs so, daß er ihn tendenziös verfälscht.

Die von Ullrich monierte Inkohärenz einer von Steiner entworfenen Dreigliederung und einer Viergliederung des Menschen löst sich bei genauerer Betrachtung ebenso in Nichts auf wie andere Vorwürfe von Seiten Ullrichs.

1 Eysenck ist einer der prominenteren Vertreter einer behavioristisch orientierten, mathematisch-statistischen Persönlichkeitsanalyse in England

2 Handbuch der Psychologie, 4. Band, S. 437 – 474. Göttingen 1960.

Während sich die begriffliche Perspektive, die zur symbolisch vertikal darstellbaren Gliederung des Menschen führt, als eine ontologische erweist, die den ontischen Rang von Seinsfunktionen des Menschen in den Gesamtzusammenhang der Wirklichkeit einordnet, ist die begriffliche Perspektive, die zur horizontal darstellbaren Dreigliederung führt, eine anthropologische, die das psychophysische Problem unter Einbezug nicht-sinnlicher Erkenntnismethoden einer Lösung entgegenführt. Dabei ist es nicht schwierig, die Dreigliederung des Menschen nach seiner physiologischen und psychischen Grundkonstitution in die ontologische Strukturidee seiner dynamisch-genetischen Viergliederung einzufügen. Das seelische Leben des Menschen verläuft nach drei Seiten, die mit der trichotomischen Formel Denken (Vorstellen), Fühlen, Wollen angedeutet sind. Diese seelische Trichotomie findet sich bereits im anthropologischen Entwurf der «Philosophie der Freiheit»: sie wird dort aus erkenntnislogischen Untersuchungen abgeleitet. Der Mensch als erkennendes Wesen steht wahrnehmend und denkend zur Wirklichkeit und zu sich selbst in Beziehung. Indem er als denkendes Subjekt in der dialektischen, Subjekt und Objekt umgreifenden Absolutheit des Denkens aufgehoben ist, muß er als Wahrnehmungssubjekt die Grenze seiner Subjektivität, die durch die Objektwelt bestimmt ist, anerkennen. Er kann nicht nur denkend Subjekt und Objekt aufeinander beziehen und unbegrenzt ineinander verweben, er nimmt auch den Bezug der Objektwelt auf sich als Subjekt und den Bezug seiner Subjektivität auf die Objektwelt wahr. Der wahrnehmbare Bezug der Objekte auf seine Subjektivität wird von Steiner als «Fühlen» bestimmt, der wahrnehmbare Bezug seiner Subjektivität auf die Objektwelt als «Wollen». Abgesehen von ihren begrifflichen Bestandteilen sind Fühlen und Wollen Wahrnehmungen, die der Mensch als verleiblichtes Erkenntnissubjekt an sich macht. Schon diese Beobachtung an der Entfaltung des seelischen Lebens nach den charakterisierten drei Seiten ließe vermuten, daß die physiologische Grundlage dieser Entfaltung eine spezifische Dreigliedrigkeit physiologischer Prozesse erkennen lassen müßte. Doch wäre eine solche Überlegung zunächst bloß deduktiv und hätte keinen Widerhalt in der Empirie. Auch wenn einsichtig ist, daß Efferenz und Afferenz verschiedenartige Prozesse sind, die sich gegenseitig ausschließen, und daß die Durchdringung beider nur in einem physiologischen Raum stattfinden kann, in dem sich die leiblichen Vorgänge, die Efferenz und Afferenz zugrundeliegen, gegenseitig in ihrer Durchdringung aufheben, ist die theoretische Überlegung erst an der Beobachtung zu überprüfen. Demgemäß behauptet Steiner auch, mit seinen Darstellungen zur physiologischen Grundlage seelischer Vorgänge die Ergebnisse einer «dreißigjährigen» geisteswissenschaftlichen Forschung darzulegen.[1] Daß physiologische Vorgänge am belebten Leib des Menschen beobachtet werden können und müssen, versteht sich von selbst. Daß seelische Erlebnisse am belebten Leib nicht beobachtet werden können, sondern intern erfaßt werden müssen, ist nicht nur aus dem Versagen des Behaviorismus in der Psychologie zu ersehen. Die physiologische und die psychologische Trichotomie fügt sich nahtlos in die ontologische Viergliederung des Menschen ein. Während Steiner in seiner Anthropologie 1917 verfolgt, wie der belebte Leib (physischer Leib und Ätherleib) die Grundlage zur Entfaltung des seelisch-geistigen Lebens (Astralleib und Ich) bildet, untersucht er das Zusammenwirken der ontischen Teilganzheiten des Menschen in der «Theosophie» (1904) und in der «Geheimwissenschaft im Umriß» (1910) an ganz anderen Erscheinungen. Aber auch die ontologische Tiefenstruktur des Menschen bildet bereits 1894 einen Bestandteil seines Entwurfs einer Freiheitsanthropologie. Wie weiter oben gezeigt, läßt sich ein Menschenbild, das der immanenten Seinsbestimmung des Menschen gerecht wird, nur von der Idee der Freiheit her gewinnen. Die Erkenntnis- und die Freiheitsanthropologie, die in der «Philosophie der Freiheit» entworfen werden, nehmen auf diese Tatsache Rücksicht, indem sie den Weg des sich zur Freiheit entwickelnden Menschen aufzeigen. Auf diesem Weg entfaltet sich die Erkenntnis- und die Freiheitsfähigkeit des Menschen durch die naturverfügten und gesellschaftsbedingten Formen der Realisation der Subjektivität auf die Wiedergeburt des Subjekts in der Freiheit hin. Während das Subjekt des Denkens sich über die Stufen der Beobachtung, Vorstellung und des Begriffs zur intuitiven Selbsterfassung bewegt, geht mit dieser Bewegung die Befreiung des Willens aus der Leibverhaftung über Begierde, Gefühl, praktische Erfahrung (Vorstellen) zum praktischen Apriori der reinen Vernunft (der moralischen Intuition) einher. Das, was Steiner in der «Philosophie der Freiheit» die charakterologische Anlage (den bleibenden Vorstellungs- und Gefühlsgehalt) des Individuums nennt, schließt auch die Temperamentseigentümlichkeiten in sich. Im Temperament liegt aber nicht, wie Ullrich fälschlicherweise (aufgrund oberflächlicher Adaption) behauptet, der Wesenskern des Menschen[2], sondern der Widerstand, den der Wesenskern des Menschen an der subjektiven Organisation zu überwinden hat, um zu seinem eigenen (intuitiven) Gehalt vorzustoßen.

1 In seiner Schrift «Von Seelenrätseln», in der er erstmals 1917 diese Beziehung zwischen physiologischen und seelischen Vorgängen unter dem Titel «Die physischen und die geistigen Abhängigkeiten der Menschen-Wesenheit» dargelegt hat. Vgl. GA 21. Dornach 1976, S. 150 f.
2 Ullrich, Waldorfpädagogik und okkulte Weltanschauung. S.148.

3.1. Die anthroposophische Entwicklungslehre als restituierte mythologische Hebdomadologie?

> «Tatsachen werden durch ältere Ideologien konstituiert, und ein Widerstreit von Tatsachen und Theorien kann ein Zeichen des Fortschritts sein.»
>
> *Paul Feyerabend*

Für Ullrich besteht kein Zweifel darüber, daß es sich bei der «Lehre von den Jahrsiebten», die Steiner als entwicklungspsychologische Begründung der Methodik und Didaktik der Waldorfschule entworfen hat, um ein Produkt eklektischer Spekulation handelt, das keinerlei wissenschaftlichen Wert besitzt. Sie sei als «Rückgriff» auf mythologische Quellen ein «Anachronismus», lasse sich in der «wissenschaftlichen Psychologie» schwerlich sinnvoll diskutieren. Die Lebensalterlehre Steiners sei nicht nur normativ und präskriptiv gemeint, sie verweigere auch jede «Modifikation» und «Falsifikation», weil sie sich auf höhere Erkenntnis zurückführe. Dabei hat Ullrich gegen eine epochale Gliederung der Lebensentwicklung nichts einzuwenden, wenn sie sich als heuristisches Modell versteht, das im praktischen Horizont erzieherischen Handelns zur «Interpretation von Erfahrungen» und «Präzisierung von Erwartungen» dient. Diesen heuristischen, praxisorientierten und fallibilen (also letztlich unverbindlichen) Charakter vermißt er an der Entwicklungslehre Steiners. Dieser betrachte den Lebenslauf des Menschen nicht nur als diskontinuierlich (durch Epochenschwellen gegliedert), sondern auch als metamorphotisch (das Einsetzen einer neuen Epoche ist mit der Geburt eines neuen Wesensgliedes verbunden): er huldige auch einem psychophysischen Parallelismus (da leibliche und seelische Entwicklung in einem determinativen Gesamtzusammenhang stehen). Ullrich vermutet auch hier, wie überall, eine direkte Quelle für Steiners Wissen: er findet sie in einer Anmerkung in der «Geheimlehre» der Blavatsky. Das Fazit seiner «Untersuchung»: Steiners Entwicklungslehre ist kein Ergebnis «authentischer und originärer wissenschaftlicher Forschung». Sie stellt vielmehr «einen anachronistischen Rückgriff auf die Tradition der zahlensymbolisch geleiteten mythologichen Weltdeutungen dar.»[1]

Zunächst gilt bezüglich der Epochengliederung, sofern sie ein Ergebnis geisteswissenschaftlicher Beobachtung ist, dasselbe wie für alle anderen Beobachtungsergebnisse, die aus der Anwendung der geisteswissenschaft-

1 Ebenda, S. 118

lichen Methoden resultieren: sie sind falsifizierbar durch Beobachtungen, die sich bei der Anwendung derselben Methoden ergeben. Würde also etwa durch übersinnliche Beobachtung festgestellt, daß mit dem Austausch des Milchgebisses nicht ein Freiwerden bestimmter Teile des Ätherleibes von der Aufgabe der Organisation des kindlichen Leibes verbunden ist, sondern eine stärkere Bindung dieser Teile des Ätherleibes an die gestaltbildende Wirksamkeit, dann wäre dies eine aus der Beobachtung gewonnene Instanz, die gegen die Aussagen Steiners sprechen könnte. Diese Aussagen prinzipiell vor möglichen Berichtigungen oder Modifikationen durch neue Beobachtungen bewahren zu wollen, wäre ein absurdes Unterfangen und kann auch, wie wohl zur Genüge dargestellt, nicht einmal andeutungsweise bei Steiner als Anspruch nachgewiesen werden. Unterstellt werden kann ihm der Absolutheitsanspruch natürlich immer. Aber Unterstellungen sind keine wissenschaftlich ernst zunehmenden Argumente. Sie sind überhaupt keine Argumente, sondern Suggestionsversuche, die auf bewußten Entstellungsabsichten oder Irrtümern beruhen.
Andererseits ist es ebenso absurd, zu fordern, übersinnliche Beobachtungen, die das «Freiwerden» bestimmter Teile des Ätherleibes von der Gestaltbildungsaufgabe oder das verstärkte «Eintauchen» des Astralleibes in den belebten Leib in Verbindung mit der Geschlechtsreife betreffen, durch empirische Forschung im Sinne einer experimentellen Psychologie etwa falsifizieren zu können. Eine solche Falsifizierungsvariante wäre dem Forschungsgegenstand schlichtweg inadäquat. Die geisteswissenschaftlichen Aussagen zielen aber auch keineswegs auf die empirischen Gegenstandsbereiche, die durch physiologische, anatomische, medizinische Untersuchungen beleuchtbar sind: wenn eine empirische Kausalbetrachtung den puberalen Wachstumsschub mit einer verstärkten Aktivierung des innersekretorischen Systems in Verbindung bringt, dann fragt die geisteswissenschaftliche Erkenntnis *nach den Ursachen dieser Ursachen.* Sie stellt nicht die empirischen Beobachtungen, etwa das Phänomen der säkularen Akzeleration, in Frage, aber sie interpretiert diese Beobachtungen als Ausdruck der modifizierten Entwicklungsbedingungen der menschlichen Gesamtkonstitution. Gewiß sieht die geisteswissenschaftliche Beobachtung nicht über soziologisch, historisch und ethnologisch differenzierte Situationen menschlicher Entwicklung und Reifung hinweg, im Gegenteil, sie formuliert im Hinblick auf bestimmte Beobachtungen ihre Interpretationen empirischer Tatbestände. Wenn in nichteuropäischen Kulturen sich erhebliche Verschiebungen von Entwicklungsrhythmen ergeben, dann spricht diese Tatsache nicht gegen das Vorhandensein von Entwicklungsrhythmen, weder dort noch hier, sondern für die Notwen-

digkeit einer differenzierenden Betrachtungsweise, die von geisteswissenschaftlicher Forschung sicherlich nicht bestritten wird. Steiner hat die von ihm vorgetragene epochale Gliederung Anfang dieses Jahrhunderts im deutschsprachigen Mitteleuropa im Hinblick auf die nördliche Hemisphäre formuliert: der Anspruch, daß diese epochale Gliederung für alle Kulturräume, für alle historischen Zeiträume und sämtliche Völker der Erde in der gleichen Weise gelte, ist bei Steiner nirgends nachzuweisen.

Wenn also Ullrich meint, anthroposophische Erkenntnisergebnisse seien im Rahmen ernsthafter wissenschaftlicher Psychologie nicht diskutierbar, dann verfällt er einmal mehr seinem reduktionistischen und monopolistischen Wissenschaftsbegriff. Ullrich wäre zu fragen (eine Frage, die er auch anläßlich der Untersuchung über die Entwicklungslehre wohlweislich nicht beantwortet), was er unter wissenschaftlicher Psychologie versteht. Daß er jedoch bedeutende neuere Strömungen dieses Jahrhunderts offenbar nicht zur wissenschaftlichen Psychologie rechnet, geht daraus hervor, daß seine Kritik an Steiners Entwicklungslehre auch Anschauungen trifft, die sich in tiefenpsychologischen, phänomenologischen, humanistischen Richtungen der Psychologie finden. Und vollends, wenn die neueste Diskussion in der Entwicklungspsychologie berücksichtigt wird, muß das Urteil Ullrichs revidiert werden. In dieser beginnt nämlich das Stufenmodell wieder mit größerer Toleranz betrachtet zu werden: die Konjunktur der Theorien schwankt nach einer Zeit der Adaption hauptsächlich angelsächsischer Ansätze der Objektivierung psychologischer Forschung wieder vermehrt in eine Richtung, die nach zusammenhangbildenden Strukturen Ausschau halten läßt. So vertreten W. Wieczerkowski und Hans zur Oeveste 1982 folgende Auffassungen gegenüber dem Problem der Stufenlehren: Es ist «bis heute eine umstrittene Frage, ob Entwicklung als kontinuierlicher Prozeß verläuft oder in Stufen untergliedert ist, die durch relativ konstante und eine bestimmte Zeit überdauernde Disposition des Verhaltens und Erlebens näher gekennzeichnet sind.» (63) «In den sechziger und siebziger Jahren hat die deutsche Entwicklungspsychologie im Zuge einer stärkeren Orientierung an der englischsprachigen Forschung Stufenlehren als veraltet und überholt erklärt.» (65) «Trotz dieser kritischen Strömungen hat die Konzeption der Stufentheorie auch in der gegenwärtigen Entwicklungspsychologie weiterhin Bedeutung. Vor allem mit der Wende von der behavioristisch orientierten Lern- und Sozialisationspsychologie zur strukturalistischen Kognitionstheorie in den sechziger Jahren hat sie eine Wiederbelebung erfahren.» (66) «Heute begegnet man Stufenkonzepten wieder mit größerer Toleranz.» (66) «Die Betrachtungsebene des Stufenkonzepts ist makroskopisch und statisch und erleichtert den Überblick über Entwicklung als Ganzes. Im Vordergrund der Erklärung stehen dispositionelle Faktoren, Konstitutionen und Strukturen. Die Betrachtungsebene des Lernprozeß-Modells ist mikroskopisch und bezieht sich auf die Mechanismen des dynamischen Prozesses der Veränderung selbst. Im Vordergrund der Erklärung stehen aktuelle Faktoren.» (68)[1]

Ullrichs Abneigung gegen jegliche Normativität und Präskription wird verständlicher, wenn der Blick auf seinen Bildungshintergrund fällt: er verdankt die sein eigenes Denken leitenden Präskriptionen weitgehend Theodor Ballauf und Erwin Hufnagel in Mainz. Ballauf ist, wie Hufnagel meint, «unter den zeitgenössischen Bildungstheoretikern von Rang» der einzige, «der mit den denkerischen Mitteln des neuzeitlichen Idealismus (Kant, Fichte, Humboldt, Pestalozzi) die durch ihn ermöglichte Selbstermächtigungslehre als ... totalitäre Ideologie entlarvt.» Für Ballauf verwirklicht sich Humanität «in der wissenden Transzendierung jedweden Interpretationshorizontes, sei er nun lebensweltlich oder einzelwissenschaftlich bestimmt. Nur diese absolute Uneingeschränktheit des Denkens darf einen unbedingten Anspruch an den Menschen richten.» Für ihn ist das «einzige Absolutum das Denken.» Seine Bildungslehre übersteigt «alle inhaltlichen Auslegungen des (bildungstheoretischen) Denkens», diese «zugunsten einer unabschließbaren Denkbewegung relativierend...»[2]

Ballaufs «bedächtige Zerstörung dogmatischer Gehäuse» entspringt aber selbst der Aufklärung und dem emanzipatorischen Gestus ihres Denkens. Wenn man vom anthroposophischen Standpunkt auch keineswegs abgeneigt ist, dem hier akzentuierten Bildungsideal einer unabschließbaren Bewegung des Denkens, einer Emanzipation des denkenden Subjekts gegenüber den Transzendentalien zuzustimmen, so erhebt sich doch die Frage, wie dieses Ideal, das zugegebenermaßen zur Norm wird, wenn es dem pädagogischen Handeln Richtschnur sein soll, verwirklicht werden kann. Diese Frage, auf die Ullrich genausowenig wie auf irgendeine andere in seinem Buch mit positiven Ausführungen eingeht, erhebt sich unübersehbar angesichts des werdenden Menschen und der praktischen Erziehungsaufgabe. Steiner in mündlichen, extemporierten Ausführungen 1923 in Ilkley: «Glauben Sie nicht ... daß ich, der ich ... die ‹Philosophie der Freiheit› geschrieben habe, nun eintreten möchte ... für die ausschließliche, absolute Geltung des Auto-

1 W. Wieczerkowski / Hans zur Oeveste, Lehrbuch der Entwicklungspsychologie, Bd. 1. Düsseldorf 1982. S. 63 – 69.

2 Erwin Hufnagel in: Theodor Ballauf. Pädagogik als Bildungslehre. Philosophischer Literaturanzeiger, Bd. 42. H. 3. Juli – September 1989. S. 469 – 472.

ritätsprinzips im sozialen Leben. Aber ... was im Menschenleben sich offenbart, ist – wenn auch auf geistige Weise unter dem Impuls der Freiheit – geradeso gesetzmäßig orientiert wie das Naturgesetzleben, und so können wir nicht danach entscheiden, was uns für die Kindererziehung vom Zahnwechsel bis zur Geschlechtsreife sympathisch oder unsympathisch ist, sondern wir müssen danach entscheiden, was die menschliche Organisation will ... so muß der Mensch, damit er sich gesund und frei entwickeln kann, damit er später gerade die Freiheit in der richtigen Weise gebrauchen kann, [vom Zahnwechsel bis zur Geschlechtsreife] die Freiheit unter der selbstverständlichen Autorität entwickeln.»

Die Frage ist also: *wie, auf welchem methodischen Weg, kann der einzelne zur Freiheit erzogen werden?* Diese Frage läßt sich nur beantworten, wenn inhaltlich Position bezogen wird. Ein Denken, das sich auf seine Unabschließbarkeit kapriziert, wird auch nie dazu kommen, eine solche Frage zu beantworten, es wird überhaupt nicht fähig sein, einen inhaltlich positiven Erziehungsbegriff zu formulieren, der über abstrakte Leerformeln hinausgeht. Das nach Universalität strebende Denken kann angesichts der partikularen Wirklichkeit des Erziehungsauftrags und der aus diesem resultierenden praktischen Aufgaben nicht darauf verzichten, sich in der partikularen Welt zu positionieren. Die Praxis kann nicht universalistisch sein. Jeder Versuch, den Universalimus der Theorie in der Praxis zu realisieren, führt zum Totalitarismus. Steiners genetische Anthropologie versucht auf die Frage nach der Methode eine Antwort zu geben, indem sie den Weg des Menschen zur Freiheit in der Entwicklung des Kindes zum Erwachsenen nachvollzieht. Jede Antwort ist, sofern sie auf Praxis hinzielt, eine Einschränkung der unabschließbaren Bewegung des Denkens. Doch kommt das Universelle nicht umhin, sich selbst zu beschränken, wenn es real werden will, das hat schon Fichte eingesehen. Erziehung vollzieht sich angesichts dieser Notwendigkeit in der dialektischen Spannung zwischen Formung und Befreiung der Individualität, wobei die letztere mit zunehmendem Alter des Jugendlichen immer mehr hervortritt. Dabei schwebt der Freiheitsbegriff als das höchste Erziehungsideal bei allen erzieherischen Handlungen immer im Hintergrund. Zunächst lebt der Erzieher durch von Vernunft durchsetzte Handlungen dem Kind vor, wie ein freier Mensch sich verhält (Nachahmung), später erwirbt sich der Erzieher die Liebe des Kindes zu seiner sich selbst bezwingenden Autorität durch phantasievolles Handeln (Autoritätsphase), und gegenüber dem geschlechtsreifen Jugendlichen stellt sich der Erwachsene als Sachkenner mit weltgewandtem Weitblick dar, an dem der Jugendliche seine Urteilsfähigkeit schulen kann. Hat der Jugendliche diese Schulung durchlaufen, ist er bereit, in Selbstverantwortung die Forderungen des Lebens zu bemeistern und dem unbedingten Anspruch des «absolut uneingeschränkten Denkens» standzuhalten.

Normen und Präskriptionen bilden die Grundlage jeder Praxis. Wer glaubt, es gäbe ein normenfreies Handeln, täuscht sich nur darüber hinweg, daß sein Handeln Abbild immanenter Gesetzmäßigkeiten ist, die er nicht durchschaut. Er verfällt ihnen umso mehr, je mehr er deren Vorhandensein leugnet. Der Normkritiker selbst gehorcht der selbstauferlegten Norm, keine Normen gelten zu lassen. Hat er sich ihr nicht freiwillig unterworfen, dann handelt er unter Zwang. Kann er sie nicht jederzeit durch eine andere ersetzen, dann ist sein Denken nicht absolut uneingeschränkt, sondern von einem Transzendentalium versklavt. «Man muß sich der Idee erlebend gegenüberstellen, sonst gerät man unter ihre Knechtschaft»: dieser Satz gilt für jede Idee. Wer glaubt, von allen selbstgesetzten Normen frei zu sein, verfällt der Normativität des Faktischen. Da Freiheit nicht durch absolute Normfreiheit zu realisieren ist, entsteht die Frage, ob sie nicht in etwas ganz anderem besteht. Diese Frage läßt sich aber auf dem Standpunkt eines wissenschaftlichen Bewußtseins, das die «gewöhnlichen automatischen Bewußtseinsoperationen» zum methodischen Maßstab erhebt, wie Ullrich dies tut (S. 194), nicht beantworten. Wenn auf dem Schauplatz der Motivbildung selbstgewollte Bildgestaltung durch Assoziationsmechanismen und Urteilsautomatismen verdrängt wird, dann kann der Vorgang der freien Motivbildung nicht beobachtet werden. Freie Motivbildung ist aber Voraussetzung freien Handelns. Wenn dem einzelnen durch die Normativität des Faktischen die Gesetze seines Handelns aufgezwungen werden, dann ist er gewiß nicht frei. Wenn er aber imstande ist, den faktischen Gegebenheiten selbsterzeugte Motive entgegenzustellen, dann handelt er aus pädagogischer Phantasie. Die Phantasie muß sich allerdings, um nicht situationsfremd zu sein, an der gegebenen Situation orientieren. Die Orientierungsvorstellungen sind aber nicht mit den Phantasievorstellungen identisch, die freien pädagogischen Handlungen zugrundeliegen. In freier Motivbildung werden Normen und Präskriptionen geschaffen, die zwar individuell erzeugt und situativ verankert sind, die aber dennoch, aufgrund ihres begrifflichen Anteils, gesetzmäßigen Charakter haben. Jede individuell erzeugte praktische Norm ist also nicht nur individuell, sondern auch allgemein. Durch den ihr immanenten Begriffsanteil kann sie auch von anderen verstanden werden.

Stufenmodelle sind Orientationsvorstellungen, die zunächst in heuristischem Sinn «Interpretation von Erfahrungen» und «Präzisierung von Erwar-

tungen» ermöglichen. Sie müssen aber zugleich Orientation für das pädagogische Handeln geben, wenn sie nicht sinnlos sein wollen. Wenn sich das pädagogische Handeln nicht an vorgegebenen Situationen als den augenblicklichen und an im Hintergrund anwesenden Zielvorstellungen als den bleibenden Orientierungsfaktoren ausrichten würde, dann würde es zu blindem Aktionismus. Wozu sollen Erfahrungen interpretiert und Erwartungen präzisiert werden, wenn diese Interpretation und Präzisierung nicht Einfluß auf die Handlungen nimmt? Durch Selbstgebung orientierungsloses Handeln empfängt seine Orientierung von außen oder oben. Ein Bild des Menschen ist nicht nur Deutungs-, sondern auch Handlungsmuster. Es korreliert sowohl diagnostischen als auch therapeutischen Akten. Während aber das Deutungsmuster seine konkrete inhaltliche Erfüllung aus den Gegebenheiten der Objektwelt empfängt, wird das Handlungsmuster durch die Phantasie des Subjekts mit konkretem Inhalt erfüllt. Die Normativität des Handlungsmusters «Menschenbild» erstreckt sich also keineswegs auf die situative Erfüllung des alltäglichen pädagogischen Handelns. Sie stellt gleichsam die Landkarte dar, auf der die einzelnen Wege nach individuellem Geschmack erwandert werden können. Nur wenn die Landkarte verlassen würde, wäre das Muster aufgegeben.
Präskriptionen können sich naturgemäß nicht auf Tatsachen, sondern nur auf Handlungen erstrecken und erst durch die Vermittlung der Handlungen auch auf Tatsachen. Dem widerspricht zwar die Kantsche Interpretation naturwissenschaftlichen Erkennens und die tatsächliche Praxis der Naturwissenschaften, für die Tatsachen Produkte ideeller und experimenteller Präskriptionen sind. Würde aber dieses technokratische Verständnis von Wissenschaft (das Ullrich aus unbegreiflichen Gründen Steiner unterschiebt) in der Pädagogik zur Anwendung gebracht, liefe dies auf die Forderung hinaus, das Kind in seiner Seinsverfaßtheit nach den beliebigen Modellvorstellungen des Pädagogen zu formen. Es wäre der unendlichen Willkür des pädagogischen Technokraten ausgesetzt. Erziehung würde zur Konditionierung, zur Angewöhnung bedingter Reflexe durch die entsprechenden Stimuli.
Der pädagogische Eros hat sich stattdessen an der Natur des Kindes zu orientieren: aus ihm empfängt er die Reize, die sein Werben motivieren und die Mittel bestimmen, mit denen er den Gegenstand seiner Zuneigung umwirbt. Die entwicklungspsychologischen Darstellungen Steiners beziehen sich also im gekennzeichneten offenen Sinn präskriptiv auf das pädagogische Handeln, sind aber selbst Deutungsmuster, die ihre Gestalt aus der ontischen Verfaßtheit der Wirklichkeit empfangen und sie nicht etwa dieser

technokratisch aufprägen wollen. Deshalb betont Steiner auch stets, wenn er seine Entwicklungslehre darstellt, daß Zeitangaben *approximativ* zu verstehen sind. Das heißt, es gibt keinen starren Siebenjahresschematismus. Die lebendige Wirklichkeit zeigt eine Vielfalt von Variationen, sie zeigt aber auch die strukturelle Verwandtschaft des zeitlich individuell Differenzierten. Denn *daß* ein Zahnwechsel stattfindet, *daß* eine Geschlechtsreife eintritt, wird gewiß niemand leugnen wollen. Die Betonung der Approximativität von Zeitangaben trägt der Tatsache Rechnung, daß die individuelle Entwicklung ein absolutes Zeitmaß (neben anderen, qualitativen Maßstäben) beinhaltet, das durch generalisierende Kennzeichnungen nur unzureichend, eben approximativ getroffen werden kann. Ob nun die Maßzahl des Eintritts der Geschlechtsreife statistisch ermittelt wird oder deduktiv: der individuelle Eintritt der Menarche oder der Pollution wird allemal nur approximativ erfaßt. Nur oberflächliche Bekanntschaft oder bewußte Absicht kann dazu verleiten, die unablässige Betonung der Approximativität von Maßzahlen der Entwicklung bei Steiner zu übersehen. So wird etwa in Ilkley 1923 hervorgehoben: «Natürlich sind die Zeitangaben, die man dabei macht, mehr oder weniger approximativ. Bei dem einen Menschen kommt die Sache etwas früher, bei dem anderen etwas später; *und die ganzen Angaben von der Siebenzahl sind ja eben nicht wirkliche Angaben, sondern eben nur approximative Angaben*».[1] Die eigentlichen Epochenschwellen werden in der Regel, empirisch nachprüfbar und völlig legitim, an der Marke der physiologischen und anatomischen Veränderungen festgemacht. So auch schon 1907 in der «Erziehung des Kindes....»: «Wie der Mensch bis zu seinem Geburtszeitpunkt von einer physischen Mutterhülle, so ist er bis zur Zeit des Zahnwechsels, also etwa bis zum siebenten Jahre von einer Ätherhülle und einer Astralhülle umgeben. Erst während des Zahnwechsels entläßt die Ätherhülle den Ätherleib. Dann bleibt noch eine Astralhülle bis zum Eintritt der Geschlechtsreife. In diesem Zeitpunkt wird auch der Astral- oder Empfindungsleib nach allen Seiten frei, wie es der physische Leib bei der physischen Geburt, der Ätherleib beim Zahnwechsel geworden ist.»[2] In einer Anmerkung zu diesen Ausführungen finden sich die für eine adäquate Interpretation höchst wichtigen Bemerkungen: «Man würde das Obige nicht in seiner vollen Deutlichkeit verstehen, wenn man den Einwand machen wollte, daß doch das Kind auch vor dem Zahnwechsel Gedächtnis usw. habe und vor der

1 Gegenwärtiges Geistesleben und Erziehung, GA 307, Dornach 1986, S. 79.

2 Rudolf Steiner, Die Erziehung des Kindes vom Gesichtspunkte der Geisteswissenschaft. Dornach 1978. S. 19.

Geschlechtsreife die Fähigkeiten, die an den Astralleib gebunden sind. Man muß sich da doch klarmachen, daß sowohl der Ätherleib wie der Astralleib vom Anfange an vorhanden sind, nur eben unter der obenbesprochenen schützenden Hülle. Gerade diese schützende Hülle befähigt zum Beispiel den Ätherleib, bis zum Zahnwechsel die Eigenschaften des Gedächtnisses ganz besonders zum Vorschein zu bringen... So ist es auch mit den Eigenschaften, deren Träger der Astralleib ist, vor der Geschlechtsreife. Man muß ihnen Nahrung geben, aber immer im Bewußtsein..., daß der Astralleib unter einer schützenden Hülle liegt. Es ist eben etwas anderes, die im Astralleib schon liegenden Entwicklungskeime *vor* der Geschlechtsreife zu pflegen und den selbständig gewordenen Astralleib *nach* der Geschlechtsreife demjenigen in der Aussenwelt auszusetzen, was er *ohne* Hülle verarbeiten kann. Dieser Unterschied ist sicherlich ein subtiler; aber ohne auf ihn einzugehen, kann man das Wesen der Erziehung nicht verstehen.»[1]

Diese Ausführungen werfen ein Licht auf die Frage von Kontinuität und Diskontinuität sowie das Problem der Metamorphose, die Frage also, wie die Ausführungen Steiners über die epochale Lebensaltergliederung zu verstehen sind. Sicher ist, daß Steiner nicht den «gesamten Lebenslauf des Individuums als einen diskontinuierlich, in Hebdomaden verlaufenden Prozeß stufenweise sich vollendender Vergeistigung» betrachtet, wie Ullrich meint. Zunächst handelt es sich bei den Hebdomaden lediglich um Näherungswerte, die durch die konkreten Beobachtungen an der leiblich-seelischen Entwicklung individuell bestimmbar sind. Was die Entwicklung des Menschen nach dem Erwachsenwerden betrifft, so ist diese weitgehend davon abhängig, ob er die in der möglich gewordenen Freiheit veranlagten Handlungshorizonte in bezug auf die Welt und sich selbst tatsächlich erschließt. In späteren Lebensphasen sind, abgesehen von der physiologischen Leistungskurve, schwerlich statistische Mittelwerte zu definieren. Je mehr sich die seelisch-geistige Entwicklung des Erwachsenenalters an die biologische Entwicklung anlehnt, um so mehr wird sie mit ihrem Verlauf übereinstimmen: die Abnahme und der Verlust der körperlichen Leistungsfähigkeit geht mit der sukzessiven Abnahme und dem Verlust der geistigen Leistungsfähigkeit einher. Daneben ist aber auch eine Gegenbewegung denkbar und dort beobachtbar, wo die seelisch-geistige Entwicklung Gegenstand einer eigenständigen Schulung ist. Dann kann man sagen, daß der Einzelne in dem Maß, als er den Horizont seiner individuellen Freiheit ergreift, die nicht determinierten Weiten dieses Horizontes in seiner späteren Reifung verleiblicht.

1 Ebenda, S. 43/44.

Daß diese Verleiblichung umfassenderer Horizonte zugleich eine Vergeistigung des Lebensinhaltes darstellt, ist die Kehrseite der Individuation, die auf eine Durchdringung der Lebenswelt mit den Inhalten und Zielgebungen der seelischen Tiefenperson hinstrebt. Dabei ist die ideale Maßzahl dieser Entwicklung nicht von den empirischen «Zufälligkeiten» des einzelnen Lebenslaufs her zu bestimmen, sondern allein aus einer tiefergehenden Anschauung der Entwicklungsgesetze des menschlichen Lebens. Diese Gesetzmäßigkeit der Lebensrhythmen zeigt sich in einer ähnlichen Art der übersinnlichen Erkenntnis, wie sich die ontischen Wesensschichten des Menschen der übersinnlichen Forschung zeigen.

Die Beobachtung des *übersinnlichen Organismus*, der Entelechie, zeigt auch die Notwendigkeit einer Revision des linearen Zeitbegriffs, in dem unumkehrbare Sukzession und Einförmigkeit festgeschrieben sind. Und zwar nicht nur im Hinblick auf Relativität, sondern hin auf Zyklizität, Rücklauf, Durchdringung mehrfacher Wirklichkeitsschichten, die Zeit (Gegenwart etc.) konstituieren. Schon der Blick auf die Geschichte und auf das Handeln des Menschen zeigt einer unbefangenen Beobachtung nicht nur, daß verschiedene Entwicklungs- und Erlebniszeiten nebeneinander bestehen und ineinander verschränkt sind, er zeigt auch, daß Zukunft vorauswirken und die Gegenwart bestimmen kann. Zeit ist ebenso wie Raum vom Bewußtseinsmodus bedingt, darin liegt ihre eigentliche Relativität. Freiheit wäre, ohne Einbezug der vorauswirkenden Zukunft, also der Prospektion, gar nicht denkbar. Das individuelle Leben ist nicht nur aus der Linearität des retrospektiv konstruierten Kausalablaufs zu verstehen, es ist der Schnittpunkt einer Vielzahl von Zeitperspektiven und sich durchdringenden Zeiträumen. Es resultiert insbesondere aus der Spannung zwischen der Idealzahl der Entwicklung, die dem übersinnlichen Organismus als Idealtypus eigen ist, und der individuellen, seelischen Maßzahl, die sich in Akzelerationen und Retardationen manifestiert. In diesen Akzelerationen und Retardationen, Verfrühungen und Verspätungen von Entwicklungsschritten überlagern prägende Einflüsse aus anderen ontischen Seinsschichten des Menschen den unterschwellig fortlaufenden Rhythmus der organischen Leibesentwicklung.

Wenn etwa mit dem Eintritt der Geschlechtsreife, dem augenscheinlichsten Umschwung der Entwicklung des Jugendlichen, sich auch seelisch neue Erlebnishorizonte erschließen, so ist dieser Einbezug umfassenderer Erlebniswelten gewiß nicht auf einen einzigen zeitlichen Schwellenmoment fixiert, wenngleich gerade hier das Auftreten der Menarche oder die erste Pollution einschneidende Ereignisse sind, sondern die neuen Erlebnistiefen eröffnen sich sukzessive im Verlauf von Monaten, sicher größeren Zeiträumen, in denen das Neue allmählich zum Bisherigen hinzutritt. Es ist aber dann als neue Dimension zum Bisherigen hinzugetreten und macht den Schwerpunkt der Entwicklung in der Folgezeit aus. Dabei spielt für den Wandel des seelischen Erlebens eine nicht zu unterschätzende Rolle das vorstellungsartige, spielerische Vorerleben des tatsächlich noch nicht Eingetretenen. Doch öffnet sich der seelische Erlebnisraum erst zu bestimmten, individuell verschiedenen Zeitpunkten für bestimmte Phantasiegehalte. Zwischen leiblicher und seelischer Entwicklung besteht eine intime Wechselwirkung, die den Wandel der Erlebniswelt zu einem Ereignis des *ganzen Menschen* macht. Diesem Wandel gegenüber von Diskontinuität zu sprechen, ist sicher genauso unrichtig, wie in der Lebensentwicklung eine lineare Kontinuität zu vermuten. Wandel ist mit Umbrüchen verbunden, diese stellen aber Ereignisse innerhalb des individuellen Lebensstroms der Seele dar, der mit sich selbst übereinstimmt und sich im Durchschreiten der Entwicklung mit dem bleibenden Gehalt seiner Erfahrung und Erinnerung erfüllt. Das Sprechen von Epochen und Epochenschwellen bedeutet also nicht, daß die Lebensentwicklung diskontinuierlich verläuft, sondern daß bisher schon Vorhandenes, Veranlagtes in neuer, bisher ungekannter Fülle und Tiefe erfahren und entwickelt werden kann. Ja, es schließt sogar ein, daß verfrühte Beanspruchungen zwar veranlagter und sogar tätiger, aber noch nicht belastbarer Fähigkeiten zu bleibenden seelischen und leiblichen Schäden führen können. Diese Implikationen birgt ja in einer der Entwicklungspsychologie bekannten Dimension die säkulare Akzeleration in sich.

Inwiefern Steiner vorgeworfen werden kann, er vertrete die Auffassung eines psychophysischen Parallelismus, und ob die Idee eines psychophysischen Parallelismus die Vorstellung impliziert, leibliche und seelische Entwicklung stünden in einem «ganzheitlichen, determinativen» Zusammenhang, ist eine noch zu klärende Frage. Steiner selbst hat sich gegen die von Leibniz, Fechner, Wundt und anderen vertretene Theorie des psychophysischen Parallelismus ausgesprochen, deren Wurzel im cartesischen ontologischen Dualismus zu suchen ist. Er hat sie 1923 eine «geradezu spaßige Theorie» genannt.[1] Natürlich ist die Frage, ob seine eigenen Auffassungen trotz dieser expliziten Distanzierung nicht dennoch einen psychophysischen Parallelismus implizieren. Es wäre dann allerdings erst zu klären, was unter diesem «weiten Titel» verstanden werden soll. Die Aussagen dazu sind bei Ullrich allzu

1 Die pädagogische Praxis vom Gesichtspunkte geisteswissenschaftlicher Menschenerkenntnis, GA 306, S. 28. Dornach 1989.

dürftig. Wenn der zur Rede stehende Parallelismus in irgendeiner Form einen ontologischen Dualismus beinhaltet, dann muß er zurückgewiesen werden. Anders steht es mit der relativen Berechtigung eines erkenntnistheoretischen Dualismus. Dieser stellt sich erst auf dem Standpunkt der geisteswissenschaftlichen Forschungsmethode, die als intuitive Erkenntnis bezeichnet wird, als relativ dar. Zu diesem Problem des Zusammenfallens von Subjekt und Objekt in der intuitiven Erkenntnis, die den gemeinsamen Seinsgrund von Bewußtseinsphänomenen und Lebenserscheinungen erkennbar macht, wurden weiter oben bereits Gesichtspunkte beigetragen.[1] Für die diesem Erkenntnisstatus vorausgehenden Forschungsmethoden besitzt der Dualismus jedoch seine Berechtigung, ebenso für das gewöhnliche Bewußtsein, insbesondere als Beschreibungsmodus. Allerdings kann die Frage nach der ontologischen Beziehung der sichtbaren Leiblichkeit und der seelischen Erlebniswelt weder durch Introspektion vom gewöhnlichen Bewußtsein her und schon gar nicht durch externe Beobachtung beantwortet werden. Die Fragestellung und alle seit dem Anbruch der Neuzeit vorgeschlagenen Lösungen (Interaktionismus, Parallelismus, Isomorphismus, prästabilierte Harmonie, Identismus) setzen die von Descartes beschriebene Dualität voraus, die vom Bewußtseinsmodus abhängig ist. Da der neuzeitliche Bewußtseinsmodus dadurch gekennzeichnet ist, daß er die naturhafte Möglichkeit verloren hat, die Beziehung von belebtem Leib und geisterfüllter Seele aus der Perspektive der Lebens- oder Seelenorganisation zu erfahren, bleiben alle Lösungsversuche dem wirklichen Verhältnis gleichermaßen äußerlich. So taucht etwa nirgends der durchaus mögliche, noch von Scotus Eriugena vertretene Gesichtspunkt auf, daß der Leib der Seele und diese dem Geist inhäriere. Daß der Inhärenzgedanke, der vom Durchwohntsein des Geistes von der Seele und vom Leib-Seele-Gefüge ausgeht, eine völlig neue Perspektive eröffnet, ist offensichtlich. Die dieser begrifflichen Perspektive korrespondierenden Beobachtungen sind aber nur durch eine Veränderung des Bewußtseinsmodus zu erreichen.

Wenn Ullrich von einem ganzheitlichen, «determinativen» Zusammenhang spricht, so ist nicht ganz zu verstehen, was er damit meint oder was an einer solchen Vorstellung Unrechtes sein sollte. Ein Zusammenhang beruht in der Regel auf Ganzheit, Zusammenhang ist im Grunde nur ein Synonym für Ganzheit. Insofern wäre das Sprechen von einem ganzheitlichen Zusammenhang ein Pleonasmus. «Determinativ» soll wohl besagen, daß die Seele auf den Leib und umgekehrt Einfluß hat. Zu bestreiten, daß eine solche

1 Vgl. Abschnitt 2.2.1., insbesondere S. 103 - 107.

wechselseitige Einflußnahme stattfindet, ist eigentlich nur dann sinnvoll, wenn man auf dem Standpunkt eines epiphänomenalistischen Parallelismus steht, wenn man also glaubt, die Rede von einer Seele stelle eine unzulässige Substantialisierung dar. Doch scheitert bekanntlich jeder Epiphänomenalismus oder Reduktionismus daran, daß er voraussetzt, was er verneint.

3.2 Die anthroposophische Temperamentstypologie – eklektischer Rückfall in vorwissenschaftliche Formen des Denkens über den Menschen?

> «Davon haben heute wenige Menschen eine Ahnung, daß etwas wahr sein kann, auch wenn das Gegenteil davon mit nicht geringerem Rechte behauptet werden kann. Unbedingte Wahrheiten gibt es nicht.»
> *Rudolf Steiner, 1892*

Der anthroposophischen Temperamentslehre, die einen zentralen, weitverzweigten methodischen Bestandteil der ersten Schuljahre der Waldorfpädagogik bildet, widmet Ullrich die umfangreichste Untersuchung in seinem Buch. Oder genauer gesagt, nicht der anthroposophischen Temperamentslehre, sondern ihren antiken, mittelalterlichen und neuzeitlichen Vorläufern oder Quellen. Das erdrückende Gewicht des aufgehäuften historischen Materials hat deshalb auch Johannes Kiersch dazu verleitet, auf diesen vermeintlich marginalen Bestandteil der anthroposophischen Anthropologie gänzlich zu verzichten.[1]

Dabei hat Steiner durchaus nicht den Anspruch erhoben, die Temperamentslehre aus der Taufe gehoben zu haben. Der Originalitätsanspruch Steiners kann sich also nicht auf die Temperamentstypologie als solche beziehen. Es wäre völlig verfehlt, einen solchen Anspruch Steiner erst zu unterstellen, um ihn anschließend zu demontieren. Ullrich verfällt diesem Fehler. Andererseits schüttet aber auch Kiersch das Kind mit dem Bade aus, wenn er den deskriptiven Anspruch der Temperamentslehre abstreitet. Die Originalität Steiners liegt nicht in der wie auch immer gearteten Adaption der klassischen Temperamentstypologie, sondern im Versuch, die Temperamentslehre aus der Strukturanthropologie neu zu begründen bzw. eine auf die ontologische Verfassung des Menschen Rücksicht nehmende Erklärung für das Auftreten

1 Vgl. S. 62 – 65.

von Temperamentseigentümlichkeiten zu geben. Daß Steiner keinen Urheberanspruch in bezug auf die Temperamentslehre erhoben hat, geht aus seinen eigenen Äußerungen hervor. Der Versuch Ullrichs, Steiner diesen Anspruch zu unterschieben, indem er einen Satz, der sich auf etwas anderes bezieht, auf die Urheberschaft der Temperamentslehre überträgt[1], ist ein leicht durchschaubarer Versuch der Verdrehung. Er muß durch den folgenden Nachweis als gescheitert gelten.

In den Seminarbesprechungen zur Einführung der ersten Lehrer im Jahr 1919 leitet Steiner zur Behandlung der Temperamentslehre (wie immer bei mündlichen Ausführungen in extemporierter Rede) mit folgenden Sätzen hin: «Berücksichtigt muß werden die Vielartigkeit der Menschenwesen, der Kinder. Nun läßt sich diese Vielartigkeit zurückführen auf vier Grundtypen, und es ist die wichtigste Aufgabe des Erziehers und Lehrers, diese vier Grundtypen, die man die Temperamente nennt, wirklich zu kennen. *Seit alters unterscheidet man die vier Grundtypen des sanguinischen, des melancholischen, des phlegmatischen und des cholerischen Temperamentes* [Hervorh. L.R.]. Wir werden immer finden, daß die charakterologische Beschaffenheit eines jeden Kindes in einer dieser Temperamentsklassen unterzubringen ist. Wir müssen uns zuerst die Fähigkeit aneignen, die verschiedenen Typen zu unterscheiden, von einem tieferen anthroposophischen Standpunkt aus zum Beispiel sanguinische von phlegmatischen wirklich zu unterscheiden.»[2] In diesen Sätzen ist zweierlei für unseren Zusammenhang von Bedeutung: erstens die Abtretung des Originalitätsanspruchs, was die Urheberschaft der Temperamentslehre anbelangt («seit alters unterscheidet man») und zweitens die Betonung der Notwendigkeit, die Temperamente von einem «tieferen, anthroposophischen Standpunkt aus» zu unterscheiden, das heißt, zu verstehen. Indem er diese Notwendigkeit hervorhebt, gibt Steiner zugleich zu verstehen, daß dieses tiefere Verständnis und die Begründung dieses Verständnisses bisher noch nicht geleistet wurde. Er setzt also die Temperamente als charakterologische Äußerungsformen voraus, ebenso eine gewisse ethologische und physiognomische Typologie, um sie aus dem Rückbezug auf die strukturelle

1 Vgl. Ullrich S. 157/158.

2 Unmittelbar darauf folgt die strukturanthropologische Herleitung der Temperamente aus dem Vorwalten einzelner ontischer Wesensschichten im Menschen. Darauf eine phänomenologische Charakterisierung der Äußerung der Temperamente in Verhalten, Habitus und Gestus, schließlich ein Hinweis auf die pädagogische Behandlung der Temperamente im Unterricht. GA 295. Dornach 1985 (tb) S. 9 – 16.

Gesamtkonstitution des Menschen, die von der anthroposophischen Erkenntnisweise erschlossen wird, nach ihrer Herkunft aufzuschlüsseln. Dies ist der Originalitätsanspruch, den Steiner selbst in bezug auf die Temperamentslehre erhebt: sie aus einer Strukturanthropologie, die die in sich ontologisch differenzierte Gesamtverfassung des menschlichen Seins berücksichtigt, neu zu begründen. Insofern kann auch die Temperamentslehre in den Anspruch einbezogen werden, eine «neue Psychologie» zu begründen. Dann ist diese Aussage aber nicht retrospektiv, sondern projektiv, als Aufgabenstellung zu verstehen. Eine aus der Anthroposophie hervorgehende, neuartige Psychologie müßte auch die Temperamente zu ihrem Gegenstand machen. «Alle diese angeführten Dinge müssen Gegenstand einer neuartigen Psychologie werden.»[1] Deutlicher kann die Aufgabenstellung nicht formuliert werden: eine Temperamententypologie wäre Gegenstand einer aus der Anthroposophie neu zu begründenden Psychologie. Und nicht: die «seit alters» gelehrte Temperamentslehre ist Inhalt der «neuartigen Psychologie», die in der Anthroposophie oder den Anregungen zur Entwicklung einer pädagogischen Psychologie bei Steiner bereits abgeschlossen vorliegt.

Für Ullrich aber ist klar, daß Steiner einen nicht aufrechtzuerhaltenden Anspruch erhebt. Steiner, der sich erdreistet zu behaupten, eine neuartige Temperamentslehre geschaffen zu haben, ist nicht nur vollkommener Eklektiker, er genügt auch nicht entfernt den Standards wissenschaftlicher Forschung. Steiner, meint Ullrich, sprengt mit seiner Temperamentslehre völlig den «Rahmen disziplinären bzw. disziplinierten Denkens». Er rekurriert auf vorwissenschaftliche Bestandteile der Spekulation über den Menschen und verfällt seinem Hang zur Mystifizierung von Metaphern bis zum Exzeß. Steiner hat, so lautet das Fazit von Ullrichs Untersuchung, «keine eigentlich selbständige, neuartige Temperamentenpsychologie» geschaffen, sondern lediglich aus einer bereits vorhandenen, aber wissenschaftlich längst überwundenen Vorstellungstradition geschöpft, die um die Jahrhundertwende nur noch Gegenstand volkstümlicher Unterhaltungsliteratur war.

Ullrich versucht den Nachweis zu führen, daß Steiner genauso wie in seiner Lebensalterlehre oder in der Gesamtkonzeption seines Bildungsdenkens Eklektiker war. Er stützt sich bei der Ausformung seiner pädagogischen Anthropologie, so Ullrich, einesteils auf die hippokratisch-galenische Tradition des humoralpathologischen Viererschemas (Eukrasie und Synkrasie der

1 GA 295 (tb), S. 32.

vier Körpersäfte), die in der Spätantike und im Mittelalter ihre Erweiterung und dogmatische Verfestigung erfuhr. Andernteils stellt seine Quelle die «zeitgenössische volkstümliche Kompendienliteratur» dar. Ullrich glaubt durch seine vergleichenden Untersuchungen nachweisen zu können, daß Steiner seine Temperamentslehre zum «allergrößten Teil und mit nur geringfügigen Modifikationen aus der nicht-wissenschaftlichen Unterhaltungs- bzw. Ratgeberliteratur seiner Zeit ... entlehnt hat» (S. 176). Schließlich aber hält die anthroposophische Temperamentstypologie auch einer Konfrontation mit der modernen wissenschaftlichen Psychologie[1] nicht stand, die diese Lehre längst in die Region volkstümlicher psychologischer Stereotype verwiesen hat. Angesichts der gesteigerten Anforderungen an die konstitutiven Bedingungen wissenschaftlicher Erkenntnis und Forschung erscheinen die Auffassungen Steiners als «defizitär und anachronistisch».

Die Argumentation Ullrichs gegen die anthroposophische Temperamentslehre ruht auf zwei Hauptsäulen mit ihren theoretischen Implikationen. Die eine besteht darin, daß Ullrich vom Standpunkt einer wie auch immer gearteten «modernen Wissenschaftlichkeit» und ihren methodischen und inhaltlichen Paradigmen gegen Anschauungen argumentiert, die das Ergebnis anderer Wissensformen sind. Er setzt damit die Kompatibilität verschiedener

1 Hier findet sich eine der wenigen Stellen, an denen Ullrich Position für ein wissenschaftliches Paradigma der Psychologie bezieht. Die wissenschaftliche Psychologie im heutigen Sinn hebt für ihn erst mit der experimentellen Psychophysik Fechners und mit der experimentellen Psychologie Wundts an. Der Einzug der experimentellen Forschung in die Psychologie führt zu einer Überwindung der axiomatischen Überlieferungen psychologischen Denkens und zu einer Verwissenschaftlichung der psychologischen Erfahrung. Die anfänglich eingeschränkten methodischen und inhaltlichen Paradigmen der Begründer der neuzeitlichen wissenschaftlichen Psychologie werden aber zu Beginn dieses Jahrhunderts von «Außenseitern» (pschologischen «Outsidern» wie Steiner) auf eine ganzheitliche und strukturpsychologische Betrachtungsart durchbrochen, die wesentliche Anstöße für die Entwicklung der Psychologie liefern. In jüngster Zeit beherrschen das Feld der psychologischen Diskussion, abgesehen von ethologischen und neurophysiologischen Forschungskonzepten, die Paradigmen des Interaktionismus und der differentiellen Psychologie. Aus diesem kurzen historischen Abriß ist aber nicht ganz ersichtlich, worin nun für Ullrich die Wissenschaftlichkeit der Psychologie besteht. Ob im Einbezug der experimentellen Empirie und der damit verbundenen Objektivierung ihres Gegenstandes sowie der Kontrollierbarkeit der dadurch konstituierten Erfahrung, in der grundsätzlichen Überholbarkeit konstruierter psychologischer Erklärungsmodelle durch neue Theorien oder in den jeweils die akademische Diskussion beherrschenden inhaltlichen und methodischen Paradigmen.

Wissenschaftsbegriffe und Erkenntnismethoden bzw. die alleinige Geltung einer einzigen Methode voraus. Die andere Hauptsäule seiner Argumentation besteht in der Annahme, daß das Auftreten ähnlicher Ausdrücke und Aussagen im Verlauf der Geistesgeschichte die Ableitbarkeit der späteren von den früheren Aussagen begründet. Das Auftreten ähnlicher Aussagen oder Aussagenfragmente sowie die Verwendung gleicher Ausdrücke und Ausdrucksgruppierungen soll dazu berechtigen, zu verschiedenen Zeiten erscheinende Gedankenformen miteinander teilweise oder vollständig zu identifizieren und die spätere aus der früheren zu erklären. Die wissenschaftstheoretischen Implikationen beider Hauptargumente sind reduktionistisch. Das eine impliziert den methodischen Reduktionismus oder Monopolismus, der die alleinige Geltung eines bestimmten historischen oder systematischen Wissenschaftsbegriffs beansprucht. Das andere den begriffsgeschichtlichen oder wortarchäologischen Reduktionismus, der bei scheinbarer Identität oder Teilidentität von Ausdrucksformen Ableitbarkeit der späteren aus der früheren voraussetzt. Die Auseinandersetzung mit diesen beiden Formen des Reduktionismus ist im Vorangehenden von philosophisch-wissenschaftstheoretischen Gesichtspunkten aus geführt und ihre fehlende Legitimität bzw. ihre Nichtlegitimierbarkeit nachgewiesen worden.[1] Dies würde eigentlich eine weitere Beschäftigung mit den Unterstellungen Ullrichs überflüssig machen, da sie inhaltlich und methodisch nichts Neues bieten. Wenn im Folgenden diese Auseinandersetzung anhand der «quellengeschichtlichen Untersuchungen» doch durchgeführt wird, dann nicht, um den ohnehin strapazierten Leser zu langweilen, sondern um an einem Beispiel zu demonstrieren, wie fadenscheinig und oberflächlich die Eklektizismusvorwürfe Ullrichs, auch nach ihrer handwerklichen Seite, gesponnen sind.

Ullrichs Untersuchung der Herkunft der Steinerschen Temperamentslehre aus antiken Quellen führt zu dem bereits zitierten Fazit, daß Steiner, «bewußt zugespitzt» gesprochen, «keine eigentlich selbständige, neuartige Temperamentenpsychologie» geschaffen hat[2]. Er hat auf den «eigentlichen theo-

1 Vgl. Abschnitt 2.2.1., sowie S. 141 – 146.

2 Die Formulierung dieses Fazits mutet reichlich merkwürdig an. Was soll eine bewußte Zuspitzung in einer wissenschaftlichen Untersuchung? Entweder läßt sich ein Tatbestand eindeutig feststellen, oder es lassen sich nur Vermutungen anstellen. Eine Zuspitzung kann nur bedeuten, daß ein Urteil polemisch oder didaktisch verschärft wird, das in dieser verschärften Form keine wörtliche Geltung mehr hat. Die Formulierung müßte also, wenn der Kern der Aussage erschlossen werden soll, erst

retischen Kern der hippokratischen Medizin – das ... humoralpathologische Viererschema» zurückgegriffen. Den «eigentlichen» Kern der vergleichenden Untersuchung, die Ullrich vorlegt, bildet ein Merkmalsschema, in dem er die Merkmale der spätantik-mittelalterlichen Konzeption des Viererschemas der Temperamentslehre Steiners gegenüberstellt. Dieses Schema zeigt Ullrich «auf den ersten Blick», daß Steiner an jenes spätantike Schema anknüpft: seine eigene Lehre weist mit der hippokratisch-galenischen «zahlreiche Übereinstimmungen» auf. Ein zweiter oder dritter Blick auf die Schematik zeigt aber etwas ganz anderes: er zeigt, daß, bei vierzehn aufgeführten Merkmalen, von den zahlreichen Übereinstimmungen, die Ullrich vollmundig angekündigt hat, sage und schreibe drei Gemeinsamkeiten übrigbleiben. Ausserdem, dies muß Ullrich sogar selbst zugestehen, bestehen zwei fundamentale Unterschiede zwischen der Steinerschen und der galenischen Temperamentslehre, auf die weiter unten noch eingegangen wird. Die etwas detektivische Autopsie der Ullrichschen Argumentation kann die verschlungenen Wege seiner Urteilsbildung rekonstruieren.Die Temperamentslehre Steiners weist folgende Merkmale[1] auf:

1. Temperamentsbezeichnungen
2. psychologische Merkmale
3. physiognomische Merkmale
4. Körperbereiche oder Körperorgane
5. Krankheitstendenzen
6. natürliche Heilmittel
7. diätetische Behandlung
8. Maximen pädagogischer Behandlung
9. übersinnlich-kosmische Wesenheiten

zurückgespitzt werden. Ebenso ist zu fragen, was der Ausdruck «eigentlich» in diesem Satz bedeuten soll. Wodurch unterscheidet sich eine «eigentlich selbständige» Temperamtentspsychologie von einer bloß «selbständigen» oder «uneigentlich» selbständigen Temperamentspsychologie? Entweder eine Temperamentspsychologie ist selbständig oder sie ist es nicht. Tertium non datur. Bezieht sich das Negativwort «keine» auf den Ausdruck «eigentlich» oder auf das gesamte folgende Akkusativobjekt? Bezöge sich das Negativwort nur auf den Ausdruck «eigentlich», dann ließe sich der Satz auch positiv formulieren: Steiner hat eine selbständige Temperamentslehre geschaffen, von der richtig ist zu sagen, daß ihre Selbständigkeit uneigentlich ist. Was aber ist eine uneigentliche Selbständigkeit? Die Verwendung des abschwächenden Füllwortes «eigentlich» weist darauf hin, daß Ullrich sich seiner Sache nicht so ganz sicher ist.

1 Ullrich, S. 163

10. kosmische Elemente
11. Jahreszeiten
12. Lebensalter
13. Farben
14. Volkscharaktere

Von diesen vierzehn Merkmalen oder Merkmalsgruppen schaltet Ullrich die Aspekte «psychologische Merkmale» (2), «natürliche Heilmittel» (6), «Maximen pädagogischer Behandlung» (8) und «übersinnlich-kosmische Wesenheiten» (9) als originäre Neuerungen bei Steiner von vorneherein aus. Von den Merkmalen «Physiognomie» (3), «Krankheitstendenzen» (5) und «Volkscharaktere» (14) behauptet er, daß sie «dimensionell» bereits im Vierschema enthalten oder aus dessen Spätform ableitbar seien. Das heißt aber, daß sie aktuell (historisch) nicht in ihm, auch nicht in seiner Spätform, vorhanden waren. Man muß also auch diese drei Merkmalsgruppen als Neuerungen Steiner zurechnen, wenn man auch zugestehen mag, daß sie aus anderen ableitbar sind, wobei die Frage ist, was der Begriff der Ableitbarkeit genau besagen soll. Auch diese drei Momente fallen also weg. Weiter muß Ullrich in einer Anmerkung (S. 249) zugestehen, daß auch die Merkmale «Jahreszeiten» (11), «Lebensalter» (12), «Farben» (13) und «diätetische Behandlung» (7) zwar bei Galen und Steiner vorkommen, aber in anderen Zuordnungen. Das heißt, auch in diesen vier Merkmalsgruppen sind keine «Übereinstimmungen» vorhanden, sondern im Gegenteil Divergenzen. Sie müssen deshalb in der Form, wie sie bei Steiner vorkommen, auch als «neu» betrachtet werden[1]. Von den aufgeführten vierzehn Merkmalen bleiben also zunächst drei übrig: die «Temperamentsbezeichnungen» (1), die «Körperbereiche oder Körperorgane» (4) und die «kosmischen Elemente» (10).

Zu diesen ist folgendes zu sagen. 1. *Die Namen* oder *Termini* sind Gemeingut der gesamten Geistesgeschichte des mitteleuropäischen Kulturraums, ebenso wie beispielsweise die Planetennamen Gemeingut der Kulturgeschichte sind oder die Termini der Euklidischen Geometrie. Die Verwendung der selben oder synonymer Termini bei Ptolemäus und bei Kopernikus

1 Diese Divergenz ist etwa der vergleichbar, die zwischen der Ideenlehre Platos und der des Aristoteles besteht. Beide reden von Ideen, Begriffen, Formen. Während aber der eine diesen ein transzendentes Sein zugesteht, bestreitet es der zweite. Die Begriffe sind zwar bei beiden vorhanden, aber die «Zuordnungen» zu anderen Begriffen sind bei beiden verschieden. Aristoteles wegen seiner Verwendung des Morphe- oder Eidosbegriffs des Plagiats gegenüber Plato zu zeihen, erschiene offenkundig als absurd.

oder Galilei zu einem Indiz einer geistigen Abhängigkeit zu machen, schienen reichlich abwegig. Ein Naturwissenschaftler, der mit einer neuartigen Theorie über die Planetenbewegung zugleich neue Planetennamen einführen wollte, würde einen zumindest kauzigen Eindruck machen. 2. *Zuordnungen zu Körperorganen* finden sich in der galenischen Tradition zwar auch, aber es sind ganz andere Organe, denen die Temperamente zugeordnet werden, als bei Steiner: während das Corpus Galenicum von Herz, Milz, Leber und Gehirn bzw. von schwarzer Galle, gelber Galle, Schleim und Blut spricht, tauchen diese Organe oder Säfte bei Steiner nicht auf. Stattdessen ist bei ihm von «Drüsensystem», «Nervensystem», «Gliedmaßensystem» und «Blutzirkulation» die Rede. Die Merkmalsgruppe (4) ist also auch nicht geeignet einen filiativen oder plagiativen Zusammenhang zu konstruieren. 3. Zuletzt bleiben die «*Elemente*» als Merkmalsgruppe übrig, die sowohl in der antiken Überlieferung[1] als auch bei Steiner vorkommen, und sogar in der gleichen Zuordnung. Allerdings ist diese verbleibende Restübereinstimmung derart dürftig, daß die Frage auftaucht, wie Ullrich sich durch sie zu der Behauptung berechtigt sieht, daß zwischen dem antiken humoralpathologischen Viererschema und Steiner «zahlreiche Übereinstimmungen» bestünden. Diese Behauptung ist vollkommen aus der Luft gegriffen. Daß, *abgesehen von inhaltlichen Zuordnungen,* rein formal vergleichbare Merkmalsgruppen da wie dort vorhanden sind, hängt möglicherweise damit zusammen, daß sich die beobachtbare Wirkung der Phänomene des Lebendigen in die verschiedensten Bereiche der Gesamtwirklichkeit erstreckt. Es ist ja, um noch einmal auf das bereits erwähnte Beispiel zurückzugreifen, nicht von der Hand zu weisen, daß sowohl bei Ptolemäus als auch bei Kopernikus weitgehend die gleichen Phänomenbereiche zur Diskussion stehen, auch wenn die behandelten, formal identischen Merkmalsgruppen durch verschiedene wissenschaftliche Methoden und mit durchaus verschiedenen Paradigmen betrachtet werden. So wird niemand meinen, aus der Tatsache, daß sowohl bei Ptolemäus als auch bei Kopernikus von Kreisbahnen, Kurven, Geschwindigkeiten, Abständen, Bewegungen

1 Das Sprechen von den Elementen bei Steiner unterscheidet sich aber von antik-mittelalterlichen Überlieferungen dadurch, daß Steiner auf den realen Beobachtungszusammenhang am Lebendigen verweist, an dem der Elementbegriff gebildet werden kann (vier Ätherarten). Dadurch erscheint das Sprechen von den Elementen und Elementarqualitäten erst wissenschaftlich gerechtfertigt, wird der Elementbegriff der Tradition verständlich und vom Niveau der philologischen Kuriosität oder naturphilosophischen Spekulation auf die Ebene des empirischen Beobachtungsbefunds erhoben.

und Planeten die Rede ist, schließen zu dürfen, daß die auf den ersten Blick erkennbaren zahlreichen Übereinstimmungen auf eine geistige Abhängigkeit oder fehlende Originalität bei Kopernikus gegenüber Ptolemäus deuten.

Neben dem Hinweis auf diese in Nichts zerfallende vergleichende Gegenüberstellung muß aber gewürdigt werden, daß Ullrich gleichzeitig die zwei fundamentalen Unterschiede zwischen der Steinerschen Temperamentslehre und der antik-mittelalterlichen nicht entgangen sind. Steiner benutzt nämlich zur Erklärung der Temperamente weder die «hippokratische Säftelehre» noch die Lehre von den «Elementarqualitäten», sondern seine «theosophische» Wesensgliederlehre. Außerdem greift er, um die der Ausprägung der Temperamente zugrundeliegenden Vorherrschaften einzelner Wesensglieder zu erklären, auf die Ideen von Reinkarnation und Karma zurück. Trotz dieser Feststellung, daß die Lehre von den Temperamenten bei Steiner in völlig andersartige Paradigmen und Methoden eingebunden ist, kann sich Ullrich nicht zur Anerkennung der Originalität der Ausformung dieser Lehre bei Steiner durchringen. Seine konstante Weigerung, Steiner einen originären Zugang zu anderen Erkenntnismethoden zuzugestehen, wird durch diese Anerkennung der bei Steiner vorliegenden Besonderheit nur noch unverständlicher.

Mit Ullrichs zweitem Exkurs zur neuzeitlichen Temperamentslehre und ihrer Rezeption bei Steiner verhält es sich nicht besser, eher noch schlimmer. Während dem ersten Exkurs über das antike Viererschema noch zugute gehalten werden kann, daß es die Fadenscheinigkeit seiner Urteilsbildung hinter verschlungenem Argumentationsgestrüpp verbirgt, führt Ullrich in seinem zweiten Exkurs das sophistische Kunststück vor, wie man aus problematischen Vordersätzen apodiktische Schlüsse ziehen kann. Ullrich leitet seinen Exkurs mit dem rückblickenden Urteil ein, die vorangehenden Untersuchungen hätten erwiesen, daß Steiners Temperamentslehre ein «eklektischer Rückgriff» auf das antike Viererschema «unter theosophischen Voraussetzungen» sei. Die Unhaltbarkeit dieser Behauptung ist durch die eben durchgeführte Autopsie deutlich geworden. Der zweite Exkurs soll dazu dienen, nachzuweisen, daß Steiner seine «bipolare psychologische Deskription» der Temperamente und seine Gedanken zur Temperamentserziehung aus der psychologischen Populärliteratur des 19. Jahrhunderts schöpfte.

Ullrich beginnt mit *problematischen Vordersätzen*: er verspricht auf Werke hinzuweisen, die dem «psychologischen Outsider Steiner als Grundlage für seine Temperamentenlehre gedient haben können». (S. 166) Er hält es, anders als Kranich[1], für «wahrscheinlich», daß Steiner die «Grundzüge seiner Temperamentenlehre und Temperamentserziehung aus der zeitgenössischen volkstümlichen Kompendienliteratur entlehnt hat.» (S. 171) Er hält es für «sehr wahrscheinlich», daß Steiner diese Schriften[2] «aufgrund ihrer starken Verbreitung» (S. 172) gekannt hat. Steiner hat «vermutlich unmittelbar von Hellwig[3] übernommen»: die psychologische Klassifikation, die physiognomische Beschreibung, den Gedanken der Temperamentsmodifikation, die kosmologischen Analogien, die Begründung der Temperamentserziehung. Auf Seite 175 aber schleicht sich in Ullrichs Redeweise die Apodiktik ein: denn Ullrich stellt fest, daß sich Steiner nur in einem Punkt in «merkwürdigem Gegensatz» zu Hellwig befinde: während Hellwig die verschiedenen Temperamente durch Konfrontation mit ihrem Gegensatz zum Ausgleich ihrer Einseitigkeit bringen wolle, bestehe Steiner auf dem Similaritätsprinzip in der Temperamentserziehung. Steiner sei sich aber der «Fragwürdigkeit seiner Kehrtwendung durchaus bewußt». Bis zu dieser Kehrtwendung war die Bezugnahme Steiners auf Hellwig immer nur wahrscheinlich oder möglich, eben problematisch. Nun aber ist sie gewiß: Steiner *unterscheidet* sich nur in einem Punkt von Hellwig, er *ist* sich seiner Abwendung von Hellwig durchaus bewußt. Woher kommt auf einmal die apodiktische Gewißheit, die auf der folgenden Seite (S. 176) zur abschließenden Feststellung führen kann: Steiner habe «zum allergrößten Teil und mit nur geringfügigen Modifikationen» die neuzeitlichen Bestandteile seiner Temperamentslehre «aus der nicht-wissenschaftlichen Unterhaltungs- bzw. Ratgeberliteratur seiner Zeit ... entlehnt»?

Ullrich stützt seine Behauptungen unter anderem auf einen Textvergleich (S. 173). Dieser Textvergleich (es werden die physiognomischen Merkmale des Melancholikers und des Phlegmatikers bei Steiner und Hellwig verglichen) führt zur Entdeckung der «frappantesten Ähnlichkeiten» zwischen den Ausführungen Steiners über die Temperamente aus den Jahren 1908/09 und den Darstellungen Hellwigs, die «bis in den Wortlaut hinein» vorliegen.

1 Ullrich bezieht sich auf einen Aufsatz von Ernst-Michael Kranich, in dem dieser die Vermutung ausspricht, Steiners Berührung mit der klassischen Temperamentslehre gehe auf die Lektüre der «Psychologie» von F. A. Carus zurück. Der Aufsatz Kranichs ist unter dem Titel «Die Temperamente in der Psychologie von F. A. Carus» in der Zeitschrift «Erziehungskunst», Heft 11, 1973, erschienen.

2 Es handelt sich um Schriften des Hegelianers Erdmann und des katholischen Pädagogen Hellwig. Vgl. Ullrich, S. 172.

3 Bernhard Hellwig, Die vier Temperamente bei Kindern. Paderborn 1889 (4. Aufl.)

Die Wahl der Textgrundlage für den Vergleich zwischen Hellwig und Steiner entpuppt sich als ein weiterer methodischer Mißgriff Ullrichs. Die Schrift «Das Geheimnis der Temperamente», die Ullrich zum Vergleich heranzieht, stammt nämlich gar nicht von Steiner, sondern von Curt Englert-Faye, der im Jahr 1928, mehrere Jahre nach dem Tode Steiners, versuchte, eine Reihe von öffentlichen Vorträgen Steiners über die Temperamente zu einem zusammenhängenden Text zu verarbeiten. Englert-Faye arbeitete Vorträge, die in Karlsruhe, München und Berlin gehalten worden waren, in *einen* Text zusammen. Abgesehen von der Tatsache, daß die Frage der Genauigkeit und Authentizität der stenographischen Nachschriften dieser Vorträge völlig ungeklärt ist und von Ullrich auch nicht erwähnt wird, ist das Verfahren, einen auf die Gegenüberstellung einzelner Worte abzielenden Textvergleich auf einen Text zu gründen, der von einem anderen Autor zu einem Ganzen verarbeitet worden ist, vollkommen unzulässig. Es ist nicht nachprüfbar und wird von Ullrich auch nicht nachgeprüft, wieweit die Bearbeitung von Englert-Faye im einzelnen ging. Zwar ist von wörtlicher Ähnlichkeit der verschiedenen Texte und von ihrem jeweiligen Wortlaut die Rede, aber wie sich die Bearbeitung im Einzelnen gestaltet hat, ist völlig offen. Rein philologisch betrachtet, ist die Schrift «Das Geheimnis der Temperamente» ein unbrauchbarer Artefakt, der erst nach einem gründlichen Vergleich mit den Originalnachschriften und der philologisch sauberen Rekonstruktion dieser Originalnachschriften zu einem Textvergleich herangezogen werden dürfte. Es ließe sich beispielsweise folgende Hypothese ausdenken. Englert-Faye stellte fest, daß manche physiognomischen Merkmalsbeschreibungen Steiners voneinander abwichen: da er Zugang zum Nachlaß und zur Bibliothek Steiners hatte, suchte er nach Darstellungen über die Temperamente in Steiners Bibliothek, die Steiner möglicherweise als Quelle für seine Beschreibungen gedient haben konnten. Er fand das Buch von Hellwig, das sich nachweislich in Steiners Bibliothek befindet. Aus diesem arbeitete er die betreffenden Stellen in den neuen Gesamttext der Broschüre ein. Diese Hypothese ist nicht minder wahrscheinlich wie die von Ullrich, Steiner habe seine Beschreibungen unmittelbar aus Hellwig geschöpft. Sie läßt sich aber aufgrund des vorliegenden Materials genausowenig beweisen. Am besten wäre es aus diesem Grund, den gesamten Vergleich fallen zu lassen.

Dies wäre aber auch aus einem anderen Grund angebracht. Spätere Darstellungen Steiners zu den Temperamenten, etwa aus den Jahren 1913, 1919, 1921, 1922[1], lassen vollständig jene Übereinstimmungen vermissen, die

1 1913: Welche Bedeutung hat die okkulte Entwicklung des Menschen für seine

Ullrich für 1908/09 glaubt nachweisen zu können. Auch dort finden sich chrakterologische Beschreibungen der Temperamentstypen. Auf diese konnte Ullrich natürlich für seinen Vergleich nicht zurückgreifen, weil sie sich dafür nicht ausschlachten ließen. In diesen späteren Charakterisierungen tritt die physiognomische Merkmalsdarstellung hinter der seelischen oder der Beschreibung des Verhaltenshabitus vollständig zurück. Man könnte sagen, die späteren Beschreibungen vernachlässigen den physischen Aspekt des «psychophysischen Totaltypus» zugunsten des psychischen, bzw. sie nehmen eine interaktionistische Richtung: die Temperamente werden vornehmlich in ihrer Verhaltensbeziehung zur Umwelt beschrieben.
Sieht man aber bei der sich wiederum an formalen Ähnlichkeiten orientierenden Untersuchung Ullrichs auf die inhaltlichen Differenzen, dann muß auffallen, daß diese weitaus schwerer wiegen als mögliche Übereinstimmungen in der Wortwahl zur Kennzeichnung feststehender typologischer Merkmale[1]. Wenn behauptet wird, das entscheidende Moment der Temperamentslehre im pädagogischen Zusammenhang sei ihre Verwendung in der Erziehungsmethodik, dann wird dem gewiß nicht widersprochen. Von Temperamenten im pädagogischen Zusammenhang zu sprechen, kann nur dann von Bedeutung sein, wenn die pädagogische Arbeit durch didaktische oder methodische Gesichtspunkte auf diese Temperamentseigentümlichkeiten Rücksicht nimmt. Unter diesem Aspekt muß die von Ullrich akzentuierte «merkwürdige Kehrtwendung» Steiners für eine Beurteilung der Unabhängigkeit Steiners von zeitgenössischen Quellen von außerordentlichem Gewicht sein. Und diese entscheidende Frage ist allerdings geeignet zu zeigen, daß Steiner, hätte er auch physiognomische Beschreibungsmerkmale der Temperamente aus vorhandener Literatur geschöpft, in bezug auf den entscheidenden methodischen Ansatz Originalität zugebilligt werden muß. Vergleicht man die Gedanken, die Hellwig zur Temperamentserziehung äußert, mit denen, die bei Steiner schon 1908/09 vorliegen, dann kann die Entdeckung nicht ausbleiben, daß Steiner schon zehn Jahre vor der Begründung der Waldorpädagogik eine dezidiert originelle Auffassung zur Temperamentserziehung besaß.

Hüllen und sein Selbst? 3. und 4. Vortrag. GA 145. – 1919: Erziehungskunst. Seminarbesprechungen. 1. Vortrag. GA 295. – 1921/22: Die gesunde Entwicklung des Leiblich-Physischen als Grundlage der freien Entfaltung des Seelisch-Geistigen. 12. Vortrag. GA 303. – 1922: Die geistig-seelischen Grundkräfte in der Erziehungskunst. 6. Vortrag. GA 305. – Die Titel ließen sich vermehren.

1 Auf das Problem der Wortwahl wurde schon früher hingewiesen.

Hellwig schlägt dem Lehrer vor, den Sanguiniker dadurch zu behandeln, daß er ihn «in Gottes Namen» wissen lasse, wie angenehm ihm «frohe und heitere Kinder» seien, im übrigen aber seinen Übermut mit Nachsicht vergelte. Er solle außerdem bestrebt sein, aus der Umgebung des Kindes alles zu entfernen, was Auge und Ohr fremdartig berühren und es ablenken könne. Er müsse das Kind durch einen «lebendigen und schwungvollen Unterricht fesseln», viel Gewicht auf die «Anschauungslehre» legen, viel repetieren, sehr auf die «äußere Ordnung achten» und sein Augenmerk «auf die Wahrheitsliebe des Kindes richten.»

Bei Steiner ist von alledem keine Rede. Sein methodisches Konzept baut auf dem Vorhandenen auf und versucht an es anzuknüpfen. «Man beschäftige das sanguinische Kind mit solchen Gegenständen in gewissen abgemessenen Zeiten, bei denen ein vorübergehendes Interesse berechtigt ist, bei denen es sozusagen sanguinisch sein darf...» Darüber hinaus aber muß angestrebt werden, den Sanguiniker «Liebe und Anhänglichkeit» zu einem einzelnen Menschen entwickeln zu lassen, weil er dann aus Liebe zu diesem Menschen Interesse für die Dinge entwickelt, die der Betreffende ihm nahebringt. Nicht das «Einbläuen» (das Hellwigsche fleißige «Repetieren») kann beim Sanguiniker zum Ziel führen, sondern das Interesse, die Liebe für einen Menschen, den er achtet.

Zur Behandlung des «hochsinnigen Cholerikers» schlägt Hellwig vor, der Lehrer müsse ihm durch die Höhe seiner Geistesbildung imponieren. Der Erzieher muß dem Choleriker durch seine hervorragenden Fähigkeiten Verehrung abnötigen. «Der Wille des Erziehers muß stark, seine Anordnung reiflich überlegt und sein Wort unwiderruflich sein.» Mit Lob muß er zurückhaltend verfahren, er soll dem Choleriker stattdessen Widerstand bieten, um seinen Mut herauszufordern.

Bei Steiner soll der Choleriker «Achtung und Schätzung vor den Leistungen der Persönlichkeit» entwickeln. Der Erzieher soll sich nicht mit seinen «persönlichen Eigenschaften» anbiedern oder Sympathie erwecken wollen, sondern allein durch sein Können, seine hervorragenden Leistungen und seinen Sachverstand. Dem Choleriker müssen bewußt «Widerstände, Schwierigkeiten in den Weg gelegt werden», an denen sich sein Wille abarbeiten kann. Das cholerische Temperament, der zu heftigen Ausbrüchen neigende Wille muß sich ausleben können. Darüberhinaus schlägt Steiner den Umweg vor, dem Choleriker Ehrfurcht vor dem Können des Erziehers beizubringen, indem ihm gezeigt wird, daß dieser Aufgaben bewältigt, die der Choleriker noch nicht lösen kann.

Die Vorschläge zur Behandlung des Cholerikers stimmen, wie man sieht, weitgehend überein. Umso mehr aber weichen die folgenden methodischen Hinweise für Melancholiker und Phlegmatiker voneinander ab.

Das trübsinnige und schwerblütige melancholische Kind ist Hellwig offenbar nicht sonderlich sympathisch. Schon die Charakterzeichnung gerät eher zur Karikatur. «Durch kluges und rücksichtsvolles Benehmen muß man dem unglücklichen Kinde zeigen, daß man es gern hat und daß es uns keine Last ist; das ist das einzige, was wir über die Leitung des melancholischen Kindes zu sagen haben... Mitleid mit dem Kinde, das muß das leitende Motiv für das ganze Benehmen des Lehrers sein.» Der Erzieher muß sich aber auch bemühen, das melancholische Kind immer in Aktivität zu halten, ihm mit «froher, harmloser Munterkeit» zu begegnen: denn «Freude steckt an.»

Steiner hingegen fordert den Erzieher auf, daß er das melancholische Kind auf das in der Welt vorhandene Leid aufmerksam mache, um es von seinem eigenen Leid abzulenken und seine Fähigkeit des Leiderlebens zu objektivieren. Nicht austreiben soll man dem Melancholiker seinen Hang zum Leiden, sondern ihm einen würdigen Gegenstand geben, an dem sich das Selbstmitleid zum Mitleid mit anderen wandelt. Der Erzieher kann das melancholische Kind dadurch leiten, daß er selbst ein leidgeprüfter Mensch ist, der sich seine Lebenshaltung durch Überwindung von Schicksalsprüfungen errungen hat. Es wäre also, im Sinne Steiners, das denkbar Verkehrteste, dem melancholischen Kind mit einer aufgesetzten «frohen Munterkeit» zu begegnen. Es würde einen gar nicht ernst nehmen.

Vor dem phlegmatischen Kaltblütler versagt der pädagogische Eros Hellwigs vollständig. Er warnt vor zu großen Anforderungen an den Phlegmatiker. Man soll in kleinen Häppchen vorbringen, was andere im Ganzen genießen. Der Phlegmatiker ist vor allem ein Gegenstand, an dem der Pädagoge Geduld entwickeln kann. Zuletzt bleibt nur noch der Griff nach dem Prügelstock: «Der Lehrer steht dem Kinde machtlos gegenüber, wenn er nicht hie und da den Stock in der Hand hält und mit Vernunft und Mäßigung, wie sie ihm die Liebe zum Kinde [!] diktiert, zur körperlichen Strafe seine Zuflucht nimmt. Das macht das Phlegma rege; die Furcht vor einer zweiten Strafe gibt ihm die Willenskraft, um über seinen Hang zum Müßiggang Herr zu werden.»

Der Lehrer hat bei Steiner den Phlegmatiker mit vielen anderen Kindern, mit Kameraden zu umgeben, die die vielfältigsten Interessen besitzen. Der Phlegmatiker kann auf diese Weise indirekt durch das Miterleben der Interessen der anderen, Gleichaltrigen erzogen werden. Anfachen des Interesses durch das Mitleben im Interesse der anderen, das ist die Erziehungsmethode für den Phlegmatiker.

In dieser Gegenüberstellung ist mit Absicht nur Bezug auf die Schrift «Das Geheimnis der Temperamente» genommen worden. Ab 1919 finden sich bei Steiner weitere, differenzierte Darstellungen zur kathartischen Wirkung des Lehrers auf die Temperamentseigenschaften der Kinder, die aber keine Widersprüche zu den bisherigen Aussagen implizieren. Insbesondere tritt 1919 das Motiv der Gruppierung der Klassen in die vier Temperamente auf, die gegenseitig homöopathisch aufeinander einwirken und zur Dämpfung des Übermaßes beitragen sollen. Steiner ist 1919 der Überzeugung, daß sich die Temperamente bis zum zehnten Jahr abschleifen: «Gegen das zehnte Jahr wird der Temperamentsunterschied überwunden sein.»[1] Diese Auffassung steht, wie Ullrich richtig bemerkt, in konträrem Gegensatz zu der von Hellwig vertretenen. Während Hellwig meint: «Zwei Sanguiniker neben einander verderben und verführen sich gegenseitig, zwei Choleriker neben einander bekommen nie Ruhe und Frieden», ist Steiner der Ansicht, daß gerade die gegenseitige Beeinflussung der einseitig ausgebildeten Temperamente zu ihrem Ausgleich bzw. ihrer Abschwächung führen wird.

Ullrich weist noch auf einen anderen Autor als mögliches Vorbild Steiners hin: auf den als Philosophiehistoriker bekannten Althegelianer Johann Eduard Erdmann und seine «Psychologischen Briefe»[2]. Steiner mag, so Ullrich, in dessen naturphilosophischen Spekulationen (die in der Tradition der Schellingschen Naturphilosophie mit Anklängen an den Goetheanismus stehen) ein Muster für seine eigenen kosmisch-irdischen Analogiespiele gefunden haben. Erdmann hebe sich aber von Steiner dadurch vorteilhaft ab, daß er ein Bewußtsein von der Nichtwissenschaftlichkeit seiner Ausführungen besitze. Ullrich zitiert aus dem ersten Brief die Stelle: «Ich schreibe zur Unterhaltung, höchstens zur belehrenden Unterhaltung...» Auch diese Behandlung Erdmanns und seines philosophischen Selbstverständnisses ist wieder ein Beispiel für Ullrichs tendenziöse, selektive Zitierweise. Wie diese Aussage von Erdmann zu verstehen ist, geht aus der «Dedications-Epistel» hervor, die er der zweiten Auflage seiner Briefe (1855) hinzugefügt hat. Aus diesen wird deutlich, daß die rhetorische Figur der ironisierenden Untertreibung, der sich Erdmann an der von Ullrich zitierten Stelle bedient, keineswegs auf die *dargestellten Inhalte*, sondern lediglich auf die *Form* der Darstellung bezieht. Wie Erdmann schreibt, handelt es sich bei den «Psychologischen Briefen» um Privatbriefe, die nicht zur Veröffentlichung bestimmt,

1 GA 295 (tb), S. 21.

2 Johann Eduard Erdmann, Psychologische Briefe. Leipzig 1875. (5. Aufl.)

sondern als populäre Darstellung von philosophischen Erkenntnisergebnissen in einem freundschaftlichen Briefwechsel gemeint waren. (Dabei ist natürlich die Frage, ob es sich bei dieser Aussage und der Einkleidung in die Briefform nicht lediglich um eine literarische Fiktion handelt und die Absichten des Autors sehr wohl wissenschaftlicher Natur waren. Darauf deuten manche Stellen in den Briefen hin, die zeigen, daß Erdmann bewußt war, daß er sich mit seiner Form der philosophischen Psychologie gegenüber den herrschenden Strömungen der exakten Wissenschaften im Abseits befand. Er könnte deshalb die gewählte literarische Form als das einzige noch tolerable Mittel betrachtet haben, seine wissenschaftlichen Überzeugungen der Öffentlichkeit zugänglich zu machen, ohne der akademischen Verfemung zum Opfer zu fallen. Eine sichere Klärung dieser Frage könnte nur eine historisch-philologische Untersuchung bieten). So heißt es in der Dedications-Epistel: «Niemand weiß besser als Sie, welchen Kampf es mir gekostet hat, mich an den Gedanken zu gewöhnen, daß eine Behandlung der Psychologie, wie ich sie in einem freundschaftlichen Briefwechsel für die einzig passende halte, und die ich als eine mir selbst sehr vortheilhafte erprobt habe, weil sie meinem Denken eine ungewohnte Motion gab, daß diese, als von mir versucht vor das große Publikum gestellt war.»[1] Die Einsicht in den populären Stil seiner Ausführungen hindert ihn aber nicht, die Überzeugung auszusprechen, daß die von ihm dargestellten anthropologischen und psychologischen Ansichten wissenschaftliche *Wahrheiten* sind. Dies gilt natürlich nicht nur für die von ihm vertretene Temperamentslehre, sondern auch für die Lehre von den Lebensaltern oder für sein anthropologisches Schichtenbild. «Nur in einem Falle würde ich mir einen Vorwurf daraus machen müssen, daß ich nicht viel mehr wegstrich [in der zweiten Auflage, L.R.], wenn nämlich solches stehen geblieben wäre, was ich jetzt als irrig ansehe. Dies aber ist nicht der Fall, sondern wie damals, als ich sie schrieb, sie nicht enthielten, was ich nicht für wahr hielt, so gedenke ich auch Alles, was sie in ihrer gegenwärtigen Gestalt enthalten, zu vertreten.»[2] Deutlich wird das Bewußtsein der Umstrittenheit seiner anthropologischen Positionen von bestimmten wissenschafsmethodischen Überzeugungen aus, wenn er auf die Gesichtspunkte zur Dreigliederung der physiologischen Funktionen des Menschen zu sprechen kommt, die übrigens nicht von «Schelling her bekannt sind», wie Ullrich bemerkt, sondern auf den zu seiner Zeit berühmten und angesehenen Chemiker und Mediziner Karl Friedrich von

1 S. VIII
2 Ebenda, S. IX.

Kielmeyer, den Lehrer Cuviers, zurückgehen. Erdmann dazu: «Es kam eine Zeit, und zum Teil dauert sie noch fort, wo der Gebrauch dieser Worte [Sensibilität, Irritabilität, Reproduction] hinreichte, um in den Geruch der Naturphilosophie zu kommen, *und da diese Ketzerei bei vielen Inquisitoren der exakten Wissenschaft hinreicht, um zum Feuertode verdammt zu werden*, so ist es bedenklich, auf diese Lehre zurückzukommen. Wenn ich es dennoch tue, so kann ich es, *da ich ohnedies zu jener unreinen Kaste gehöre*; [Hervorh. L.R.] einen gewissen Trost mag es mir gewähren, wenn ich so manche exakte Forscher desselben Weges mit mir ziehen sehe, nur daß sie anstatt Sensibilität Nerven sagen, das heißt, daß sie (anatomisch) das Organ, ich dagegen (physiologisch) die Funktion nenne.»[1]

Erdmann ist der Auffassung, daß die Temperamentslehre ihre wissenschaftliche Berechtigung besitzt, auch wenn er sie in einem plaudernden Tonfall vorträgt. Er ist keineswegs der Auffassung, daß es sich bei dieser Lehre lediglich um «nicht-wissenschaftliche» Spekulationen handelt: sein Wissenschaftsbegriff ist ein anderer als der, der in der zweiten Hälfte des neunzehnten Jahrhunderts die Herrschaft angetreten hat. «Dies die berühmte Classifikation der Temperamente … die Theorie der Alten … ist … hinsichtlich ihrer Ableitung veraltet… Wie sie aber so oft trotz aller falschen Theorien, weil sie unbefangener sahen als wir, das Wahre gefunden haben … so ist es ihnen auch hinsichtlich dieser verschiedenen Temperamente gegangen. Die Zahl derselben, ja die Charakteristik derselben ist ganz richtig angegeben, und von einem ganz anderen Prinzipe aus und auf ganz anderem Wege kann man zu demselben Resultate gelangen wie sie…»[2] Erdmann ist weit davon entfernt, seine anthropologischen Ansichten ihrem Inhalt nach als unwissenschaftlich zu betrachten, unwissenschaftlich ist für ihn allein die Form der Darstellung, da er vom Katheder herabsteigt, um seine «Forschungen im populären Gewand dem gebildeten Publikum»[3] vorzulegen. Dies gilt übrigens auch für seine Lebensalterlehre, die sich für das männliche Geschlecht am achtzehnjährigen Mondzyklus orientiert, für die Frau von fünfzehnjährigen Zyklen ausgeht, die aber jeweils in zwei Phasen zerfallen, das heißt beim Mann in Jahrneunte, bei der Frau in siebeneinhalbjährige Phasen.[4]

Wie sich zeigt, ist Ullrichs Beweisführung in mehrfacher Hinsicht unzuläng-

1 Ebenda, S. 36.

2 Ebenda, S. 35.

3 Ebenda, S. 1.

4 Vgl. Erdmann, S. 66 – 78; Ullrich, S. 118, der an dieser Stelle dieselbe Mißdeutung Erdmanns vorbringt, wie bei der Behandlung der Temperamentslehre.

lich: sie stützt sich auf unbenutzbares Material, sie besitzt schwerwiegende methodische Mängel, sie geht von unzulässigen Voraussetzungen aus, ja, sie unterliegt einer petitio principii, indem sie voraussetzt, was sie beweisen will. Doch bekanntlich wird eine Ansicht dadurch nicht widerlegt, daß der zu ihr hinführende Beweisgang ad absurdum geführt wird. Die Ansicht selbst, mag auch der Weg, auf dem sie bewiesen werden soll, nicht gangbar sein, könnte immer noch zutreffen.

Dies führt auf die Frage, ob nicht die Erwartung Ullrichs an die Steinersche Temperamentslehre eine in der Wurzel völlig verkehrte ist. Natürlich kann im Rahmen dieser Auseinandersetzung nicht die «Richtigkeit» der Temperamentslehre bewiesen werden. Es ist ohnehin fraglich, ob die «Richtigkeit» dieser Typologie «bewiesen» werden kann. Dies nämlich dann, wenn es sich bei den Temperamentstypen gar nicht um Realtypen, sondern um Idealtypen handelt. Idealtypen sind Essentialtypen, im Gegensatz zu aus empirischen Untersuchungen durch statistische Ermittlung gewonnenen Phänotypen. Der Versuch eines empirischen Beweises wäre demnach dadurch erschwert, daß der reine Temperamentstypus, als Essentialtypus, kaum jemals sinnlich beobachtet werden kann. Aber möglicherweise ist diese Erwartung auch völlig inadäquat. Die Temperamentstypologie will zwar Deskription sein, aber sie will nicht die empirischen Phänomene in ihrer äußerlichen Tatsächlichkeit, in ihrer nackten Positivität deskribieren, sondern sie will den typischen Gehalt der empirischen Phänomene beschreiben. Dieser läßt sich sinnlich gar nicht beobachten.

Ullrich diskutiert dieses Problem des «Gemeintseins» (der Intention) der Temperamentstypologie auch kurz. Diese kurze Diskussion führt ihn aber nicht zu der Einsicht in die mögliche Geltung idealtypischer Beschreibungsmodi neben realtypischen. Zwar wirft er «den Anthroposophen» vor, daß sie bei ihren Versuchen, die Temperamentslehre durch den Hinweis auf neuere psychologische Untersuchungen zu stützen, zu Unrecht auf Forschungsergebnisse rekurrieren, die durch mit den ihrigen, bzw. den der antiken Temperamentslehre zugrundeliegenden völlig inkompatible Methoden zustandegekommen sind. Die Umkehrung dieses Satzes versäumt er aber zu denken: daß nämlich gerade die Inkompatibilität der Methoden auch eine Kritik des Idealtypus von seiten der empirischen Forschung gar nicht zuläßt. So sehr die Suche nach dem organischen Typus ewig vergeblich bleiben müßte, wollte man diesen in der sinnlichen Beobachtungswelt auffinden, so wenig ist es möglich, aus sinnlichen Beobachtungen in der Gegenstandswelt des alltäglichen Bewußtseins Instanzen gegen Beobachtungen zu gewinnen, die unter Anwendung systematischer Methoden in einer ganz anderen

Wirklichkeitsschicht gemacht werden. Gegen diesen erkenntnistheoretisch zu rechtfertigenden Tatbestand kann auch nicht, wie dies häufig getan wird, das Ockhamsche Ökonomieprinzip ins Feld geführt werden.[1] Denn das Ökonomieprinzip ist ein methodisches Postulat, dessen Geltung sich auf die Bildung von Theorien, nicht aber auf die Konstitution von Beobachtungswelten erstreckt.

Ein Idealtypus ist eine durch innere Anschauung gewonnene ideelle Gestalt, die eine innere Evidenz besitzt. Sein Bezug auf die äußeren Erscheinungen führt dazu, daß diese ihn bestätigen oder zurückweisen. In dieser Bestätigungsfähigkeit durch unmittelbare Beobachtung liegt aber nicht die Garantie seiner «Realität», sondern der Beweis seiner Beziehbarkeit auf die Erscheinungswelt. Der anthropologisch-psychologische (psychophysische) Totaltypus verhält sich hier genauso wie jeder andere Begriff auch. Daß es präzisere und exaktere Begriffe gibt, soll nicht bestritten werden. Dies schließt aber nicht aus, daß auch Begriffe mit offenen Rändern in der Theorie wie in der Praxis verwendbar sind. Je exakter die Begriffe sind, je geschlossener ihre Ränder, um so enger ist auch der Kreis der Erscheinungen, auf die sie beziehbar sind. Selbst der Dreiecksbegriff der euklidischen Geometrie ist nicht auf alle Dreiecke anwendbar. Typenbegriffe unterscheiden sich von Klassenbegriffen durch ihre Variabilität. Während Klassenbegriffe invariante Merkmalsvergesellschaftungen sind, lassen Typenbegriffe Annäherungen und Randverschleifungen zu. Klassenbegriffe sind genauer, aber auch starrer. Typenbegriffe sind offener und beweglicher. Sie schmiegen sich den Erscheinungen an, während die Klassenbegriffe sich die Erscheinungen einverleiben.

Ullrich zieht, um Totaltypologien zu problematisieren, wie immer Autoritäten heran: diesmal Strunz (1960) und Jaspers (1954). Strunz weist auf die Gefahr, die mit Totaltypologien verbunden ist, das unerschöpfliche und unergründliche Wesen Mensch durch eine einzige Typenlehre abschließend erfassen zu wollen. Jaspers weist im Hinblick auf Kretschmer auf dieselbe Gefahr, die der Gedanke der Konstitution in sich birgt. Beide sind aber denkbar ungeeignete Instanzen im Zusammenhang einer Demontage der Temperamentstypologie. Strunz hält nämlich die Idee der Temperamentslehre für wissenschaftlich berechtigt und diese selbst für durchaus sinnvoll. «Der Idee nach noch heute nicht eigentlich überholt sind die Temperamentstypen aus der Antike, die auf Hippokrates zurückgehen. Nach dessen

1 Das Ockhamsche Ökonomieprinzip besagt, populär ausgedrückt, daß einfachere Erklärungen komplizierteren vorzuziehen sind.

Lehre soll der Sitz der von Empedokles herausgestellten Elemente Feuer, Wasser, Luft und Erde im Menschen in den humores, den Körpersäften zu suchen sein. Diese biologische Konzeption, nach der sich die Gesundheit aus der rechten Mischung der Körpersäfte ergäbe, wurde später auch auf das seelische Leben ausgedehnt. Noch heute bekannt sind die von dem römischen Arzt Galen 200 Jahre nach Christus aufgestellten vier Typen des Sanguinikers, des Phlegmatikers, des Cholerikers und des Melancholikers, deren Wesensart ebenfalls aus den unterschiedlichen Mischungsverhältnissen der Körpersäfte abzuleiten sei. Die Humoralpathologie, ebenso Endokrinologie und Psychosomatik unserer Tage lehren Entsprechendes. McDougall beruft sich ausdrücklich auf die antike Temperamentslehre.»[1]

Jaspers, einer der populärsten Existentialisten dieses Jahrhunderts, hat selbst ein Monumentalwerk einer Weltanschauungstypologie[2] geschrieben, in dem sich methodologische Ausführungen finden, die auch zur systematischen Rechtfertigung der Temperamentstypologie dienen können. «Unser Versuch soll ein systematischer, kein kasuistischer sein. Er ist eine Konstruktion von Typen, die manchmal durch Beispiele veranschaulicht, aber nicht bewiesen werden. Sie sind als innere Anschaulichkeiten evident. Von allem Material, das wir heranziehen, gilt: wir suchen hier nicht das Häufige, nicht das Durchschnittliche, weil es häufig und durchschnittlich ist. Wir suchen die spezifischen Gestalten, mögen sie auch ganz selten sein. Unser Feld ist nicht etwa das, was wir sehen, wenn wir beispielsweise 100 Menschen aus unserer Umgebung untersuchten, sondern das Material, das entsteht, wenn wir sehen, was wir in historischer und innerer lebendiger und gegenwärtiger Erfahrung an Eigentümlichem wahrnehmen, selbst wenn es einmalig ist, wenn es nur typisch zu sehen und zu konstruieren ist. Der Einwand des gewöhnlichen sensualistischen Empirikers, was da geschildert werde, bemerke er nicht in sich selbst, bemerke er auch nicht als tatsächlich in der Geschichte; das alles seien Konstruktionen, das heißt Phantasien; – solcher Einwand darf uns darum nicht kümmern, weil er etwas voraussetzt, das wir nicht wollen. Für alles hier Vorgetragene gibt es keinen ‹Beweis›, wie für Thesen oder tatsächliche Behauptungen, sondern die Evidenz der Anschauung. Diese Anschauung ist überall nicht so absolut allgemein und selbstverständlich wie die Sinneswahrnehmung. Richtigkeit heißt in der gegenwärtigen Darstellung: Anschaulichkeit und Klarheit. Es wird nichts bewiesen. Falsch ist etwas

1 Karl Strunz, Handbuch der Psychologie, Bd. 4, S. 169.

2 Karl Jaspers, Psychologie der Weltanschauungen. München 1985. (tb). 1. Auflage 1919, 6. Auflage 1971.

dadurch, daß es unklar und unanschaulich bleibt...Dem Einzelfall gegenüber ist jeder Typus falsch, er ist nur Maßstab, der teilweise, unter Einschränkungen paßt.»[1]

Die Art des Umgangs mit diesen beiden Autoren ist ein weiteres Beispiel für die unkritische oder tendenziöse Methode, mit der Ullrich alles instrumentalisiert, was sich auch nur entfernt für seinen Kampf gegen eine «absolutistische Ideologie», die die Anthroposophie für ihn offenbar darstellt, zu eignen scheint.

Abschließend ist die Frage nach der Intention der Temperamentstypologie in der Waldorfpädagogik zu beantworten. Sicherlich verstünde der sie falsch, der sie als Totaltypologie auffaßte, die das Gesamtwesen des Menschen abschließend und erschöpfend zu charakterisieren vermag. Steiner hat bereits 1908/09 in den Vorträgen zum «Geheimnis der Temperamente» deutlich ausgesprochen, daß der charakterologische Beitrag der Temperamentslehre eine Erhellung der Wesensschicht des Menschen ist, die zwischen seiner Gattungsnatur und seiner seelisch-geistigen Individualität (Personalität) anzusiedeln ist. Im Temperamentstypus werden daher sowohl Merkmale der Gattungsnatur des Menschen (physiognomische und anatomische) als auch Merkmale seines Seelengefüges erfaßt (psychologische und ethologische Merkmale), soweit sie sich aus der Tingierung des Individualseelischen durch die Gattungsnatur ergeben. Weder die geistige Individualität des Menschen in ihrer unausschöpfbaren Tiefe, noch die individuellen Ausgestaltungen seines seelischen Lebens, die ihre Ausprägung von der geistigen Individualität erhalten, gehen in die temperamentspsychologischen Typenbegriffe ein. Sie können es gar nicht, weil diese individuellen und originellen Seiten des menschlichen Wesens weder durch Typen- noch durch Klassenbegriffe erfaßbar sind. Sie sind letztlich nur einer individualisierenden Biographik zugänglich. Daß aber diese individuellen, letztlich ineffablen Tiefen der menschlichen Person in typologisch beschreibbare Strukturen eingebettet sind, wird wahrscheinlich nicht einmal ein fanatischer Individualist bestreiten. Steiner selbst hat in seiner «Philosophie der Freiheit», die der Begründung eines «individualistischen Anarchismus» dienen sollte, auf diese Einbettung der Individualität des Menschen in nicht-individuelle Wesensschichten hingewiesen. Für diesen Teil des menschlichen Gesamtwesens ist die Temperamentstypologie gedacht und auch berechtigt. Sie ist nicht nur auf die Natur des Kindes anwendbar, in der sich die in freier Selbstverantwortung sich selbst bestimmende Individualität zwar ankündigt, aber noch

1 Ebenda, S. 14/15.

nicht ans Licht getreten ist, sie ist auch beim Erwachsenen anwendbar, insofern dieser sich selbst nicht zum Abbild seiner Freiheit gemacht hat, sondern in seiner Gattungsnatur verhaftet bleibt. Die Berücksichtigung der Temperamentseigentümlichkeiten, soweit sie sich idealtypisch, das heißt als Vereinseitigung am Kind zeigen, ist ein Versuch, den in den Erziehungsprozeß eingebundenen Menschen aus der Tyrannei seiner Konstitution zu befreien und ihn auf die spätere Transzendierung seiner charakterologischen Bestimmtheit hin zu beeinflussen.

4.1. «Rationalisierte Mystik» – eine späte «Würdigung» der wissenschaftstheoretischen Grundlegung der Anthroposophie

> Die gesamten bisherigen Denkgewohnheiten ausschalten,
> die Geistesschranken erkennen und niederreissen,
> mit denen sie den Horizont unseres Denkens umstellen,
> und nun in voller Denkfreiheit die echten, die völlig neu
> zu stellenden philosophischen Probleme erfassen,
> die erst der allseitig entschränkte Horizont uns zugänglich
> macht – das sind harte Zumutungen.
> *Edmund Husserl*

Nachdem er fünf Jahre lang (seit dem Erscheinen seiner ersten Studie in der Zeitschrift «Neue Sammlung» 1982) von verschiedensten Seiten auf dessen systematische Bedeutung hingewiesen worden ist, hat Ullrich sich endlich aufgerafft, sich auch mit dem wissenschaftstheoretischen Grundwerk Rudolf Steiners auseinanderzusetzen. Aber er hat den «Automatismus» seiner «alltäglichen Bewußtseinsoperationen», seine Vorurteilsstereotype und geistesgeschichtlichen Arbeitsschemata auch in diese Diskussion hineingetragen und sich dadurch von vorneherein die Horizonte des Verstehens verbaut, die erst das «Niederreissen der Geistesschranken» des alltäglichen Bewußtseins hätte erschließen können. Statt einer fundamentalen Öffnung zur Selbsttranszendierung im Verstehen des anderen hat sich Ullrich durch die Projektion des Immer-schon-Dagewesenen, des Ewig-Gestrigen ins Gegenwärtige den Ausblick ins Jenseits seines «stählernen Gehäuses» verwehrt und durch den überheblichen Gestus seines vorgeblich emanzipatorischen Interesses dokumentiert, daß er weder Dialogbereitschaft besitzt noch die Fähigkeit, das Gehäuse seiner verengten Modernität im philosophischen Diskurs zu durchbrechen. Sehen wir zu, wozu seine «problemgeschichtlichen Anmerkungen zu den ‹erkenntniswissenschaftlichen› Grundlagen der Waldorfpädagogik»[1] geraten.

Eingangs stellt Ullrich fest, daß die Nachfolger Steiners, die sich mit erkenntniswissenschaftlichen Fragen in dessen Fahrwasser befaßt hätten, zu den selben Ansichten wie Steiner gelangt seien. Es erübrige sich deshalb, sich mit den Schülern auseinanderzusetzen. Ullrich will sich mit seiner Diskussion eng an den erkenntnistheoretischen Schriften Steiners orientieren und dessen spätere Werke zu theosophischen und okkultistischen Fragen gänzlich außer Acht lassen. Er hält sich dazu durch Steiners Selbstverständnis berechtigt, der in jenen erkenntniswissenschaftlichen Schriften die philosophische Grundlegung seines späteren Werkes sieht. Bevor er jedoch die inhaltliche Auseinandersetzung beginnt, weist er auf einige unmittelbare historische Vorbilder Steiners hin. Philosophie als Grundwissenschaft sei in der zweiten Hälfte des 19. Jahrhunderts der Versuch, der Delegitimation der Philosophie als der «universitas litterarum» durch die Abspaltung der naturwissenschaftlichen Einzeldisziplinen entgegenzuwirken. Dies sei sowohl Ansatzpunkt des Philosophierens von Dilthey und Husserl als auch das Grundmotiv des Neukantianismus. Diese philosophischen Bestrebungen brächten «Systementwürfe» hervor, deren «Grundgedanken» bis in die Gegenwart «fortwirken». Unmittelbares Vorbild für Steiner sei aber in erster Linie Eduard von Hartmann, dessen induktive Metaphysik die Folie für Steiners Bemühen um philosophische Klärung von Erkenntnisfragen (wenigstens behaupte dies Steiner) gegeben habe. Steiner sehe sich ganz, so Ullrich, der briefliche Äußerungen Steiners als Beleg zitiert, als «treuen Anhänger» (1891) der Hartmannschen Richtung des Philosophierens. Ullrich weist aber auch darauf hin, daß Steiner neben seiner Anhängerschaft gegenüber dem «Schulphilosophen Eduard von Hartmann» (Ullrich) in den späten neunziger Jahren «glühender Enthusiast des darwinistischen Popularphilosophen» Ernst Haeckel, sowie «Stirner-Bewunderer und Anarchist» gewesen sei. «Da diese drei von Steiner verehrten Gelehrten weder von ihren Grundgedanken noch von ihrem Niveau des Denkens her nennenswerte Gemeinsamkeiten aufweisen, liegt zumindest die Vermutung nahe, daß Steiner in ihrem Fahrwasser zu größerer Geltung zu kommen gedachte.» (Ullrich, S. 215) Ullrich versäumt nicht, Hartmanns Urteil über die «Philosophie der Freiheit» Steiners zu zitieren, in dem

1 Heiner Ullrich: Rationalisierte Mystik. Problemgeschichtliche Anmerkungen etc., in: Otto Hansmann. Pro und Contra Waldorfpädagogik. Würzburg 1987.

Hartmann Steiner bekanntlich einen «Rutsch in den Abgrund der Unphilosophie» vorwirft.

Anschließend an diese vorläufige historische Verortung und Rückführung Steiners in den zeitgenössischen Ideenhorizont entwirft Ullrich eine gedrängte Skizze der Erkenntnistheorie Steiners. Er hebt dessen Forderung nach Voraussetzungslosigkeit hervor, bezeichnet die Stufe der Weltbetrachtung, die sich dem unmittelbar Gegebenen voraussetzungslos zuwendet, als *erste Stufe*. Diese erste Stufe der Weltbetrachtung werde in dem Augenblick überwunden, wo im Gegebenen das Denken entdeckt wird. Das Denken als «höhere Erfahrung in der Erfahrung» (Steiner) führe über die Zusammenhangslosigkeit des unmittelbar Gegebenen hinaus zur Ordnung der Welt in Ideenform. Die Wirklichkeit erschließe sich dem Erkennen auf der *zweiten Stufe* der Weltbetrachtung, indem das Denken sich als der Zusammenhang der Welt entpuppe. Auf einer *dritten Stufe* der Weltbetrachtung schließlich, in der «intellektuellen Anschauung oder Intuition», lebe sich der Mensch in den Weltgrund ein, der ihm in den intuitiv erlebten Ideen zugänglich werde.

Nach dieser kurzen Skizze der Grundgedanken der Steinerschen Erkenntnistheorie hebt die umfangreiche Kritik an. Sie beginnt damit, daß Ullrich die Philosophie Steiners im Horizont der neuplatonischen Spekulation verortet und die zentralen Philosopheme Steiners als Ausfluß (Emanation) der seichten Quelle der plotinischen philosophischen Mystik decouvriert.

Steiner erhebe nur scheinbar den Anspruch der Voraussetzungslosigkeit: in Wahrheit sei sein Stil des Philosophierens «ganz und gar von spekulativer Metaphysik durchwaltet». Er lege in seiner Philosophie eine «pantheistische Ontologie, Kosmologie, Anthropologie und Ethik» dar. Zu seinen metaphysischen Voraussetzungen könne man nicht «induktiv gelangen», sondern nur durch Glaubensvoraussetzungen. Steiner liefere keine voraussetzungslose Erkenntnistheorie, sondern eine «spekulative Deduktion aus dogmatischer Metaphysik». Verglichen mit den «Denkgewohnheiten der damaligen Zeit» stelle Steiners Denken wegen seines «naiven Realismus» und seiner deduktiven Dogmatik, etwa gegenüber Hartmanns «induktiver Metaphysik», eine «erstaunliche Rückbildung des Philosophierens» dar. Genau besehen sei Steiners Philosophie ein «gänzlicher Anachronismus», ein «diskreter Rückfall in die vorneuzeitliche philosophisch-mystische Spekulation».

Ullrich skizziert im folgenden die Grundgedanken des «Neuplatonismus Plotins», in dem er nicht nur als philosophische Grundfrage die Frage nach dem «Ursprung der Welt» entdeckt, sondern auch das Motiv der «Selbsterlösung», der «Stufenordnung im Erkennen und im Weltorganismus», der «Emanation» und des Rückwegs in das Eine durch mystisches Erkennen (über vier Erkenntnisstufen), sondern sogar den Gedanken der «Unsterblichkeit und der Wiederverkörperung der Seele, der für Steiners Geisteswissenschaft so kennzeichnend ist». Sein knapper Exkurs beweise, glaubt Ullrich, daß die «zentralen ontologischen, epistemologischen, anthropologischen und ethischen Auffassungen in Steiners erkenntnistheoretischen Schriften ihre Quelle sämtlich in der metaphysischen und mystischen Spekulation des Neuplatonismus haben». Ja, es sei sogar kein Unterschied zwischen dem Stufenweg des Erkennens zu sehen, wie Plotin und wie Steiner ihn verstehen, denn Steiner habe lediglich die dritte und die vierte plotinische Stufe in eine zusammengefaßt. (Die vier plotinischen Stufen sind nach Ullrich (1) sinnliches Erkennen, (2) diskursives, mathematisches Erkennen, (3) unmittelbare, intuitive Ideenschau und (4) ekstatische, überrationale Vereinigung mit dem Urgrund).

Steiner stehe, so Ullrich, mit seiner Auffassung des Philosophierens jenseits der Neuzeit. Zwar hätten auch andere Philosophen aus dem Neuplatonismus geschöpft (so etwa Paracelsus, Böhme, Bruno, Spinoza, Goethe, Schelling und Schopenhauer), aber sie hätten es jeweils auf der Höhe ihrer Zeit getan, vom Standpunkt der damaligen Entwicklung der Reflexion, während «Steiners Haltung zum Neuplatonismus» nicht «durch das klare Bewußtsein unüberbrückbarer geschichtlicher Distanz gekennzeichnet ist.» Steiner identifiziere sich vielmehr mit einer Weltanschauung, die seiner «eigenen mystischen Grundhaltung Ausdruck zu geben vermag».

Diese fehlende Distanz und unkritische Identifikation mit einem längst überholten Verständnis von Philosophie zeige auch Steiners Idealismusbegriff. Er glaube, daß das Denken als Denkinhalt ein objektives, metaphysisches Wesen, der Weltgrund sei, mit dem sich der Mensch im Erleben des Denkens vereinigen könne. Diese Form des Idealismus sei vom «neuzeitlichen Idealismus» grundverschieden. Wenn Steiner das Denken als metaphysischen Prozeß auffasse, dann stehe er in krassem Widerspruch «zum modernen Ansatz des selbständigen Philosophierens seit Descartes». Statt von der unmittelbaren Gewißheit des cogito ergo sum und der Trennung von Sein und Bewußtsein auszugehen, sei für ihn das Ich des Menschen ein «Geistesauge, das ein objektives Weltwesen tätig zur Erscheinung bringt». Wenn Steiner die «Substantialität der Individuen» fallen lasse, das Ich als Emanation des Weltgrundes auffasse, in dem wie in einem «Spiegel» sich das Höchste in den aus ihm hervorgeströmten Ideen selbst anschaue, dann falle er «dogmatisch hinter den Idealismus der neuzeitlichen Subjektphilosophie zurück». Deshalb könne er den erkenntniskritischen Grundsatz, daß es kein Objekt ohne Subjekt gebe, und daß es das Bewußtsein nur mit seinen eigenen Vorstellungen zu tun habe, nicht anerkennen. Zudem verfalle Steiner dem «vorneuzeitlichen dogmatischen Universalienrealismus». Wenn Steiner von der subjektiven Wirklichkeit der erlebten Ideen-Bilder auf deren objektive Realität jenseits des Subjekts schließe, dann unterstelle er möglicherweise subjektiven Trugbildern Wirklichkeitscharakter. Die Gefahr, subjektiven Trugbildern zu verfallen, könne nur umgangen werden, wenn man ausschließlich Begriffe verwende, «zu deren Anschauung jedermann in verläßlich nachprüfbarer Weise gelangen kann». Der «extreme Universalienrealismus», den Steiner vertrete, sei schon im Universalienstreit des Mittelalters «verabschiedet» worden.

Auch Steiners Verständnis der intellektuellen Anschauung sei Dokument einer unkritischen Verfehlung. Während Kant dargelegt habe, daß der Begriff der intellektuellen Anschauung lediglich ein Grenzbegriff sei, weil der Intellekt keine eigenständigen Objekte besitze, die er anschauen könne, Schelling und Schopenhauer intellektuelle Anschauung als «künstlerischen Prozeß der Ideenerfassung» verstanden hätten, meine Steiner, daß diese «Form der willenlosen, die Individuation momentweise aufhebenden Anschauung der Ideen» als Selbstbeobachtung des Denkens «für jedermann» zugänglich sei. Für die Romantiker sei die intellektuelle Anschauung ein Vorgang der Begnadung, für Steiner sei, weil er ja die dritte und die vierte Stufe des plotinischen Erkenntniswegs in eins setze, Ideenschau und ekstatische unio mystica dasselbe. Dadurch verletze er aber auch alle normativen Standards der Mystik, denn während Mystik «im hergebrachten Sinn» «Selbstaufgabe in die Unsagbarkeit des Einen» sei, wolle er die Mystik rationalisieren oder die Anschauung der Ratio zum mystischen Erlebnis deklarieren.

Zuletzt aber entarte Steiners Philosophieren soweit, daß es ihn dazu verführe, Wissenschaft als «Welt-Anschauung» mißzuverstehen. Während «spätestens seit Kant» die Grundfrage der Erkenntnistheorie die nach der «objektiven Gültigkeit der Erfahrung» und die nach den «Bedingungen für die Gewißheit der wissenschaftlichen Erkenntnis» sei, gehe Steiners Grundfrage wie bei Plotin nach der «Bedeutung, dem Ursprung und der Vollendung des Erkennens». Kant gelange durch den Verfolg seiner Grundfrage zur Einsicht, daß objektiv gültige Erkenntnis für den Menschen nur im «Rahmen des gegenständlichen Bewußtseins» möglich sei, und damit zu einer Verabschiedung jeglicher Metaphysik als wissenschaftlicher Ontologie, Steiner hingegen verdanke seinen «dogmatischen Glaubensgewißheiten» Einsicht in die Irrtümlichkeit der Voraussetzungen und Ergebnisse der Kantischen Kritik und sehe für das menschliche Erkennen einen unmittelbaren Zugang zum Absoluten im Denken des Menschen gegeben. Steiner sei «nicht in der Lage, das Programm und die strenge Konsequenz der Kantischen Erkenntniskritik zu ermessen», deshalb habe er auch keinen Zugang zum «modernen Begriff der Wissenschaft». Da für Steiner Wissenschaft intuitives Erkennen sei, lasse er sich auch nicht auf die «neuzeitlichen empirisch-experimentellen sowie historisch-kritischen Einzelwissenschaften ein». Ullrichs fulminante Wortkaskaden münden in das gänzlich vernichtende Fazit: «Im Gegensatz zur bewußten methodischen Selbstbegrenzung, zur Pluralität und Unabschließbarkeit moderner Wissenschaftlichkeit wollen Steiner und seine Schülerschaft das wohlgeordnete Ganze der Welt gleich einer ewig unwandelbaren Wahrheit dogmatisch wissen bzw. schauen... Ihre Denkform ist degenerierte Philosophie, ist Weltanschauung... Den Gefahren eines solchen Denkens ... ist Steiner mit der Herausbildung der anthroposophischen ‹Geheimwissenschaft› gänzlich erlegen. Hier geht die vorneuzeitliche dogmatisch-metaphysische Spekulation des Neuplatonismus über in die bewußt remythisierende Weltdeutung der Theosophie... Der mit seiner Erkenntnistheorie anhebende Auszug Steiners aus der zeitgenössischen Philosophie gelangt erst damit zu seinem Ende.»

4.2. Im Dschungel der Begriffe oder von der Wiederauferstehung des Don Quichotte in der sogenannten Philosophie

> So fällt ein unverdroßner Glaubensjünger,
> Der auf dem schmalen Pfad zum Heile bangt,
> Wohl hundertmal dem Teufel in die Finger,
> Bevor er an sein Ziel gelangt.
> *Voltaire*

Wollte man all die Mißverständnisse, Vorurteile und Irrtümer in hermeneutischer, geschichtlicher, systematischer und logischer Hinsicht, die Ullrichs Studie über die erkenntniswissenschaftliche Grundlegung der Anthroposophie in sich birgt, beiseiteräumen, man müßte wohl ein ganzes Buch zur Entgegnung schreiben. Da es aber nicht der Sinn eines Dialogs sein kann, auf alles und jedes zu antworten, was der andere sagt, sollen hier einige Motive herausgegriffen werden, die besonders fundamental und gravierend scheinen. Auch in dieser Entgegnung soll weitgehend die bisherige Methode einer immanenten Kritik verfolgt werden, die von den ausgesprochenen Thesen ausgeht und diese nach allen Richtungen weiterdenkt.

Vorab sei bemerkt, daß die Argumentation Ullrichs von den beiden Grundmotiven seines Arbeitens durchzogen ist, die uns auch bisher schon begegnet sind: der geistesgeschichtlichen Archäologie im Stile eines kryptologischen Wissenschaftsjournalismus und der verbissenen Katechetik der Modernität. Auch in seiner jüngsten Studie spürt Ullrich wieder kryptische Quellen auf, wie ein Sherlock Holmes der Philosophiegeschichte, der die bisher übersehenen Spuren im Staub der Archive mit seiner instinktgeschärften Blickfähigkeit entdeckt. Auch hier fragt er wie ein scholastischer Inquisitor die Kriterien der Rationalität ab, die Neuzeitliches von Vorneuzeitlichem und Wissenschaftliches von Vorwissenschaftlichem scheiden und enthüllt so nach und nach den normativen Katechismus der Moderne, den erfüllen muß, wer nicht mit dem Anathem der *Unwissenschaftlichkeit* belegt werden will. Wie all seine bisherigen Versuche krankt aber auch dieser daran, daß die leitenden normativen Gesichtspunkte seiner Untersuchung nichts als historisch bedingte Vorurteile sind, die den Horizont des Verstehens in einem Maße verengen, daß sie es am Ende verunmöglichen. So bleibt denn vom ursprünglichen Anspruch der Hermeneutik nur noch die Kritik übrig. Wie aber soll man kritisieren, was man nicht verstanden hat? Ullrich spricht deshalb, wie bisher auch, gar nicht von der Anthroposophie oder Steiners erkenntniswissenschaftlicher Grundlegung derselben, sondern von Windmühlen, deren bedrohliches Aufbäumen seinen Kampf gegen den Irrationalismus legitimieren soll.

4.2.1. Rudolf Steiner und Eduard von Hartmann.

Ullrich weist darauf hin, daß sich Steiner in der Zeit seines grundlegenden Philosophierens als Anhänger Hartmanns geriert und dessen induktive Metaphysik als Vorbild für seine eigenen Versuche der Erneuerung des Neuplatonismus genommen habe. Zugleich stellt er aber fest, daß Steiner sich bei dieser Anknüpfung an Hartmann mit fremden Federn geschmückt habe und an den wissenschaftlichen Standard des neuzeitlich-philosophischen Denkens, wie es Hartmann mit seiner Form des induktiven Philosophierens praktizierte, nicht heranzureichen vermocht habe. Dieser Hinweis auf Hartmann als den vorbildlichen «Schulphilosophen», der die Kriterien des Katechismus der Modernität verkörpert und als Scheidemittel für die normativen Beurteilungen Ullrichs instrumentalisiert werden kann, entspringt aber einer vollständigen historischen und systematischen Fehleinschätzung der Position Hartmanns im philosophischen Diskurs.

Hartmann formuliert 1868 in der Philosophie des Unbewußten als Fünfundzwanzigjähriger programmatisch seinen Standpunkt: «Es fehlt der Gegenwart nur an einer Persönlichkeit, welche beide Seiten mit gleicher Liebe und Hingebung erfaßt, welche fähig ist, wenn auch nicht zur mystischen Produktion, doch zur Reproduktion, und doch zugleich eine genaue Übersicht des exakten Wissens und die Strenge der induktiven exakten Methode sich zueigen gemacht hat, welche endlich die vorliegende Aufgabe klar erkennt, die spekulativen (mystisch erworbenen) Prinzipien mit den bisher höchsten Resultaten der induktiven Wissenschaft nach induktiver Methode zu verbinden, um hierdurch die allgemein zugängliche Brücke zu den Prinzipien zu schlagen und diese bisher bloß subjektiven Überzeugungen zur objektiven Wahrheit zu erheben. Im Hinblick auf diese große und zeitgemäße Aufgabe wählte ich das Motto: ‹Spekulative Resultate nach induktiv-naturwissenschaftlicher Methode!› ... Zugleich legt mir die ausgesprochene Auffassung die Pflicht auf, mich vor jedem der beiden Fora, sowohl dem naturwissenschaftlichen als dem philosophischen, zur Beurteilung zu stellen. Dies tue ich aber mit Freuden; denn ich halte jede Spekulation für falsch, die den klaren Ergebnissen der empirischen Forschung widerspricht, und halte umgekehrt alle Auffassungen und Auslegungen empirischer Tatsachen für falsch, die den strengen Ergebnissen einer rein logischen Spekulation widersprechen.» (S. 6)

Auf welches Echo Hartmann bei den beiden «Fora» stieß, vor denen er sich verantwortlich fühlte, beschreibt im Rückblick Johannes Volkelt 1913: «Das erste Erscheinen der ‹Philosophie des Unbewußten› [1868] fiel in eine Zeit ... wo nicht nur die Metaphysik, sondern auch das Schaffen philosophischer Systeme selbst bei den Philosophen von Fach in üblem Ansehen stand... Besonders den jüngeren philosophischen Forschern schienen solche Philosophen wie Fichte und Hegel kaum noch eines eingehenden Studiums wert zu sein... Da wurde ein Philosoph, der Hegel und Schopenhauer zu vermitteln versuchte und dabei an den besonders verrufenen späteren Schelling anknüpfte, erst recht als eine anachronistische Erscheinung angesehen...Aber noch ein anderer Umstand ist in Betracht zu ziehen. Zu einem starken Erfolge brachte es die ‹Philosophie des Unbewußten› sofort in solchen Kreisen, die sich aus Neigung und voll Interesse, aber ohne wissenschaftliche Gründlichkeit, mit Philosophie beschäftigten. In den Jahren 1870 bis 1879 war, wie Hartmann selbst sagte, die ‹Philosophie des Unbewußten› ‹Mode› ... Eben dieser gewaltige Erfolg..., der in den siebziger Jahren rasch eine Auflage nach der andern nötig machte, war es nicht zum wenigsten, wodurch die Fach-Philosophen mißtrauisch gestimmt wurden... So mußte sich die ... bei den fachmännischen Philosophen vorhandene Abneigung gegen das Jugendwerk Hartmanns noch verschärfen: sie wurde als Modephilosophie, als Glaubensbekenntnis des philosophischen Dilettantismus angesehen und mit geringschätziger Gebärde abgelehnt.»(S. IV)

An dieser Haltung der «Fachphilosophie» gegenüber Hartmann, dem Außenseiter, der, von seiner Offizierslaufbahn durch Krankheit abberufen, sich der Philosophie zuwandte, aber nie eine akademische Stellung erreichte, änderte auch das Erscheinen seiner großen systematischen Werke in den achtziger Jahren nichts. Hartmann beklagt sich noch 1904 darüber, daß die gesamte «deutsche Universitätsphilosophie» ihm noch immer nicht verziehen habe, daß er sechsunddreißig Jahre zuvor die «Philosophie des Unbewußten» habe erscheinen lassen, dabei «verjähre doch selbst ein Mord nach dreißig Jahren!» (S. V)

Die Ausführungen des der Zeit und Hartmann nahestehenden Philosophen Volkelt legen den Gedanken nahe, daß es nicht nur verschiedene Begriffe der Moderne oder Modernität, sondern, damit verbunden, auch verschiedene Begriffe des Anachronismus gibt. Steiner mit dem Hinweis auf Hartmann als Anachronismus abzutun, wie Ullrich dies versucht, ist ein kläglich zum Scheitern verurteiltes Unterfangen, weil Hartmann selbst von seiner eigenen Zeit als Anachronismus betrachtet wurde. Wenn aber ein Denken, auf das als Maßstab der Modernität gewiesen wird, von anderen, die sich als Maßstab dieser Modernität verstehen, als Anachronismus betrachtet wird, dann zeigt dies, daß dem Begriff der Modernität genauso wie dem Begriff des Anachronismus eine nur ideologisch übertünchbare Beliebigkeit anhaftet. Dies wird um so deutlicher, wenn man bedenkt, daß der Titel der Modernität ein normativer Begriff sein soll, der denjenigen, dem er verliehen wird, mit Exklusivität auszeichnet und alle anderen neidisch im Abseits stehen läßt. Dabei ist Modernität geschichtlich jederzeit überholbar, und gerade unser Jahrhundert hat gezeigt, wie die Sucht nach Modernität Kataklysmen sich überholender Modernitäten zutage gefördert hat, deren absurde Konkurrenz am Ende nur eines gewiß erscheinen läßt: daß der Geist nicht an die Konjunktur der Zeit gebunden ist.

Die Einschätzung der geistigen Lage in der zweiten Hälfte des neunzehnten Jahrhunderts und der Positionierung Hartmanns im philosophischen Diskurs dieser Jahrhunderthälfte von seiten Volkelts stimmt mit derjenigen Rudolf Steiners überein, die dieser in zwei Aufsätzen 1891 und 1892 ausgesprochen hat.

Zum Verhältnis zwischen Hartmann und den Naturwissenschaften heißt es da: «Die Vertreter der Erfahrungswissenschaften ... sahen mit Verachtung auf alle Philosophie herab, die nach ihrer Ansicht nur mit wertlosen Phantasiegebilden sich zu tun mache... Die Forderung, wissenschaftliche Ergebnisse nur auf dem Wege der Beobachtung zu suchen, welche die Naturforscher immer energischer erhoben, wurde auch die seinige auf philosophischem Gebiete. ‹Metaphysische Resultate nach naturwissenschaftlich-induktiver Methode› wurde das Motto seines im Jahr 1869 in Berlin erschienenen Hauptwerkes ‹Philosophie des Unbewußten›... Den Naturforschern warf Hartmann vor, daß sie einfach nicht die Fähigkeit hätten, die Ideen zu beobachten, und deshalb bei der bloßen Sinneswahrnehmung stehenblieben. Den Philosophen aber fertigten die Naturforscher damit ab, daß sie seine ‹Philosophie des Unbewußten› für das Werk eines Phantasten erklärten, der über naturwissenschaftliche Fragen in ganz dilettantenhafter Weise mitsprechen wolle... Der Erfolg der ‹Philosophie des Unbewußten› war der denkbar größte. Bis heute [1891] sind zehn Auflagen erschienen, und in alle europäischen Kultursprachen sind Übersetzungen besorgt.»[1]

Ähnlich wie mit dem naturwissenschaftlichem Fachpublikum erging es Hartmann aber auch mit den Vertretern der deutschen Universitätsphilosophie. Popularität und Erfolg genoß er lediglich auf dem breiten Forum, auf dem sich das gebildete Publikum tummelte, und in Kreisen, die ein philosophisches Bedürfnis ohne Bildungsdünkel besaßen. Zur Reaktion der philosophischen Kreise äußert sich Steiner 1892: «Warum hat ... er [Hartmann] die eigentliche Fachwissenschaft so wenig zu beeinflussen vermocht ? ... Der Grund liegt in dem Mißtrauen und Mangel an Verständnis, die ihm von den amtlich berufenen Vertretern seiner Wissenschaft entgegengebracht wurden... Dieses beklagenswerte Verhältnis zwischen der offiziellen Philosophie und Hartmann andererseits hat nun aber einen tieferen Grund... Während es das Richtige wäre, wenn der Philosoph die allgemeinen Gesichtspunkte, die leitenden Ideen für die Einzelwissenschaften kennzeichnete und von den letzteren wieder die Ergebnisse aufnähme, um sie im Sinne einer Gesamtauffassung der Dinge weiter zu benützen, sieht sich der gegenwärtige philosophische Fachgelehrte als Einzelforscher neben anderen an. Er geht neben den Spezialisten her, anstatt mit ihnen sich in lebendige Wechselwirkung zu setzen. Nur Hartmann hat seinen Philosophenberuf in dem charakterisierten idealen Sinne aufgefaßt. Er wurde dafür lange nicht

1 Methodische Grundlagen der Anthroposophie 1884 – 1901, GA 30, Dornach 1989, S. 290 – 295.

für voll genommen und wird es von vielen Schulphilosophen auch heute nicht.»[1]

Hartmanns Versuch, der Metaphysik des Absoluten auf induktivem Weg in der Gestalt der Philosophie des Unbewußten in einer philosophischen Spekulationen keineswegs geneigten Zeit erneut Eingang zu verschaffen, scheiterte also vornehmlich an der Voreingenommenheit des gelehrten Publikums, das ganz andere Kriterien der Rationalität besaß, als Hartmann glaubte: nämlich diejenigen, auf die auch Ullrich sich in seiner Ablehnung der mystischen Philosophie Steiners beruft. Hartmann läßt sich aber nicht nur aufgrund seiner umstrittenen Position innerhalb des Diskurses der Moderne nicht für Ullrichs Zwecke instrumentalisieren, dieser Instrumentalisierungsversuch scheitert auch, wenn die «Philosophie des Unbewußten», wenn deren methodischer Ansatz und dessen inhaltliche Konsequenzen einer näheren Betrachtung unterzogen werden. Hartmann wählt vor allem deshalb einen induktiven Weg zur Begründung der Metaphysik des Unbewußten, weil er der Auffassung ist, daß die Metaphysik durch die Induktion, die als Methodenideal der wissenschaftlichen Erkenntnis nahezu alleinherrschend geworden ist, den Weg zu ihren Prinzipien leichter begehbar und nachvollziehbar macht. Der Gang über die Induktion ist also Ausdruck eines didaktischen Kunstgriffs.

Andererseits ist sie aber auch Ausdruck der Anknüpfung Hartmanns an die phänomenologische Ideenströmung, die durch Hegel mit seiner «Phänomenologie des Geistes» in die Philosophie eingeführt wurde, sowie Konsequenz seines metaphysischen Grundtheorems: daß der vernunftlose schöpferische Willensgehalt der Welt sich durch verschiedene Seinsstufen zum Selbstbewußtsein fortwälzt, das er im Menschen erreicht. Auch deshalb: um den Weg dieses Unbewußten, dessen Inhalt die unbewußte Idee ist, von der untergeordnetsten Erscheinung in der Natur bis zur Selbstbewußtwerdung zu verfolgen, legt sich der induktive Gang nahe, der mithin ein Abbild der metaphysischen Grundidee der Selbstentwicklung des Absoluten ist. Die Methode der Induktion und der naturwissenschaftliche Ansatz wird damit ins Metaphysische erhöht und der Immanenzpositivismus der der Spekulation abgeneigten Naturforschung auf seinen eigenen Möglichkeitsgrund hin transzendiert. Seine «Philosophie des Unbewußten» will deswegen auch «spekulative Resultate» liefern, die durch induktive Methode entwickelt werden. Die induktive Methode ist aber bei Hartmann zu einer Methode der Metaphysik geworden, zu einem Mittel, den Tempel der Philosophie wieder-

1 Ebenda, S. 312 – 313.

zuerrichten, der von einer positivistischen Tatsachenforschung niedergerissen wurde.

Wie sehr sein Verständnis der Induktion sich von einer möglichen positivistischen Fehldeutung der Induktionsmethode unterscheidet ist auch dem Fortgang seines Philosophierens und der Entwicklung seiner Methodenvorstellungen zu entnehmen. Sein ethisches Hauptwerk, die «Phänomenologie des sittlichen Bewußtseins» (1878) überträgt den Positivismus der induktiven Methode auf das Gebiet der Sittenlehre, wandelt diese aber zugleich zu einer Phänomenologie, in der sich der Bezug auf empirische Grundlagen und die begriffliche Ordnung des empirischen Inhalts nach systematischen Gesichtspunkten entgegenarbeiten. Zur phänomenologischen Methode heißt es im Vorwort zur zweiten Auflage des Werkes: «Wer da weiß, was Phänomenologie ist, der kann nicht zweifelhaft darüber sein, daß sie nicht eine nach geschichtlichen, sondern eine nach begrifflichen Gesichtspunkten geordnete Stufenfolge der zur Aufnahme gegebenen Erscheinungen bedeutet, bei welcher nur zufällig teilweise auch der geschichtliche Entwicklungsgang mit der begrifflichen Anordnung des Erscheinungsgebietes übereinstimmen kann. Die Phänomenologie schöpft ihre typischen Stufen der Erscheinungsform allerdings aus der Erfahrung, aber es ist ihr prinzipiell gleichgültig, ob es eine subjektive psychologische Erfahrung des eigenen Bewußtseins, oder objektive psychologische Erfahrungen aus dem individuellen Bekanntenkreise der Gegenwart und seinem literarisch übermittelten Geistesleben, oder objektive psychologische Erfahrungen einer geschichtlichen Vergangenheit sind... Die Phänomenologie benutzt alle objektiven geschichtlichen Verkörperungen bestimmter typischer Erscheinungsformen doch nur als Illustrationen bestimmter begrifflicher Stufen... Wer der phänomenologischen Betrachtungsweise als solchen ... eine Vermengung und fehlerhafte Verquickung begrifflicher und geschichtlicher Entwicklung zum Vorwurf macht, der zeigt damit nur, daß er den Sinn dieser Betrachtungsweise noch gar nicht begriffen hat.»[1]

In seinem jugendlichen, «noch außerhalb des Systems stehenden Programmwerk» (Hartmann zur «Philosophie des Unbewußten») verfolgt Hartmann den Gang der Objektivation des transzendenten Unbewußten durch die verschiedenen Seinsschichten bis hin zum vernünftigen Selbstbewußtsein des Menschen. Er untersucht die Entfaltung des Unbewußten in der Welt des Unorganischen, in den organischen Geschöpfen in physiologischer Hin-

1 Eduard von Hartmann, Phänomenologie des sittlichen Bewußtseins, Berlin 1922, S. 7.

sicht, im organischen Bilden, in seelischen Funktionen wie Gefühl, Charakter und Sittlichkeit, in der Dimension des Geistes in Sprache und Denken, in Mystik und Geschichte. Seine Metaphysik des Unbewußten untersucht die Bedingungen des tierischen Bewußtseins, die Gestaltung des Bewußtseins im Pflanzenreich, die Natur der Materie als Wille und Vorstellung (dynamischer Atomismus), um sich schließlich dem Endziel des Weltprozesses, der universalen Willensverneinung zuzuwenden, ein Philosophem, das den Bau seiner induktiven Gedankenentwicklung krönt, und nach seinem Verständnis nichts als eine «philosophische Ausführung des alten christlichen Dogmas von der schließlichen Wiederbringung aller Dinge in Gott» sei[1]. Über den Stufenbau der Entwicklung heißt es im ersten Teil des Buches: «Auf der Seite des Bewußtseins zeigt sich derselbe Stufenbau der Individuation wie auf der Seite der Natur. Und er entspringt hier wie dort aus dem Stufenbau der absolut unbewußten Tätigkeit. In den Individuen höherer Stufe sind die Bewußtseinseinheiten keine bloßen Summationsphänomene aus den Bewußtseinen der sie zusammensetzenden Individuen niederer Stufe, weil auf jeder Individualitätsstufe neue psychische Kräfte oder unbewußte Tätigkeiten hinzukommen. Diese hinzukommenden Tätigkeiten vermehren einerseits durch die Befriedigungen und Hemmungen, die ihr Streben erfährt, das Material für den Aufbau des Bewußtseinsinhaltes, und andererseits vollziehen sie diesen Aufbau als unbewußte synthetische Intellektualfunktionen, die das auf niedern Stufen produzierte Empfindungsmaterial zu Anschauungen, Vorstellungen, Begriffen usw. logisch formieren.»[2] Abgesehen von der Nichtverwendung des Identitäts- bzw. Indifferenzbegriffs stellt dieser Grundgedanke der «Philosophie des Unbewußten» bezüglich des Individuationsprozesses eine vollkommene Adaption der Schellingschen Naturphilosophie dar. Solche Grundauffassungen über den synthetischen Gang der Individuation liegen implizit auch der typologischen Gliederung der Stufen des sittlichen Bewußtseins zugrunde, die die «Phänomenologie des sittlichen Bewußtseins» vornimmt, wenn sie die Entfaltung der Sittlichkeit von der Pseudomoral des Egoismus (Hedonismus des Leibesgenusses und derivate Formen des Hedonismus) über die heteronome Pseudomoral (des autoritätsbestimmten Handelns) zum echten sittlichen Bewußtsein führt, das sich in den Formen der Geschmacks, Gefühls-, und Vernunftmoral entfaltet. Diese anthropologisch verankerte phänomenologische Stufengliederung bildet auch das Gerüst der Freiheits-

1 Ebenda, Teil C, S. 223.
2 Ebenda, S. 197.

anthropologie, die Steiner im zehnten Kapitel seiner «Philosophie der Freiheit» entwirft.

Die persönliche Beziehung zwischen Hartmann und Rudolf Steiner, die auf Initiative des letzteren angeknüpft wurde, war während ihres gesamten dokumentierbaren Verlaufs (1884-1897) von gegenseitiger Achtung, ja auf seiten Steiners sogar von Bewunderung, aber auch vom beidseitigen deutlichen Bewußtsein klarer Differenzen in den individuellen Auffassungen geprägt. Der freundschaftliche Austausch erstreckte sich auf den Wechsel von Briefen und Publikationen, und im Jahr 1889 fand in Berlin eine persönliche Begegnung zwischen Hartmann und Steiner statt, die aber die philosophischen Differenzen nur zu deutlich hervortreten ließ. Von dieser gegenseitigen Achtung und Anerkennung bei gleichzeitiger reservatio der individuellen Standpunkte, hauptsächlich in Fragen der Erkenntnistheorie, ist der gesamte Briefwechsel der beiden «Outsider» der Philosophie des ausgehenden neunzehnten Jahrhunderts durchzogen. Wie aus den oben zitierten Worten Volkelts zu entnehmen ist, gehörte Hartmann in der zweiten Hälfte des neunzehnten Jahrhunderts zu den wenigen, die den Versuch unternahmen, der positivistischen Entwicklung der naturwissenschaftlichen Forschung eine philosophische Dimension abzugewinnen, sie auf einen interpretativen Horizont zu beziehen, der ihre impliziten Philosopheme zum Ausdruck brachte und sie, wenn nötig, auch von ihren philosophischen Selbstwidersprüchen befreite. Es lag deshalb nahe, daß Steiner mit seinem Versuch, die philosophische Bedeutung der naturwissenschaftlichen Forschungen Goethes zur Geltung zu bringen, sich an jemanden wandte, von dem er am ehesten erwarten durfte, für sein Bestreben wenn nicht vorbehaltlose Zustimmung, so doch Anerkennung oder doch wenigstens Aufmunterung zu erhalten. Steiner wurde von seiner Erwartung auch nicht getäuscht: sein erster Brief an Hartmann, der kurioserweise abfällige Äußerungen über Haeckel enthält, der Kant und Goethe mißverstanden habe (Äußerungen, die von Hartmann in seiner Antwort beifällig erwidert wurden), mit dem Steiner den ersten Band seiner Einleitungen zu Goethes Naturwissenschaftlichen Schriften an Hartmann sandte, dieser erste Brief wurde von Hartmann bereits neun Tage später beantwortet. Die Antwort zeigt bereits den gleichbleibenden Stil des späteren Austauschs: Anerkennung der Intentionen, wohlwollende Kritik im Detail mit Geltendmachung des eigenen philosophischen Standpunkts. Hartmann, der die Einleitungen inzwischen studiert hat, an Steiner: «Ich bringe Ihrem Unternehmen die vollste Sympathie entgegen und glaube, daß Sie durch Ihre Arbeit die Beurteilung Goethes als Naturphilosophen wesentlich fördern werden. Haeckel gegenüber sind Sie vollständig im Recht, der Goethe ebenso mißverstanden hat wie Kant; ebenso stehe ich auf Ihrer Seite denjenigen gegenüber, die Goethe als Idealisten im platonischen Sinne stigmatisieren, bloß um über ihn zur Tagesordnung der mechanischen Weltanschauung überzugehen.»[1] Diese Zustimmung hindert aber Hartmann nicht, zu bezweifeln, daß Goethe das «Wesen des Organismus» gefunden habe, oder an der begrifflichen Sonderung des Organischen vom Unorganischen, wie Steiner sie durchführt, Kritik zu üben. Die weitere Entwicklung des Gesprächs, das hier nicht in all seine Verzweigungen verfolgt werden kann, zeigt deutlich, daß auf beiden Seiten ein klares Bewußtsein der Differenzen und Unvereinbarkeiten der verschiedenen philosophischen Standpunkte vorhanden war, und daß diese Differenzen auch gegenseitig ausgesprochen wurden. Auf Seiten Steiners kristallisierten sich heraus: die Ablehnung der transzendentalen Analogien, überhaupt des Hartmannschen Transzendentalismus, die Unhaltbarkeit des trotz des propagierten konkreten Monismus faktisch installierten Seinsdualismus, die Fragwürdigkeit der pessimistischen Interpretation des Bankerotts des Eudämonismus. Einig waren sich aber beide in der relativierenden Einschätzung des von Ullrich so hervorgehobenen Grundsatzes des neuzeitlichen «erkenntniskritischen Philosophierens»: «Kein Objekt ohne Subjekt». Steiner äußert sich über diesen (vom Hartmann-Schüler Drews in der Rezension der «Philosophie der Freiheit» in die Diskussion eingebrachten) Satz in seinem Brief an Hartmann am 1. November 1894: «Ich kann diesem Satz ... keine andere als eine bloß *logische* Bedeutung zuerkennen. Er besagt für mich nichts weiter, als daß ‹das Gegebene› in bezug auf das ‹Ich› (diese beiden als Wahrnehmungsinhalt genommen) die *logische* Eigenschaft des *Objektseins*, das Ich die des *Subjektseins* erhält. Nicht aber wird über den *Inhalt* des als Objekt Auftretenden dadurch etwas ausgemacht, also auch nicht dieses: daß er meine Vorstellung ist.»[2] Hartmann entgegnet Steiner drei Jahre (!) später: «Der Satz ‹kein Objekt ohne Subjekt› hat zunächst allerdings eine rein logische Bedeutung, insofern beides *korrelative Begriffe* sind. Erkenntnistheoretisch ist er insofern bedeutungslos, als Subjekt und Objekt völlig problematisch sind.»[3] Hartmann hätte in seinem durch Schopenhauer modifizierten Spähegelianismus auch keine andere Auffassung vertreten können.

1 Rudolf Steiner, Briefe Bd. 1, Dornach 1985, GA 38, S. 107.
2 Rudolf Steiner, Briefe Bd. 2, Dornach 1953, S. 167.
3 Ebenda, S. 211.

4.2.2. Steiner und Plotin.

Ullrichs völlig abwegiger Versuch, Steiners Erkenntnistheorie als Repristination des Neuplatonismus zu decouvrieren, bedarf eines klärenden Hinweises. Ullrich hebt hervor, daß Steiners «Haltung zum Neuplatonismus» als «unmittelbare Identifikation» gekennzeichnet werden könne. Die Frage ist nur, *woraus Ullrich seine Kenntnis von Steiners Haltung zum Neuplatonismus schöpft. Denn im gesamten Schriftwerk vor der Jahrhundertwende findet sich meines Wissens keine einzige Stelle, an der Steiner zum Neuplatonismus plotinischer Prägung oder zum Neuplatonismus überhaupt auch nur andeutungsweise Stellung nimmt.* Eine explizite Haltung Steiners zum Neuplatonismus gibt es vor der Jahrhundertwende schlichtweg nicht. Jede Aussage über eine solche Haltung Steiners ist schlichtweg *Phantasieprodukt.* Als das hat man, wie bereits erwähnt, die Studie Ullrichs zur philosophischen Grundlegung der Anthroposophie weitgehend zu betrachten. Um wenigstens den Hauch einer Legitimation zu besitzen, die erlauben würde, von einem Neuplatonismus Steiners zu sprechen, müßte durch eine genaue Textanalyse an Steiners philosophischen Schriften nachgewiesen werden, daß dieser an zentralen Stellen Philosopheme benutzt, die auch Plotin verwendet. Eine solche genaue Textanalyse findet sich aber nicht. Was Ullrich als gedrängtes Referat der Grundgedanken der Noetik Steiners liefert, ist dieser völlig inadäquat, tendenziös interpretiert und mit Mißverständnissen oder Entstellungen durchsetzt. Diese Mißverständnisse beziehen sich etwa auf den Individualitätsbegriff Steiners, auf den Wirklichkeitsbegriff, auf sein Verständnis von Essentialität, seinen Begriff der Idee (die nicht nachvollzogene, aber entscheidende Differenzierung in Naturgesetz, Typus und subjektive sowie objektive Intuition) und den Begriff der Intuition. Ja, Ullrich ist sogar genötigt, das spätere Werk Steiners einzubeziehen, um scheinbar plotinische Philosopheme zu finden, obwohl er zunächst ausdrücklich betont, daß er nur die philosophischen Schriften Steiners zu behandeln gedenkt. So etwa, wenn er die Anwendung der Spiegelmetapher auf das Ich des Menschen rügt oder den Unsterblichkeitsgedanken und die Wiederverkörperung der Seele bei Steiner ebenso wie im Neuplatonismus findet. Im philosophischen Werk Steiners begegnet aber weder ein ausdrückliches Bekenntnis zum Unsterblichkeitsgedanken noch der Gedanke der Wiederverkörperung der Seele (den Steiner übrigens auch später nie vertritt - nicht die Seele reinkarniert sich oder ist unsterblich, sondern der individuelle Geist). Im Gegenteil, Steiner lehnt sogar den Gedanken der «persönlichen Unsterblichkeit» noch 1901 ab: «Ich kann Ernst Haeckel nur zustimmen, wenn er einer Unsterblichkeit, wie sie manche

Religion lehrt ... die ‹ewige Ruhe des Grabes› vorzieht. Denn ich finde eine Herabwürdigung des Geistes, eine widerwärtige Sünde *wider den Geist* in der Vorstellung einer nach Art eines sinnlichen Wesens fortdauernden Seele.»[1]

Der Nachweis einer Verwendung ähnlicher oder gleicher Philosopheme genügt aber, wie wir bereits wissen, keineswegs, um eine geistige Abhängigkeit zu erweisen,[2] ganz abgesehen davon, daß, wenn man den wirkungsgeschichtlichen Gesichtspunkt auf Steiner selbst anwendet, eine solche Fragestellung auch völlig uninteressant ist. Es ist unbegreiflich, was Ullrich dazu verleitet, von den offenkundigen und von Steiner explizit erwähnten Quellen seines eigenen Philosophierens – *Beobachtung und Denken* – vollständig abzusehen, und immer auf irgendwelche obskuren, kryptologischen Enthüllungen zu rekurrieren, die ihren Mangel an Relevanz für die inhaltliche Ausgestaltung von Steiners Werk durch ihre Absonderlichkeit wettmachen. Würde man sich bei der Frage nach den Quellen zum Beispiel daran orientieren, mit welchen Autoren sich Steiner in seinen Publikationen auseinandersetzt oder die er zitiert, dann kämen ganz andere Ergebnisse zustande. Die überragende Bedeutung Goethes wäre nicht übersehen, aber auch Schelling und Hegel, Fichte und Schiller, Herder und Kant, kurz, der gesamte Chor der klassisch-romantischen Dichter und Denker fiele ins Auge. Dies insbesondere für die Zeit bis zur Veröffentlichung der «Grundlinien einer Erkenntnistheorie der Goetheschen Weltanschauung...». Schon zu dieser Zeit aber und später verläuft parallel die Auseinandersetzung mit Repräsentanten des positivistisch gefärbten naturwissenschaftlichen Denkens, wie Darwin, Comte, Du Bois-Reymond, Fechner, Haeckel usw. Es kann hier nicht die Aufgabe sein, all die Autoren, die explizit Gegenstand der Auseinandersetzung für Steiner sind, zusammenzutragen. Aber, um es noch einmal zu sagen, auch diese explizite Auseinandersetzung ist kein Beweis für eine filiale oder kausale Abhängigkeit von den diskutierten Autoren: mit demselben Argument könnte man Ullrich für von Steiner abhängig erklären.

Die erste explizite Erwähnung Plotins findet sich in einem Aufsatz aus dem Jahr 1899 über den «Egoismus in der Philosophie», und sie ist, was die Einschätzung Plotins und des Neuplatonismus betrifft, negativ. Ob die von

1 Rudolf Steiner, Die Mystik im Aufgange des neuzeitlichen Geisteslebens..., Dornach 1960, GA 8, S. 144/145

2 Schon Hume hat bekanntlich in seiner Kritik des Dogmatismus hervorgehoben, daß das post hoc nicht mit dem propter hoc gleichzusetzen sei, ein Gesichtspunkt, der nicht nur gegenüber der Metaphysik, sondern auch gegenüber der Archäologie des Plagiats anwendbar ist.

Steiner vorgetragene, mehr oder weniger dem klassischen Interpretationsmuster der hellenistischen Zeit verpflichtete Bewertung des Neuplatonismus vom Standpunkt der gegenwärtigen Forschung geteilt werden kann, steht dabei nicht zur Debatte. Entscheidend ist *die Stellung, die Steiner zum Neuplatonismus tatsächlich einnimmt.* Sie ist weder von historischer Distanzlosigkeit noch von unkritischer Identifikation gekennzeichnet, sondern von Ablehnung: «Einen glänzenden Beweis dafür, wie der menschliche Geist geneigt ist, sein eigenes Wesen und deshalb sein Verhältnis zur Welt zu verkennen, bietet die letzte Phase der griechischen Philosophie: der Neuplatonismus. Diese Lehre, deren wichtigster Vertreter Plotin ist, hat mit der Tendenz gebrochen, den Inhalt des menschlichen Geistes in ein Reich außerhalb der lebendigen Wirklichkeit zu verlegen, in welcher der Mensch selbst steht... Das Anschauen der menschlichen Innenwelt setzt der Neuplatoniker an die Stelle der Spekulation über eine jenseitige Außenwelt. Dabei tritt die höchst chrakteristische Erscheinung auf, daß der Neuplatoniker sein eigenes Innere für ein Fremdes ansieht... Bezeichnend ist, daß der Neuplatonismus gerade dasjenige aus dem Wesen der Innenwelt ausschließt, was den eigentlichen Kern derselben ausmacht. Der Zustand der Ekstase soll nur dann eintreten, wenn das Selbstbewußtsein schweigt. Es war deshalb nur natürlich, daß der Geist im Neuplatonismus sich selbst, seine eigene Wesenheit nicht in ihrem wahren Lichte schauen konnte.»[1]

Der Neuplatonismus ist also denkbar ungeeignet, um als Werkzeug der geistigen Enteignung Steiners zu dienen. Dort, wo er sich selbst explizit auf diesen bezieht, macht er ihm Verkennung des innersten Kerns des Menschen, der Persönlichkeit, ja des Selbstbewußtseins zum Vorwurf. Auch wenn natürlich die Wendung des Denkblicks ins Innere eine auch von Steiner in ihrer Berechtigung hervorgehobene verwandte Geste des Geistes ist, so führt diese (übrigens schon bei Plato vorhandene) Geste bei Plotin zur Selbstverkennung des menschlichen Geistes und demnach auch zu einem verzerrten Bild der Wirklichkeit. Diese Haltung gegenüber Plotin hat Steiner im wesentlichen beibehalten. Auch seine 1914 erschienenen «Rätsel der Philosophie» bieten keine neuen Gesichtspunkte einer Interpretation des Neuplatonismus, was dessen innere Gestalt anbetrifft.

1 Rudolf Steiner, GA 30, S. 116/117. Unter dem späteren Titel «Der Individualismus in der Philosophie» abgedruckt

4.2.3. Der «verabschiedete Universalienrealismus»

Steiner vertritt *keinen extremen Universalienrealismus*, etwa im Sinne des Anselm von Canterbury oder des Scotus Eriugena. Er vereinigt die Position eines Duns Scotus mit der Auffassung des Avicenna. Die Ideen oder Begriffe, wie sie im gewöhnlichen Bewußtsein des Menschen greifbar sind, haben Vorstellungscharakter, sie repräsentieren Naturen, Entitäten, die nur in einem metaphorischen Sinn als Begriffe oder Universalien bezeichnet werden können. Die Entitäten, die vom Menschen in abstrakt-allgemeiner Form denkend erfaßt werden, sind weder universell noch individuell, sie stehen jenseits von Individualität und Universalität. Die Universalität der abstrakt-allgemeinen Begriffe besteht in ihrer Beziehbarkeit auf eine Vielzahl von Gegenständen, in ihrer Relationalität. Das Nomen, das an die Stelle der geistigen Entität tritt, ist ein Repräsentans sowohl der von ihm vertretenen Entität als auch der Vielzahl von in ihm potentiell enthaltenen Relationen. Sollen die abstrakt-allgemeinen Vorstellungen, die Repräsentationen ihrer konkret-allgemeinen Vorbilder im menschlichen Bewußtsein sind, nach ihrer Entstehung beobachtet werden, müssen sie erfaßt werden, bevor sie vom an den Leib gebundenen Bewußtsein in die abstrakt-allgemeine Form «herabgelähmt» werden, das heißt, sie müssen *leibfrei* erfaßt werden. Erst eine Veränderung des Bewußtseinsmodus kann zeigen, in welcher Form es sinnvoll ist, von jenen Entitäten zu sprechen, die allerdings den abstrakten Begriffen vorausgehen, ohne aber «universalia» im Sinne des frühmittelalterlichen Ideenrealismus zu sein. In welcher Beziehung diese «Essenzen» auch den sinnlichen Erfahrungsgegenständen vorausgehen, kann nur eine Beobachtung des Konstitutionsvorgangs der sinnlichen Erfahrungsgegenstände zeigen. Dieser entzieht sich aber ebenso den Beobachtungsmöglichkeiten des gewöhnlichen Bewußtseins wie der Herablähmungsvorgang der Entitäten, die zu abstrakt-allgemeinen Begriffen in der Gestalt von Nomina werden. Das heißt, es gibt eine Bewußtseinsform, in Anbetracht welcher es berechtigt ist, einen nominalistischen Standpunkt zu vertreten. Ebenso gibt es aber eine Bewußtseinsform, die das Recht hat, einen realistischen Standpunkt zu vertreten, sofern sie sich nicht aus der bloßen Hypostasierung der Wortvorstellungen ergibt, sondern Beobachtungsbefunde beschreibt. Daß diese Beschreibung mit dem diskutierten Mitteilungsproblem verknüpft ist, sollte nicht eigens erwähnt werden müssen.

Abgesehen von diesen Gesichtspunkten muß aber festgehalten werden, daß die Bewußtseinsform, im Hinblick auf welche es berechtigt ist, einen nominalistischen Standpunkt zu vertreten, keine Möglichkeit hat, diesen Nomi-

nalismus zu begründen. Der Nominalismus kann nur nicht-nominalistisch oder gar nicht begründet werden. Dies hat die in diesem Jahrhundert von mathematischen Grundlagenproblemen ausgehende moderne Diskussion des Universalienproblems gezeigt. Stegmüller[1] resümiert diese Diskussion. Sie hat sowohl zur Einsicht in die Unbegründbarkeit des Nominalismus als auch des Realismus geführt. Für die nominalistische Position gilt: «... es müßte ein allgemeiner Nachweis dafür erbracht werden, daß alle sinnvollen wissenschaftlichen Aussagen in solche übersetzt werden können, die eindeutig als nichtplatonisch erkennbar sind. Ein solcher Nachweis ist bis heute nicht erbracht worden, und man kann sich auch gar nicht vorstellen, wie er gelingen könnte.» (S. 37) «Die Nichtwiderlegbarkeit des antiplatonischen Standpunktes ist nicht hinreichend für dessen Akzeptierbarkeit, zumindest dann nicht, wenn die Forderung anerkannt wird, daß eine wie immer geartete Lösung des Universalienproblems nicht zu einer solchen Verarmung unseres Begriffs- und Urteilssystems führen dürfe, daß grundlegende Wissenschaften nicht bloß neu formuliert, sondern verworfen werden müssen. Hierin besteht das offene Problem, das Brentano nicht gelöst hat. Zu seiner Entschuldigung kann dies vorgebracht werden, daß es bisher niemand gelöst hat. Aber vielleicht ist es unlösbar, und wir sind genötigt, irgendeine Form des Platonismus anzuerkennen.» (S. 39) Die Diskussion, deren Exponenten Goodman, Scholz und andere sind, hat folgende vorläufigen Ergebnisse erbracht: «Einige wesentliche Gesichtspunkte hat die Diskussion ... bisher bereits zutage gebracht, nämlich: 1. daß Nominalismus wie Platonismus an sich denkbare Standpunkte sind und daß alle früheren Versuche, einen dieser Standpunkte auf apriorischem Wege zu beweisen, fehlschlagen müssen; 2. daß der ‹schrankenlose› Platonismus unhaltbar ist, weil er unweigerlich zu den Antinomien der Mengenlehre führt; 3. daß der radikale Nominalismus zu ausdrucksarm ist, um darin den Gehalt der gegenwärtigen mathematischen und empirischen Wissenschaften auszudrücken.» (S. 493)
Eine Begründung der konkurrierenden Geltung des Nominalismus und des Realismus im oben angedeuteten Sinn kann nur aus der Berücksichtigung anderer als der in die erwähnte Diskussion eingebrachten Bewußtseinsmodi erfolgen, die sowohl die Bildung von Nominalia als auch den Übergang derselben in Realia vice versa beobachten und im Anschluß an die Beobachtung verstehbar beschreiben.

1 Wolfgang Stegmüller, Hauptströmungen der Gegenwartsphilosophie, Bd. 1, Stuttgart 1978.

4.2.4. Kants erkenntnistheoretische Grundfrage.

Nach Ullrich untergliedert sich die erkenntnistheoretische Grundfrage Kants in zwei Teilfragen: 1. die Frage «nach der objektiven Gültigkeit der Erfahrung» und 2. die Frage nach «den Bedingungen und Prinzipien für die Gewißheit der Erkenntnis». Diese erkenntiskritischen Fragen habe Steiner ignoriert und stattdessen im Stile seiner neuplatonischen Grundhaltung nach «Bedeutung, Ursprung und Vollendung des Erkennens» gefragt. Ullrich irrt sich aber. Kants erkenntnistheoretische Grundfrage sieht ganz anders aus. Sie lautet: «Wie sind synthetische Urteile a priori möglich?» Dies deshalb, weil Kant voraussetzt, daß Erfahrung ihren Urteilen «niemals wahre oder strenge, sondern nur angenommene und komparative Allgemeinheit» gibt, «Notwendigkeit und strenge Allgemeinheit» dagegen an eine apriorische Erkenntnisform gebunden sind. Da nun analytische apriorische Urteile keine Erkenntniserweiterung gewähren, ist die Frage, ob es auch synthetische Urteile apriori, behufs Erweiterung unserer Erkenntnis geben könne. Kant fragt also nicht nach der «objektiven Gültigkeit der Erfahrung» (1), sondern danach, wie Erfahrung unter der Voraussetzung synthetischer Urteile apriori möglich ist. Er fragt auch nicht nach den «Bedingungen und Prinzipien für die Gewißheit der Erkenntnis» (2), denn für ihn ist dogmatische Voraussetzung, daß nur apriorische Urteile apodiktisch gewiß sein können: «Denn das kündigt eine jede Erkenntnis, die a priori fest stehen soll, selbst an: daß sie vor schlechthinnotwendig gehalten werden will, und eine Bestimmung aller reinen Erkenntnisse a priori noch vielmehr, die das Richtmaß, mithin selbst das Beispiel aller apodiktischen (philosophischen) Gewißheit sein soll.»[1] Ullrich verfährt, wenn er Steiner im Hinblick auf Kant kritisiert, nach seiner bewährten, Steiner selbst weitgehend ignorierenden dogmatischen Methode. Bei entsprechender Aufmerksamkeit hätte ihm nicht entgehen können, daß eines der Werke, auf die er sich bei seiner Steiner-Kritik stützt, die «Grundlinien einer Erkenntnistheorie...», eine ausführliche Diskussion der dogmatischen Voraussetzungen der Kantschen Kritik der reinen Vernunft und ihrer fundamentalen ontologischen und erkenntnistheoretischen Implikationen enthält.

Steiners Einwände richten sich unter anderem 1. gegen die von Kant behauptete Subjektivität der Wahrnehmungen (Vorstellungen), 2. gegen die Subjektivität der Begriffe und Ideen, 3. gegen den Kantschen Nominalismus sowie 4. gegen den von Kant entwickelten Begriff der synthetischen Urteile.

1 Immanuel Kant, Kritik der reinen Vernunft, A XV.

(Zu 1) Die Ausführungen zur Subjektivität der Wahrnehmung richten sich gegen das seit Kant in der Erkenntnistheorie gängige Vorurteil, daß die Data der Sinne (die Phainomena) Inhalt der subjektiven Vorstellungswelt des Menschen sind. Die Auffassung vom subjektiven Vorstellungscharakter der phänomenalen Welt darf nicht als undiskutiertes und indiskutables Axiom der Erkenntniswissenschaft betrachtet werden. Dieser pseudoaxiomatischen Überzeugung liegt die Theorie zugrunde, daß ein Ding an sich die Sinne (Rezeptivität) des Menschen affiziert und dadurch die Erscheinungen veranlaßt, die lediglich im wahrnehmenden Subjekt existieren. Steiner weist nach, daß die Affizierungstheorie der Sinneswahrnehmung, die Kant seinen Analysen zugrundelegt, eine erkenntnistheoretisch ungeprüfte Voraussetzung darstellt, von der wiederum seine Vorstellungstheorie abhängt. Eine voraussetzungslose Erkenntnistheorie kann nicht von einer gedanklichen Vorinterpretation der gegebenen Welt ausgehen. Sie muß beim Gegebenen selbst in seiner gedanklich uninterpretierten Erscheinungsform ansetzen, wenn sie das Wesen (die Gesetzmäßigkeit) des Erkennens bestimmen will. Die implizite Voraussetzung kann nicht hingenommen werden, daß objektive Vorgänge einer an sich seienden Welt das erkennende (wahrnehmende und denkende) Subjekt affizieren und Erscheinungen in ihm erzeugen, die nur subjektive Modifikationen der rezipierenden Organisation sind.

(Zu 2) Steiner zeigt, daß die Entitäten, deren Repräsentationen Begriffe und Ideen sind, durch Selbstgebung vermittelte, jenseits von Universalität und Individualität stehende Realien darstellen, deren objektive Seinsform jeder fallweisen Begriffs- und Urteilsbildung vorausgeht. Jene Entitäten sind intersubjektiv (subjektsallgemein) und transsubjektiv (objektsallgemein). Die «subjektive Organisation» des Menschen ist der – allerdings selbsttätig wirkende – Schauplatz, auf dem die überindividuellen Inhalte des Denkens sich begegnen. Im durch Selbstgebung vermittelten Ideengehalt der Welt wird vom Erkenntnissubjekt die Essenz des Seins erfaßt. Das denkende Bewußtsein ist selbsttätige «Gelegenheitsursache» für das Erscheinen des Gedankengehalts der Welt. Wie sich aus der Faktorenanalyse ergibt, ist der sich im Bewußtsein vollziehende Denkakt gegenüber der objektiven Inhaltlichkeit des Gedankenkosmos das formal unverzichtbare, aber nicht inhaltgebende Moment der Erkenntnis. Ja, der Denkakt selbst erhält seine essentielle Bestimmung und Einordnung in den Gesamtzusammenhang aus der selbstgebenden Inhaltswelt, an der er teilhat und aus der er sich bestimmt. Jede Kritik an der Selbstgebung und unbegrenzten Relationsfähigkeit der Begriffe verstrickt sich im Widerspruch der Selbstanwendung, da sie voraussetzt, was

sie widerlegen will (daß ihre Urteile und Begriffe selbstgebend und allgültig sind).
(Zu 3) Gegen den Kantschen Nominalismus wird die konstitutive Funktion der Vernunftideen im Erkenntnisprozeß nachgewiesen. Diese sind keine bloß regulativen Prinzipien, die den Menschen, in überschwenglichem Gebrauch, dazu verführen, durch schwärmerische Vernünfteleien alle mögliche Erfahrung zu überfliegen: sie sind vielmehr für sich bestehende, die Gegenstände der Erfahrung kraftend durchdringende Wesenheiten (reale Entitäten), die die «höhere Einheit» der Verstandesbegriffe in «lebendigem Fluß» anschaubar machen. «Die Vernunft», führt Steiner aus, «bringt die höhere Einheit der Verstandesbegriffe zum Vorschein, die der Verstand in seinen Gebilden zwar hat, aber nicht zu sehen vermag.»[1] Die höhere Einheit, die die Vernunft in ihren Ideen erschaut, beruht auf den Begriffen des Verstandes, auf der Gesetzmäßigkeit der Welt. Die höhere Einheit der Vernunft, die Idee, ist die höhere Einheit der Welt. Die Vernunft ist das positive Vermögen, Ideen anzuschauen, während der Verstand, diskursiv und analytisch, Einzelbegriffe gewinnt. Die Vernunft bringt die Begriffe des Verstandes in «lebendigen Fluß». Indem sie in einander übergehen und ihre Besonderung verlieren, bilden sie Bestandteile einer umfassenderen Ganzheit: der Vernunfttotalität, die die Synthesis der Einzelgedanken des Verstandes enthält.
(Zu 4) Synthetische Urteile apriori im Sinne Kants gibt es nach Steiners Untersuchung überhaupt nicht[2]. Die von ihm angeführten Beispiele erweisen sich bei genauerer Betrachtung als analytische Urteile: die in diesen Urteilen verbundenen Begriffe sind Merkmale von Oberbegriffen, die vom Verstand zuerst (willkürlich) zerteilt werden, um sie nachher (scheinbar) apriori zu vereinigen. Steiner analysiert von Kant verwendete mathematische Beispiele für synthetische Urteile (das Bilden einer Summe und die Definition der Geraden als kürzeste Verbindung zweier Punkte). Beim Bilden einer Summe stellt der Begriff der Größe den Ausgangspunkt dar. Sie kann als beliebig häufige Wiederholung der Einheit gedacht werden. Die Größe als die Gesamtheit ihrer Einheiten wird im Bilden einer Summe beliebig analysiert und wieder synthetisiert. Ohne die Voraussetzung des Begriffs der Größe wäre das Bilden einer Summe gar nicht möglich. Ebenso verhält es sich mit dem Begriff der Geraden. Dieser Begriff ist eine Einheit der Begriffe der Richtung, des Weges, der Grenze, der Zweiheit und so weiter. Daß der Begriff des Weges nicht zum Begriff der Geraden

1 Rudolf Steiner, Grundlinien..., S. 71/72
2 Vergleiche den Aufsatz «Kritik als Kunst des Mißverstehens», S. 33

hinzugehöre, ist eine willkürliche Festsetzung Kants. Die sogenannten synthetischen Urteile sind insofern analytisch, als die Einheit, die in der Urteilsfällung zwischen Subjekt- und Prädikatbegriff expliziert wird, Voraussetzung für die Urteilsverknüpfung ist. Grundsätzlich gilt, daß zwei Begriffe dann und nur dann zu einem wahren Urteil verknüpft werden können, wenn sie selbst eine solche Verknüpfung ermöglichen und aufgrund ihrer Merkmale zulassen. Das heißt, sie sind an sich immer schon verknüpft, ohne daß diese Verknüpfung dem Urteilenden bisher bewußt war. Das Urteil hat also den Sinn, das an sich schon Bekannte zum wirklich Erkannten zu machen.

In den «Grundlinien...» entwickelt Steiner, eingebettet in Darstellungen zum Wissenschaftsbegriff und zu den einzelnen Erkenntnismethoden, die in den verschiedenen Wissenschaften zur Anwendung gelangen, als Gegenentwurf zu Kant systematisch seine Urteilslehre. Drei Hauptmotive dieser Untersuchungen seien erwähnt: das Motiv der Methodenvielfalt (Pluralität)[1], das Motiv der Einheit (System)[2] der wissenschaftlichen Erkenntnis und das Problem des zweifachen Dogmatismus.

Indem Steiner die Summe seiner vorangegangenen erkenntnistheoretischen Untersuchungen zieht, kommt er auf den Unterschied der kritischen und der dogmatischen Form des Denkens zu sprechen.

Dogmatismus kann nur im Zusammenhang mit der *Urteilsbildung* auftreten. Wo keine Urteile gefällt, das heißt Begriffe mit Begriffen oder Begriffe mit Wahrnehmungen durch das Denken verknüpft werden, kann das Problem des kritischen oder dogmatischen Bewußtseins nicht auftreten. Was die Gründe für die Verknüpfung der Urteilsinhalte angeht, so können diese entweder in den Urteilsinhalten selbst liegen oder in einem jenseits dieser Inhalte liegenden Gebiet. Ein Urteil ist dann dogmatisch, wenn es sich nicht aus den verknüpften Inhalten selbst herleitet. Kritisch ist es dann, wenn lediglich die Inhalte selbst den Urteilenden veranlassen, die betreffende Verknüpfung vorzunehmen. Ist nun dem Urteilenden die Möglichkeit grundsätzlich verwehrt, die Gründe der Urteilsfällung einzusehen, weil gewisse Mächte oder Instanzen dies nicht zulassen oder weil die bestimmenden Gründe prinzipiell außerhalb des Urteilens liegen, dann ist der Dogmatismus nicht nur ein Urteilsdogmatismus, sondern ein Weltanschauungsdogmatismus.

Von den beiden Grundformen der Urteile, die das menschliche Denken

1 Siehe S. 50 f., S. 78 ff.
2 Siehe S. 78 ff., S. 90 f.

erzeugen kann, leiten sich zwei Formen des Dogmatismus her. Das Denken kann entweder Begriffe mit Begriffen oder Begriffe mit Wahrnehmungen verknüpfen. Die erste Form des Urteils ist das *Begriffsurteil*, die zweite wird als *Wahrnehmungsurteil* bezeichnet. Wenn ich zum Beispiel sage: «Das allervollkommenste Wesen muß die Ursache seiner selbst sein», dann habe ich ein Begriffsurteil ausgesprochen. Weder den Begriff des allervollkommensten Wesens noch den allgemeinen Begriff der Selbstverursachung kann ich sinnlich wahrnehmen: ich kann sie nur denkend erfassen und im denkenden Ergreifen ihres Inhalts ihre mögliche Verknüpfung einsehen. Dabei ergibt sich der Begriff der Selbstverursachung aus der Analyse des Begriffs des allervollkommensten Wesens. Oder wenn ich den Begriff der Selbstverursachung denke, dann kann ich ihn nicht mit dem Begriff eines Wesens verbinden, das in seinem Sein von einem anderen Wesen abhängig ist. Mit dem Grad der Abhängigkeit wächst zugleich das Maß der Unvollkommenheit. Die Inhalte der beiden Begriffe bedingen einander und üben eine (durch das Denken) beobachtbare Anziehung aufeinander aus.

Wird nun behauptet, die Gründe für die Verknüpfbarkeit oder Nichtverknüpfbarkeit von Begriffen lägen außerhalb dieser Begriffe, dann ist die Urteilsbildung von etwas abhängig, was außerhalb der verbundenen Begriffe liegt. Dieses Etwas kann entweder beobachtbar sein oder nicht. Ist es beobachtbar, dann muß es Begriffs- oder Wahrnehmungscharakter haben: etwas Drittes gibt es nicht. Ist es nicht beobachtbar, dann wird es mit Begriffs- oder Wahrnehmungscharakter vorgestellt. Gleichzeitig aber wird geleugnet, daß dieses Etwas beobachtbar oder erfahrbar ist. Die begriffsartig vorgestellten, aber nicht erfahrbaren Gründe der Urteilsbildung führen zum *Dogmatismus der Offenbarung*, die wahrnehmungsartig vorgestellten, aber nicht erfahrbaren Gründe der Urteilsbildung zum *Dogmatismus der Erfahrung*.

Der Dogmatismus der Offenbarung entnimmt seine Dogmen aus einer Quelle, die übervernünftig sein soll, die also die Vernunft (das reine Denken) übersteigt. Die Wahrheiten, die den Inhalt der jeweiligen Offenbarungen bilden, stammen nicht aus dem menschlichen Denken, sondern unmittelbar aus einer übermenschlichen Quelle. Daß beispielsweise Gott existiert, läßt sich mit den Mitteln des menschlichen Denkens auf verschiedene Arten beweisen. Daß dieser Gott aber eine substantielle Einheit dreier Personen darstellt, läßt sich aus dem allgemeinen Gottesbegriff nicht ableiten, sondern muß aus der Offenbarung empfangen werden. Ebensowenig läßt sich philosophisch «erdenken», daß eine jener drei göttlichen Personen Mensch werden wollte und Mensch wurde, um sich aus Liebe für die Menschheit zur Versöhnung mit dem Vater zu opfern. Dabei beruft sich der Dogmatismus

der Offenbarung entweder gerade auf die Übervernünftigkeit seiner Wahrheiten, die es notwendig machen soll, sie zu *glauben*, oder auf eine Tradition von Jahrtausenden und eine lückenlose Sukzession der Überlieferung, die die Wahrheit der bewahrten Dogmen verbürge. Aber sowohl die Übervernünftigkeit als auch die Überlieferung sind Gründe, die jenseits der verknüpften Begriffsinhalte liegen. Das Denken wird daher durch die Offenbarung *entmündigt*, der Denker gelangt zur Anerkennung der offenbarten Glaubenswahrheiten nur durch ein «sacrificium intellectus» – durch die Aufgabe seines begrenzten Verstandes und die Aufnahme dessen, was für diesen Verstand ein offenkundiger Widerspruch ist[1].
Weil also für eine «theologisierende Philosophie»[2] der Inhalt des Begriffes nicht ausreicht, um seine Verknüpfung mit anderen im Urteil zu begründen, muß sie zu einem prinzipiellen Dogmatismus werden.
Ähnlich sieht es für den *Dogmatismus der Erfahrung* aus. Auch für ihn genügen die im Urteil verbundenen Gegebenheiten nicht, um Erkenntnis und Wahrheitseinsicht zu begründen. Nur greift der Erfahrungsdogmatismus nicht zu begriffsförmigen, transzendenten Inhalten: er läßt nur die wahrnehmungsförmigen Bestimmungsgründe des Urteils gelten, seien diese nun erfahrbar oder prinzipiell unerfahrbar.
Um den Dogmatismus der Erfahrung zu verstehen, muß man das *Wahrnehmungsurteil* betrachten. Im Wahrnehmungsurteil wird ein Begriff mit einer Wahrnehmung oder einer Summe von Wahrnehmungen verknüpft. Wenn ich beispielsweise sage: «Diese Blume, die da auf meinem Schreibtisch steht, ist eine Rose», dann habe ich ein Wahrnehmungsurteil gefällt. (Genauer gesagt habe ich mehrere Wahrnehmungsurteile miteinander zu einer Urteilskette verbunden.) Zuerst habe ich das Gebilde, das ich betrachte als «Blume» erkannt (es hätte ein Stein oder eine Keramikvase sein können). Dann habe ich diese Blume mit einem inhaltreicheren Begriff als Rose bestimmt. Ich konnte dies nur, weil der Begriff der Rose, der einen Bestandteil meines Begriffssystems bildet, von dem Wahrnehmungsgebilde der betrachteten Blume angenommen wurde. Hätte ich Merkmale an der betrachteten Blume wahrgenommen, die in meinem Begriff der Rose nicht vorkommen, etwa eine glockig verwachsene Krone oder eine Schmetterlingsblüte, dann hätte ich nach einem anderen Begriff suchen müssen, um die Blume zu bestimmen.

1 So hat es Tertullian gesehen, der die Notwendigkeit des sacrificium intellectus gegenüber den Mysterien des Glaubens betonte.
2 Rudolf Steiner in den «Einleitungen zu Goethes Naturwissenschaftlichen Schrifrten», GA 1, S. 176.

Untersucht man den Vorgang näher, durch den ein Wahrnehmungsurteil zustande kommt, dann stellt man fest, daß weder auf die Wahrnehmung noch auf den Begriff verzichtet werden kann. Es ist nicht so, daß die eine der beiden Größen, die miteinander verbunden werden, die andere ersetzen könnte. Weder wird der Inhalt des Begriffs der Rose oder der Blume aus der sinnlichen Wahrnehmung herausgenommen, noch wird der Inhalt der jeweiligen Wahrnehmung aus dem Begriff abgeleitet. Die Begriffe der Blütenformen sind unabhängig von der jeweiligen Wahrnehmung bildbar, sie sind unentbehrliche Hilfsmittel, um die Zugehörigkeit einer bestimmten betrachteten Blume zu einer Blumenart zu bestimmen. Wenn ich aber wissen will, wie die gerade betrachtete Blume beschaffen ist, dann darf ich nicht über die Besonderheit ihrer Erscheinung hinwegsehen, sondern muß sie allseitig anschauen, um den richtigen Begriff zu finden, der ihr Wesen bestimmt. Tue ich dies nicht: beobachte ich oberflächlich, fälle ich möglicherweise ein Fehlurteil.

Gehen wir über das Zusammenspiel der Gegebenheiten (Wahrnehmung und Begriff) hinaus und behaupten, daß diese Gegebenheiten nicht ausreichen, um den Sachverhalt zu erkennen, dann postulieren wir Gründe, die außerhalb des Erreichbaren liegen. Es könnte behauptet werden, daß die Wahrnehmungsgegebenheiten nur das Ergebnis von Vorgängen sind, die sich jenseits der Wahrnehmungswelt abspielen, aber doch einen Wahrnehmungscharakter haben. Dies ist dann der Fall, wenn die Beschaffenheit der Wahrnehmungen aus Bewegungsvorgängen, aus dem Zusammenwirken von Energiefeldern und ähnlichem erklärt wird, wie dies materialistische Erkenntnistheorien gewöhnlich tun. Diese verfallen genauso in den Dogmatismus wie die «Begriffs-Spiritualisten». Denn auch sie entmündigen den beobachtenden und denkenden Menschen, indem sie wahrnehmungsartige Welten ersinnen, die der Wahrnehmungswelt des Menschen zugrundeliegen sollen. Ein ähnlicher Fall liegt in der Abbildtheorie der Wahrheit vor. Auch sie läßt das Erkenntnisurteil gänzlich von der Wahrnehmungsseite der Welt bestimmt sein und verdammt den menschlichen Geist zum Sklavendasein gegenüber der sinnlichen Wahrnehmung.

Diesem spiritualistischen und materialistischen Dogmatismus setzt Steiner seine Erkenntnismethode entgegen: die Methode der *Immanenz*. Die wissenschaftliche Methode besteht für den jungen Steiner darin, «daß wir den Begriff einer einzelnen Erscheinung in seinem Zusammenhang mit der übrigen Ideenwelt aufzeigen... Alles wissenschaftliche Denken besteht ... nur darin, daß wir die bestehenden Übergänge von Begriff zu Begriff finden, besteht in dem Hervorgehenlassen eines Begriffes aus dem andern. Hin- und

Herbewegung unseres Denkens von Begriff zu Begriff, das ist wissenschaftliche Methode.»[1]

Die in diesen Sätzen umrissene Erkenntnismethode könnte auch als phänomenologische Methode bezeichnet werden. Sie greift nur auf die Elemente zurück, die dem menschlichen Erkenntnisvermögen zugänglich sind, und vermeidet eine unberechtigte Hypothesenbildung. Die Metamorphose der Wahrnehmungen steht der Metamorphose der Begriffe gegenüber. Während die eine Metamorphosenreihe Erscheinungen vorführt, deren Gründe rätselhaft bleiben, führt die Metamorphose der Begriffe zur Einsicht in die Gründe und Zusammenhänge jener Erscheinungen. Fehlen die Begriffe für bestimmte Erscheinungen, dann sind diese Erscheinungen solange nicht verstehbar, als ihre Begriffe und die Metamorphosenreihe nicht aufgefunden wird, die sie in ihrem Zusammenhang mit der übrigen Ideenwelt erscheinen läßt. Treten hingegen in einer Metamorphosenreihe auf der Wahrnehmungsseite neue, unbekannte Erscheinungen ins Blickfeld, dann sind diese nur aus der entsprechenden Erweiterung der Begriffswelt verständlich. Zusammenhänge sind nicht wahrnehmbar. Sollen Zusammenhänge zwischen Einzelwahrnehmungen oder Wahrnehmungsreihen festgestellt werden, dann müssen sie gedacht werden. Unterbleibt die begriffliche Durchdringung, werden auch die Zusammenhänge nicht erfaßt. Es ist jedoch weder nötig, auf hypothetische Wahrnehmungen noch auf hypothetische Begriffswesenheiten zurückzugreifen.

4.2.5. Die Verfemung von Weltanschauung

Ullrich hält Weltanschauung für degenerierte Philosophie. Dem möge Jaspers erwidern. «Was ist Weltanschauung? Etwas Ganzes und etwas Universales. Wenn zum Beispiel vom Wissen die Rede ist: nicht einzelnes Fachwissen, sondern das Wissen als eine Ganzheit, als Kosmos. Aber Weltanschauung ist nicht bloß ein Wissen, sondern sie offenbart sich in Wertungen, Lebensgestaltung, Schicksal, in der erlebten Rangordnung der Werte. Oder beides in anderer Ausdrucksweise: wenn wir von Weltanschauungen sprechen, so meinen wir Ideen, das Letzte und das Totale des Menschen, sowohl subjektiv als Erlebnis und Kraft und Gesinnung, wie objektiv als gegenständlich gestaltete Welt. Die Beschäftigung mit dem Ganzen nennt man Philosophie ... Philosophie hieß von jeher das Ganze der Erkenntnis. Alle

1 Ebenda, S. 170.

Erkenntnis ist philosophisch, sofern sie mit zahllosen Fäden an das Ganze gebunden ist. Die Loslösung einer wissenschaftlichen Sphäre von der universitas ist, wenn sie faktisch geschieht, deren Tod: statt Erkenntnis bleibt Technik und Routine, an die Stelle der Bildung des Geistes, der im Elemente der Erkenntnis, während er fachlich Einzelstoff bearbeitet, doch immer universal gerichtet ist, treten Menschen ohne alle Bildung, die nur noch – vielleicht vortreffliche – Werkzeuge haben und pflegen... Die Philosophie war von jeher mehr als nur universale Betrachtung, sie gab Impulse, stellte Werttafeln auf, gab dem Menschenleben Sinn und Ziel, gab ihm die Welt, in der er sich geborgen fühlte, gab ihm mit einem Wort: Weltanschauung. Die universale Betrachtung ist noch keine Weltanschauung, dazu müssen die Impulse kommen, die den Menschen in seiner Totalität treffen und von seiner Totalität ausgehen. Philosophen waren nicht nur ruhige, unverantwortliche Betrachter, sondern Beweger und Gestalter der Welt. Diese Philosophie nennen wir prophetische Philosophie. Sie steht der universalen Betrachtung dadurch als wesensverschieden gegenüber, daß sie Weltanschauung gibt, daß sie Sinn und Bedeutung zeigt...»[1]

Wenn Ullrich hervorhebt, daß Steiners Auszug aus der Philosophie erst mit der Begründung der Anthroposophie zu seinem Abschluß gekommen sei, so ist dem entgegenzuhalten, *daß Ullrich selbst nicht nur nie Einzug in die Philosophie gehalten, sondern auch keinen Begriff von wirklicher Philosophie hat.*

5. Fazit

Unsere Untersuchung hat gezeigt, daß die Monographie Ullrichs an schwerwiegenden Mängeln leidet. Diese Mängel sind durch die Voraussetzungen bedingt, die Ullrich in seinen Versuch, die Anthroposophie zu verstehen, hineinträgt und die verhindern, daß er zu einem adäquaten Verständnis vordringt. Nicht umsonst steht am Anfang der Anthroposophie die Aufforderung der Verständigung des denkenden (erkennenden) Bewußtseins mit sich selbst. Wo diese Verständigung nicht in radikalem Sinn geleistet wird, kann die Vorurteilsstruktur des alltäglichen Verstehens nicht aufgehellt werden. Wird diese Aufhellung versäumt, steht das Verstehen in den Vorurteilen, die es unreflektiert in sich trägt. Diese trägt es in alles hinein, was es erfassen will, und verfälscht es auf diese Weise. Das nicht-aufgeklärte Bewußtsein ist dadurch gekennzeichnet, daß es kein Wissen von der Gesetz-

1 Karl Jaspers, Psychologie der Weltanschauungen, München 1985, S. 1 und 2.

mäßigkeit seines eigenen Verstehens hat. Wo dieses Wissen fehlt, da versteht sich das Verstehen selbst nicht. Ein Bewußtsein, das seine Vorurteile über das Verstehen in alles hineinträgt, ohne es zu bemerken, ist nicht nur unaufgeklärt, es ist auch naiv. Ullrich ist beides zuzusprechen: die Naivität und die Unaufgeklärtheit. Das Kennzeichen der wahren Modernität ist in der Aufgeklärtheit des Denkens über die Voraussetzungen seines Vollzugs und über seine Gesetzmäßigkeit zu sehen. Wo die allseitige Verständigung des erkennenden Bewußtseins mit sich selbst nicht geleistet ist, kann von Modernität keine Rede sein. Insofern ist das Bewußtsein, mit dem Ullrich seiner «wissenschaftlichen» Tätigkeit nachgeht, nicht nur unaufgeklärt und naiv, sondern auch vormodern.

Modernität, Aufgeklärtheit und kritisches Bewußtsein hängen überhaupt nicht von bestimmten Inhalten ab, mit denen das erkennende Bewußtsein umgeht, sondern von der Form dieses Bewußtseins. Die Form ist von der vorhandenen oder nicht vorhandenen Selbstreflexion bestimmt. Aufgeklärte Wissenschaft, und das heißt wirkliche Wissenschaft, beginnt dort, wo durch eine radikale Selbstreflexion die Wurzeln des Verstehens aufgehellt und die Gesetzmäßigkeit des Erkennens freigelegt wird. Das durch die erkenntnistheoretische Selbstreflexion gewonnene Bewußtsein der Gesetzmäßigkeit des Erkennens kann aus Einsicht angewendet werden. Solange die Gesetzmäßigkeit des Erkennens nicht erkannt ist, wird sie naiv, aus Gewohnheit oder gar nicht angewendet. Eine Entscheidung über deren Verwirklichung oder Nichtverwirklichung kann nur vom Standpunkt des aufgeklärten Bewußtseins aus getroffen werden. Ob eine Erkenntnis wirklich eine Erkenntnis oder bloß eine Meinung ist, darüber ist nur vom aufgeklärten Bewußtsein her ein Urteil zu finden, in dem die Kriterien der Erkenntnis offenliegen.

Ein Urteil über Wissenschaftlichkeit oder Nichtwissenschaftlichkeit einer Erkenntnis ist aber unter Umgehung der erkenntnistheoretischen Diskussion nicht fällbar. An diese Diskussion und ihre konsequente Durchführung ist auch ein klares Verständnis der Methoden gebunden. Die Gesetze der Erkenntnismethoden können nur durch Untersuchungen aufgehellt werden, die sich den Verfahren des Erkennens selbst zuwenden. Sie müssen sowohl von ihren Gegenständen als auch vom allgemeinen Begriff des Erkennens her beurteilt werden. Wird eine solche Diskussion umgangen, ist dies ein Indiz für die Befangenheit der jeweiligen Erkenntnispraxis in Vorurteilen. Nicht nur der Wissenschaftsbegriff, sondern auch die Wissenschaftspraxis ist unter Ausklammerung der Verständigung des erkennenden Bewußtseins mit sich selbst ein Kind des Zufalls oder unreflektierter Gewohnheit. Genausowenig wie ein wirklicher Wissenschaftsbegriff ohne die entsprechende erkenntnistheoretische Diskussion gefunden werden kann, ist eine Wissenschaftspraxis ohne das Wissen von der Wissenschaft möglich. Steiner erhebt den Anspruch, eine Wissenschaft vom Menschen begründet zu haben, die auf einer allseitigen Verständigung des erkennenden Bewußtseins mit sich selbst beruht. Diese Verständigung des erkennenden Bewußtseins mit sich selbst ist zugleich das Verfahren, durch das Steiner zu seinem Wissenschaftsbegriff gelangt. Wer die Wissenschaftlichkeit der Anthroposophie beurteilen will, ohne diese grundlegenden Untersuchungen zu diskutieren, disqualifiziert sich selbst. Eine solche, wirklich ernstzunehmende Diskussion gibt es aber noch gar nicht. Bisher wurde immer nur versucht, die Begründung der Wissenschaft vom Menschen, die Steiner in seinen erkenntnistheoretischen Untersuchungen vorgelegt hat, von vorurteilsbehafteten Standpunkten abzukanzeln. Ein wirklich ernsthaftes Eingehen auf die fundamentalen Untersuchungen, die der Anthroposophie zugrundeliegen, ist auch nach hundert Jahren noch ein Desiderat.

Die Frage nach dem Wesen des Menschen ist bis heute, sieht man vom Entwurf der Anthroposophie ab, wissenschaftlich unbeantwortet. Zwar gibt es aus religiösem Hintergrund entsprungene traditionelle Antworten auf diese Frage. Sie sind jedoch durch die Erkenntnisentwicklung der Neuzeit – zu Recht – beiseite gedrängt worden. Sie erscheinen vor den erfahrungswissenschaftlichen Standards, die sich mit dem Anbruch der Moderne entwickelten, als unbeweisbare Dogmen. Da sie in der Tat nicht unmittelbarer Erfahrungserkenntnis entsprangen, sind die Antworten der Offenbarung auf die Frage nach dem Wesen des Menschen durch die säkulare Aufklärung verdrängt worden. An die Stelle der Offenbarung ist die Erfahrung getreten. Aber diese Erfahrung war von Anfang an eine restringierte. Sie verstand sich nur als sinnliche Erfahrung. Der Empirismus war ein Empirismus der sinnlich-körperlichen Welt und schloß die Möglichkeit einer nicht-sinnlichen Erfahrung aus. Diese historische Verengung des Erfahrungsbegriffs, die ihre Gründe in den Bedingungen der Entwicklung der neuzeitlichen Wissenschaft hat, ist verständlich, aber unzulässig. Sie hat notwendigerweise zu einem restringierten Weltbild geführt. Der nicht-sinnliche Weltinhalt und mit ihm die menschliche Subjektivität wurden aus der Klasse der legitimen Gegenstände der Wissenschaft getilgt, und übrig blieb ein physikalistisch-mathematisch deutbarer Weltmechanismus. Was sich den restringierten Erkenntnismethoden nicht erschloß, wurde ins Reich des Glaubens und der Phantasie verbannt.

Trotz dieser säkularen Aufklärung, die eigentlich eine Verbannung der menschlichen Subjektivität aus der Welt der Wissenschaft ist, sind die Fragen nach dem Wesen des Menschen, nach seiner Herkunft und Zukunft geblieben. Die Antworten wurden nun aber nicht mehr aus religiösen Quellen, sondern aus experimenteller Forschung und an sie anschließender oder ihr vorausgehender Theoriebildung gegeben. Entsprechend der Beschränktheit der Methoden sind auch die Antworten eingeschränkt.

Die Naturwissenschaften erforschen die Welt experimentell-beobachtend und versuchen die Bedingungen der Erscheinungen und die Verlaufsform von Erscheinungen quantitativ-mathematisch zu beschreiben. Sie sind bestrebt, durch das Gesetz der Kausalität, durch den Zusammenhang von Ursache und Wirkung die Erscheinungen und ihre Verlaufsform zu erklären und vorauszusagen. Die Forschungsmethoden der Naturwissenschaften und die Erklärungsmittel, die sie verwenden, sind aber nur für die Vorgänge der leblosen Natur geeignet. Werden sie auf andere Gebiete der Wirklichkeit angewendet, führen sie entweder zu keinen Ergebnissen oder, noch schlimmer, zu Irrtümern, die sich für Wahrheit ausgeben.

Die Konsequenz dieser Grenzüberschreitung der mathematisch-quantitativen Erkenntnisformen ist der Methodenmonopolismus und der weltanschauliche Reduktionismus. Lange Zeit hat man sich der Illusion hingegeben, man könne das Leben, die Seele und das Selbstbewußtsein des Menschen physikalistisch, ja mechanistisch erklären. Diese Illusion führte im 19. Jahrhundert zur Begründung einer «Psychologie ohne Seele» durch Fechner, Lotze, Helmholtz und Wundt. Wundt schaffte den Begriff der Seelensubstanz ab, weil er ihn für ein mythologisches Relikt hielt, und beschränkte sich in seiner physiologischen Psychologie auf physikalisch-physiologisch messbare Erscheinungen des seelischen Lebens. Die amerikanischen Behavioristen haben im 20. Jahrhundert das legitime Erbe ihrer europäischen Vorläufer angetreten. K.W. Spence formulierte (1960)[1] das behavioristische Methodenideal wohl am krassesten. Für ihn können Gegenstände eines behavioristischen Systems nur äußere Verhaltensdaten, Messungen von Eigenschaften der natürlichen und sozialen Umgebung des Probanden, Messungen der neuroanatomischen und neurophysiologischen Eigenschaften des Organismus sein. Und dies wohlgemerkt unter dem Vorzeichen, das psychische Leben des Menschen zu erforschen.

Seit einiger Zeit mehren sich aber die Stimmen, die auf die Begrenztheit der naturwissenschaftlichen Methoden hinweisen. So schreibt etwa der Moleku-

1 K. W. Spence, Behavior theory and learning, S. 71 – 88, Englewood Cliffs / N.J. 1960

larbiologe Walter Nagl (1987) in einem Band der Reihe «Dimensionen der modernen Biologie»: «Ganz generell konnte bisher keine Naturwissenschaft – weder Physik, Chemie noch Biologie – eine Antwort geben auf die zentrale Frage nach dem größten ungelösten Problem: ‹Was ist Leben›?»[1] Der Nobelpreisträger Sir John Eccles sieht diese Grenzen ebenso: «Die Fragen nach dem Werden und der Existenz des Universums und jedes menschlichen Individuums, nach Geist und Seele liegen außerhalb dessen, was Naturwissenschaft zu wissen vermag, und deshalb sollte sich ein Wissenschaftler hüten, gegenüber geisteswissenschaftlichen Antworten vorschnell ein endgültiges ‹nein› auszusprechen.»[2] Selbst Konrad Lorenz, der Begründer der biologisch orientierten evolutionären Erkenntnistheorie, kann nicht umhin, die prinzipielle Grenze des naturwissenschaftlichen Erkennens anzuerkennen. «Selbst eine utopische Zunahme unserer Kenntnisse würde uns der Lösung des Leib-Seele-Problems nicht näher bringen. Die Eigengesetzlichkeiten des Erlebens können grundsätzlich nicht aus chemisch-physikalischen Gesetzen und aus der wenn auch noch so komplexen Struktur der neurophysiologischen Organisation erklärt werden.»[3] Die Naturwissenschaften führen zum Rätsel des Lebens, können dieses Rätsel aber nicht lösen. Noch viel weniger können sie die Frage nach dem Ursprung der seelischen Innerlichkeit und des Selbstbewußtseins beantworten.

Die Aussage von Eccles leitet unmittelbar zu den Geisteswissenschaften über, so wie sie heute verstanden werden, und ihren Möglichkeiten, das Rätsel des Menschen zu beantworten. Dilthey hat 1883 diese Geisteswissenschaften als das «Ganze der Wissenschaften, welche die geschichtlich-gesellschaftliche Wirklichkeit zu ihrem Gegenstande haben»[4] charakterisiert und sie von den Naturwissenschaften methodisch abgegrenzt. Die Geisteswissenschaften wollen ihre Gegenstände nicht erklären, sondern verstehen. Sie wollen nicht allgemeine Gesetze finden, aus denen das Einzelne zu erklären ist, sondern das Einzelne ist ihr Gegenstand, den sie verstehen, den sie hermeneutisch erschließen wollen. Sie wenden sich den seelisch-geistigen Ausdrucksleistungen des Menschen in Geschichte, Kunst, Religion und Wissenschaft zu. Ihr Ziel ist, diese Ausdrucksleistungen zu beschreiben, darzustellen, ihre mäch-

1 Walter Nagl, Gentechnologie und Grenzen der Biologie, Darmstadt 1987, S. 12.

2 Sir John C. Eccles, Hirn und Bewußtsein, Mannheimer Forum, Mannheim. Boehringer AG. 1977/78, S. 9 – 63.

3 Konrad Lorenz, Die Rückseite des Spiegels. München 1973.

4 Wilhelm Dilthey, Einleitung in die Geisteswissenschaften, Gesammelte Schriften, 1. Band, S. 4. Stuttgart 1979.

tige Inhaltlichkeit als Selbstinterpretation der fühlenden, wollenden, denkenden Individuen zu verstehen. Aber diese Geisteswissenschaften befassen sich nur mit den Ausdrücken von Seele und Geist, nicht mit Seele und Geist des Menschen als seinen wirkenden, wirklichen Wesensbestandteilen. Sie sind historisch und historisieren ihren Gegenstand. Sie erheben nicht den Anspruch, das unmittelbar Wesenhafte, die Subjektivität in ihrer wirkenden Innerlichkeit verstehend zu erschließen. Die Kluft zwischen der wirklich-wirkenden Subjektivität und dem historisierten Ideenbild ihrer Ausdrucksleistungen kann von der geisteswissenschaftlichen Hermeneutik im Sinne Diltheys nicht überwunden werden. Die Geisteswissenschaften als der Inbegriff der Wissenschaften, die die geschichtlich-gesellschaftliche Wirklichkeit zu ihrem Gegenstand haben, führen deshalb nur zum Rätsel der Seele und des Geistes, aber sie können dieses Rätsel genausowenig lösen wie die Naturwissenschaften das Rätsel des Lebens.
Zwar hat es in der ersten Hälfte dieses Jahrhunderts Versuche gegeben, unter Berücksichtigung naturwissenschaftlicher Erkenntnisse ganzheitliche Interpretationen des Menschen und seiner Stellung in der Welt zu begründen. Aber diese philosophischen Versuche drangen nicht zu einer wirklichen Beobachtungserkenntnis der höheren Wesensschichten des Menschen und der Wirklichkeit vor, auch wenn sie von ihnen immerhin als eigenständigen kategorialen Ebenen gesprochen haben. Vertreter solcher Anschauungen waren Max Scheler, Nicolai Hartmann und Teilhard de Chardin. Max Scheler versuchte, von Husserl herkommend, aber über diesen hinausgehend, in seiner Programmschrift über «Die Stellung des Menschen im Kosmos» eine philosophische Anthropologie zu begründen. Nicolai Hartmann befaßte sich von allen Philosophen dieses Jahrhunderts am intensivsten mit der ontologischen Schichtenstruktur der realen Welt und den damit verbundenen Problemen der Kategorienlehre. Teilhard der Chardin versuchte, die neueren Ergebnisse der Anthropologie und Paläontologie in eine allgemeine nicht-reduktionistische Evolutionslehre zusammenzuschauen.
Daß diese Versuche, die nicht so sehr aus der Überfülle der Empirie als aus tiefdringenden gedanklichen Konzeptionen entsprangen, zu Menschen- und Wirklichkeitsbildern vorgedrungen sind, die mit demjenigen der Anthroposophie Ähnlichkeit haben, zeigt, daß der menschliche Gedanke, wenn er die synthetische Kraft der Zusammenschau entwickelt, zum Erfassen des Ganzen vordringen kann.
Für Scheler gliedert sich die Wirklichkeit in vier Wesensstufen, die im Menschen zur Einheit verschmelzen. «*Vier* Wesensstufen sind es, in denen alles Seiende in Bezug auf sein Inne- und Selbstsein erscheint. *Anorganische* Gebil-

de haben ein solches Inne- und Selbstsein überhaupt nicht; sie haben kein Zentrum, das zu ihnen ontisch gehörte, daher auch kein Medium, keine Umwelt. Was wir in dieser Gegenstandswelt als Einheit bezeichnen, bis zu Molekülen, Atomen und Elektronen, ist ausschließlich abhängig von unserer Macht, die Körper realiter oder doch gedanklich zu zerteilen... Ein Lebewesen dagegen ist stets ein *ontisches* Zentrum und bildet stets selbst ‹seine› raumzeitliche Einheit und Individualität; sie stammt nicht wie beim anorganischen Gebilde von Gnaden unserer selbst biologisch bedingten Zusammenfassung. Es ist ein X, das *sich selbst* begrenzt; es hat ‹Individualität› ... Dem Gefühlsdrang der *Pflanze* ist ein Zentrum zu eigen und ein Medium, in das, relativ in seinem Wachstum ungeschlossen, das pflanzliche Lebewesen hineingesetzt ist ohne Rückmeldung seiner verschiedenen Zustände an sein Zentrum... Im *Tiere* ist Empfindung und Bewußtsein und damit verbunden eine zentrale Rückmeldestelle der wechselnden Zustände seines Organismus und eine Modifizierbarkeit seines Zentrums durch diese Rückmeldung vorhanden: es ist sich schon ein zweites Mal gegeben. Der *Mensch* aber ist kraft seines Geistes noch ein drittes Mal: im Selbstbewußtsein und in der Vergegenständlichung seiner psychischen Vorgänge und seines sensomotorischen Apparates. Die ‹Person› im Menschen muß dabei als das Zentrum gedacht werden, das über dem Gegensatz von Organismus und Umwelt erhaben ist.»[1]

Ähnlich stellt sich der Zusammenhang der Wirklichkeitsstruktur und des Menschen als der Integration der ihm vorangehenden kategorialen Formen Nicolai Hartmann 1939 in seinem Grundriss der allgemeinen Kategorienlehre, die unter dem Titel «Der Aufbau der realen Welt» erschienen ist, dar. Die Welt ist nicht, wie der Cartesianismus aufgrund einer Verabsolutierung des Leib-Seele-Dualismus annimmt, zweischichtig, «sie ist zum mindesten vierschichtig. Denn offenbar ist ... eine klare Grenzscheide zwischen dem Lebendigen und dem Leblosen, dem Organischen und dem Anorganischen ... ebenso hat sich innerhalb dessen, was man Geist nannte, ein einschneidender Wesensunterschied zwischen den seelischen Vorgängen und den objektiven Inhaltsgebieten des gemeinsamen geistigen Lebens herausgestellt.»[2]

«Der Mensch ist selbst ein geschichtetes Wesen, er ist organisches, seelisches

1 Max Scheler, Die Stellung des Menschen im Kosmos. Bonn 1988 (1. Auflage 1928), S. 42/43.

2 Nicolai Hartmann, Der Aufbau der realen Welt. Berlin 1964. S. 174

und geistiges Wesen, und sogar die niederste Schicht fehlt nicht, denn schließlich ist er doch ‹auch› ein materielles Wesen.»[1]

Der «Hiatus der Seinsstruktur», der zwischen dem Organischen und dem Seelischen als eigenständigen kategorialen Bereichen klafft, ist für Hartmann der am stärksten ins Auge fallende. «Denn das Organische, einschließlich des subtilen Systems der Prozesse, in dem es besteht, ist noch ein räumliches und materielles Gefüge; die seelischen Vorgänge und Inhalte dagegen sind etwas ausgesprochen Unräumliches und Immaterielles.»[2] So sind diese beiden Seinsbereiche auch phänomenal völlig anders zugänglich. Für das Organische ist die «dinglich-äußere Begebenheit des räumlich Lokalisierten» und für das Seelische die «innere Selbstgegebenheit ... der dem Subjekt selbst eigenen und zugehörigen»[3] Akte kennzeichnend.

Einen ebenso deutlichen Hiatus sieht Hartmann zwischen der anorganisch-leblosen und der organisch-lebendigen Natur. So sehr sich die Naturwissenschaft auch um den Übergang zwischen beiden im Sinne einer Herleitung der höheren Seinsform (der organischen) aus der untergeordneten bemüht hat, es ist ihr bisher nicht gelungen. Und selbst wenn es ihr gelänge, eine nahtlose Spur der Formen im Phänomenalen nachzuweisen, dann könnte doch die kategoriale Differenz beider Seinsbereiche nicht aufeinander zurückgeführt werden. «Ein eigentliches Hervorgehen der Lebendigkeit ... aufzuweisen, ist nicht gelungen. Der Einschnitt bleibt also bestehen. Ja, man möchte hinzufügen, auch wenn sich das Continuum der Formen einmal als über ihn hinweggehend erweisen sollte, so würde er doch in dem Sinne bestehen bleiben, daß mit dem Beginn der Lebensfunktionen eine eigene Gesetzlichkeit dieser Funktionen einsetzen müßte.»[4]

Schließlich ist das «geistige Sein» von den «seelischen Akten» durch einen ebenso tiefen Einschnitt getrennt, wie die vorangehenden Stufenreiche voneinander getrennt sind. Die verschiedenen Gebiete des geistigen Lebens – Sprache, Erkenntnis, Recht und Moralität – sind nicht mit dem seelischen Erleben zu verwechseln, in dem sie Gestalt annehmen. Das «geistige Leben» stellt eine eigene Gesetzlichkeit «oberhalb des Seelischen» dar.

Trotz der relativen Unabhängigkeit der Seinsschichten und ihrer kategorialen Gesetze voneinander besteht zwischen den einzelnen Stufenreichen ein Verhältnis der Interdependenz. Die höheren überformen die voraus-

1 Ebenda, S. 177.
2 Ebenda, S. 179.
3 Ebenda, S. 180.
4 Ebenda, S. 180.

gehenden, aber bauen auch auf ihnen auf. «So erhebt sich die organische Natur über der anorganischen. Sie schwebt nicht frei für sich, sondern setzt die Verhältnisse und Gesetzlichkeiten des physisch Materiellen voraus; sie ruht auf ihnen auf, wenn schon diese keineswegs ausreichen, das Lebendige auszumachen. Ebenso bedingt ist seelisches Sein und Bewußtsein durch den tragenden Organismus, an und mit dem allein es in der Welt auftritt. Und nicht anders bleiben die großen geschichtlichen Erscheinungen des Geisteslebens an das Seelenleben der Individuen gebunden, die seine jeweiligen Träger sind.»[1]

Teilhard de Chardin hat in seinem posthum (1955) erschienenen Werk «Der Mensch im Kosmos» den Versuch unternommen, die Evolutionstheorie mit der christlichen Offenbarung in Einklang zu bringen. Sein Bild der Evolution, das er naturwissenschaftlich versteht und entwickelt, läßt sich die Evolution der Ordnungen des Seienden vom Anorganischen über das Organische zum Psychischen und Geistigen vollziehen. Im Hervortreten der höheren Ordnungen, die sich gegenüber den vorangehenden durch ihre Emergenz auszeichnen, gibt sich die Innenseite der Evolution, die immer schon als wirkendes Prinzip der Orthogenese in den Erscheinungsformen anwesend ist, in der Reihe der Phänotypen Gestalt. Im Überschreiten der Schwellen, die die einzelnen kategorialen Schichten der Wirklichkeit voneinander trennen, emergiert dieses innere Prinzip der Evolution die Gestalten, die es bereits hervorgetrieben hat, um höhere zu erzeugen, die zuletzt die Erscheinung dieses Evolutionsprinzips in der Noosphäre zulassen. Der geschichtliche Stufenweg der Evolution ist zugleich der Weg, auf dem sich der kategoriale Schichtenbau der realen Welt konstituiert hat.

«Seit langem stimmen die Geologen in der Meinung überein, unser Planet setze sich aus Zonen zusammen. Wir haben bereits die metallische, zentrale Barysphäre erwähnt - umgeben von der felsigen Litosphäre -, die selbst von den flüssigen Schichten der Hydrosphäre und von der Atmosphäre überdeckt ist. Seit Suess hat die Wissenschaft die gut begründete Gewohnheit, diesen vier aufeinandergefügten Oberflächen die lebende Hülle hinzuzufügen, die durch die pflanzlich-tierische Verfilzung des Erdballs gebildet wird: die Biosphäre... Nachdem wir in der Geschichte der Evolution die neue Ära einer Noogenese erkannten und herausstellten, müssen wir eine dem entsprechende Unterscheidung auch in dem majestätischen Gefüge tellurischer Schichten treffen... Wir stellen eine weitere Hülle fest... Ebenso ausgedehnt ... ist es wirklich eine neue Schicht, die »denkende Schicht«, die sich seit

1 Ebenda, S. 182.

ihrer ersten Blüte am Ende des Tertiärs oberhalb der Welt der Pflanzen und Tiere ausbreitet: außer und über der Biosphäre eine *Noosphäre.*»[1]

In dieser Noosphäre gelangt die Evolution zu einem Bewußtsein ihrer selbst. Der Träger dieser Selbsterkenntnis ist der Mensch, der sein denkendes Selbstbewußtsein als Zeugnis seines das tierische Leben überragenden emergenten Daseins entwickelt. «Für die Lösung des Problems der ‹Überlegenheit› des Menschen über die Tiere ... sehe ich nur ein einziges Mittel: aus der Gruppe der Formen innerer menschlicher Verhaltensweisen alle zweitrangigen und doppelsinnigen Manifestationen mit aller Entschiedenheit auszuschalten und das Zentralphänomen des *Ichbewußtseins* ins Auge zu fassen.»[2] «Das Denken gehört ... nicht nur als Anomalie oder Epiphänomen zur Evolution; die Evolution kann vielmehr so ganz auf einen Fortschritt zum Denken zurückgeführt werden und einem solchen gleichgesetzt werden, daß die Regungen unserer Seele die Fortschritte der Evolution ausdrücken und ihren Maßstab abgeben. Der Mensch entdeckt, nach dem treffenden Wort von Julian Huxley, daß *er nichts anderes ist als die zum Bewußtsein ihrer selbst gelangte Evolution.*»[3]

Nicht uninteressant ist, daß der bereits erwähnte Konrad Lorenz bei seinem «Versuch einer Naturgeschichte menschlichen Erkennens» auf die Kategorienlehre Nicolai Hartmanns zurückgreift, um sein Gesamtbild der Wirklichkeitsstruktur zu entwerfen. Er weist Hartmanns ontologische Schichtung der Wirklichkeit nicht etwa als metaphysische Spekulation zurück, sondern anerkennt sie zustimmend. Hartmanns Anschauungen über den Aufbau der realen Welt decken sich «so vollkommen mit denen des Phylogenetikers, daß es mir immer schwerfällt, Hartmannsche Gedankengänge wiederzugeben, ohne evolutionistische Interpretationen in seine Schichtenlehre einzuschmuggeln.»[4] Zwischen Hartmanns ontologisch begründeten Auffassungen und denen des Phylogenetikers besteht eine «grundlegende Übereinstimmung». «Man hat die Schichtenlehre Hartmanns als eine ‹pseudometaphysische Konstruktion› verdammt, völlig zu Unrecht, denn gerade das ist sie nicht. Sie ist nicht auf deduktiver Spekulation aufgebaut, sondern auf empirisch Vorgefundenem, und sie wird den Phänomenen und der Mannigfaltigkeit dieser Welt gerecht, ohne sie in heterogene Bestandteile zu zerreißen... Die Schichtenfolge der großen Hartmannschen Seinskategorien

1 Pierre Teilhard de Chardin, Der Mensch im Kosmos. München 1988. S. 183.
2 Ebenda, S. 164/165.
3 Ebenda, S. 225.
4 Konrad Lorenz, Die Rückseite des Spiegels. München 1977, S. 57.

stimmt schlicht und einfach mit der Reihenfolge ihrer erdgeschichtlichen Entstehung überein.»[1]

Lorenz wendet sich gegen den Reduktionismus, der «an der Fiktion einer *Kontinuität* des Evolutionsvorganges» festhält «und glaubt, daß dieser nur *graduelle* Unterschiede erzeugen könne. Wie wir wissen, schafft *jeder* Evolutionsschritt einen wesensmäßigen und nicht nur einen graduellen Unterschied.»[2] Diese Evolutionsschritte, durch welche die Fulguration des wesensmäßig Neuen stattfindet, sind zwar prinzipiell der naturwissenschaftlichen Erkenntnis zugänglich, aber nicht im Sinne einer Zurückführung (Reduktion) des Komplexeren auf das Einfachere.

Jene von Lorenz als «Fulguration» bezeichnete Entstehung des Neuen in der Evolution, die sich aus der schrittweisen Integration von Systemeigenschaften ergibt, die zu grundsätzlich neuartigen Erscheinungen führen, ist vielmehr der Vorgang, durch den in die Phänomenreihe der natürlichen Schöpfung die jeweils ontologisch differenzierenden Seinskategorien eintreten können. Daß diese Seinskategorien auch unabhängig von den durch sie strukturierten Phänomenreihen Bestand haben, ja, daß sie das organisierende Prinzip der Integration divergenter Systemeigenschaften sind, ergibt sich aus den erkenntnistheoretischen Überlegungen, auf die im Verlauf der Auseinandersetzung mit Ullrich hingewiesen wurde. Erscheinungen, insofern sie gesetzmäßig strukturiert sind, sind durch Gesetze strukturiert. Die Gesetze müssen aber die Kraft in sich tragen, diese Erscheinungen realiter zu strukturieren. Sie dürfen also nicht nur die Form haben, die sie im menschlichen Bewußtsein annehmen. Sie müssen, unabhängig vom menschlichen Bewußtsein, als reale Kraft in den Dingen wirken. Die Vermannigfaltigung einer gesetzmäßigen Form ist nicht Ergebnis der Wechselwirkung des Sinnenfälligen, weil dieses nur gesetzmäßig ist, insofern sich in ihm ein Typus betätigt. Die Objektsallgemeinheit des Gesetzes ist ein Ergebnis der Fulguration des Typus in den von ihm gestalteten Phänomenreihen. Die Anschauung des Typus, als wirkenden Gesetzes, ist der Sinnesbeobachtung nicht möglich. Sie hat es nur mit dem Ergebnis seiner Wirksamkeit zu tun. Um den Realtypus anschauend zu erkennen, bedarf es einer «anschauenden Urteilskraft», die die nicht-sinnliche Gestalt des Typus zu erfassen vermag. Analog verhält es sich mit dem übersinnlichen Realtypus des Seelischen und des Geistigen. Sie bedürfen eigenständiger Erkenntnismethoden, um nicht nur in ihrer begrifflichen

1 Ebenda, S. 58/59

2 Ebenda, S. 212.

Kategorialgestalt, sondern in ihrer lebendigen, kraftenden Wirklichkeit erkannt zu werden.
Die Anthroposophie versteht sich als Wissenschaft, die diese Erkenntnismethoden entwickelt, um die Rätsel des Lebens, der Seele und des Geistes einer Lösung zuzuführen. Sie stellt die genannten Erkenntnismethoden in ihrer Gesetzmäßigkeit dar und macht sie so nicht nur verstehbar, sondern intersubjektiv anwendbar. Sie stellt auch dar, zu welchen Ergebnissen diese Methoden führen. Ihre Erkenntnis will eine Beobachtungserkenntnis des Lebens, der Seele und des Geistes sein, deren Möglichkeiten nicht auf die Erscheinungen der Subjektivität in einem sinnlich beobachtbaren System beschränkt sind. Sie verfolgt die relativ selbständigen Wesensbestandteile des Menschen in ihrem Schicksal vor der Geburt und nach dem Tode und gelangt auf diese Weise zu einer umfassenden Erkenntnis des Menschen in seiner individuellen Entwicklung. An dieser sind aber auch Gesetzmäßigkeiten ablesbar, denen die einzelne Individualität zwar unterworfen ist, die aber nicht Ausdruck ihrer selbständigen Gestaltungsfähigkeit sind. Diese Gesetze der Lebensentwicklung hängen mit den nicht-individuellen Bestandteilen des Gesamtwesens des Menschen zusammen.
Daß die Erkenntnisergebnisse, die durch die anthroposophischen Methoden gewonnen werden, mit solchen, die völlig andersgearteten Methoden entspringen, nicht übereinstimmen, braucht nicht zu verwundern. Viel verwunderlicher ist es, wenn diese Tatsache als Einwand gegen die Wissenschaftlichkeit der Anthroposophie mißbraucht wird. Die Wissenschaftlichkeit einer Erkenntnisform hängt bekanntlich weder von ihren Gegenständen noch von ihren Erkenntniswerkzeugen oder Begriffsinstrumentarien ab, sondern vom gesetzmäßigen Gebrauch ihrer Erkenntniswerkzeuge, das heißt von ihren Methoden. Eccles hat ein Bewußtsein dieses Sachverhalts, wenn er den Naturwissenschaftler davor warnt, gegenüber Antworten der «Geisteswissenschaften» vorschnell ein endgültiges «Nein» auszusprechen. Die vornehme Zurückhaltung des Nobelpreisträgers stünde manchem Kritiker der Anthroposophie besser an als ihre vorschnelle Verurteilung aus vermeintlicher Wissenschaftlichkeit. Steiner hat das Problem, um das es geht, treffend formuliert: «Sprich nie von Grenzen der menschlichen Erkenntnis, sondern nur von den Grenzen der Deinen.»[1]

1 Rudolf Steiner, Wahrspruchworte. Dornach 1978, S. 191.

LORENZO RAVAGLI

Dialog mit Andersdenkenden und Verteidigung der Anthroposophie: zwei Aufgaben einer philosophischen Anthroposophie

Zunächst ist die notwendige Unterscheidung zwischen Andersdenkenden und Gegnern zu treffen. Jemand, der anders und anderes denkt, ist nicht allein deshalb auch schon ein Gegner. Abgesehen davon, daß es keine zwei Menschen gibt, die gleich denken (was für ein tödlicher Uniformismus wäre das, welch ein unerreichbares Pseudoideal ist doch die ideologische Gleichschaltung), vereinigt das Denken als hermeneutisches Weltprinzip durch seine Universalität auch alle möglichen Standpunkte in sich.
Es kann nur eine wahre Katholizität geben, das ist die Katholizität des Denkens. Das Denken ist aber nur deshalb katholisch, weil es absolut unfestgelegt ist. Nur was die Möglichkeit hat, alles zu sein, kann auch realiter alles umfassen. Seine Katholizität ist also zugleich der Inbegriff der Pluralität. Wer auf dem Standpunkt der Katholizität des Denkens steht, der ist auch allseitig dialogfähig. Nur das Denken vermag alle möglichen Standpunkte zu verstehen, weil es das Prinzip ist, aus dem alle möglichen Standpunkte begründet werden. Das Verstehen ist aber die Voraussetzung für den Dialog. Die Notwendigkeit und Berechtigung des Dialogs ist darin begründet, daß zwar jeder Mensch an der Universalität des Denkens teilhat, daß aber kein Einzelner diese Universalität *ist.* Wer das Absolute in sich realisiert, bedarf keines Dialogs, weil er die Summe aller Dialoge ist. Nur ein Wahnsinniger aber kann sich für Gott *halten.* Es ist deshalb auch absurd, in der Anthroposophie so etwas wie eine absolute Wahrheit zu sehen, oder zu behaupten, sie verstehe sich selbst so. Würde sie sich selbst so verstehen, dann verstünde sie sich nicht richtig. Denn Verstehen ist zwar ein potentiell Unendliches, aber es ist auch nur im Unendlichen verwirklichbar. Der einzelne Mensch steht im Dialog mit der Wirklichkeit, indem er die Begrenztheit seines Wahrnehmungsstandpunktes denkend überwindet, indem er das für ihn Okkulte durch sein Denken offenbar macht. Da jeder Wahrnehmungsstandpunkt absolut einzigartig ist, ergibt sich aus jedem Wahrnehmungsstandpunkt auch eine absolut einzigartige Form der denkenden Überwindung dieses Wahrnehmungsstandpunktes. Die Gesetzmäßigkeit des Erkennens ist zwar

für alle Erkennenden dieselbe, aber sie wird von jedem auf seine Weise realisiert. Jeder Einzelne hat also, wenn er sich tatsächlich auf die Wahrnehmungsgegebenheiten einläßt, eine völlig einzigartige Form der Überwindung dieser Gegebenheiten zu bieten. Die Summe der Intuitionen eines Menschen kann nicht gleich der Summe der Intuitionen eines anderen Menschen sein. Jeder Mensch ist ein Problem. Dennoch konvergieren die einzelnen Weltbilder in der allen Menschen gemeinsamen Ideenwelt. Das tun sie aber nicht von selbst, sondern nur, wenn die Menschen die Anstrengung des Diskurses auf sich nehmen, der nicht in der Rationalität seinen Ermöglichungsgrund hat, sondern im Logos. Daraus ergibt sich die prinzipielle Möglichkeit und Notwendigkeit eines universellen Dialogs, eines unabschließbaren und unbegrenzbaren Diskurses, in dem sich die Begegnung der Intuitionsgehalte der Einzelnen vollziehen kann.

Je offener der Einzelne für die Andersartigkeit des Intuitionsgehalts anderer Menschen ist, umso dialogfähiger ist er. Interessant ist am anderen Menschen nicht, wo er mit mir übereinstimmt, sondern wo er eine begründete andere Ansicht der Dinge besitzt. Dabei muß seine Begründung nicht mit meiner Vorstellung von Rationalität übereinstimmen, sondern mit sich selbst und dem Logos, aus dem sie hervorgeht. Garant für die Möglichkeit des Dialogs und des Verstehens ist die Tatsache, daß neben der individuellen Einzigartigkeit, die jeder besitzt, alle am einen Denken, aus dem sie ihren Intuitionsgehalt schöpfen, teilhaben. Gäbe es nicht dieses «gemeinsame Urwesen, das alle durchdringt», gäbe es weder die Möglichkeit des Verstehens noch die Möglichkeit des Konsenses oder der pragmatischen Übereinkunft. Je mehr aber der Einzelne sich mit seinen Ideen, seinen Vorstellungen von den anderen abschließt, nur an diesen festhält und seinen Teil der Wahrheit für das Ganze hält, desto mehr schließt er sich vom Diskurs, vom allgemeinen Sprachspiel aus. Dieser Akt der freiwilligen (willkürlichen) Selbstbegrenzung, der Übertragung des Wahrnehmungsstandpunktes in das Gedankenleben, ist der Ursprung jeglichen Dogmatismus. Der Dogmatiker will nicht wahrhaben, daß die anderen genauso am Universellen teilhaben wie er selbst. Er möchte die Exklusivität, die ihm sein Wahrnehmungsstandpunkt gewährt, auch in seinem Denken aufrechterhalten. Er sieht nicht oder will nicht sehen, daß das Wesen des Denkens gerade im Überschreiten der Begrenztheit besteht. Er glaubt, seine Individualität nur erhalten zu können, wenn er sie gegen das Andersgeartete abschottet und undurchlässig macht.

Die Form des Denkens, dessen der Dogmatiker sich befleißigt, ist abstrakt. Der Dogmatiker ist der wahre Abstraktling. Er hält sich an einer bestimmten

Summe von Vorstellungen fest und verwechselt diese Vorstellungen mit dem lebendigen, immer bewegten, unabschließbaren und unbegrenzbaren Wesen der Wahrheit. Der Dogmatiker kann deshalb andere Ansichten auch nicht wirklich verstehen. Denn Verstehen setzt voraus, daß man die fremden Gedanken zu seinen eigenen macht. Das will der Dogmatiker aber gar nicht. Er besitzt seine Gedanken, und die genügen ihm. (Was sagte jener arabische Feldherr, als er die Brandfackel in die Bibliotheken Alexandriens werfen ließ? «Steht in diesen Büchern dasselbe, was im Koran steht, sind sie überflüssig. Steht etwas anderes darin, dann sind sie gottlos.» Dies ist die Rechtfertigung auch aller «christlichen» Autodafés.)

Aus dem Denken begründet sich auch der Dogmatismus. Aber er verschließt seine Augen vor dieser Tatsache. Indem er sich durch Ausschließung begründet, begründet er zugleich seine Feindschaft gegen alle Andersdenkenden und die Notwendigkeit für diese Andersdenkenden, sich vor seinen gewiß nicht ausbleibenden Angriffen zu verteidigen. Denn der *Dogmatismus* des Denkens verbindet sich gewöhnlich mit dem *Missionarismus* des Willens und dem *Fanatismus* des Gefühls. Ein Dialog ist auf der Ebene des Dogmatismus nicht führbar, auch nicht auf dem Boden eines anthroposophischen Dogmatismus. Der Dialog setzt Fähigkeit zur Selbstkritik voraus. Wirkliche Selbstkritik, die sich über die immanenten Voraussetzungen des eigenen Standpunktes aufklärt, ist aber nur an der Selbstbeobachtung des Denkens zu gewinnen. Selbstbeobachtung erschließt den Zugang zum Logos und eröffnet die Möglichkeit des universellen Dialogs. In diesen kann aber nur eintreten, wer selbst unvoreingenommen am Logos teil hat. Der Dialog, das wirkliche Gespräch, ist ein exklusives Ereignis. Es setzt die Initiation in den Logos voraus. Talkshows oder Podiumsdiskussionen bieten zwar das seichte Geplätscher der Meinungen oder das Aufflammen der Emotion, die um die Exklusivität des sie nährenden begrenzten Standpunktes fürchtet, aber Gespräche bieten sie nicht. Das Gespräch findet meist in aller Stille statt. Zuerst muß es der Einzelne mit sich selber führen: nicht den inneren Monolog, das Urbild der monomanen Selbstbezogenheit, sondern den inneren Dialog (das Soliloquium) hat er zu üben. Das Sich-Beleuchten, Sich-Durchdringen und Sich-Vereinigen der entgegengesetzten Standpunkte und ihre Aufhebung in der inneren coincidentia oppositorum, in der Universalität des Denkens, des Logos der Seele ist Frucht dieser Bemühung und Voraussetzung des zwischenmenschlichen Verstehens.

Wo aber das Gespräch nicht möglich ist, da wird die Verteidigung nötig. Sie wird deshalb nötig, weil für Dogmatiker, die keinen Begriff von Freiheit haben, mit der Exklusivität ihres eigenen Standpunktes immer auch die

Aberkennung des Existenzrechts anderer Anschauungen verbunden ist. Verteidigung hat aber nur einen begrenzten Sinn. Denn der Dogmatiker ist selten von der Begrenztheit seiner Ansicht zu überzeugen, wie er überhaupt Argumenten, die aus der Universalität des Denkens geschöpft sind und auf diese Rücksicht nehmen, also auf eine Relativierung seines eigenen Standpunktes hinauslaufen, kaum zugänglich ist. Dies auch deshalb, weil er sich meist existentiell und emotional *mit seiner Meinung* völlig identifiziert und eine Relativierung dieser Meinung als Gefährdung seiner eigenen Existenz betrachtet. So wie er selbst die anderen behandelt, fürchtet er auch von anderen behandelt zu werden. Er sieht in allen den Wolf, der er selbst ist. Er kann sich nicht vorstellen, daß man eine Ansicht kritisieren, Urteile in Zweifel ziehen oder ihre Richtigkeit bestreiten kann und dennoch den Menschen, der sie vertritt, anerkennen, tolerieren, ja bewundern kann. Der Dogmatiker hat weder von der Freiheit noch von der wahren Toleranz einen Begriff.
Verteidigung kann aber, auch wenn sie den dogmatischen Gegner nicht von der Begrenztheit seines Standpunktes zu überzeugen vermag, dennoch bei Dritten eine positive Wirkung haben, die gleichsam Zaungäste einer Auseinandersetzung und, weil selbst nicht unmittelbar engagiert, rationaler Argumentation zugänglich sind. Diesen Dritten, dem Publikum des herrschaftsfreien Diskurses, den Nachgeborenen und der «Weltvernunft» gegenüber besteht die unausgesprochene moralische Verpflichtung, die eigene Position, mag sie noch so tolerant sein, zu verteidigen, wenn sie von dogmatischen Gegnern angegriffen wird. Dies weniger deshalb, weil die Angriffe diese Position gefährden könnten, als weil es gilt, die Dokumente des Mißverstehens, die sie zumeist darstellen, namhaft zu machen und die Mißverständnisse, Vorurteile, Entstellungen, die sie implizieren, mit dem originären Sachverhalt zu konfrontieren.
Die Tatsache, daß die Fähigkeit des Bestehens und Obsiegens im rationalen Streit und der Konkurrenz der Paradigmen nicht selten der ausschlaggebende Grund für die Bildung von Überzeugungen ist, mag auch der Anlaß für Steiner gewesen sein, in «Philosophie und Anthroposophie» im Zusammenhang mit der lobenden Erwähnung von Carl Unger folgende Ansicht zu äußern: «Ihre Geltung wird die Anthroposophie in ihren tiefsten Teilen nicht durch diejenigen...in der Welt erlangen, die nur die Tatsachen der höheren Welt hören wollen, sondern durch solche, welche die Geduld besitzen, in eine Gedankentechnik einzudringen, die einen realen Grund für ein wirklich gediegenes Arbeiten schafft...»[1]

1 Rudolf Steiner, Philosophie und Anthroposophie. Dornach 1965, GA 35, S. 94.

Doch sollte die Notwendigkeit der Verteidigung gegen Angriffe nicht darüber hinwegtäuschen, daß es prinzipiell keine Möglichkeit gibt, etwas Wahrnehmbares zu beweisen. Beweisen oder dartun kann man die Plausibilität der Existenz eines prinzipiell Wahrnehmbaren oder von seiner Existenz erzählen. Die narrative Kultur ist eine Wahrnehmungskultur, Narrativität ein notwendiger Bestandteil der wissenschaftlichen Arbeit. Wie soll die Existenz eines Engels bewiesen oder widerlegt werden ? Seine Existenz muß wahrgenommen, beobachtet werden, bewiesen oder widerlegt werden kann sie nicht (an diesen Versuch knüpft sich die kulturgeschichtlich kuriose Seite der Scholastik). Die Möglichkeit und Notwendigkeit einer nichtsinnlichen Beobachtung und ihrer Gegenstände kann allerdings bewiesen werden. Denn im Denken und seinem Vollzug liegt eine solche übersinnliche Erfahrung vor und kann, richtig verstanden, den Ausgangspunkt für die Überwindung des Materialismus oder dogmatischen Spiritualismus bilden.

1. Phänomenologie und Typologie der Gegnerschaft

Gegner unterscheiden sich von Andersdenkenden dadurch, daß sie mit klaren Intentionen von festgefügten Weltanschauungsstandpunkten aus argumentieren. Sie sind dogmatisch, wenn sie die Geltung ihres eigenen Standpunktes für ausschließlich erklären und die Nichtigkeit jedes anderen ideellen Standpunktes nachweisen möchten. Die Gegnerschaft speist sich aus zwei Hauptquellen: aus dem materialistischen und dem spiritualistischen Dogmatismus. Beide bedienen sich rationalistischer Formen in ihrem Kampf gegen andersgeartete Weltauffassungen und machen, auch gegeneinander, den Anspruch auf alleinige Daseinsberechtigung geltend.
Eine zentrale Bedeutung in ihrer Argumentationsstrategie spielt meist der Begriff und Anspruch der Wissenschaftlichkeit. Wissenschaftlichkeit soll das alleinige Unterscheidungsmerkmal akademischen Denkens sein. Das Denken wird dadurch akademisch, daß es wissenschaftlich ist. Wissenschaftlichkeit kommt dem vorbehaltlosen Bekenntnis zur Rationalität gleich. Akademisches Denken zeichnet sich vom nicht-akademischen in der Tat durch seinen hohen Reflexionsstandard, seine luxurierende Rationalität und seinen elitären Geltungsanspruch aus. Während das akademische Denken immer auch wissenschaftlich sein will, wird diese Anforderung an das profane Denken des Alltags nicht gestellt. Ja, der Experte steht dem Laien als Garant der Wissenschaftlichkeit gegenüber, ist er doch auch mit den Insignien der ex-

klusiven Kenntnisse und der esoterischen Sprache geziert, mit deren Magie er, einem modernen Schamanen gleich, jeden Uneingeweihten zu bezaubern vermag.

Seine Legitimation empfängt der Experte aus den Ritualen der Wissenschaft, zum Beispiel aus Untersuchung, Argumentation, Beweis und Kritik, mit denen er die Mythen der Rationalität und Technokratie beschwört. Der Experte bedarf jedoch der Anerkennung der Rechtmäßigkeit seines rituellen Handelns durch die anderen Eingeweihten. Er erfährt oder verliert sie im wissenschaftlichen Diskurs. Seine gesellschaftliche Legitimation empfängt er hingegen aus der praktischen Verwertbarkeit: aus dem Erfolg seiner Voraussagen, aus der politischen und wirtschaftlichen Instrumentalisierung seiner Theorien, kurz, aus seiner Effizienz. Was aber, wenn sich das Ritual verselbständigt und der Inhalt ihm abhanden kommt? An die Stelle der wirklichen Erkenntnisanstrengung tritt ein leerer Formalismus, der nur noch der Selbstlegitimation und der Selbstreproduktion der Rituale und der Mythen dient, die sie beschwören. Auch dieser kann sich den Schein der Legitimation durch gegenseitige Anerkennung der an ihm Beteiligten gewähren, aber die Gesellschaft neigt dazu, diese Anerkennung zu versagen, wenn wissenschaftliche Rituale unproduktiv werden oder der Entwicklung der historischen Gegebenheiten sich nicht anzupassen vermögen.

Einen Ausweg bietet in dieser Bedrängnis die Demontage («Destruktion», wie man heute zu sagen pflegt) der (scheinbaren) Bedrohungen der Rationalität. Eine zum leeren Formalismus erstarrte Rationalität kann sich ihre gesellschaftliche Legitimation dadurch zu erkaufen suchen, daß sie die Gefährdung der Rationalität aufzeigt. Denn diese, so wird behauptet, ist auch die Grundlage des demokratischen Grundkonsenses. Zuletzt hat also der (behauptete) Irrationalismus immer auch eine politische Dimension: es geht um Verteilungsfragen. Allein der solide Rationalismus aber ist der legitime Empfänger von Forschungspfründen. Schließlich garantiert er das Fortbestehen nicht nur der wissenschaftlichen, sondern auch der politischen Grundordnung.

Einer kulturphilosophischen Betrachtungsart wird nicht entgehen, daß die postindustrielle Expertenkultur strukturell zutiefst mit den theokratischen Gesellschaftsformen des Altertums oder des Mittelalters verwandt ist. Theokratien sind auch Expertenkulturen. Ja, sie sind es in noch größerem Maß als die postindustrielle Gesellschaft. Der Priester (Priesterkönig), der in der Theokratie entweder als Inkarnation Gottes oder dessen Repräsentant die Stelle des modernen Experten einnimmt, sowie das Heer seiner Koadjutoren bestimmt nicht nur die Sozialform, er legitimiert sie auch durch seine höhere

Weihe. Diese höhere Weihe beansprucht selbst noch nach Anbruch der Neuzeit das absolutistische Herrschaftssystem. Es tradiert damit hieratische Sozialformen in die Neuzeit.

Während sich aber die Wissenschaft von der Sanktion durch das Heilige zu emanzipieren beginnt, bilden sich schon vor dem Anbruch der Neuzeit zugleich die sozialen Formen aus, die künftig anstelle der priesterlichen Legitimation die wissenschaftliche Forschungsgemeinschaft zur Selbstlegitimation befähigen. Universität und Hochschulwesen konservieren in der Sphäre des Wissens die Rituale, mit denen sich die Autoritäten der theokratischen Gesellschaft legitimiert haben. Die Aufklärung bringt einerseits den Gedanken des gleichen Rechts und der Bürgersouveränität mit sich, andererseits trägt sie durch die Bildungsreformen, die sie provoziert, auch dazu bei, daß die Expertenkultur der modernen Gesellschaft strukturell vorbereitet und zugleich festgeschrieben wird.

Im Gegensatz zur Theokratie zeichnet sich die Demokratie dadurch aus, daß auch der Laie eine Stimme hat. Dies bedeutet, daß Wissenschaft im demokratischen Prozeß immer fragwürdiger wird. Sofern sie in esoterischen Zirkeln zelebriert wird und sich durch ihre gesamten Strukturbedingungen öffentlicher Kontrolle entzieht, delegitimiert sie sich selbst. Sie kann das Vertrauen der Öffentlichkeit nur zurückgewinnen, sofern sie auf ihre Exklusivität verzichtet und demotisch wird. *Sie hat nur das Recht auf wirtschaftliche Unterstützung, wenn sie sich an den Seelenbedürfnissen der Menschen orientiert, von deren Produktivität sie lebt, und wenn sie auf deren Seelenbedürfnisse Antwort gibt.* Stattdessen huldigt die Expertenkultur einem facettenreichen Irrationalismus. Sie kann nur bestehen, indem sie die Laien (auf deren Nichtwissen ihr Dasein beruht) von der Ratio ausgrenzt und ihnen das Recht abspricht, sich am Diskurs der Rationalität zu beteiligen. In diesem Sinne sind sowohl die politischen (Berufspolitiker) als auch die wissenschaftlichen Experten auf die Fortexistenz des Nichtwissens der von ihnen Verwalteten angewiesen. Durch die Aufrechterhaltung dieser Ausgrenzung delegitimieren sie sich aber zunehmend selbst.

Die kulturphilosophisch bedenkenswerte Perspektive, die sich aus diesen Überlegungen ergibt, eröffnet lehrreiche Einblicke nicht nur in individuelle, sondern auch in gesellschaftliche Motivationsmechanismen wissenschaftlicher Arbeit.

Während nun der Materialismus, gepaart mit ungeschminktem Rationalismus, sich als Spielfeld die naturwissenschaftlichen Forschungsgebiete erkoren hat, tummeln sich in den Geisteswissenschaften die offenen und verbrämten Spiritualisten. Bekennen sie sich in ehrlicher Überzeugung zur

Rationalität, bemühen sie sich um den Ritualen der Naturwissenschaft adäquate Formen des wissenschaftlichen Arbeitens (Soziologie, Geschichte etc.). Ist ihr Bekenntnis vordergründig, wie beim dogmatisierten Spiritualismus (der theologischen Fakultäten), werden sie mehr geduldet als geliebt und höchstens aus pragmatischen Erwägungen (als moralische Instanz) alibihaft toleriert.

1.1. Zur Darstellungstechnik der Gegner

Gegner können nicht umhin, wenn sie die anthroposophisch orientierte Geisteswissenschaft bekämpfen wollen, sich auf ihre Inhalte (Forschungsergebnisse) darstellend einzulassen. Es ist aber kaum zu erwarten, daß ihnen diese Darstellung adäquat gelingt. Der Grund für dieses Phänomen liegt weniger in persönlichen (individuellen) Besonderheiten der Gegner als in strukturellen Bedingungen der Gegnerschaft. Diese setzt die Unfähigkeit zum vorbehaltlosen Dialog und damit zum immanenten Verstehensansatz voraus. Dieser immanente Verstehensansatz würde es vor allem nötig machen, daß sich eine Auseinandersetzung in erster Linie an der wissenschaftlichen Methode der Anthroposophie orientiert und weniger an einzelnen Forschungsergebnissen.[1] Denn ein Verständnis der Forschungsmethode, die zu bestimmten Erkenntnisergebnissen führt, ist in jeder Wissenschaft Voraussetzung für die adäquate, nicht-eklektische Interpretation dieser Ergebnisse.

Ein Andersdenkender wird aber gerade dadurch zum Gegner, daß er seine Offenheit für andere Methodenparadigmen und seine Verständnisbereit-

1 Zwar hat die Vorstellung, *daß sich die alten Atlantier mit luftschiffähnlichen Gefährten fortbewegten,* die durch die Wachstumskraft der Pflanzen betrieben wurden, zunächst etwas Schockierendes. Doch kann sich bei näherer Überlegung mit Recht der Gedanke einstellen, ob nicht die Vorstellung, der Mensch verdanke sein Dasein dem *Urknall,* nicht mindestens genauso schockierend ist. Würde der Heranwachsende nicht schon im zarten Alter dazu konditioniert, an die Vorstellung des Urknalls zu glauben, wäre das Entsetzen wahrscheinlich viel größer, das er bei der Konfrontation mit dieser Vorstellung über seine eigene Herkunft empfinden würde, als der leise Schauer, den er jetzt verspürt, wenn er von den «Luftschiffen» der Atlantier vernimmt. Doch gehört es in der Gegenwart zu den Bedingungen der Sozialisation in der zivilisierten Welt, sich auch die nihilistischen Modellvorstellungen szientistischer Hypothetiker einzuverleiben.

schaft für diese verliert. Diese strukturelle Bedingung zieht die Konsequenz nach sich, daß Gegner, wenn sie sich auf eine referierende Darstellung der anthroposophischen Gedankenansätze einlassen, diese meist verdrehen und entstellen. Das machen sie nicht unbedingt absichtlich oder bewußt. Die Struktureigentümlichkeit ihres Verstehens, die von ihnen verwendeten hermeneutischen Kategorien machen es von vorneherein unmöglich, daß sie in der Anthroposophie das erkennen, was sie in Wahrheit ist.

Man wird daher in referierenden Darstellungen häufig der Entstellung begegnen, die Begriffszusammenhänge und Grundeinsichten deformiert, indem sie Teile dieser Zusammenhänge unterschlägt oder durch andere ersetzt. Ihr verwandt ist die Verdrehung, die durch den Zusammenhang, in den sie referierte Urteile und Anschauungen bringt, diese unter einer völlig anderen Perspektive erscheinen läßt, als sie tatsächlich zu sehen sind. Diese begriffsperspektivischen Verdrehungen können Urteilen und Anschauungen das Ansehen des Grotesken, Unförmigen, Überdimensionalen geben, das ihnen in Wahrheit gar nicht eignet. Unterstützt werden Entstellungen und Verdrehungen durch suggestive Formulierungen und interpretierende Wendungen, rhetorische Kunstgriffe, die geistreichere Gegner in die Lage versetzen, nahezu unmerklich ein verzerrtes Bild der von ihnen bekämpften Ansichten zu zeichnen.[1] Suggestive Formulierungen haben aufgrund ihrer Subtilität und Unmerklichkeit einen insinuativen und demagogischen Charakter. Sie werden nur von dem erkannt, der eine intime Kenntnis der referierten Inhalte besitzt und zugleich fähig ist, auf leise Töne zu hören. Sie schleichen sich in den scheinbar unverfänglichen Kleidern des «er meint, er glaubt, ihm scheint, angeblich...» ein, die doch dem nicht auf sie Aufmerkenden suggerieren, der, von dem sie sprechen, sei ein «Angeber», der seine ver«meintlichen», «scheinbaren», bloß «geglaubten» Erfahrungen zu Unrecht als Wahrheiten anpreise. Interpretierende Wendungen scheinen nur zu referieren, in Wahrheit interpretieren sie, geben dem Referierten einen anderen Sinn und leiten damit die Möglichkeit einer Verurteilung ein, die gar nicht die referierte Ansicht trifft, sondern bloß ihre interpretative Entstellung.

Mit den erwähnten Techniken im Zusammenhang steht der hauptsächlich angewandte Kunstgriff des Fragmentarismus. Fragmentarismus besteht darin, wissenschaftliche Aussagen völlig zusammenhangslos aneinanderzureihen und die begründenden Gedankenbewegungen, die zu den betreffenden

1 Ein Beispiel dafür ist Klaus Prange. Vergleiche dazu den Aufsatz von Ernst-Michael Kranich im vorliegenden Buch.

Einsichten führen, zu unterschlagen. Je neuartiger und ungewohnter eine Erkenntnis gegenüber den herkömmlichen Denkschemata ist, um so größer ist auch der Effekt, der mit diesem fragmentaristischen Kunstgriff erzielt wird. Verwunderung ist noch die mildeste Emotion, die durch diese Form der Entstellung erregt wird. Eine ebenso subtile Maßnahme besteht darin, die Darstellung fremder Ansichten mit beurteilender Interpretation zu vermischen, ohne die Beurteilung von der Darstellung erkennbar zu trennen. Sie liegt etwa vor, wenn Phasentheorien der Werkentwicklung (des Lebenswerkes von Steiner) vertreten werden, die Widersprüche und Brüche in diesem Werk voraussetzen, oder wenn ideengeschichtliche Verwandtschaften in quellenmäßige Abhängigkeiten umgemünzt werden. Die interpretative und die beurteilende Technik leiten zu den Haupttopoi über, die in der gegnerischen Argumentationsstrategie auftreten.

1.2. Die von den Gegnern verwendeten Haupttopoi

Die gegnerische Argumentation kann naturgemäß den reflexiven Standpunkt des Begriffsbewußtseins nicht verlassen, solange sie sich im Feld des allgemein anerkannten Rationalitätsstandards der Neuzeit bewegen will. Auch der dogmatische Spiritualist argumentiert rational und mit Reflexionsbegriffen, wenn er seine Einwände gegen die Anthroposophie als Wissenschaft oder gegen anthroposophische Forschungsergebnisse vorbringt, auch wenn seine Überzeugungen letztlich auf irrationalen Entscheidungen (Werturteilen etwa) beruhen mögen.
Bekämpft werden können von gegnerischen Standpunkten: 1. die rationale Begründungsstruktur der Anthroposophie (ihre Wissenschaftlichkeit), 2. einzelne übersinnliche Forschungsergebnisse der Anthroposophie, 3. Schlüsse und Folgerungen, die auf übersinnlichen Forschungsergebnissen beruhen, selbst aber nur Resultate des rationalen Denkens sind, 4. aus der Anthroposophie entsprungene, institutionalisierte pragmatische Intentionen in Form von normierten Handlungsgemeinschaften (Waldorfschulen, Krankenhäuser etc.).
1. Wird gegen die Wissenschaftlichkeit der Anthroposophie argumentiert, dann von bestimmten Methoden- und Paradigmenvorstellungen aus, die die Grundlage der Einwände gegen Methoden und Paradigmen der Anthroposophie abgeben. Anstatt daß der pragmatische Erfolg, der sich aus der Anwendung der anthroposophischen Wissenschaftsparadigmen ergibt, die Verfechter des naturwissenschaftlichen (erfolgsorientierten) Empirismus zu der

längst fälligen Einsicht in die notwendige Revision ihres reduktionistischen Weltbildes veranlaßt, fordert er sie heraus, um so verbissener an ihren überholten Erkenntnisriten festzuhalten. Der durch seine Konsequenzen hinlänglich ad absurdum geführte Machbarkeitswahn der naturwissenschaftlichen Technokraten wird durch die zunehmende Konkurrenz ganzheitlicher, systemischer Denkansätze zu verzweifeltem Abwehrkampf aufgestachelt. Doch ist fraglich, wie lange noch seine unheilige Ehe mit der politischen Macht die Legitimation dieses Verhältnisses gewährleistet. Denn am Horizont der Geschichte kündigt sich das Morgenrot einer weltanschaulichen Revolution an. Der drohende klimatische Kollaps der Erde zwingt die Mächtigen, wie bisher noch keine Konsequenz ihres begrenzter Verantwortlichkeit entsprungenen Handelns, zu ganzheitlichem, organischem Denken. Eine Rückwirkung dieses von der Natur aufgedrungenen Paradigmenwechsels auf die übrigen Wissenschaftsdisziplinen scheint möglich. Die Entwicklung einer ganzheitlich-ökologischen Anschauung der Welt nicht nur in den Humanwissenschaften scheint die Folge, die unser gesamtes Weltbild revolutionieren wird. Während die Lobby des naturwissenschaftlichen Reduktionismus derzeit noch versucht, durch den Hebel der Wirtschaftsmacht und der von dieser beeinflußten Gesetzgebung ganzheitlich-ökologische Ansätze des Denkens und Handelns zu verdrängen, scheint denkbar, daß die ökologische und politische Entwicklung der kommenden Dezennien eine gewaltige Wandlung der Verhältnisse zugunsten der ganzheitlichen, dennoch für Pluralität offenen, diversitätsfreundlichen Denkansätze mit sich bringen wird.
2. Richten sich die gegnerischen Einwände nicht gegen die rationale Begründungsstruktur der Anthroposophie, sondern gegen einzelne übersinnliche Erkenntnisergebnisse, also Beobachtungen im nicht-sinnlichen Erfahrungsbereich, dann ist ihre Unangemessenheit am leichtesten einzusehen. *Denn Beobachtungen können nur durch Beobachtungen widerlegt werden*, nicht-sinnliche Beobachtungen nur durch andere nicht-sinnliche Beobachtungen. Man kann dem nicht-sinnlich Beobachtenden natürlich vorwerfen, daß er sich durch die Berufung auf nichtsinnliche Beobachtungen aufgrund der Exklusivität seiner Erfahrungsart unangreifbar mache. Aber dieser Vorwurf beruht auf einer Verkennung der strukturellen Eigenart wissenschaftlicher Beobachtung überhaupt. Denn Beobachtungen beruhen auf instrumentellen und dispositionellen Voraussetzungen. Wenn ein Physiker sich auf Beobachtungen beruft, die nur mit Hilfe eines Teilchenbeschleunigers gemacht werden können, dessen Errichtung und Betrieb auf gigantischen technischen Voraussetzungen beruht, dann ist sein Beobachterstatus von einer dem «Geistesforscher» vergleichbaren Exklusivität. Wie die Bereitstellung und

Nutzung seiner Beobachtungsinstrumente eine Fülle subjektiver und objektiver Voraussetzungen (Bildungsgang, wissenschaftliche Selektion, öffentliche Finanzmittel usw.) impliziert, so sind seine Beobachtungen auch durch diese Voraussetzungen mitbedingt. Der Teilchenphysiker ist als Referent seiner Beobachtungen nicht weniger unangreifbar als der «Geistesforscher», denn «widerlegt» werden könnten seine Beobachtungen nur von jemandem, der über denselben Beobachtungsapparat verfügt und durch dessen Anwendung zu anderen Resultaten gelangt. So wenig Grund besteht, die Mitteilungen des Teilchenphysikers über seine Beobachtungen anzuzweifeln, wenn seine Vertrauenswürdigkeit feststeht und die prinzipielle Nachprüfbarkeit seiner Resultate gewährleistet ist, sowenig besteht dieser Grund bei den Beobachtungen des Geistesforschers. Wie niemand auf die Idee verfallen wird, gegen die Beobachtungen des Teilchenphysikers Beobachtungen aus der experimentellen Psychologie ins Feld zu führen, so sollte bei vorwaltender kritischer Besonnenheit niemand auf die Idee verfallen, gegen die Beobachtungen des Geistesforschers Beobachtungen ins Feld zu führen, die mit unvergleichbaren Methoden oder auf anderen Gebieten gemacht worden sind.

3. In der anthroposophischen Sekundärliteratur rekurriert meines Wissens kein Autor in ernstzunehmender Weise auf originäre übersinnliche Beobachtungen, mit Ausnahme der Beobachtungen, die im Vollzug des Denkens an den strukturierenden Bildekräften der Begriffe gemacht werden können (Kühlewind, Schneider, Witzenmann)[1] . Abgesehen von diesen Schriften, die Beobachtungen am Denken zur Grundlage machen oder machen wollen, entspringt die Sekundärliteratur also nicht übersinnlichem Schauen im engeren Sinn, sondern einem Denken, das auf Darstellungen übersinnlichen Schauens interpretierend und kombinierend bezug nimmt. Interpretation und Kombination mit Hilfe des «gewöhnlichen Denkens» unterliegen den Gesetzen dieses Denkens. Insofern es sich bei solchen Darstellungen um wissenschaftliche Erörterungen handelt, kann diesen ein axiomatischer, deduktiver Charakter zugesprochen werden. Sie gehen von Leitbegriffen oder methodischen Gesichtspunkten aus, die der nichtsinnlichen Forschung entsprungen sind, und legen diese der Erforschung oder Anordnung des jeweiligen Stoffgebiets zugrunde. Die Leitbegriffe und methodischen Gesichts-

1 Georg Kühlewind, Die Wahrheit tun. Stuttgart 1978; Peter Schneider, Einführung in die Waldorfpädagogik. Stuttgart 1987; Herbert Witzenmann, Die Philosophie der Freiheit als Grundlage künstlerischen Schaffens. Dornach 1988. – Die Titel stehen stellvertretend für andere.

punkte haben Modellcharakter oder heuristische Bedeutung, und der Verlauf der Untersuchung sollte ihrer Verifikation oder Falsifikation dienen. Solche Untersuchungen unterliegen denselben Anforderungen bezüglich Gründlichkeit, Sachlichkeit, Umsichtigkeit wie wissenschaftliche Untersuchungen im allgemeinen. *Sie unterliegen aber auch der Möglichkeit einer sachlichen Kritik*, die sich auf ihre formale Durchführung, auf ihre Materialbewältigung, die operative Handhabung ihrer Begrifflichkeit bezieht. *Dies gilt auch für den Teil des Steinerschen Werkes, der nicht unmittelbar übersinnlicher Beobachtung entsprungen ist. Insofern sich Steiner selbst auf den historischen Stand der Forschung stützt oder inhaltlich-kombinierend mit Hilfe des Denkens zu seinen Auffassungen gelangt, unterliegt er ebenso der wissenschaftlichen Kritik wie jeder wissenschaftliche Autor.* Es ist an der Zeit, daß dieser historisch-begriffliche Faktor im Werk Steiners entdeckt und öffentlich diskutiert wird, bevor er Gegnern Anlaß zu undifferenzierter Kritik gibt. Es wäre eine Aufgabe anthroposophischer Philosophie und Kritik, jene Klassen von Aussagen deutlich voneinander abzugrenzen. Darüberhinaus ist es Forderung eines klaren Methodenbewußtseins, auch in fachwissenschaftlichen Erörterungen, die sich auf übersinnliche Beobachtungen stützen oder von Beschreibungen übersinnlicher Beobachtungen ausgehen, diese Beschreibungen deutlich von an diese anknüpfenden Theorien sowie von Theorien zu unterscheiden, die nachweislich nicht auf übersinnlicher Beobachtung beruhen. Da Steiner selbst, vor allem in seinem Vortragswerk, mit Rücksicht auf das Publikum und die Flüssigkeit der mündlichen Darstellung diese Unterscheidung nicht immer durchführt, liegt hier eine hermeneutische Aufgabe vor.

4. Klar ist wohl auch, daß die Berufung auf pragmatische Intentionen, die aus der Anthroposophie entsprungen sind, weder Grund zur Selbstglorifizierung noch Mittel zur Immunisierung gegen Kritik im praktischen Zusammenhang ist. Anthroposophische Ideale bieten, wie andere auch, vielfach Möglichkeiten zur Pervertierung, und allzuleicht kaschiert sich hinter dem Lippenbekenntnis zu diesen Idealen der Abgrund des Neides, der Selbstsucht und des Nepotismus. Anthroposophisch inspirierte Institutionen sind auch vor Korruption, Machtkämpfen und anderen Verirrungen keineswegs gefeit. Sie begünstigen diese Entstellung des Selbstverwaltungsideals durch ihre stilisierte Antipathie gegen iuridische Festschreibung gelebter Freiheit und den leichtgläubigen Aufblick zu hehren Idealen sogar noch. Autokratischer, ja despotischer Führungsstil, der allzu leicht mit geistiger Initiativkraft verwechselt wird, Autoritätssucht und infantilistische Neigungen zur Abgabe der Eigenverantwortung, die im Gewande des idealistischen Opferwillens daherschweben, begegnen in anthroposophischen Handlungsgemeinschaf-

ten nicht weniger als in anderen von exklusiven ethischen Normen geprägten Gemeinschaften. Kritische Besonnenheit und nüchterner Realitätssinn sind das unabdingbare Gegengewicht zu idealistisch verbrämter, aus Selbstsucht gespeister Begeisterung.

Diese vier Hauptfelder der Kritik finden in folgenden Topoi ihre typische argumentative Ausformung.

1. Im *Rekurs auf Dogmen.* Dieser Rekurs auf Dogmen wird nicht nur von seiten der etablierten Religionsgemeinschaften gegen die Anthroposophie praktiziert, sondern auch von seiten der etablierten Weltanschauungsgemeinschaften (gemeint sind die geschlossenen Zirkel wissenschaftlicher Forschung und kritischen Diskurses). Die beiden Hauptformen des Dogmatismus, der materialistische und der spiritualistische, bieten eine Vielzahl von Vorstellungsinhalten, die mit Erkenntnisergebnissen der anthroposophisch orientierten Geistesforschung scheinbar unvereinbar sind. Dieser von gegnerischer Seite vorgeschützten Unvereinbarkeit steht aber Steiners Auffassung gegenüber, daß Anthroposophie und Anthropologie zwei sich gegenseitig ergänzende Forschungsarten sind (im Sinn der Darstellungen in «Von Seelenrätseln»[1]) und daß Anthroposophie ein Mittel sein kann, die tradierten Inhalte der Religionen einem zeitgemäßen Verständnis und damit einer Neubegründung ihres Daseinsrechtes im Zeitalter des Rationalismus entgegenzuführen. Diese Aufgaben wären von einer anthroposophischen Philosophie im Dialog mit Andersdenkenden zu verwirklichen.

2. Ebenso häufig ist der *Rekurs auf neuzeitliche Wissenschaftparadigmen.* Solche stellen etwa die Evolutionstheorie, Ansichten über die Beobachtbarkeit oder Nichtbeobachtbarkeit von Phänomenen, Aussagen der Entwicklungspsychologie oder der experimentellen Psychologie über ihren Forschungsgegenstand mit dem Anspruch der Letzt- oder Alleingültigkeit, die Poppersche Falsifikationstheorie dar. Bei diesem Rekurs, durch den sich sowohl inhaltliche als auch methodologische Einwände gegen die Anthroposophie gewinnen lassen, ist jeweils im einzelnen zu prüfen, ob tatsächlich methodische Widersprüche vorliegen oder ob die verglichenen Methoden nicht schlicht-

1 Rudolf Steiner versteht etwas ungebräuchlich in seiner Schrift «Von Seelenrätseln» unter Anthropologie nicht nur die Forschung am Menschen im engeren Sinn, sondern jegliche Forschung, die sich mit den Mitteln gewöhnlicher Empirie ihren Erkenntnisgegenständen zuwendet. Das Verhältnis von Physiologie und Logik dient dort dazu, die Gegenstandsbereiche beider Methoden (der anthropologischen und der anthroposophischen) voneinander abzugrenzen beziehungsweise aufeinander zu beziehen. Vgl. Rudolf Steiner «Von Seelenrätseln» 1917. GA 21.

weg inkompatibel sind. Im letzteren Fall lägen unzulässige Grenzüberschreitungen vor, und die Einwände ließen sich mit dem Hinweis auf diesen Übergriff einer Wissenschaft auf das Gebiet einer anderen beseitigen. Inhaltliche Widersprüche lassen sich so vielfach als Ergebnis der Vermischung unvergleichbarer Methoden oder der Anwendung von Forschungsmethoden auf Gebiete erklären, für die sie gar nicht zuständig sind. Allerdings wird ein Methodenmonopolist, der glaubt, die gesamte Wirklichkeit mit einer Universalmethode erklären zu können, sich durch solche Argumente nicht von seiner despotischen wissenschaftstheoretischen Auffassung abbringen lassen. Methodenmonopolisten lassen sich meist auch nicht durch den Hinweis belehren, daß sie ihre eigene Methode nur begründen können, indem sie eine andere anwenden als die von ihnen propagierte.[1]

3. Verbreitet ist auch der *ideengeschichtliche Identifikationstypus* in der gegnerischen Argumentation. Der Identifikationstypus entspringt antiquarischem Interesse und legt Zeugnis von der Gelehrsamkeit seines Vertreters ab. Demjenigen, der etwas in der Philosophie- oder Geistesgeschichte bewandert ist, fällt es nicht schwer, in dieser Geschichte eine Vielzahl von Analogien, Vorläufern und Vorbildern einzelner «Lehren» der Anthroposophie oder der gesamten Anthroposophie zu entdecken. Die quellenkritische Denkart interessiert sich an einem Autor in erster Linie für das, was nicht von ihm stammt. Sie ist imstande, alle individuelle Originalität auf dem Altar ihrer begriffsgeschichtlichen Denkschemata zum Opfer zu bringen. Ähnlichkeiten der Namen oder Sachen, analoge strukturelle Elemente in der Weltsicht, Begriffsinhalte, die an mehreren Orten in gleicher oder ähnlicher Form vorhanden sind, gelten als unzweideutige Zeugnisse dafür, daß das Spätere aus dem Früheren ableitbar ist. Der begriffsgeschichtliche, quellenkritische Forscher verbaut sich durch seine einseitige Fragestellung die Möglichkeit, die individuelle Signatur einer Ideengestalt zu erkennen. Dabei fällt auf, daß der Umfang der möglichen oder tatsächlichen Quellen eines Autors um so enger wird, je enger der Umfang der Kenntnisse des jeweiligen Kritikers ist. Das Maß der Abhängigkeit eines Autors von seinen Vorgängern ist vom (zufälligen) Maß der archivarischen Kenntnis seines begriffsgeschichtlichen oder quellenkritischen Interpreten bestimmt. Dem begriffsgeschichtlichen Zirkel, der voraussetzt, was er beweisen will, ist nicht zu entkommen. Inhaltliche Übereinstimmung wird mit ideeller Abhängigkeit gleichgesetzt.

1 Vgl. zum Begründungsproblem: Seiffert / Radnitzky, Handlexikon zur Wissenschaftstheorie, München 1989, Artikel «Begründung» und «Erfahrung», insbesondere S. 50, Sp. 1.

Die Möglichkeit, daß es für zwei Autoren ein Vergleichsmedium gibt, auf das beide hinblicken, aus dem sie ihre verwandten Einsichten gewinnen, ist für den Quellenkritiker unvorstellbar. Der Begriffshistoriker verfolgt, unter Ausklammerung der Wahrnehmungs- oder Beobachtungsaspekte des Erkennens, lediglich den Begriffsanteil der überlieferten Gedankensysteme. So wie er selbst seine Kenntnisse nur aus seiner archivarischen Quellenforschung schöpft, so verfahren alle anderen Denker in seinen Augen. Wenn zwei Autoren verwandte Ansichten vertreten, dann muß der spätere aus dem früheren geschöpft haben. Aus der Wirklichkeit kann der zweite nicht geschöpft haben, denn er muß durch das dem Begriffshistoriker vorliegende Material bestimmt sein. Ja, selbst dort, wo ein Denker erstmalig mit bestimmten Ansichten auftritt, werden unbekannte, mündliche oder verlorengegangene Quellen postuliert.
Aus der wissenschaftlichen Werkstatt dieser Forschungsrichtung entspringen die gängigen Schlagworte des Synkretismus, Eklektizismus, des Plagiats, mit denen mißliebige Anschauungen abgekanzelt und aus dem Diskurs der ernstzunehmenden Erkenntnisansätze ausgegrenzt werden können.[1] Dem gleichen Arsenal entstammen auch die Identifikationstechniken, die aus dem gelegentlichen Vorkommen gleicher Namen oder Begriffe das Recht ableiten, ganze Weltanschauungen mit einander gleichzusetzen. So erkennt der Betrachter mittels ideengeschichtlicher Identifikation in der Anthroposophie «Gnosis» oder «Neu-Gnosis», das «dualistische Weltsystem des Manichäismus», die «Geheimwissenschaft» der Blavatsky, «Neu-Buddhismus» usw. Für all diese Identifikationen ist kennzeichnend, daß sie sich oberflächlichen Vergleichen verdanken, die *aus der abstrakten Gleichheit einzelner Merkmale auf die Identität des Ganzen* schließen. Würde sich der vergleichende Betrachter in die geistesgeschichtliche Erscheinung der Gnosis (dasselbe gilt für die übrigen Vergleichsgegenstände) gründlich und allseitig vertiefen, dann ginge ihm die unvergleichliche Einmaligkeit und Einzigartigkeit dieses geistesgeschichtlichen Phänomens auf. Er vermöchte diese Erscheinung aus ihren historischen, soziokulturellen, psychologischen und individuell-überhistorischen Bedingungen zu begreifen, er vermöchte sich möglicherweise zur Einsicht in die strukturierenden Prinzipien dieser Erscheinung aufzuschwingen. Und er würde durch diese Einsichten zur Erkenntnis geleitet,

1 Vergleiche den Aufsatz über Heiner Ullrich im vorliegenden Buch. Ullrich operiert weitgehend mit dieser Methode, die bei ihm zu einem «wortgeschichtlichen Reduktionismus» denaturiert.

daß sich *in der Geistesgeschichte nichts wiederholt,* daß selbst Renaissancen und Restaurationen historisch einmalige und unverwechselbare Phänomene sind, die nur aus sich selbst verstanden werden können. Erscheint etwa einer differenzierteren Betrachtung der Platonismus der Stoa, des Neuplatonismus, des Mittelalters, der italienischen Renaissance als ein und derselbe, oder sind diese Metamorphosen der platonischen Philosophie nicht vielmehr völlig eigenständige, individuell einzigartige ideengeschichtliche Gebilde, die nur aus sich selbst, den Bedingungen ihrer Zeit und ihrer Begründer verstanden werden können?

So wenig aus der abstrakten Gleichheit einzelner Merkmale auf die Identität des Ganzen geschlossen werden kann, so wenig ist die Ansicht von der Wiederkehr des Gleichen in der Geistesgeschichte gerechtfertigt. Eine solche abstrakte Wiederkehr des Gleichen könnte es nur geben, wenn der menschliche Geist eine Maschine wäre und die Geistesgeschichte eine mechanische Akkumulation. Die Tatsache der Veränderung und Wandlung von Ideensystemen ist der aus der Geistesgeschichte zu ziehende Beweis für die Lebendigkeit des menschlichen Geistes. Der begriffsgeschichtliche Reduktionismus, der nach dem Vorbild der kausalanalytischen Methode eine Rückführung singulärer geistiger Erscheinungen auf ihre «notwendigen» Bedingungen anstrebt, ist das denkbar ungeeignetste Werkzeug einer geistesgeschichtlichen (idiographischen) Hermeneutik.

3a. Eine Sonderform des ideengeschichtlichen Identifikationstypus stellt die *Einordnung* der Anthroposophie *in den häresiologischen Horizont* dar, die von katholischer oder evangelischer Seite praktiziert wird. Die evangelische Partei verhält sich wohl deshalb im Gebrauch dieses Argumentationstypus zurückhaltender, weil bei ihr das Bewußtsein nicht gänzlich erloschen ist, daß sie selbst lange Zeit als Häresie bekämpft und systematisch, abgesehen von historischen Kompromissen, auch heute (aus fundamental-katholischer Sicht) als Häresie betrachtet werden muß. Die katholische Dogmatik hingegen mit ihrem universal-totalitaristischen geistigen Herrschaftsanspruch glaubt sich noch immer durch historische Sukzession berechtigt, «über alle zu urteilen und alle zu richten.»

Insbesondere die geisteswissenschaftliche Kosmologie und Christologie sind, in konstant mangelhafter und entstellender Rezeption, seit sie durch Steiner begründet wurden, Anlaß für Versuche, die Anthroposophie in den häresiologischen Horizont, der durch die Geschichte der Selbstdemontage der katholischen Universalität bestimmt ist, einzuordnen. Je mehr die katholische Partei in laizistischen Gesellschaftsordnungen ins ideologische Abseits gerät, um so mehr und um so verbissener bekämpft sie alle Formen der «vagabundierenden Religiosität», in deren synkretistischem Dämmerschein ihr auch die Anthroposophie ihre Netze auszuwerfen scheint. Seit sie insbesondere durch das Anwachsen der anthroposophisch orientierten pädagogischen Bewegung in Deutschland ihre Pfründe gefährdet sieht, folgt eine gut organisierte Kampagne mit geringem Effekt der anderen. Die katholische Kirche kämpft in aufgeklärten Gesellschaften (wie übrigens alle Religionen mit autoritativem Anspruch) einen ebenso verzweifelten wie ohnmächtigen Kampf um die Innenlenkung der Individuen.

4. Eine weitere Form der Kritik stellt der *historisch-soziologische Argumentationstypus* dar. Er wendet sich in erster Linie dem vierten Hauptfeld der gegnerischen Einwände, den normierten Handlungsgemeinschaften, den anthroposophischen Institutionen und den sogenannten Tochterbewegungen zu. Seine Verfechter messen mit unnachgiebiger Penetranz den Anspruch an der Realität. Sie verwerfen sogleich, mit dem Rigorismus der Fanatiker, die Idee, wenn die Realität ihr nicht entspricht. Der beliebte sozialkritische Habitus, der seinen moralischen Zeigefinger auf alle kaum verheilten Wunden setzt, hat die Sensationsgier der Masse und die Scheckbücher der Medienvertreter auf seiner Seite. Nichts verspricht so sehr die wankelmütige Aufmerksamkeit auf sich zu ziehen als ein aufgedeckter Skandal.

Normierte Handlungsgemeinschaften können aber nicht nur an ihren eigenen Normen, sie können auch an fremden Normen gemessen werden. Je nachdem, wie der Normenkatalog des Beurteilenden beschaffen ist, wird sein Urteil über die betreffenden Gemeinschaften ausfallen. Dasselbe Verhalten, das für den einen als aus ethisch hochstehender Motivation entspringende, bewundernswerte Opferwilligkeit erscheint, stellt sich dem andern als blindwütige, bedauernswerte Selbstausbeutung dar. Die Grenze der soziologisch-historischen Kritik liegt einerseits in ihren eigenen normativen Voraussetzungen, andererseits in der strukturellen Schwierigkeit, individuelle Motivationsformen im Rahmen normierter Handlungsgemeinschaften extern zu beurteilen. Das Maß, in dem Angehörige normierter Gemeinschaften den vorgegebenen Motivationsgehalt der Gemeinschaft internalisiert haben, ist individuell verschieden. Der Motivationsfundus (Komplex von Normen) der Gemeinschaft konkurriert auf dem Schauplatz der Einzelseele mit den individuellen Motiven, die jeder im Hinblick auf die Selbstpositionierung in der Ordnung der Gemeinschaft in sich trägt. Es ist also einerseits die Frage, ob und in welchem Umfang sich angebliche Angehörige der Gruppe tatsächlich mit den Zielen dieser Gruppe identifizieren. Andererseits ist nicht ohne weiteres extern entscheidbar, ob ein Identifikationsdefizit zu Lasten des

Motivationsfundus der Gruppe oder der Selbstpositionierung des Einzelnen geht.
Es ist weiter die Frage, ob ein Mangel an Integrationsvermögen einer Gemeinschaft den Normen dieser Gemeinschaft angelastet werden kann, oder ob er nicht an die Individuen gebunden ist, die diese Normen angeblich realisieren. Wenn das Ideal eine Richtkraft des praktischen Vermögens ist, dann endet seine Funktion mit dem Augenblick, in dem es sich realisiert. Da aber das Ideal das konkrete Unendliche ist, kann es diesen Augenblick nie geben. Diese Einsicht ist nicht neu. Schon Kant sah die Verwirklichung der Sittlichkeit als Ergebnis eines unendlichen Prozesses. Das heißt, von Idealen geleitete Gemeinschaften werden immer durch den Widerspruch zwischen Anspruch und Realität gekennzeichnet sein. Wäre dies nicht der Fall, so würde es ihnen wahrscheinlich an motivationsfähigen Idealen mangeln, an denen sie und jeder einzelne, der ihnen angehört, gemessen werden können. Es ist also weniger die Tatsache des Widerspruchs von Ideal und Wirklichkeit das Verwerfliche als vielmehr die vorgebliche Realisation, die Scheinheiligkeit der Idealisten, die den Schein mit dem Sein vertauschen. Die Notwendigkeit des Widerspruchs zwischen Norm und empirischer Realität ist aber nichts weniger als ein Freibrief für die individuelle Absentierung vom definierten und ausgesprochenen Normgehalt einer Institution (Gemeinschaft). Der Praktiker, der, mit dem einen Auge auf die verbindliche Norm, mit dem anderen auf sein persönliches Unvermögen blickend, die Geltung jener Norm für sich selbst aussetzen wollte, müßte mit schielendem Antlitz zum Denkmal seiner eigenen Verlogenheit werden. Den Selbstgerechten aber, der den Idealisten ob seines Lebenswiderspruchs glaubt tadeln zu dürfen, könnte das Los dessen treffen, der den ersten Stein wirft.

«Menschenkunde und Erziehung» Schriften der Pädagogischen Forschungsstelle beim Bund der Freien Waldorfschulen

1
ERICH GABERT
Die Strafe in der Selbsterziehung und in der Erziehung des Kindes
9. Auflage, 118 Seiten, kartoniert

2
ERICH GABERT
Autorität und Freiheit in den Entwicklungsjahren – Das mütterliche und das väterliche Element in der Erziehung
2. Auflage, 76 Seiten, kartoniert

3
GERBERT GROHMANN
Erste Tier- und Pflanzenkunde in der Pädagogik Rudolf Steiners
2. Auflage, 148 Seiten, kartoniert

7
ERNST BINDEL
Logarithmen für jedermann
Elementare Einführung mit Hinweisen auf höhere Gesetzmäßigkeiten.
2. Auflage, 98 Seiten, kartoniert

8
WILLI AEPPLI
Sinnesorganismus – Sinnesverlust – Sinnespflege
Die Sinneslehre Rudolf Steiners in ihrer Bedeutung für die Erziehung.
4. Auflage, 113 Seiten, kartoniert

11
WALTER HOLTZAPFEL
Krankheitsepochen der Kindheit
4. durchges. u. erw. Auflage, 94 Seiten, kartoniert

12
FRITS H. JULIUS
Stoffeswelt und Menschenbildung
Teil 1: Chemie an einfachen Phänomen dargestellt.
2. Auflage, 86 Seiten, kartoniert

14
Handarbeit und Kunstgewerbe
Angaben von Rudolf Steiner.
Für Pädagogen und Künstler zusammengestellt und mit Ausführungen versehen von HEDWIG HAUCK.
5. Auflage, 396 Seiten mit Schwarzweiß- und 6 Farbtafeln, Leinen

16
MARTIN TITTMANN
Deutsche Sprachlehre der Volksschulzeit
Menschenkundlich begründet nach Anregungen Rudolf Steiners
4. Auflage, 173 Seiten, kartoniert

17
KARL KÖNIG
Die ersten drei Jahre des Kindes
Erwerb des aufrechten Ganges – Erlernen der Muttersprache – Erwachen des Denkens.
8. Auflage, 110 Seiten, kartoniert

20
FRITS H. JULIUS
Grundlagen einer phänomenologischen Chemie
Teil II: Zum Chemieunterricht der Oberstufe.
2. Auflage, 317 Seiten, kartoniert

21
HILDEGARD GERBERT
Menschenbildung aus Kunstverständnis
Kunstgeschichte und Ästhetik in der Oberstufe der Waldorfschule.
2. Auflage, 162 Seiten, kartoniert

22
HEINZ MÜLLER
Von der heilenden Kraft des Wortes und der Rhythmen
Die Zeugnissprüche in der Erziehungskunst Rudolf Steiners.
3. Auflage, 117 Seiten, kartoniert

23
FRITS H. JULIUS
Das Tier zwischen Mensch und Kosmos
Neue Wege zu einer Charakteristik der Tiere.
2. Auflage, 324 Seiten, kartoniert

25
Erziehung zur Freiheit
Die Pädagogik Rudolf Steiners.
Bilder und Berichte aus der Internationalen Waldorfschulbewegung. Text: FRANS CARLGREN, Bildredaktion: ARNE KLINGBORG. Mit Vorworten von Rudolf Grosse und Ernst Weißert.
5. Auflage, 208 Seiten mit 250 meist farbigen Abbildungen, großes Querformat (24×34 cm), Leinen

27
ERIKA DÜHNFORT und ERNST MICHAEL KRANICH
Der Anfangsunterricht im Schreiben und Lesen
in seiner Bedeutung für das Lernen und die Entwicklung des Kindes.
3. Auflage, 83 Seiten, kartoniert

VERLAG FREIES GEISTESLEBEN

28
ERHARD FUCKE
Die Bedeutung der Phantasie für Emanzipation und Autonomie des Menschen
Die sinnige Geschichte als ein Beispiel für die Phantasiepflege in den ersten Volksschuljahren.
2. Auflage, 116 Seiten, kartoniert

29
MARGRIT JÜNEMANN und FRITZ WEITMANN
Der künstlerische Unterricht in der Waldorfschule – Malen und Zeichnen
3. Auflage, 246 Seiten mit 32 farbigen Abbildungen, Leinen

31
FRITS H. JULIUS
Entwurf einer Optik
Zur Phänomenologie des Lichts.
264 Seiten mit 40 schwarzweißen und 2 farbigen Abbildungen, gebunden

33
ERNST MICHAEL KRANICH
Die Formensprache der Pflanze
Grundlinien einer kosmologischen Botanik.
2. bearbeitete und erweiterte Auflage, 203 Seiten, 64 Zeichnungen, kartoniert

34
MICHAELA STRAUSS
Von der Zeichensprache des kleinen Kindes
Spuren der Menschwerdung.
4. Auflage, 92 Seiten mit 25 farbigen und 60 einfarbigen Abbildungen, gebunden

35
PETER PRÖMM
Bewegungsbild und menschliche Gestalt
Vom Wesen der Leibesübungen. 158 Seiten, kartoniert

36
MARTIN TITTMANN
Lautwesenskunde – Erziehung und Sprache
158 Seiten, kartoniert

37
WALTER JOHANNES STEIN
Erziehungsaufgaben und Menschheitsgeschichte
Aus dem Englischen von Thomas Meyer.
94 Seiten, kartoniert

38
ERIKA DÜHNFORT
Der Sprachbau als Kunstwerk
Grammatik im Rahmen der Waldorfpädagogik.
2. Auflage, 336 Seiten, kartoniert

39
STEFAN LEBER / WOLFGANG SCHAD / ANDREAS SUCHANTKE
Die Geschlechtlichkeit des Menschen
2. völlig überarbeitete Auflage, 247 Seiten, kartoniert

40
REX RAAB und ARNE KLINGBORG
Die Waldorfschule baut
Die Architektur der Waldorfschulen 1920–1980.
288 Seiten mit 440 schwarzweißen und 24 farbigen Abbildungen, gebunden

41
MARTIN TITTMANN
«Zarter Keim die Scholle bricht . . .»
Zeugnissprüche für die Klassen 1–8.
137 Seiten, kartoniert

42
FRITZ GRAF VON BOTHMER
Gymnastische Erziehung
Herausgegeben von Gisbert Husemann.
175 Seiten, gebunden

43
CHRISTOPH LINDENBERG
Geschichte lehren
Thematische Anregungen zum Lehrplan.
210 Seiten, kartoniert

44
JULIUS HEBING
Welt, Farbe und Mensch
Hrsg. von Hildegard Berthold-Andrae.
237 Seiten mit zahlreichen schwarzweißen und farbigen Abbildungen sowie 60 Tafeln in einer Mappe, Format 25,5×32,5 cm, Leinen

45
ARNOLD BERNHARD
Projektive Geometrie
Aus der Raumanschauung zeichnend entwickelt.
221 Seiten mit mehr als 200 Abbildungen, gebunden.

47
Formenzeichnen
Die Entwicklung des Formensinns in der Erziehung.
Von Ernst Michael Kranich, Margit Jünemann, Hildegard Berthold-Andrae, Ernst Bühler und Ernst Schuberth.
200 Seiten mit 380 Abbildungen, gebunden.

48
BENGT ULIN
Der Lösung auf der Spur
Ziele und Methoden des Mathematikunterrichts.
Erfahrungen aus der Waldorfpädagogik.
328 Seiten mit 233 Abb.

49
ERNST SCHUBERTH
Erziehung in einer Computergesellschaft
Datentechnik und die werdende Intelligenz des Menschen.
280 Seiten, gebunden

Erziehung vor dem Forum der Zeit

7 JOHANNES KIERSCH

Die Waldorfpädagogik

Eine Einführung in die Pädagogik Rudolf Steiners.
6. Auflage, 92 Seiten, kartoniert

11 JOHANNES KIERSCH

Freie Lehrerbildung

85 Seiten, kartoniert

12 STEFAN LEBER

Die Waldorfschule im gesellschaftlichen Umfeld

Zahlen, Daten und Erläuterungen zu Bildungslebensläufen ehemaliger Waldorfschüler.
122 Seiten, kartoniert

13 WALTER KUGLER

Selbstverwaltung als Gestaltungsprinzip eines zukunftsorientierten Schulwesens

dargestellt am Beispiel der Freien Waldorfschulen.
165 Seiten, kartoniert

14 MANFRED LEIST

Eltern und Lehrer

Ihr Zusammenwirken in den sozialen Prozessen der Waldorfschule.
113 Seiten, kartoniert

15 **Christentum, Anthroposophie, Waldorfschule**

Waldorfpädagogik im Umfeld konfessioneller Kritik.
119 Seiten, kartoniert

16 STEFAN LEBER

Weltanschauung, Ideologie und Schulwesen

Ist die Waldorfschule eine Weltanschauungsschule?
152 Seiten, kartoniert

VERLAG FREIES GEISTESLEBEN